隋唐之变

脑洞老爸聊隋唐

脑洞老爸 著

华文出版社
SINO-CULTURE PRESS

图书在版编目（CIP）数据

隋唐之变：脑洞老爸聊隋唐 / 脑洞老爸著. -- 北京：华文出版社，2021.5
ISBN 978-7-5075-5367-3

Ⅰ.①隋… Ⅱ.①脑… Ⅲ.①中国历史 - 隋唐时代 - 通俗读物 Ⅳ.①K240.9

中国版本图书馆CIP数据核字(2021)第044679号

隋唐之变：脑洞老爸聊隋唐
SUITANG ZHI BIAN： NAODONGLAOBA LIAO SUITANG

著　　者：	脑洞老爸
出版策划：	春风化雨
责任编辑：	魏姗姗
出版发行：	华文出版社
社　　址：	北京市西城区广安门外大街305号8区2号楼
邮政编码：	100055
网　　址：	http://www.hwcbs.com.cn
电　　话：	总 编 室 010-58336239　　发 行 部 010-58336267　58336230
	责任编辑 010-58336195
经　　销：	新华书店
印　　刷：	北京柯蓝博泰印务有限公司
开　　本：	710×960　1/16
印　　张：	26
字　　数：	350千字
版　　次：	2021年5月第1版
印　　次：	2021年5月第1次印刷
书　　号：	ISBN 978-7-5075-5367-3
定　　价：	59.80元

版权所有　侵权必究

目录

第一卷　瓦岗风云

第一章　风云初起　　　　003

第二章　桃李子，谁道许！　032

第三章　瓦岗聚义　　　　　058

第四章　山东豪杰　　　　　080

第五章　江淮劲卒　　　　　096

第六章　关陇贵族　　　　　116

第七章　天下的腹心　　　　146

第八章　血红，雪红　　　　179

第九章　南归的骁果　　　　195

第十章　瓦岗的终结　　　　220

第二卷　李唐天下

第十一章　拼的是儿子　　　247

第十二章　秦王破阵乐　　　276

第十三章　三国杀　　　　　301

第十四章　最后一战　　　　339

第十五章　父子，兄弟，玄武门　357

第一卷 瓦岗风云

第十卷 回忆录

第一章　风云初起

◆ 侍卫李密

硝烟已经从中原大地散去，曾经金鸣马嘶的英雄地瓦岗寨恢复了平静。寨前的野草黄了又绿、绿了又黄，有马蹄印迹的泥墙也渐渐倒塌。倘若草木有情、泥土非物，它们还记得那些金戈铁马的日子吗？还记得那些如山的汉子吗？还记得那个叫李密的人吗？

隋朝大业初年（605），李密第一次出现在历史的大舞台上。看上去，他有些局促不安，似乎并不太满意这样的出场。

李密正在上班，职责是维护宫殿治安，职务是左亲卫大都督。这是一份不错的职业，劳动强度低，福利有保障，也有升迁的机会。

但李密总感觉不对劲儿，隐隐觉得自己站错了人生的位置。

宫殿之内，九五之尊高高在上，俯视众臣。这种气派，就是臣子心存模仿之意都是罪过。帝御之下，文武百官紫衣金带，气质非凡。

天下权势尽在此殿，为什么偏我站在这里穿着奇怪的武服，拿着笨重的兵器，还得挺直腰，像根殿中的柱子？

我这个样子，一定傻极了。

胡思乱想之际，不免走神；走神之际，不免目光迷离、四处顾盼。

公司章程告诉我们，上班集中注意力才能提高生产效率。李密上班开小差，被老板抓了个正着。

下朝之后，大隋帝国的君王杨广叫来了左亲卫大将军宇文述，劈头就是一句："左仪军中那个黑脸小儿是谁？"

宇文述愣了一下，发现皇帝脸色不对，马上搜索记忆库，好在李密特征明显——黑脸，年纪轻，个子小。"此人是蒲山公李宽的儿子，名叫李密。"

李密？杨广默念这个名字，心里涌起一种莫名的不适。此时的他不会想到，有朝一日自己一听到李密之名就像孙猴子听到紧箍咒，头痛欲裂。

"这个人左盼右顾，以后不要让他进宫宿卫了。"说罢，杨广转身离去。

李密算是站着"中枪"了。史书记载，李密个头不高，形象不佳，气质一般，《水浒传》里的宋江就是此种长相。大家以后就会知道，李密亦走过宋江走过的路，干过宋江干过的事。

有时"形象"决定命运。杨广十分重视下属的形象气质。他喜欢搞国际大联欢，在长安城接待属国来使。李密如此长相有损大隋帝国更高、更富、更强的形象。更不妙的是，李密长得黑。试想一下，皇帝在大殿之上展望帝国未来和描述宏伟蓝图时，猛然望见了角落里的李密，难免会有"眼前一黑"的感觉。

这实在不是利国利民的好兆头啊。

把李密调走很容易，大不了派到城门当守卫。但宇文述想了一下便明白了，皇帝开口说讨厌的人就不是调离这么简单了。正如老板告诉人事部经理，他看秘书不顺眼。人事部经理如果把秘书调到前台继续留在公司工作，估计下一个走人的就是人事经理了。

杨广的意思很明显，让李密滚蛋，而且越远越好，滚出隋朝政府。

这就难办了。解聘一个小小的亲卫武官不难，但解聘李密不容易。困难在面子上。

李密的父亲是知名武将——蒲山公李宽（已去世）。其曾祖李弼更厉害，是西魏皇朝最为显赫的八柱国之一，就连杨广的祖上在那时也不过是八柱国下面的大将军。

李密的家世有根有底，没来由的就让人家卷铺盖滚蛋实在不妥，而且不得不顾及朝廷舆论。

好在，宇文述是一个聪明人。

◆ 志向

宇文述，左卫大将军，封许国公，总领军事。此人没别的特长，唯善办事，领导交付之事能办的则办，不能办的想办法也能办。

不过两日，宇文述叫来了李密。寒暄之后，宇文述也不说话，盯着李密看，看得李密额头上渗出一层细汗。

望着露出不安表情的李密，宇文述心知事情办成了一半。但凡劳资谈判很讲究气势，只需两眼直视，就能让对方惶惶不知何事，双手不知何处安放。足见此人是庙堂菜鸟，打发易耳。

目光交锋之后，李密萎靡不振，宇文述却气定神闲，一切尽在掌握。于是，宇文述叹了一口气。

李密顿时一惊，不知领导所叹何事，自忖上班走神之事属思想范畴，宇文述就算再厉害，也不会猜到自己思想溜号吧。正当惶恐不安之时，宇文述生出恻隐之心，主动亮出了底牌，说："看兄弟也是一个人才，智力超于常人，家世更是显贵，应该走才学入仕的道路，何苦在近卫里混迹！"

李密听到这句话，转忧为喜，当场表示马上辞掉亲卫都督之职，回去苦读经书，以才学报效朝廷。

宇文述果然雄才，活生生地把辞退办成了自动离职。混迹职场的人都知道，这种做法省去一大笔遣散费不说，还能免去刻薄员工之名。

果然是不经世事的黄口小儿啊，老夫三言两语就给打发了。想到这里，宇文述露出了一丝不易察觉的笑容。

李密正容，起立，然后朝宇文述深施一礼道："多谢许公指点！"

别人要炒你，你还谢人家，这大概是脑袋烧糊了吧。

事实上，确有一股熊熊烈火在李密的身上燃烧。燃烧的部位不是大脑，是他的内心。

李密前段时间上班走神还左顾右盼，并不是被眼前的繁华景象所迷惑。事实上，迷惑他的是内心。

每个迷惘的人都会问自己："我是谁？我为什么在这里？"

托宇文述的福，李密终于找到了自己站立不安的原因。

原因只有一个：无志。

男人无志就是不知道明天要向哪个方向努力，对明天的自己一无所知。这样就会不安。

宇文述的客套话，正中李密内心的最深处。此刻的李密仿佛被三万伏高压击中，一种无比光明的感觉疾走全身。

李密想到了一句话："丈夫生世，会须履锋刃，平寇难，安社稷以取功名；安能碌碌依阶资以求荣位乎？"

替人清道、为人警戒的侍卫不是我的人生，我相信我的人生有更重要的使命等着我去完成。

李密打了报告，辞去了工作，理由是伤病。好在当时病退不需要医生证明，又有上司宇文述亲自督办，很快就办好了手续。

脱下官服，李密离开了宫城。走之前，他回过头来，望着眼前富丽堂皇的隋朝大兴宫。

他曾经在这里虚度过年华，希望走一条官宦子弟寻常晋升的道路，但命运却拒绝了他的自甘平庸。

离开吧，告别昨天的自己，奔向明天的自己。

明天的我将是全新的我，我之所以成为李密，不是因为我是李宽之子、李弼之曾孙。李密之所以为李密，是因为他有别人没有的光芒！

甩开长袍，迈开大步，李密将皇宫留在了身后。

找对方向时，路会越走越宽。

◆ 牛角挂书

转眼数月过去了。

自从李密炒掉杨广，潇洒地从大兴宫迈步离去后，长安城内很难再看到他的身影。许多跟李密来往的亲朋好友本着负责任的态度，在李家大宅里找到了这位"失踪人口"。此时的李密双眼发红，头发蓬松，身上还散发着一股三月不着清水的奇味儿。

面前的书桌上摆着散乱的书籍，兵书有之，《史记》有之，《汉书》有之……

原来，他是在闭门充电。

这种精神是值得鼓励的，但这种方法是不值得提倡的。闭门充电跟闭门造车并无两样。孔子曰："三人行，必有我师。"孟子曰："独乐乐不如众乐乐。"结合两者推导可知，独习之不如众习之。

不见天地，怎知世界广阔？不站于巨人之肩，怎么超越巨人？

李密猛然醒悟，收起桌上的书卷，取块布包好。他走出书房，来到牛棚，牵出家里的老黄牛，铺上蒲草垫子，将书包挂在牛角之上，对目瞪口呆的家丁丢下一句话：

"我寻师去也。"

李密心中早有名师的人选。东海人包恺博学多才，尤精《汉书》，为当时世上习《汉书》之宗匠。李密欲习《汉书》，当必寻此人。

李密翻身上牛。他打听清楚了，包恺乃高寒雅士，避世缑山。

于是，道路之上出现了一位骑牛的年轻人。骑牛是那时常见的出行方式，普遍如当今的骑自行车。一般而论，普通青年骑牛打苍蝇，文艺青年骑牛吹箫，但李密骑牛看书。

李密打开书袋，取出一卷《汉书》，信手翻开，刚看数行，就被一句话吸引了："书足记姓名而已。剑一人敌，不足学，学万人敌耳。"

这是项羽的名言，深深吸引李密的是"万人敌"三字！

掩上书卷，李密眼前浮现出项羽身着乌甲，率八千子弟兵渡江，经巨鹿一战而灭暴秦的形象。想到这里，李密不禁心潮澎湃，双脸涨红。

大丈夫立于世间，当如项霸王！

李密击掌叹节，顺手拍在了黄牛背上。黄牛皮厚，倒不觉得痛，只有两只牛虻被拍成稀烂。呜呼哀哉，虻儿刚痛饮两口黄牛血就成了"万虻敌"的牺牲品。

此情此景，史书称之为"牛角挂书"，与"凿壁借光"同样成为勤学的代名词。但深究一下，还是"牛角挂书"值得推荐，主要是易于向广大人民群众推广。现在交通这么挤，上个班跟李密上缑山差不多，挤公交之余看书，顺手再拍死个蚊子也算除害了。"凿壁借光"一来有毁坏建筑物之嫌；二来，万一被当成凿壁偷窥就不好了。

且说李密惊叹于项羽奋勇杀敌横扫天下之豪迈，却不知道很多年后，史家著书，亦将他称为项羽般的人物。当李密神往"万人敌"的无上境界时，未曾察觉当时活着的"万人敌"就站在他的身后。

一个六十岁上下，衣着华丽，相貌雍容的男子拉紧了马绳，悄悄地走到了黄牛后面。一声轻问将李密从楚汉古战场拉了回来："这是哪里的书生？勤学如此！"

来人不认识李密，情有可原。李密不过是一个下岗职工，名不扬、身不显，但李密不可不识来人。

抬头看到对方后，李密连忙下牛，施一拜礼："见过越公，晚辈李密见礼。"

此人乃隋朝越国公杨素，曾经平陈国、定江南、驱突厥，战功卓著，还有废立之功（注意这一点），实是大隋帝国第一大臣。必须说明的是，这个第一大臣前要加一个副词来修饰：名义上。其原因是杨老虽然劳苦功高，但生平自视甚高。据总结，他生平只服三人，除此三人，杨素对其他人向来是鼻孔出气、眼白扫荡。皇帝杨广亦不在此三人之列。

不把皇帝当干部是不行的，杨素被架空了，位高而管不了事。要不然，大隋朝疆域广阔、子民众多，辅政大臣日理万机都来不及，哪有闲情跑到这野外偶遇李密。

如果说李密是自动辞职的话，杨素算是停职不停薪。

当下，两人就在路边讨论起《汉书》来。经过一番探讨，杨素深叹此人是少年英才，遂热情邀请李密先放下寻师一事，到家里详谈。

杨素位极人臣，平时就是拿着帖子、抬着银子求进杨府都不可得的，何况现在杨素亲自邀请。李密当下应承，掉转牛头。

李密的人生就从这里转了一个大弯。

很多年以后，李密曾经问过自己：如果没有碰到杨素，我就会老老实实拜师学文化。等在文学上有所建树后，杨广说不定还会请我回去，给我安排个宰相干干。

这该是一个完美的人生，但上天向来喜欢制造悬念，绝对不会按部就班地安排人的命运。

◆ 少年对少年

李密生平第一次踏进杨府。虽然早就听说杨素的宅第装修档次很高，但亲眼见过之后，才发现自己的家顶多叫窝。

自己也是贵族，但贵族比贵族还是气死人啊。

正在思忖，杨素笑呵呵地打断了李密的思绪。

将一个刚认识的年轻人请到家里来并不是明智之举。

大概一是李密长得安全，二是杨素有将李密请进来的需要。

杨素将李密请到家里来，不是要让李密来参观，也不全是为了跟李密交谈，而是为了他的儿子们。

"玄邃，我为你介绍一下我的几个犬儿。"杨素招呼道。

李密字玄邃。杨素向来狂放不羁，就是对同僚有时也直呼其名。他对李密这个晚辈却称其字，可见对其重视，而且称字不连姓，以示亲近。

不一会儿，数名二十岁上下的男子被叫了来，一看就是一个模子印出来的，模具是杨素。

向儿子们隆重介绍完李密，杨素对着这一群搞不清状况的青年们大喝一声道："李密气度超凡，你们都不如他！"

李密照例准备谦虚一番，刚要开口，却发现不必了，因为对面有一人露出了不屑的表情。

于是，李密将冲到舌尖的"哪里哪里"咽了回去，离椅面半个蹲位的屁股又坐了回去，挺直腰杆结结实实地受了杨素这一回表扬。

杨素为儿子们找了一个亦师亦友的人。很多年以后，他的这个安排确实发挥了作用，但儿子们听不听就是另一回事了。

从此以后，李密成了杨府的座上宾。顺便提一句，李密离开后，并没忘记继续寻找包恺。好在包恺名声在外，并不难寻，李密顺利投到包恺门下。史书记载，李密这个插班生后来居上，学习成绩成为包恺门生中的第一名。包恺有数千位门生。

学习之余，李密常到杨素府上拜访。杨素并不常在家，于是，李密便经常跟杨素的儿子们厮混。杨家的儿子还是比较听话的，把李密当成半个朋友半个老师对待，但有个人除外。

此人是杨素的长子杨玄感。据记载，这位杨少爷小时候被人称为"痴儿"，但杨素对自己制造的产品有信心，每次都极其认真地告诉亲朋好友："我这个儿子不痴呢。"

杨玄感确实不痴，只是发育慢了半拍，长大后，身体智力各方面都赶了上来。平时他爱好读书，也没有忽视骑射这样的体育锻炼，生性又慷慨大方，朋友很多，但就是对李密不感冒。

杨玄感大概是怀疑老爹闲出病了，不知道从哪里弄回一个黑小子，还想让他们向他学习。

没事时，杨玄感就拿李密开心，调侃一下。

这不能怪杨玄感狂妄。事实上，杨玄感确实有一百个骄傲的理由，而李密也有一百个理由去自卑。

论体型，杨玄感身材高大，李密身形短小；论长相，杨玄感五官端正，留着当时十分流行的虬髯胡，李密的胡子稀稀拉拉；论肤色，杨玄感白里透红，李密黑里还是透着黑；论地位，杨玄感已经位至柱国，官居二品，李密是下岗读夜校的；论背景，杨玄感的是进行时，李密祖上的辉煌已经是过去时。

要是以前，李密必然会被他们这些优势所折服，然后自惭形秽，在杨玄感面前抬不起头来，但此时的李密已经不是昨天的李密。

辞职那一天，李密有了奋斗的目标，学习之后，他的内心获得了充实。

一个心怀理想、内心充实的人是不会有自卑的感觉的。

在史书里，李密见过"大风起兮云飞扬"的刘邦，见过"力拔山兮气盖世"的项羽，见过运筹帷幄的张良，见过筹划周密的萧何，见过用兵如神的韩信。他与这些达人神交已久。这些人虽已隔数百年之久，但其神魄浸透纸背，谆谆鼓励李密、教导李密、指引李密。

以这些人为师，怎么会心生自卑呢？一个杨玄感，无功无业，不过靠着父亲的军功，又怎么能够打扰李密的心境呢？

每次杨玄感嘲弄他时，李密都还以微笑，这种态度让杨玄感总有落了空的感觉。但杨玄感是脑袋一根筋的人，屡次碰壁仍然继续出击。一日，他逮住李密，似笑非笑地问了一个问题："皇帝猜疑心重，隋朝的运数只怕长不了。到时，中原烽火四起，我们俩谁强谁弱呢？"

诸位，此话与曹操和刘备煮酒论英雄时的颇为相似。曹操猛然一句"天下英雄，唯使君与操耳"，把刘备吓得筷子都拿不稳了。大家多半以为这是曹操试探刘备，其实，在我看来，这不过是曹操在戏弄刘备。那时曹操刚干掉吕布，雄气豪发，怎么会把自己与四处流浪的刘备放到一起比较？

正如当下，杨玄感是不会把自己跟李密放到同一档次的。

问完，杨玄感准备接受一下李密的自谦与恭维。但这一次，李密决定说"不"。

李密一本正经地说："我实话跟你说吧，如果两军交战，临阵斥敌，让敌人闻风丧胆，我比不上你，但要说让天下英雄为我所用，你确实不如我。"

言下之意，你大概算得上项羽；而我，不好意思，将是最后的胜利者刘邦。

有那么一刻，杨玄感怀疑自己的耳朵出了问题。于是，他有些愠怒地盯着李密看了一会儿。

眼前是一张淡然的脸，没有挑衅的表情，仿佛刚刚说出了一加一等于二这样的寻常道理。

他不是在开玩笑，他是认真的！

杨玄感突然认识到，面前这瘦小的身躯里藏着惊人的力量。这样的人是不能用外表来衡量的。

此人的身上一定有我可以学习的地方。

杨玄感放声大笑。他知道自己多了一个可以倾心相交的人。

当你正视嘲弄你的问题时，坦荡的胸怀就能让它变得有意义。

现在，可以再问一遍：当中原烽火四起时，谁才是真正的强者？

彼时，是公元7世纪初，大隋朝在杨广大帝的统治下，正呈现出前所未有的繁荣。在洛阳旧城的基础上，一座全新的城市耸立起来；世界上最大的运河已经修建完工；年久失修的长城得到了修复；四海属国纷纷来朝；各地的粮仓堆满了粮食。

继汉之后，中华文明在此刻到达了另一个顶峰。

然而繁华背后总有隐忧。

天下即将大乱。

◆ 惊变

隋大业九年（613）六月底，高句丽的军事重镇辽东城。

杨广率领他的隋朝大军已经苦攻辽东城3个月了。

这是杨广的第二次东征。他从繁华的中原跑到苦寒的辽东大打出手，当然不是为了搞点儿高丽参，更不是想吃泡菜。

倾国而来欲灭其国的原因很简单：高句丽作为大隋国的藩国，其国王却拒绝到长安参拜杨广，贡品也是交一年不交一年，还时不时地在东北那旮旯动武。

杨广号称圣人可汗，类似于武林盟主。武林盟主在长安开武林大会，下面的小帮派拒不出席，保护费也不按时交纳，更有点儿要做大做强、脱离联盟的势头。这自然是不被允许的。

自天以下、地以上，日月所照，唯我圣人可汗。普天之下，皆我之土；率土之滨，皆我属臣。不服者，诛！

征服一切未服之人。这便是杨广的哲学。

辽东城外，杨广登高眺望，他已经看到了胜利的希望。城外，诸路大军群起而攻，飞楼、撞车、云梯、地道、冲梯竿等，中原的攻城术在辽东城下尽数展示了一番。但显然，对方的神经相当强大，凭借着坚城深池，一次次地抵挡住了进攻。

对于这一切，杨广并不着急，他还有最后的撒手锏。

城外，已经准备了上百万只口袋，里面装上了泥土。只需一声令下，这百万只口袋就能堆到辽东城墙下，堆成一道直达城头的鱼梁道。为了保障施工进度，维持施工秩序，"工地负责人"杨广专门组织了防暴力小分队，装备了八轮楼车。这种楼车非常彪悍，比城还要高。杨广在上面布置了弓箭手，可以随时居高临下地对胆敢破坏鱼梁道建设的高句丽士兵进行严厉打击。

万事俱备，连东风都不需等待。

辽东城指日可破，进攻的号角就握在杨广的手上。

一匹快马从南而来，将杨广扫荡天下的梦想击得粉碎。

数天前，涿郡，深夜。

摇曳的烛光照亮了一张略显老气的脸，这位长者的旁边是一位稍年轻的官员。

年长者压低了声音，告诉对方他最近发现了一个奇怪的现象，有一群本该待在辽东前线的人在悄悄回撤。这群人有一个共同的特点：他们是礼部尚书杨玄感的兄弟和亲戚。

如此组团逃亡，只意味着一点：杨玄感要造反！

听到这惊天动地的消息，年轻的官员似乎并没有吃惊。不知是烛光还是因为兴奋，他们的脸色渐渐红润起来，声音却更低了，低得只有天知、地知、他们两人知。

天亮的时候，他们终于结束了密谈，似乎已经得出了答案。

年长者叫来随从，掏出一封密函，下了一个命令："速将此信送达御前。"

年长者，时为卫尉少卿李渊，后人多称他为唐高祖。年轻者，尚辇奉御宇文士及，是杨广的女婿。

真正的惊涛骇浪即将掀起。每位欲驾长风驱巨浪的人都不会畏惧这样的时刻，但真正高明的弄潮儿是不会抢着去冲第一波浪的。

望着随从匆匆离去的背影，李渊朝宇文士及露出了意味深长的笑容。

杨玄感能将此浪掀多高呢？

1个月以前，黎阳。

御河岸边，一个留有须髯、身材健壮的男人正望着河面。河面上停满了大大小小的船只，船里装的是本该早就送往辽东前线的军粮。

这位仁兄正是出现异动的礼部尚书杨玄感。他在此地负责督运军粮。

烈日下，杨玄感紧眯双眼，脑海里似乎又浮现出父亲杨素的身影。

大隋朝第一重臣光禄大夫、太尉公、十郡太守杨素去世已经有一些年头了。他的死是一个谜。

7年以前，杨素突然病倒，一病就有驾鹤西去的势头，这实在有点儿反常。杨素虽是高官，但平常并没有忽视体育锻炼，虽已六旬，但极重养生，断然不是说病就病之人。

种种迹象表明，杨素发病之前，曾经跟杨广吃过饭、喝过酒。当然，杨广是不是下了毒，史书没有明写。

况且，自从杨素病倒之后，杨广特批宫里的名医前去医治，赐予各种名贵药材。家人将熬好的药端到杨素面前。杨素原本闭上的眼睛睁开了，眼中重新露出慑人的光芒。看清了那碗药之后，杨素露出了一丝苦笑，说："我难道需要再活下去吗？"

蝼蚁尚且偷生，但曾经征战南北、杀人无数、权倾天下的杨素却放弃了生的希望。

杨素大概知道，皇帝陛下送的不是温暖，而是拿着秒表来掐算自己的死期。

事实确实如此。那会儿，杨广正在宫里秘密召见宫医，询问杨素的死期。

这一切源于杨素的一次政治投机。数年以前，杨素为了延续自己的权势，选择把赌注押在时为晋王的杨广身上，帮助杨广战胜了当时的太子杨勇，夺得嗣位。不久后，他更助杨广登上了帝位。

显然杨素立下了佐立的大功，但同时犯下了官场上最忌讳的错误。

他知道得太多了。

看着那碗药，杨素闭上眼，抿紧嘴。

少年落拓未失志，中年沙场未败阵，晚年官场未让人。人生如此，夫复何求。

隋大业二年（606）八月，杨素因病"不治"永远地离开了。

杨素去世的时候，他的儿子杨玄感还在外地当刺史。他没有理解父亲放弃治疗的意思，直到他听到一个消息。

有一次，杨广冷笑着跟旁边的随从说："杨素要是不死，他全族都要完蛋！"

原来父亲是为了保全家族而主动走向了死亡。

明白真相以后的杨玄感变了。他不再大大咧咧,善于高谈阔论的他变得沉默寡言。时人不知,以为杨玄感又傻了,变回了小时候的痴儿。只有少数人知道,沉默的杨玄感才是可怕的杨玄感。

此时的杨玄感是一座沉默的火山,在黑暗处积蓄力量,一旦爆发,将扫荡一切。

这少数人里,李密算一个。

回到黎阳,杨玄感在河岸边把目光投向了北方,不经意间嘴角露出了冷笑。

杨广,你的末日到了。

沉默的火山终于爆发。

怒啸吧,以父之名!

杨玄感率领亲信冲进了黎阳城,关上城门,将城内的壮丁集中起来,城内有数千名运粮到黎阳的丁夫和船工。杨玄感告诉他们,杨广昏庸无道,现在强征辽东,百姓流离失所,从今天起,他将与大家一起讨伐暴君。

杨玄感听到了满意的回应。这些丁夫没有感到害怕,反而高呼万岁。

千里迢迢运粮到辽东不是一个轻松的活儿,一不小心损失了粮食,对不上数量,是死路一条。造反虽然也会死,但至少死得壮烈。

杨玄感已经迈出了第一步,接下来这一步,他需要另一个人的建议。

◆ 天下三计

李密正从长安紧急赶往黎阳,他是去找杨玄感入伙的。说起来奇怪,杨玄感造反是为父报仇,李密去凑什么热闹?隋朝政府对他不错,杨广虽然把他辞退了,但依然让他袭了父亲蒲山郡公的爵位,每年有固定的国赋划拨。

隋朝要是倒了，他的那份福利可就不保了。

如果非要找什么造反动机的话，也许是友情吧。李密父母双亡，虽然袭有爵位，拥有过人的智慧，但内心永远留下了一片亲情的空白。

杨玄感填补了这个空白。自从进入杨家以后，李密在杨家兄弟身上找到了久违的亲情。

杨素之仇，等同父仇，杨玄感的事就是我的事。

一路上，李密便用这个理由来解释自己内心莫名的激动。但他要经历更多后，才会明白内心深处真正的自己。

杨玄感如愿以偿等到了李密。见面后，他迫不及待地将李密请到内室，详细介绍了起事前后的经过，急切地问："兄弟常常以救天下为己任，现在正是你发挥的时候，下一步应该怎么办？"

杨玄感欲求良计，却不忘以激将法作为开始，其中气度，已然不高。

李密的心中掠过一丝不快。

大哥，你以为我倍道兼行，冒着生命危险跑到黎阳是看热闹的吗？从这一刻开始，我和我的家族已经搭上了你这条贼船，要么沉入大海，要么扬帆万里。不消说，我将竭尽全力，何用激将？

但这种不快稍纵即逝，李密心中已经被一个伟大的构想所充斥，急于向杨玄感倾吐。纵使杨玄感堵住他的嘴，他也非说不可。"愚有三计，任公抉择！"

李密虽自谦称愚，但语调中充满骄傲！

"第一，杨广还在辽东，与幽州隔了千里，往南是大海，往北是塞外胡地，要想回来，只有中间一条险途。我们趁机拥兵北上，出其不意，进入蓟地，把守住临渝关。这样，杨广前有高句丽，后又被我们挡住，1个月后，必定粮尽。到时，只要举麾一召，隋军必定望风而降，不战而擒，此乃上计！"

李密满面通红，一气说完上计，只待杨玄感击节叫绝，就可发兵蓟燕，一战而夺天下！

显然，杨玄感并没有预想中的热情，而是问了一句："还请指点中计。"

李密没有发觉杨玄感的冷淡，犹沉醉在自己的伟大构想里。当被问起中计时，李密更加兴奋。

"关中之地，帝王之基，杨广虽然留了卫文升驻守长安，但此人不足为惧，只要率领部下跳过沿途的城市直取长安。这样，杨广就算回来了，也进不了家门。如果上计尚有冒险成分，此计绝对是万全之策！"

杨玄感仍然是一句："还请说下计！"

李密难掩心中不快，下人只为衬托上人的高贵，下计自然只是为了反衬上计的精妙。已引你见过闺房的大小姐，还问丫鬟干甚！

于是，李密悻悻然说出第三计。"如果想图方便快捷，可以去攻东都洛阳。只怕对方早有防备，要是攻不下来，时间一长，就不是我可以算计得到的了。"

黎阳与蓟地、长安相隔千里，去洛阳只有五百余里。在李密的思维里，远却是近，弯路却是捷径。

不是每个人都有这样独特的思维的。

听完李密的下计，杨玄感面露微笑，拍手叫好。"兄弟的下策实是上策，现在隋朝官员家属都在洛阳，只要把他们抓起来，足以控制天下，况且经城不攻，怎么树立威信！"

李密着实被震惊了，望着杨玄感兴高采烈的表情，马上明白杨玄感并不是真的要向自己问计，他早就打定主意先攻东都，问自己只不过是为了印证方案。

世间老板开会，多半如此。

李密虽然愕然，但他现在只是谋主，也就是师爷，师爷只有建议权，没有决策权。杨老板说攻东都那就攻东都吧。

历史将验证李密之三计何为上、何为下。答案得用英雄的血泪来写，不仅是李密的血，还包括杨玄感的血。

◆ 忠诚对勇猛

计策制订后，杨玄感立刻率领部队向洛阳进军。他将队伍一分为三，让弟弟杨积善率三千人沿洛水挺进；另一个弟弟杨玄挺率三千人爬邙山进军洛阳；最后，他领着三千兵马做后盾。

这支部队是由临时组织起来的丁夫船公组成的，装备极其简陋，没有铠甲，也没有能够远程攻击的弓箭，人手只有一把单刀。一路上，杨玄感还打出大部队的旗号，这就不仅仅是欺负隋朝官员不识数了。

只要取得胜利，兵马就会越来越多的。装备，对方会给我们送的。

这是杨玄感的气魄。当他忘记劣势、鼓起勇气、憧憬美好未来时，上天不会让这样的人失望。

洛阳早就收到了消息，不但加强了防备，还分两路派出了阻击的部队。从后面的进展来看，他们不是来跟对方拼命的，而是雪中送炭的。

隋军五千精兵前去迎战杨积善，还没开战，这五千精兵拔腿就跑，为了尽快脱离战场，纷纷丢下铠甲武器。

另一路隋朝军队由作监裴弘策率领。这位仁兄还有点儿职业道德，布下阵跟对方较量了一番。可惜，他碰上了杨玄挺。

杨玄挺相当生猛，而且行动十分怪异。交战之后，隋军大败，不少隋兵丢铠弃甲。杨玄挺并没有乘胜追击，而是勒停部队，跟在逃亡的隋军后面慢慢行军。

裴弘策镇定一下精神，然后收集散兵，重新布下了军阵。

不久后，杨玄挺慢悠悠地抵达战场。

接下来发生的一切让裴弘策目瞪口呆。他已经做好准备迎战，等待对方发起冲击，却看到对面的反军全都坐了下来。

搞静坐？这算怎么回事！

豆大的汗从裴弘策头上滚下来，他实在搞不清对方葫芦里卖的什么药。说明一下，裴弘策的职务是作监，主要负责宫殿建设、室内装修、园林设计之类的工作，打仗实在是门外汉。因为会打仗的人都被杨广拉到辽东打高句丽去了，他这才硬着头皮上阵。

兵书都没翻过，自然不知道疑兵计是何物。

正当裴弘策拼了命发挥想象力，希望能从建筑书上转化一点儿兵法时，杨玄挺突然发起猛攻。不用说，措手不及的隋军再次大败。

同样，裴弘策没有发现追兵。于是，他又大着胆子收集散兵，重新布阵。不久后，他看到杨玄挺慢悠悠地率领着他的单刀队赶上，然后一屁股坐在了地上。

如此交锋，往复五次。

裴弘策被间歇性发作的杨玄挺搞疯了。最终，他丢下散兵，领着十来骑人马逃回了洛阳。

杨玄感从后面赶上来时，他的部队因为收编隋朝散兵和接纳四散游民，兵力达到数万，装备也得到了升级，成为名副其实的大军。

但征途才刚刚开始。

洛阳的西边，一支隋朝的军队正日夜兼程赶来支援洛阳。

这支队伍是在长安留守的京兆内史卫文升率领的数万人大军。

卫文升，河南洛阳人。李密在天下三计里把此人说得一文不值，大概是欺负人家年纪大。那一年，卫文升已经七十多岁了。

听到杨玄感向洛阳进军后，卫文升率领长安的军队主动出击。在经过杨玄感的老家华阴时，他老人家干了一件事：冲进华阴，找到杨家祖坟，将杨素的坟给刨了，把埋下去才几年的老杨请出来，丢到火里，是谓挫骨扬灰。

卫文升通过这一举动明确无误地告诉手下这帮士兵：现在已经跟杨家结下了死仇。这一去就别想着敷衍了事，不是战胜对方，就是被对方消灭。

然后，卫文升下达了一个命令：击起鼓来，全军奔赴东都。

不用衔枚潜行，杨玄感作乱犯上，可鸣鼓而攻之！

行出潼关，卫文升的随从表示前面函谷关可能有伏兵，还是经陕县沿流东下，从后面偷袭杨玄感。

卫文升望着随从，摇摇头，然后说出了自己的看法："你的谨慎不是没有道理，但以我来看，杨玄感这小子只怕想不到这样的计策。"

无须绕路，取直线，挥师东都！

果然，一路进军并没有碰上任何伏兵，卫文升成功抵达洛阳城外。

通过函谷关后，卫文升得意地望着部下。一切尽在他的掌握，他甚至感觉平定杨玄感只是时间问题。

战场上的瞬息万变往往是信息不对称造成的。杨玄感没有料到卫文升的忠诚，而卫文升也没有算到杨玄感身上的一些东西。

现在，所有的不确定都将在战场上变成确定的胜负。

顺便提一句，卫文升的官职是刑部尚书，而杨玄感是前礼部尚书。从官职上看，征战都不是他们的本职工作，但卫文升的刑部尚书似乎跟打打杀杀还有点儿关联。

卫文升很快向杨玄感发起了进攻，就效果来看，突击取得了不错的战果。一战而胜，卫文升没有杨玄挺那样的耐心，他对部队下达了乘胜追击的命令。

接下来的事情在历史中很常见：追到一半，杨玄感的伏兵杀出，将卫文升的前军尽数消灭。

到了这时，卫文升才发现自己面对的不是一个毛头小子。

不能再大意了，必须打起十二分的精神来应对。

卫文升终于认识到了杨玄感的才智，但这还不是完整的杨玄感。

数天以后，卫文升又拉着部队向杨玄感发起了冲击。出击之前，卫文升是做了功课的。他在军中扫开一块地皮，祭礼隋朝高祖皇帝杨坚，表示要以死殉国。

这证明，卫文升是搞宣传工作的高手。经过这一动作，刚受到打击的士兵的士气又得到了恢复。

战斗很快打响。这一回，杨玄感没有玩诈败这样的伎俩。交战不久，卫文升听到一个让自己激动不已的消息："官兵已经捉住了杨玄感！"

前军刚战洛城北，已报生擒杨玄感？！

卫文升心头涌起了一股惊喜，可当他发现其部下也露出同样如释重负的表情时，不祥的感觉替代了惊喜。他喊出了战场上的经典台词："小心有诈！"

没错，杨玄感还在。

对面阵前，一人策马跃出。来人体如山，迅如电，身披亮甲，手持长矛，一把虬髯随风飘扬。

端的是一条好汉！

一声怒吼如平地惊雷，震得卫文升耳膜发疼。

杨玄感的威风，李密大概早就如雷贯耳。当年，他说杨玄感临阵应敌，只需呵斥，便可震慑敌人。现在看来，并没有恭维的成分。

这种功夫，当年猛张飞才有。

怒吼声中，雄狮驾临草原。杨玄感策马直冲过来。

这一幕被广泛流传。当后人谈论起此情此景之时，往往用另一个人的名字来形容杨玄感：力能扛鼎楚霸王。

隋军大败。

卫文升再也无法对杨玄感构成威胁，但杨玄感并不算大获全胜，一个人的死为胜利蒙上了一层阴影。

他的弟弟杨玄挺在一次冲锋中，被流箭射中身亡。杨玄挺的死不但意味着杨玄感失去了一员猛将，更意味着杨玄感的目标离他越来越远。

起事时，杨玄感的两个兄弟在辽东前线，没有及时逃回来，被隋朝政府斩杀，现在又阵亡了一个。

为了替父报仇，我已经失去了三个兄弟，这是父亲希望看到的吗？这一切值得吗？

每当想到这些，杨玄感就陷入了深深的痛苦与迷惑之中。

◆ 成功的要件

在杨玄感跟卫文升交战的时候，东都洛阳城内发生了一些变化。

东都留守负责人是樊子盖，跟裴弘策、杨玄感、卫文升比起来，算是真正的武将。为了征伐高句丽，杨广抽调了全国的武将，总算给东都大本营留了一个甩大刀的。

但樊子盖的大刀甩不起来,因为东都的官员们看不起他。

樊子盖是最近才调到东都的,以前一直在岭南任职,属于下乡干部。从岭南回来的他,身上不免带点儿土气。平时东都官员都不搭理他,更不用说听他调度了。

对于怎样适应新环境的难题,樊子盖很容易就解决了。

他找到了不久前从前线退下来的裴弘策,命令他再次领兵出战。

裴弘策直接拒绝。他已经被搞怕了,再说专业选手不出去,凭什么让他一个包工头出去拼命?

裴弘策告诉樊子盖,就是打死我我也不出去。

于是,樊子盖就把裴弘策打死了。

还有不服的吗?

洛阳人很快统一了认识:城在,人在;城亡,人亡。

一座军事重镇的灵魂取决于守将的意志。纵使以前有高墙深池,但直到这一刻,洛阳城才称得上固若金汤。

樊子盖不但加强了防守,还频频派出小分队袭击杨玄感的大营,破坏杨玄感的行动计划。

对形势的转变,杨玄感并没有第一时间察觉。他正沉浸在连战连捷的喜悦中,殊不知在胜利的光辉下,潜伏着失败的阴影。胜利已经开始远离杨玄感。

打了几场胜仗后,杨玄感声势大振,每天都有上千人来入伙,可谓形势大好。

队伍一天天壮大,但林子大了,什么鸟儿都有。在队伍不断壮大的同时,保持部队的纯洁性就成了很重要的问题。李密发现混进来了一个思想不那么纯洁的人。

在攻打洛阳的战斗中,杨玄感俘虏了一个叫韦福嗣的内史舍人。杨玄感亲自出马策反,邀请他加入起义军。韦福嗣也不含糊,立刻就投了诚,进入了杨玄感的参谋班子。

李密很快注意到了这个人。通过一件事后，李密终于确定了韦福嗣"身在梁山、心在朝廷"的事实。

杨玄感让韦福嗣起草一份檄书，被韦福嗣直接拒绝。

这就怪了！读过《水浒传》的人都知道，上山入伙，为表同心，是要签生死状的。韦福嗣官居内史舍人，干得就是起草文书的工作，又没让他去取杨广的人头，写一篇檄文当投名状并不过分。

李密找到杨玄感，指出韦福嗣绝对不是自己人。这样的人应该马上清理出队伍，也就是拉出去斩了。

杨玄感奇怪地盯着李密说："不至于吧，有这个必要吗？"

此话一出，李密便明白了杨玄感必败无疑。其败因不在于杀不杀一个韦福嗣，而在于杨玄感的内心。

在李密看来，大丈夫立于世间，欲成为有所为者，必须问明白自己两个问题：我内心的追求是什么？为了达成所愿，我愿付出怎样的努力？

这些是关于立志和奋斗的问题。要想实现自己的理想，欲望必须强烈，立志必须坚定。只有强烈的欲望才能指引方向，只有全力付出才能最终抵达终点。

为了取得胜利，必须果敢，必须勇猛。可这些依然是不够的，还要采取一切可能接近目标的方法，甚至有时候，方法会不近人情。

什么不至于此，什么先这样吧，这样的觉悟怎么取得胜利？

从中军帐出来，李密叹了一口气，告诉他的亲信说："楚公好反却对胜利提不起渴望，我们将要成为俘虏了。"

很快，李密更加坚定了这个想法。

杨玄感把李密叫来，笑呵呵地问了他一个问题："你看我称帝怎么样？"

什么？！李密简直要疯了。他盯着杨玄感，仿佛看着一头史前怪兽。

事实上，一般起义领导者都会搞个名号，如黄巢叫"冲天大将军"，李自成叫"闯王"。杨玄感没打出一个响当当的名号，这是个遗憾。刚起事一个月不到就称帝的人，不是没有，但你绝对记不住他们，因为那些人都是死得最快的。

李密断然否决了杨玄感这个不切实际的想法，再次警告他，最好赶快进攻长安、安抚关中，拿下一片进可攻、退可守的基地。

杨玄感又露出招牌式的大笑，表示称帝这个事就算了。

完了！杨玄感没救了。

李密已经看到了失败的影子。但他不像三国时的杨修，一发现不对，就打包行李走人；也没有像范增那样因为自己的计谋不为所用，就骂两声"竖子不足与谋"，然后拍屁股走人。

李密选择留在杨玄感这条将要倾覆的大船上。

因为他不仅是杨玄感的谋主，还是杨玄感的朋友。

如果杨玄感即将胜利，我可以离去，但如果他陷入困境，我无论如何都不能离去。

患难与共，这是友谊的价值。

"也许，杨玄感还有需要我的时候。"李密想。

事实确实如此。没过多久，杨玄感请来了李密，说出了史书中困惑的人常用的台词："计将安出？"

杨玄感终于发现形势不妙，因为杨广回来了。

◆ 最后的希望

辽东隋军御营，六月二十八日，二更。

隋二世皇帝杨广做出了一个艰难的决定。他把隋朝高级将领召集来，下令："丢下所有军资，全军后撤！"

辽东城破就在眼前，可杨广已经顾不得许多，再不回家清理门户，就算拿下辽东，甚至攻破平壤，他的下半生也只能面对着一碟碟的泡菜打发日子了。

一路上，杨广愤怒到了极点。

此时，大隋朝并不是只有杨玄感一人造反，在山东，还有数起农民起义。对于农民起义，杨广一来没放在眼里，二来也能理解，毕竟自己征走他们的粮食，拉走他们的壮丁，他们难免不满。

可杨玄感，你凭什么造我的反？你的一切，你父亲的一切，你家族的一切，都是我给予的，你竟然来造我的反！

我可以给你一切，也可以夺走你的一切，包括生命！

数日后，杨广狼狈不堪地撤回涿郡，洗完脸的第一件事，便是下达了征讨杨玄感的命令。

虽然杨广已经搞得天怒人怨，但大隋朝的政府系统并没有瘫痪，奔驰的快马很快将杨广的命令传达了出去。

千里以外，数路兵马齐动，一同扑向了洛阳城。参与这场清理门户大行动的有武贲郎将陈棱、武卫将军屈突通、左翊卫大将军宇文述、右骁卫大将军来护儿。

以上诸位可不是无名小辈，他们是大隋朝真正名噪一时的大将。

事情演变成当初李密警告杨玄感的那样：洛阳苦攻不下，敌军四至。

"现在只有一个办法了！"面对杨玄感的询问，李密沉思了一会儿，说出了自己的最后一计。"我们放出风声，说关中有人接应，已经派人前来迎接。借此鼓舞士气，领军入关！"

此计，正是三十六计中的瞒天过海。

面对将要崩盘的现实，杨玄感终于选择相信李密一次。

点齐人马，杨玄感宣布了关内有人接应的喜讯。杨玄感还请出了数位乡亲，告诉大家这是他老家华阴县来的老杨家的兄弟。他们专程赶来，就是为传递这个消息。

士气终于恢复了，大军起营西行。一路上，杨玄感还创造性地发挥李密教他的瞒天过海之计，宣称东都已经被攻破，现在攻打西京（长安）。

行军十分顺利，连樊子盖都没搞清楚杨玄感的动向，没有组织起有效的阻击。很快，杨玄感的大军行至弘农宫。

函谷关就在眼前，关后就是得之可得天下的关中。

在这里，杨玄感受到了热烈欢迎。

杨广的横征暴敛把弘农父老乡亲惹急了，大家纷纷拿着酒肉前来欢迎杨玄感，并强烈要求杨玄感抽个空去他们那里走一趟。

当地人提供了情报：城池防备空虚，里面粮草很多，不去攻就太可惜了。

人民群众这么热情，杨玄感觉得却之不恭，于是决定去城下看一看。

杨玄感终于犯下了他一系列错误中的致命错误。

◆ 冲动是魔鬼

事后来看，那些弘农的老乡是杨玄感的对头派来骗他的。

对头是弘农郡守杨智积，他正热切地盼望着杨玄感的到来。

杨智积，封蔡王，杨广的堂兄弟，弘农郡守。

在听到杨玄感的大军向西开来时，他马上猜到杨玄感要去夺长安。作为一个半路上的郡守，本来不关他什么事。据记录，杨广素来对兄弟薄情寡义，数年以后，杨智积生病时，跟杨素一样，放弃了治疗。病死前，杨智积长出一口气："这下，我终于可以保住脑袋到地下去了。"原本，杨智积可以睁一只眼闭一只眼放杨玄感过去，但他最终还是决定拖住杨玄感。

弘农城头，当杨智积看到杨玄感果然领着部队前来攻城时，露出了狡黠的微笑，然后，气沉丹田，对远道而来的杨玄感发表了热情洋溢的"欢迎词"。

杨玄感愤怒了，可李密要疯了。

这不是搞拉练，顺手打个兔子什么的，我们是偷偷去攻打长安，你跑到弘农城跟人较什么劲。他马上找到杨玄感，提醒他这是对方的激将法，现在应赶紧前进，抢占长安屏障潼关，没时间在这里耗了。

这是李密给杨玄感的最后一个建议。

杨玄感几乎是吼着给出了回答:"此人难耐,我不攻有何面目?"
攻城!拿下弘农!

猛烈的进攻开始了,但小小的弘农城不是那么容易攻得下来的。
弘农虽然是个小城,但军事上素来有小城弥坚的说法。城门不多,城墙不长,只需要少量的兵力就可以守住,而占尽人数优势的攻城方却无法展开布局,攻起来相当困难。
数次进攻,杨玄感都败下阵来。望着顽石一般的弘农城,他终于找到了突破口。
放火!燃城门!
显然,弘农宫城的城门没有做防火处理,很容易就燃烧了起来。没多久,整个城门都被火焰吞噬,化为灰烬只是时间问题。
杨智积刚在城头逞了口舌之快,没想到效果过猛,杨玄感已经拼命了。
杨智积在城上急得团团转,心里大概在想,平时应该搞一搞消防演习的。
火越来越大,杨智积望着火红的城门,似乎陷入了绝境。突然间,他大声对士兵下令:
"快,往火上堆柴火!"
下属们怔了一下,但回过神来,他们明白了领导的意思。
木柴被堆到了城门下,在杨智积的举措下,城门的火势更旺。
现在,我不能出去,你也别想进来。
大火烧了三天。
三天后,杨玄感终于承认失败,冲天的火光掩盖不了肠子的青色。到这时,他才想起自己是干什么来的。
冲动是魔鬼啊。
杨玄感从弘农宫城外撤走,杨智积并没有派兵前去骚扰。
三天的时间已经足够,杨玄感走不远了。

◆ 走向末路的英雄

八月初一，葭芦戍。

杨玄感刚刚到达这里，双眼布满血丝，胡须纠缠在一起，已经没有了往日的潇洒。

这里离他的老家华阴很近，潼关也近在眼前，但杨玄感永远回不了家，也无法到达潼关了。

就在数天前，杨玄感从弘农宫撤走之后没多久，宇文述、屈突通、来护儿以及被他打败的卫文升追了上来，并集合兵力向他发起了猛烈的攻击。杨玄感数战数败，刚刚经历完最后的决战。

现在，可以说结束了吗？

他望了望身后，只有十余骑，而追杀的马蹄声越来越近。

恐慌写在这十余人的脸上，死亡的气息笼罩着他们。

追兵终于到了，当发现杨玄感就在前面时，露出了喜悦的表情。杨玄感的人头不再是人头，而是军功与赏赐。

于是，他们呼喊着冲了上来。但他们马上明白了一个道理：困于山林的雄狮依旧是雄狮。

一声怒喝当空炸响，杨玄感策马而出，横矛在前，瞋目喷火。"欲取我人头者，上来！"

这一刻，据水断桥喝退曹兵的张飞恍若在世；这一刻，乌江河畔叱得汉兵人马俱惊、退避数里的项羽重现江湖。

马惊，人恐。怔了一下，追兵纷纷掉转马头，只一会儿便消失得无影无踪。

此人太凶残，还是多叫些兄弟来。

喝退兵马，继续前进，杨玄感发现，身边的人越来越少。

是的，现在的我是追兵的打杀目标，跟着我只有死路一条。

杨玄感没有阻止随从的离开。最后，他的身边只有弟弟杨积善，连马都放弃了逃亡，嘶鸣一声，扑倒在地。战马拼杀数天却没有休息，终于支撑不住。

在战马倒下的那一刻，杨玄感定会产生出"骓不逝兮可奈何"的悲伤吧。

那就步行吧。兄弟俩互相支撑着，迈向自己都不知道的前路。直到马蹄声再次传来。这一回，显然比上一次来的人更多。

杨玄感站住了，对杨积善说道："弟弟，不用走了。就在这里吧。"

愧疚写在杨玄感的脸上。迷茫中，杨玄感的眼前浮现出父亲杨素的面容。

很多年前，我很小，父亲也很年轻，父亲一遍遍跟人解释："吾儿不痴也。"

很多年前，父亲领着我们骑射郊外、猎鹰逐兔。

很多年前，父亲将李密带到家里，让我们向他学习。

很多年前，父亲拒绝了医治，选择了死亡。

一切的一切，父亲都是为了这个家，为了保护我们，而我却将父亲用生命守护的家族引向了灭亡。

父亲，对不起，我失败了，我实在是大痴。

也许，我唯一能做的，就是给弟弟生的希望吧。

杨玄感抽出剑，递给了杨积善。为了让弟弟动手，他编了一个被后人认为甚是悲壮的谎言：

"我不能忍受被别人杀死的羞辱，你现在马上杀了我！"

杨玄感的故事结束了。这位第一个站出来反抗杨广暴政的贵族，在两个月的时间里完成了他的造反历程。他并不是庸才，他性格慷慨，勇猛善战，对部下也十分体恤，很多人愿意为他死战。但他意志不够坚强，做事不够果断，脾气过于急躁，内心也不够狠辣，这样的人是无法在造反这个领域做出成绩的。

李密比他更适合在这个领域生存。在此之前，他作为一名师爷，满腹奇计却不被采纳，这是让人痛苦的。但乱世不会浪费奇才，他终有机会掌控局面，从而实践他的智谋。

当然，按照"天将降大任于斯人也，必先苦其心志"的道理，在成为叱咤风云的人物之前，他还有很长一段路要走，这是一段充满痛苦与磨难的旅程。只有经过这样的洗礼，才会洗去他身上的贵公子气，从而真正成为一个强者。

第二章　桃李子，谁道许！

◆ 逃亡

命运到底是什么？是我们造就命运，还是命运支配我们？

李密翻了一下身子，脑海里想着这个问题。

半年以前，他还是世袭的蒲山公，享受朝廷的高福利；三个月以前，他还以为命运向他敞开了怀抱。

可眼下，他却身为囚徒。

那天被隋朝大军击败之后，李密化装改名准备逃走，但很快被识破。这大概跟李密的相貌有关，皮肤白的人易容手段多，黑的人似乎并不多。

现在，他要被押送到杨广行宫所在地高阳，接受杨广的裁决。以杨广的性格，李密应该很快就去见杨玄感了。

此时，正是隆冬的早晨，门外的草地上凝结着一颗朝露。微风吹来，草木轻摇，朝露滚落下去，碎成一地。

"吾等之命，同于朝露兮！"嘴里念叨着，李密用脚尖捅了捅旁边睡成猪的狱友。狱友醒来，嘟囔着问："什么？"

"吾等之命，同于朝露兮！"李密稍提高些声音说。

狱友翻个白眼，对这个无聊的问题不予回应。都什么时候了，还玩风花雪月、朝露夕阳这样的小情调？

侧过身去，狱友留给李密一个深沉的背影。日子不多了，他大概不想做一个缺睡鬼，但很快又翻过身来。因为李密慢悠悠地说了一句："到了高阳我们就死定了，趁现在还在路上有机会脱身，何必束手等死。"

越狱，狱友们是感兴趣的，纷纷围了上来。

生的希望已经出现。

李密在哀叹朝露之易逝之时，早已经打定越狱的主意。而朝露粉碎的那一刻，他想好了越狱的计划。

李密向众人全盘托出越狱的计划，然后指出越狱需要一个重要的道具——钱。最后，李密很不好意思地表示自己囊中羞涩。

这不是李密藏私，李密是真没有钱。

李密不穷，但他身上从来不带现银这种累赘之物。以前凭着身份，犹似金卡在手，随时透支；现在身为囚犯，自然不能似往日靠刷"身份"解决金钱问题。

幸亏，有人有现金。

听完李密的计划，狱友们纷纷慷慨地解开上衣，从内衣里掏出大包小包，打开一看，是金灿灿的黄金。

看来，前段时间跟着杨玄感闹革命，兄弟们还是赚了不少的。

根据记载，这是李密第一次展现他的超人感染力。他只用一个口头计划书，就套来了真金白银的风险投资。现在，他要用这些投资去打动另一批人——守卫。

这个难度颇高。狱友有相同的求生欲望，但守卫跟犯人天生对立，就是想收买守卫，他们也得敢收钱。

李密朝外面的守卫招手。

兄弟，请过来一下。

看守的弟兄们正聚在一起喝闷酒，时不时骂骂领导发泄怨气。他们接的这趟活儿是个苦差事。

一般来说，押送犯人是有外快可赚的，要么犯人的亲属送来关照银子，要么犯人的死敌送来"特别"关照银子。但李密这种谋逆的犯人，不但亲属躲得远远的，连仇人都消失得无影无踪。

没有苦主也没有对头，自然就没有好处。

阴冷的天气里，押送着毫无价值的货物，难免心中有些不快，直到李密向他们提出了一个无法拒绝的建议。

李密将守卫请来，拿出金银。"等我们死了之后，这些金银都留给诸公，我们只有一个要求，就是给我们收尸，以免暴尸野外成了孤魂野鬼。"

这相当于一种赠予遗嘱，获赠方可以享有继承一大笔财富的权利，却只要付出少许体力劳动。

在这个寒冷的冬天，李密给这些守卫送去了久违的温暖。这些金银合成他们的俸禄计，估计得干个十年八年的，还得省吃俭用。

本来充满牢骚的公差，因为这一笔意外之财而发生了思想转变。守卫们没有犹豫，十分仗义地同意了这一方案。

这一刻，他们之间的关系发生了变化。他们不再是囚犯与看守的关系，不再是逃跑与防逃跑的关系，他们成了让口头协议得以实施而共同努力的工作伙伴。

这是一个微妙的转变，虽然目标都是送李密等人上断头台，但关系已经从对立变成了合作。

很快，这些守卫跟李密等人打成一片。行到关外，人烟稀少，管制松弛之处，守卫们卸下囚犯的枷锁，置办些酒食（当然，钱还得李密掏）。有时，李密多花点儿钱，还能包个通宵喝到天亮。

人之将死，其言也哀，人之将死，其欲宜纵。

望着这群醉生梦死的囚犯,守卫们不禁生出同情心来。

邯郸,郊外的某个村庄,某个农舍,夜已深。

李密小心地抬起半个身子,眯着眼望了望外面。这里刚举办了一场庆余生迎死亡晚会,照情况看,守卫们应该畅饮同欢了。

守卫七倒八歪,已然与杜康同游。

李密翻起身,慢慢挪到门口,仔细看了一下,就算是打雷看守们也不一定能醒。

苦苦等待的越狱时机终于到了。

那就逃吧,但房门已经上锁。村舍虽然简陋,可房门外控盗贼、内保机密,是真材实料的木材,贸然暴力破解,难免弄出声响,把守卫们从太虚幻境召回来就不好了。

观察了一会儿,李密把目光定在了墙角,嘴里蹦出两个字:挖墙。

挖人墙脚,君子不齿。这伙亡命之徒早已顾不得这许多,开始齐心协力挖墙,不一会儿就被挖出个足够人通行的大洞。

狱友钻洞而出。李密爬出来,大口地呼吸着新鲜而自由的空气,仿佛重生了一回。他正要迈开大步,突然想起什么,又回过头低下身子,把头伸进墙洞,小声向里面招呼:"快走啊!"

里面还有一个人。这个人对狱友们的胜利大逃亡不为所动,端然而坐,大有把牢底坐穿的意思。

这位兄弟是韦福嗣,是以前被杨玄感收降的内史舍人,李密曾经建议杨玄感除掉此人。

在杨玄感西进长安时,韦福嗣终于暴露了意志不坚定的本性,半路开溜,逃回了东都。但参加杨玄感队伍的事情被揭发后,他不得已加入这一支北上送死大队。

李密为人实在不错。虽然曾经劝杨玄感杀掉韦福嗣,但在韦福嗣成为囚犯之后,他逃跑时不忘兄弟。

韦福嗣没有动。在他的意识里,他跟李密是有区别的。

"你们走吧,我没有罪,天子见到我也不过责备我一下而已。"

李密盯着韦福嗣,本想开口说点儿什么,但他发现,人要寻死,拦是拦不住的。

于是,李密转身离开,消失在夜色中。

顺便说一下,韦福嗣来到高阳之后,被乱箭射死。与他一同送命的,还有杨玄感之弟杨积善。

宽恕,从来都不是杨广的性格。这一点,韦福嗣不懂,杨玄感不懂,李密大概是懂的。

李密踏上了逃亡的道路。事实证明,他实在愧对单名一个"密"字。

李密又被抓了。

想来,李密已经成了隋朝头号通缉犯,各地都有李密的图名,加之整容术在隋朝尚没有发扬光大,最终导致李密无所遁形。

这一次,李密享受被单独押送的待遇,没有狱友可以帮忙,自然也没有金钱可以收买押送。

据记载,押送人员要将李密送到他的老上司宇文述那里。宇文述是不会跟李密讲交情的,等待他的只有项上一刀。

走在路上,李密突然报告腿上有伤,这是他在玩花招。李密的运气实在很好,押送他的两位公人竟然接受了这个报告。

事实上,这两位公人确实不错,他们没有为难李密,既没有让李密用烫水泡脚,也没有请他穿新麻鞋,更没有把李密骗到野猪林一棍结果了。一路上,两位公人充分照顾李密的腿伤,将李密的枷锁取了下来,一天只走二十里。照这个速度送到宇文述那里,只怕宇文述都没命来斩李密了。交代一下,其时是大业十一年(615)正月,宇文述病死在第二年。

实心眼儿的公人碰到多心眼儿的李密,注定是要吃亏的。

行到一个水涧,李密跛着脚沿着岸边前进,突然一蹶足,以一个漂亮的"猛虎扑食"摔进了水里。

水花溅开。一会儿,水面恢复了平静,只见李密直挺挺地躺在水里,一动不动。

两位老实的公人吓坏了，李密淹死了算谁的。于是，他们跑到岸边，伸出长枪，捅一捅水里的李密。

猛然间，李密跳起来，顺势抓住了枪头，拼命一拉。就这样，两位公人被缴了械。李密回枪，刺向了两人。

出手那一刻，李密有些犹豫，对方并没有为难自己，自己何苦取人性命？但这个念头只是一闪而过。

自己要活命，就要逃跑，现在不杀他们，他们也会因走失囚犯之罪而死。我不杀伯仁，伯仁却必因我而死。如此，不如亲手杀了他们。

想到这里，李密狠下心来，连施两枪，捅倒两位，然后爬上岸，逃得无影无踪。

李密绝不是一个心软的人，他有向所有人挥刃的勇气，有舍弃一切的残酷，这样的人往往是历史笔诛墨伐的对象。很遗憾，历史从来不是道德家的修罗场。

李密，接着逃亡吧！遁入丛林中，隐身在夜色里。天下之大，哪里才是容身之所？

很快，李密想明白了，世界之大，已经没有自己的立足之地了。如果说一定有，那只有找起义军了。

幸运的是，这样的队伍并不难找，在村头随便找个人问问，都能打听出一大堆。

◆ 造反的根源性研究

在追踪李密的逃亡路线之前，有必要了解一下当时天下的大势。

此时，反抗的火焰已成燎原之势。所谓的"三十六路草寇，七十二路烟尘"还是往大局上说。据后来的史学家统计，隋朝末年的各地义军共有一百八十六起。这些义军各据一方，少则数万人，多则十余万人，各有名号，如知世郎、阿舅贼、东海公、摸羊公、乞见敌、嫌头方、彻眷顽、不惜死、黑社、白社、青社、胡社、忽云贼、忽律贼，等等。

以数量和规模论，隋末的起义可谓空前绝后。要分析隋末为什么有这么多起义，这是一个严肃的问题。

百姓为什么要造反？

造反不是请客吃饭，随时会掉脑袋的。造反的人被官军缉捕会死，被俘虏了会送到菜市口斩首示众，跟别的山头火并会死，攻不下城池、抢不到粮仓会饿死。到了危机时期，依旧有无数人冒着生命的危险投入到起义的大军中。

深究其原因，一句话便可以解释：官逼民反。

中国封建社会，大概可以分为两大阶层：一是劳动阶层，一是食利阶层（总头目一般是皇帝）。劳动阶层自然靠劳动获取生活必需品，而食利阶层通过田赋、劳役、税收等各种手段剥削劳动阶层的劳动成果。

一般来说，食利阶层是少数派。他们获得劳动阶层的一小部分劳动成果就能过上富足的生活，而劳动阶层交纳一部分所得并不会影响生存。

就封建社会而言，交纳的多少决定了社会的和谐度，而底线就是生存线。当食利阶层胃口大开、索求无度，劳动阶层在交纳上贡之后依然无法生存时，维持社会平衡的关系就会被打断。通俗点儿讲，当百姓家里最后一粒米被抢走，最后一位壮丁被拉走，再也无法看到生存的希望时，造反就成了最后的选择。

是为，官逼民反。

需要说明的是，在封建社会里，农民起义的结果并不是消灭食利阶层，而是产生另一批愿意跟劳动阶层签订宽松上贡协议的人群。这些人可能是原食利阶层的（比如唐朝），也有可能是由劳动阶层转化过来的（比如明朝）。经过洗牌之后，社会重新达到平衡，然后等待下一次被打破的时候。

所以，与其说是人民在推动历史前进，不如说是人性在推动历史前进。

具体到隋末，我们需要介绍三位皇帝。

公元前2世纪，中国历史上有一对父子先后登上皇位。两位皇帝在位的三十九年间，没有修建大型标志性建筑（宫殿），不搞大型庆典（比如泰山封禅），不致力于增加国家财政收入，也不开疆拓土。对待外敌入侵，坚持只防守不主动进攻的政策，就连视察地方这样的工作也不常干（比如北巡或下江南）。按某种标准来说，可谓无所作为。

第三位皇帝显然要努力得多，登基才三个月，就开启了一项伟大的工程——大运河之通济渠段。

第二年，这位皇帝开始修建东都洛阳，与此同时，又上马了显仁宫项目以及邗沟整修工程，并大力发展造船业，营造大小各类船只数万艘。在边境上，还对契丹用兵，取得大胜。

第三年，在保障各项工程顺利进展的情况下，在东都举办了大型文艺杂技音乐博览会。

第四年，不辞辛劳亲自北巡，陪同人员如下：文武百官一堆，士兵五十万。视察结束后，当即拍板修长城，并在回来的途中决定在太原开启另一重点工程——修晋阳宫。

第五年一开春，大运河永济渠段开工建设。同年，皇帝北巡，检查长城修建情况，并于年底在东都举办了一届成功的大联欢。值得注意的是，这一年，用工紧缺，皇帝陛下急中生智，发挥妇女能顶半边天的作用，号召广大妇女积极上工地劳动。

第六年，在国内大抓基础建设的同时，皇帝陛下积极开展对外军事行动，大胜不服管理的吐谷浑，使帝国触角直抵西域。史家公认，帝国之盛，极于此矣。

第七年，在东都召开藩国大联欢，并对拒不到场参加的海岛属国琉球用兵，克之！

第八年，积极扩充军备，广招兵、深积粮，准备对高句丽用兵。

第九年，皇帝陛下亲率两百万大军（实数一百多万，算上民工超过两百万）进攻高句丽。

第十年，再征高句丽，如果不是国内突发政变，说不定已经拿下高句丽。

第十一年，三征高句丽。

跟前面两位无所作为的皇帝相比，这位皇帝可谓勤劳勇敢、政绩彪悍。前面两位皇帝是汉文帝和汉景帝。

文景两朝统治期间国泰民安，被世人称为文景之治。

而后面这位皇帝，就是杨广。杨广统治的隋朝被认为跟秦末一样是实施暴政的。杨广的名字常常跟夏桀、商纣等著名暴君联系在一起，成为反面教材。

这说明，皇帝也有无作为的好皇帝和有作为的坏皇帝之分。

借用教科书的话，杨广对内穷奢极欲，对外穷兵黩武，虽然干了不少好事（修长城和运河），但不惜民力，把百姓逼上了梁山。古往今来，挑战百姓忍受力极限的帝王中，杨广称第二，估计没人敢认第一。

值得特别说明的是，在各地一百八十路起义军中，除了活不下去的农民起义军，还有四十多个地主武装。可见杨广实在生猛，不仅把农民逼上了梁山，把本是同盟的地主也逼得要跳墙。

◆ 历练

李密第一个投靠的是盘踞在平原郡的一支队伍。队伍头目叫郝孝德，是造反界的老前辈，手下有数万兵马，算得上实力人物。

李密是带着满腔热情上山的。读过《水浒传》的人都知道，入伙有时候比考公务员还难。林冲拿着柴庄主的介绍信都差点儿被赶下山，何况李密这样外貌不具观赏性，手中又没有资源的人。

果然，上山后，郝孝德听说是杨玄感的谋主，特地抽空接见了一下。见面后，郝孝德完全失去了信心，聊了没两句，就以"庙小容不得大龙"将李密打发了。

此处不留爷，自有留爷处。下山后的李密又找上了第二家。他不会料到：此处不留爷，一般处处都不留爷。

李密投奔的第二家是盘踞在长白山的王薄。此人自称"知世郎"，意思是天上的事知道一半,地上的全知道。论资历,这位王薄算是隋末众多反王中的先驱,在杨广第一次征高句丽时,他就组织了一个反政府武装。为了发动群众,他还创作了一首《无向辽东浪死歌》,号召大家与其到辽东送死,不如上山闹革命。

凭着这首煽动的歌曲,王薄拉起了队伍,占据了山头,成为一股不可小觑的力量。

王薄也没有辜负他"知世郎"的名号。此人确实眼光独到,老奸巨猾,明白自己的小山头是养不了李密的。

据后来的事情发展,王薄连梁山上的王伦都不如,直接就把李密打发了。

从长白山下来,李密彻底陷入了困境。他想做一个良民,但杨广不给他机会;他想当土匪,可没有山寨愿意收留他。混到这一步,真可谓山穷水尽。

最要命的是钱没有了。

李密原以为凭着自己过人的智慧,一定能找到靠山(山寨),但没想到,对这样的高层次造反人才,各地山寨竟然都不欢迎。

这些山寨头目大多小市民出身,小气得很,李密跑了大半年,很快就把不多的盘缠花完了。

对于普通行走江湖的人来说,没钱并不是问题。如时迁可以去偷鸡;史进可以客串一下打劫的,要么投靠一个大地主打打秋风。但李密出身贵族,就算逃亡也要保持贵族的尊严。没有吃的不愿意偷老乡的走地鸡,更不愿干乞食的活儿。当然,李密似乎也欠缺一些野外生存的能力。

小说里把李密描述成箭术过人之人,但从史书来看,这多半是虚构的,因为李密并不擅长打猎这样的活动,流浪在野外,连一只野兔子都无法打来充饥。

一开始没吃的的时候,李密勒了勒腰带,但显然,把肚皮勒得再紧也无法控制胃口。最后,李密选择了吃树皮。

不吃,就死;吃,就活。李密的世界突然变得简单而残酷。

除了吃之外,住也成了大问题。为了躲避隋兵的追捕,他选择了昼伏夜出，白天要么躲在山沟里，要么找一座破庙，到了夜晚，借着月色奔向自己也无法确定的远方。

这是狼狈不堪的李密，但也是洗尽铅华的李密。

此时的李密才真正明白了世间的苦难，懂得了那些拒绝他入伙的人曾经受过的一切。没有经历这一切，李密永远都无法融入他们。

介绍信是靠不住的，投名状也说明不了什么，只有经历过相同的苦难才能真正地把人紧密联系在一起。

继续走吧，上天已经劳其筋骨、饿其体肤，但历练并没有结束。

老天爷的药似乎下得过猛，在去除李密身上傲气的同时，将李密的志气也洗得一干二净。此时的李密像一个空洞的躯体，等待着全新力量的注入。

经过一段窘迫的日子，李密流浪到淮阳郡，在一个小村子里潜伏下来。为了掩人耳目，也为了解决吃饭问题，他办了一个私塾。

在这里，他不再叫李密，有了一个化名：刘智远。这是正确的，毕竟每天捧着"四书""五经"教一帮学童，实在有损八柱国之后的威名。

这样的日子持续了一段时间，没有人发现这个新来的私塾老师就是大名鼎鼎的李密。李密的脑袋是可以拿去换钱的，悬赏的金额挺高，隋朝政府是认真的。

但乱世是无法隐藏一位枭雄的。可以隐去姓名，可以藏匿身形，但无法阻挡他内心的渴望！

在夜深人静的时候，如何面对内心的拷问呢？

据我所知，当你的行动跟意愿一致的时候，内心就像张开的帆，会为你收集前进的力量；当你的行动跟意愿背道而驰时，内心就像一把锋利的尖刀，刺破你的身体，让血肉跟白骨暴露在阳光之下。

李密装不下去了。某次，他精神恍惚，突然搞了一首诗出来。

金风荡初节，玉露凋晚林。此夕穷途士，郁陶伤寸心。野平葭苇合，村荒藜藿深。眺听良多感，徙倚独沾襟。沾襟何所为？怅然怀古意。秦俗犹未平,汉道将何冀!樊哙市井徒,萧何刀笔吏。一朝时运会,千古传名谥。寄言世上雄,虚生真可愧。

在这首诗里,李密提到了樊哙、萧何。这两人出身低微,一个是在菜市场上班的屠夫,一个是低级公务员(狱警),怎奈何风云际会,他们成为一代名将良臣。

可我呢?我有萧何之才,项羽之勇,韩信之技,刘邦之术,诸葛之谋,还是名门之后,却为什么残喘于村舍?

想到这里,眼角已经滚下两行浊泪。

《水浒传》里的宋江也写过一首"敢笑黄巢不丈夫"的反诗,之后就被抓了起来。

李密不好好念"学而时习之",反而写起了反动诗,这件事很快传开了。县里的捕快闻风而至,好在李密消息灵通,在衙门的人找上门之前溜走了。

李密又一次踏上了逃亡的道路。此时的他已经隐约感觉到了体内那头躁动不安的野兽,可他依然不愿意唤醒它。他知道,唤醒它之后自己再无机会脱身,不是雄霸天下,就是被其吞噬。

在审视清楚自己的内心前,李密投靠了一位亲戚,这不能算是一个好主意。

李密投靠的是他的妹夫丘君明。得知大舅子来投靠,丘君明吃了一惊,官府早就在这里布控了,多待一会儿就多一分危险。于是,丘君明将李密带到了一个叫王秀才的人的家里。

史书特别在这位王秀才前面冠以"大侠"二字。事实证明,此人确有大侠风范,明知李密是逃犯,还大胆收留了他。不但包吃包住,见李密谈吐不凡,还把自己的女儿嫁给了他。

对于李密来说,这是一个完全没有料到的状况。

这一年,李密已经三十四岁。据史料记载,这是他的第一个妻子,也是最后一个。

新的家庭，新的生活，新的羁绊。这样的生活对李密来说，很温暖，很美好。这样的幸福让他内心那头本已蠢蠢欲动的野兽渐渐平静下来。

这样的一生，就算不青史留名，不轰轰烈烈，也能让人坦然接受吧。

翻看史书，常不经意间有这样的困惑，像秦末之项羽刘邦、汉末之曹操刘备，这些人是自己选择投身乱世，还是被乱世选择呢？

也许无法得出结论，但可以肯定，李密注定是被乱世选择的那个人。

一切美好的憧憬在一个下午被打破。那一天，李密出去办事，回家后就发现一片狼藉，显然，隋兵来过了。

王秀才被抓走了，新婚的妻子被抓走了，妹夫丘君明也被抓走了。

他们被告发了，等待他们的只有死亡。

望着空空的家，看了看这曾经给他短暂安稳与幸福的家，李密转身离去。他越走越快，然后奔跑起来。泪水湿了脚下的路，却让前路清晰起来。

他一直在逃避隋兵的追捕，但从这里开始，他将直面隋兵。

力量有很多源泉，可能来自欲望，来自耻辱心，但最强的一定来自自己所珍惜的人。

失去亲人的愤怒充满李密的内心，这愤怒终于将深藏李密内心的那头怒兽唤醒。

如果与隋朝为敌是命运给我的安排，那我就做一名合格的反抗者，让它认真倾听我的怒吼。

生活总是让我们遍体鳞伤，最终那些受伤的地方一定会变成我们最强壮的地方。李密所承受的正是这样的历练。

◆ 最伟大的推销员

李密没有项羽那样的神力，没有刘邦那样的人脉，也没有刘备那样的际遇，更没有曹操那样的根基，但他相信，自己有一个足以实现目标的特长。

奇计——谋夺天下的奇计。

有了这样的奇计，兵马会有的，地盘会有的。李密始终相信，谋略才是造反事业的核心资产。

从那时起，一个黑瘦干练的人往来于河朔大地。此人不走大道，昼伏夜出，去的地方风险很高。

往来于各个山头，李密热情地向各位义军领袖推销他的奇计。

当年吕不韦与父亲探讨商业之道，得出"立一国之主利润可达无数倍"的结论，亦成为天下第一商人。现在的李密，推销的是夺天下的奇计，可谓天下第一推销员。

某日，李密认真地给某位将军（自封的）详细分析天下大势，然后告诉他只要如此如此，就一定能称霸山东。过了些时日，他面对另一个老大，十分热情地告诉对方：将军兵多将广，如果能够审时度势，一定能干出更大的事业来。又过些时候，他十分惋惜地告诉某位老大：以你现在的实力，不去整合河朔的力量就太可惜了。

李密应聘了很多家造反组织，但始终没有应聘上。

很多人听得心潮澎湃，但一顿酒喝下来却纷纷表示：兄弟说得太远了，这么大的事还是以后再说吧。

这个情况让李密有点儿意外，他没想到夺天下之计在各大造反势力里竟然没有市场。

其实这是正常的，不是每个农民起义者都有高远的理想，绝大多数的义军是走投无路才造反的，能够有个地方栖身活下来就已经满足了。真要去夺天下，这是要了亲命。

很快，李密就被各山头列为不受欢迎的人。有时，李密连山门都进不去，即便进去了，也是被一顿酒饭打发了。没有人愿意相信真的可以挑战隋朝的统治。

倘若是以前的李密，恐怕会灰心地去当私塾先生，但此时的李密已经没有了退路。

他的朋友杨玄感死了,他的妹夫死了,大义收留他的王秀才死了,新婚的妻子也死了。这世间,他还有什么可失去的!

了无牵挂的李密只剩下一件事:推翻隋朝的统治。

来往于山林之间,李密像一个传道士。传道士传递爱与和平,李密却在布道恨与暴力。

尽管如此,殊途同归吧。

山东,郊外,夜。

当空气变得清凉,天空变得黑暗时,李密从梦中醒来。他已经度过了不少这样昼伏夜出的日子,接下来又要奔赴下一个组织进行自我推销。

收拾一下,李密迈开步子,走在月光下。前路像月光这样朦胧,又像月光这样美丽。

通过时光的迷雾,李密似乎清晰地看到自己的未来。他不再是逃亡的犯人,不是流浪的说客,而是身披金甲的大将,是指挥千军万马横扫天下的霸主。

这才是真正的我,这才是我一定要成为的我!

无论有多少困难,我一定要成为这样的我!

信念改变了李密,这种强烈的信念具有极强的感染力,它不但能改变自己,还能感染别人。

渐渐地,李密不再只是一个人,他的身边多了一些志同道合的人。

据记载,有一位叫李玄英的人,放着城里的舒服日子不过,专门跑到山东来,还专往起义军的大本营里钻,到处打听李密的下落。

当有人问起原因时,他神秘地说了一件事情。"民间兴起一个歌谣:桃李子,皇后绕扬州,宛转花园里。勿浪语,谁道许!"

他对各位江湖大哥认真解释:"桃李子"就是逃跑中的李姓人,"皇后绕扬州,宛转花园里"是说杨广在扬州已经回不来了,而"勿浪语,谁道许"就暗指一个密字。

这是一个为李密量身打造的歌谣,历史上将这种有预言性质的歌谣称为谶言。谶言是改朝换代之际的常客。

这位突然冒出来的兄弟堪称李密的铁杆粉丝,在他终于找到了偶像李密后,成为其忠实的跟班。

四处推销自己的李密终于有了第一个信徒。

坚冰已破,春天已经不远了。

李密的执着终于打动了一些山大王,很多人开始相信这位神采飞扬、口若悬河的人说的可能是真的。

也许,推翻隋朝建立新天下的愿望并不是遥不可及的。我们不是小山贼,我们也可以做一番大事业!

李密身后的人越来越多。在这里面,有一位想必大家很熟悉的人——济阳人王伯当。在各种有关隋唐的演义中,此人被塑造成百步穿杨的神射手,位列隋唐十八好汉中的第十七名,对李密十分忠诚。

说王伯当是神射手也许有艺术加工的成分,但忠诚却是真实的。此人一直是李密最忠实的信徒,并陪李密走完了人生最后一段。

李密决定再去找找平原的郝孝德。

虽然已经联络并说服了不少的起义队伍,但这些队伍有个共同的特点——人少地盘窄。靠这些力量是无法实施他的计划的。

看到造反推销员李密又上门了,郝孝德的头都大了。但这一次的李密已经不是当初的李密,人家有跟班,也是老大。于是,郝孝德忍着性子将李密请了进来。

李密把自己伟大的理想说了一遍,并告诉对方:郝老大的这些兵马加上他的计谋,统一河朔指日可待。

迟疑了一会儿,郝孝德露出了为难的表情,最终说出了心里话:"兄弟当年我落草,实在是饿得没办法,现在只求能够活下来。你说的这些,我想都不敢想。蒲山公还是下山吧,要是朝廷知道你在我这里,我死定了!"

李密奇怪地看着他:怕死还闹什么革命,真搞不明白这样的人竟然也能拉起这么大的队伍。

被李密看得不好意思，郝孝德只好抬了另一个人出来挡箭。"翟让兵马众多，你要是愿意，我马上派兵护送你去他那里。"

韦城人翟让是上天送给李密的礼物，他已经在瓦岗战斗了很久。

曾经的翟让被认为是可以解救天下苍生的人，至少在一个人的眼里是如此。

◆ 寨主翟让

数年前的一个夜晚，东郡，大牢。

潮湿的死牢泛滥着死亡的气息。时间已经不早了，但在这里能按时作息的人应该是没有的。

翟让没有睡。他本来是东郡的法曹，主管一郡之司法工作，可竟然知法犯法，犯下了死罪。此时他被关在里面，就等吃断头饭了。

英雄落难，总会有人前来搭救。

寂静中，一个声音响起："翟法司？"

借着豆大的油灯，翟让爬起来朝外看去，叫他的人是狱吏黄君汉。"黄曹主，我在。"

"天时人事，皆人力可为，翟法司怎可在狱中等死！"

翟让猛然意识到了什么，连忙靠近牢门，急切地说："翟让不过是囚牢中的猪，生死全在黄曹主手上。"

纵英雄如翟让，见到生存之光芒，犹不顾尊严扑了上去。黄君汉打开牢门走了进来，解开翟让身上的枷锁，告诉他赶快走。

翟让马上明白这意味着什么。他没有立马开溜，而是跪了下来，流着泪问了黄君汉一个问题："我这一走是活命了，但黄曹主你怎么办？"

黄君汉一声怒喝打断了翟让的哭诉。"我以为你是大丈夫，可以救生民之命，才不顾死罪来放你。你在这里哭哭啼啼像个女子一样干什么？你快走，不用管我。"

黄君汉就是江湖传说中的侠士了。他押上自己的身家性命去解救一个不相干的人，只因为一个简单的信念，他相信这个人可以解救万民于水火。

只问当不当为，不问可不可为，此乃真侠士风采。

但遗憾的是，大侠虽然义薄云天，但通常眼力一般，看走眼是经常的事。

从东郡死牢里逃出来后，翟让落了草。落草的地方大家都知道，在今天河南安阳滑县的一处杂草丛生、芦苇遍地的小沙丘。在这里，将上演隋唐历史中最具英雄色彩的故事。

此地，就是人称威行万里、声震八方的瓦岗寨。

凭着以前担任过法曹，翟让认识了不少道上的朋友，在瓦岗振臂一呼，应者云集。但翟让并没有像黄君汉所期待的那样成为救世主，他跟普通的农民起义领袖一样，有一块地盘保住性命，这就足够了。

尽管如此，瓦岗寨起义军依然是众多起义军中最有生气的一支队伍，究其原因，是因为军中有两位不寻常的人物。

◆ 飞将单雄信

第一个对瓦岗寨的发展起到重大作用的人是单雄信。喜欢《隋唐演义》的人对这个人物应该不陌生，此人虽然在演义版隋唐十八好汉里排名倒数第一，但为人慷慨大方、义薄云天、好结英雄，相当于《水浒传》中专门开流浪汉收留站的小旋风柴进。

据半小说半野史的文集《酉阳杂俎》记载，单雄信小时候，学堂前有一棵枣树，每天上下学，单雄信都要到枣树前望两眼。大概想吃枣吧，旁人这么想。

十八岁那年，单雄信又回到了学堂，手里拿着斧头，来到学堂前那棵枣树下，抡起斧头就砍。伐树之后，他抬起枣树干，一本正经地告诉被惊得目瞪口呆的老师和学弟们："这是做枪的好材料！我注意它很久了。"

从此，学堂里少了一片树荫，江湖上多了一把"长丈七尺，拱围不合，刃重七十斤"的名枪——寒骨白。

单雄信拿着他的寒骨白，骑着他的马（传说叫闪电乌龙驹）来到了瓦岗寨。

他应该不是走投无路才投的瓦岗。

据考察，单雄信虽不像演义里描述的是有空儿做黑活儿的半地主半黑道大哥，但生活应该是无忧的，也没犯什么罪，所以不需要跑路。

单雄信投靠瓦岗寨的原因很简单。

他是翟让的朋友。听说翟让在瓦岗寨起事，单雄信就赶过来共襄盛举。

投身山寨，不是爱好打打杀杀，不是为了救天下苍生，也不是为了发挥才华和实现抱负，只是为了"朋友"二字。

这一点很重要，对后来者李密来说更是如此。

人生里只有义气，没有理想、没有抱负，这就是单雄信。这样的人注定是悲剧式的英雄。

虽说动机不伟大，但单雄信的到来无疑大大提高了瓦岗寨的竞争力。单二爷（传说行二）身体素质过硬（骁健），武艺高超，尤其擅长马上用枪，冲锋陷阵，无不披靡，军中号称飞将。

单二爷算得上瓦岗镇寨大将。有谁不服的，让单将军收拾一下就好了。

但一支队伍里光有猛将是不行的，真正成就瓦岗寨的是另一位少年。

◆ 瓦岗智囊

如果说对单雄信的成分还存疑的话，这位兄弟却是实打实的家里有余粮的大地主。按史书所记，此人客居河南滑县，家里有屋有田，是滑县有名的种粮大户，而且很有良心，热心慈善事业，周济周边百姓。

此人便是唐初公认的两大名将之一，封英国公的徐世勣。

徐世勣，原籍山东，字懋功。《隋唐演义》里多直接称他的字。

有一天，徐世勣突然丢下这么大的一份家业，投奔了瓦岗。

徐世勣投奔瓦岗的原因很简单，不丢下这份家业上瓦岗，那以后就无家可归。

一般来说，不管官府军还是起义军，首先要解决吃饭问题，作为起义军上了梁山，自然就不会再下田耕种。自己不生产，只能去打大户，夺官府的公仓，甚至有些不地道的队伍连老百姓也会抢。

瓦岗寨也一样，隔一段时间出动一次抢一些粮食回来，然后粮食快没了的时候再出去抢。如果这个地方抢完了，就换个地方抢。

大家都这么干，所以才会被官府称为流寇。

这对徐世勣来说，绝对不是一个好消息。他的家就离瓦岗不远，虽然翟当家的暂时还没有到他的庄上借粮，但迟早有一天会去的。在翟让找上门来之前，徐世勣决定先去找对方。

这一年，徐世勣十七岁。

投奔瓦岗之后，徐世勣告诉翟让，这附近都是大哥和我的乡亲。乡里乡亲的，见了面都是熟人，向他们下手实在说不过去，以后还是别这样干了。

翟让用奇怪的眼神望着这位面孔还显稚嫩的手下，半天才明白他是什么意思。明白后，翟大当家的不禁哑然失笑，果然是有钱人家的少爷，天真的可以。

咱们干的就是打家劫舍的勾当，不抢老乡我们吃什么？

正当翟让准备好好给徐世勣上一堂生存课时，他收起了嘲弄的笑容，认真打量起眼前的这位少年。

徐世勣给翟让指出了一条河流，一条特殊的河流。它是由人工开凿而成的，是一条流淌着财富、生机的河流。

那是连贯东西、纵横南北、传递文明的京杭大运河。

"宋郑素来是商旅会集之地，运输物资的御河就在境内。河上船只来往不绝，只要劫取这些货船，就足以供应瓦岗寨。"

所谓靠山吃山、靠海吃海，旁边就有一条大运河，还进村打什么地主、抓什么老母鸡！

这番话彻底改变了瓦岗的运营模式。

翟让马上采纳了这个建议，调整了作业方向。运河之上，商船官船天天都有。当然，商船是不应该抢的，做生意的也不容易，但官船不抢白不抢。

从此以后，瓦岗寨算是过上了丰衣足食的好日子，但好处不止这些。翟让惊喜地发现，在运河之上，除了粮食、布匹，还有一种稀缺的战争资源——战马，上等的战马！

此时，杨广已经把办公地点搬到了江都扬州，过上了"我梦江南好"的日子。当然，江南虽好，却不是产马地，战马还需要从西北的马场运过来。

现在，这些马成了杨广友情赞助给瓦岗寨的了。有了这些马，瓦岗寨组织起一支强有力的骑军，专门跟隋朝政府对着干，也算是取之于官、用之于官吧。

瓦岗寨是一个和谐的团队，单雄信是翟让的朋友，徐世勣也融入了这个团队。

徐世勣有相当严重的英雄相惜情结，自己虽然才华满腹，但见到有能力的人仍然禁不住赞叹。在瓦岗，他很快被单雄信的勇猛所折服，并与单雄信结拜为兄弟，许下了"有福同享有难同当"的誓言。

但对义气的理解，徐世勣跟单雄信并不相同。

在瓦岗，翟让统筹，单雄信冲锋陷阵，徐世勣出谋划策，三人分工明确，团结互助。这是一个有效率的造反班子。

照这个趋势发展下去，瓦岗会成为地区的最强者。但无法看到前景，因为这支队伍缺少造反最重要的东西。

要想走得更远，就得看得更远。没有远大的理想，智慧与英勇依然无济于事。

当然，等五星级造反规划师李密来了，这个短板就被补齐了，瓦岗军的一切也会被改变。这于瓦岗，是福还是祸，听天由命吧。

唯一可以肯定的是，瓦岗的草莽时代结束了，新的一页即将翻开。

李密已经大踏步地朝瓦岗而来。

◆ 蒲泽配

来瓦岗之前，李密是吃了送行酒的。

郝孝德良心发现，亲自送李密下山，并在山下请李密吃饭，还友情赠送马一匹。大概他是怕李密走不动，又折回来吧。

吃饱喝足，李密终于要上路了。郝孝德松了一口气，总算请走了李密这个瘟神。

就在这时，发生了一件让郝孝德始料不及的事情。

数十个人站了起来，朝郝孝德拱手，表示要追随李密而去。

望着离开的部下，郝孝德第一次意识到李密身上有着巨大的吸引力。

我们不得不承认这个世界上有一种人，他可能身无长技，却具有特殊的魅力，能让人信服并跟随其后。正如有的人是水，可以流经四海；有的人是瓶，可以收纳流水。

正如《秦誓》所云："如有一介臣，断断猗无他技。其心休休焉，其如有容。"

刘邦是这样的人，李密同样是。自己是不是看走眼了？那一刻，郝孝德突然有一种拍马跟上的冲动。

瓦岗聚义厅内，翟让正在谋划再到运河上劫物资。家大业大，东西来得快去得也快。这时手下报告：蒲山公李密求见。

翟让露出了神秘的笑容。他早就听说江湖上有一个叫李密的人到处游说各地义军，正在盘算此人什么时候到自己的瓦岗来。

收报后，翟让干脆地下了一个命令：不用见了，将那个自称李密的人关起来。

"关到营外！"翟让特别关照。

翟让连大营都不让李密进。他跟郝孝德一样，认为李密是瘟神，生怕见对方一面就招来隋朝大部队的围剿。

一天以后，又有人报：济阳王伯当求见。

那会儿虽然没有义军花名册，但王伯当的名字，翟让还是有所耳闻。

翟让想了想，王伯当不是通缉犯，也不是贵族，都是阶级兄弟，这个可以见。

一见之后，翟让的下半生就不属于他自己了。

王伯当是给李密带话的："翟将军可以救天下！"

对这句话，翟让有似曾相识的感觉，记忆深处的密匣被打开了。当年，东郡狱吏黄君汉以身家性命为赌注，将翟让从死牢里放了出来，就是因为相信他可以救天下。

他还欠着黄君汉一个承诺，曾经他以为自己可以遗忘，但守信的魔力一直潜伏在内心深处。

欠下的债总是要还的，也许，李密就是黄君汉派来索债的吧。

这一句话把翟让搅得寝食难安。最终，翟让决定去见一见李密。

李密坐在简易的牢房里，看到翟让渐行渐近时，露出了会心的笑容。

作为逃亡资深人士，这样的牢房本困不住他，但他却没有逃走，他在等待翟让亲自打开牢门。

翟让走近了，盯着李密。

平常无奇的一个人，连走江湖的标准身材都没有达到，但隐隐地，翟让感到一种气场在这低矮的牢房里弥漫。

李密似乎没有看见寨主驾到，仍然闭目养神。

两军交战，先发者制人；两舌交战，先开口者劣势。

望着一动不动的李密，翟让终于沉不住气，开口就说出了让自己后悔的话："你说我可以救天下，这是真的吗？"

翟让不问如何救天下，却在怀疑救天下的可行性，足见此人缺乏自信。

这样的人不是一个优秀的领袖，但也许正是李密要找的人。

李密睁开眼，望向翟让，一字一顿地说出下面的话，像铁锤击打钉子一样钉进翟让的内心。"刘备、项羽出身平民，最后都成为帝王。现在隋帝昏庸，民怨沸腾，隋朝的精兵折损在辽东，又跟突厥交战，隋朝皇帝竟然还跑到扬州去了，这正是当年刘项奋起的情景！"

"以足下的雄才伟略，士马精锐，席卷二京，诛灭暴虐，隋氏不足亡也！"至此，李密沉气，话毕。

再渺小的心灵也经不起这样的鼓舞。

翟让双眼放出了光芒，急切地问："那我应该怎么做？"

李密站了起来，掸掉身上的尘土说："第一步，把我放出去！"

不久后，李密离开瓦岗，大步向山下走去。他不再是流浪人士，他已经是瓦岗的一员，此次下山是去拉队伍的。凭着这些年在各地与义军结下的交情，很快，李密就拉来了大大小小的各路人马。

翟让很高兴，队伍壮大了，实力加强了，瓦岗的前途一片光明。

从这一点看，翟让连晁盖的智商都没达到：晁老大看到宋老二天天往梁山上领新人，心里很不是滋味。翟让却乐呵呵的，完全没想到这些新来的兵马虽然属于瓦岗，但更准确地说应该是李密的嫡系。

瓦岗寨从此有了派系之分：翟让系和李密系。但翟让并没有想到这一点，在他看来，李密是我的兵，李密的兵自然也是我的兵。在这一指导思想下，翟让没有给李密提高待遇。

想当年宋江上山，晁盖哭着喊着要让出头把交椅，而如今翟让却如此不上道，只好上点儿手段了。

手下的兵马越来越多，李密说的理想已经有了实现的可能，但翟让总觉得幸福来得太突然，有点儿不敢相信这一切。最后，他决定找一个人来问一下。

被请来参谋的是他的军师，姓贾名雄，此人通晓阴阳占卜。贾雄因为这项绝活儿成为翟让的心腹。

"李密说的靠谱吗？"翟让问他。

贾大师掐起手指算了算，露出喜悦的表情说："吉不可言。"

"怎么说？"

"李密所说的一定能成！但……"贾雄拖长了声调，正如钓者放长了渔线，等鱼儿咬钩。

翟让一口咬住了鱼饵。"但什么？"

"如果您自立为王未必能成，要是拥立此人，事情一定能办成。"

给李密腾位子？！翟让自觉尊严受到了侮辱，马上愤然反问："李密要是像你说的这样牛，他应该自立，何必来投靠我？"

贾雄不慌不忙，抛出了他的解释。"这是有原因的，将军姓翟，泽也，而李密是蒲山公。蒲要是没泽就无法生长，所以他要依靠将军。"

这也行？！

诸位博古通今，对这种蒲泽配的说法应该不陌生，谁信谁就天真了。在山头，只有一种真理，就是一山不容两虎。

翟老大露出了欣慰的笑容。

妥了，妥了，原来对方还是离不开我啊。

翟让受伤的心灵得到了修复，马上赞同贾雄的说法。

大家应该猜得到，贾雄早已经被收买，是李密的人。读过《水浒传》的人对这一幕很熟悉，这跟梁山上的那些事儿太像了。当年晁盖也有个能掐会算的参谋，就是吴用，等宋江上山之后，吴用就成了宋江的人。

第二把交椅虽然还暂时轮不到李密，但他总算有了发言权。

李密很快就提了一条建议。他告诉翟让，现在兵马多了，粮食供给是大问题，还像以前那样抢掠是行不通的，应该就近攻打荥阳郡，夺取那里的粮仓，建立永久基地。

这是一个合理化的建议。

翟让大喜。

果然泽生蒲，蒲润泽。二人一合作就把瓦岗带上一个新的台阶。

翟让大力表扬了李密，并当场拍板马上行动。

李密告退，在转身那一刻，他的脸上浮现出难以察觉的笑容。

翟让自然没有想到，攻打荥阳，不过是李密宏大计划里的第一环，目的不仅仅是夺取粮食。真正的目的，李密是绝不会告诉翟让的。

第三章 瓦岗聚义

◆ 必须战胜的对手

隋大业十二年（616），荥阳。

瓦岗大军旗开得胜，连下荥阳郡数县，直接攻到了荥阳郡内。但很快，翟让就急得跳脚了。

翟让叫来了李密，急匆匆地说："不能再待在荥阳了，我们马上撤回瓦岗。"

说完之后，翟让发现李密没有半点儿惊慌，只是笑眯眯地看着他。

这小子大概搞不清状况吧。

翟让提高声调，几乎是吼着说出了那个名字："张须陀就要杀过来了。"

能让翟头领惊慌失态的自然不是等闲人物。那些年，对起义军来说，"张须陀"这个名字具有极大的震慑力。

张须陀，弘农阌乡人（杨玄感老乡），少年从军，征战南北，在残酷的沙场之上练就了一身杀敌的本领。

第一个领会到张须陀可怕的人是起义首倡者兼《无向辽东浪死歌》的填词作曲者王薄。王薄是个好的宣传人才，一首歌谣鼓动起天下人，但他选错了造反的地方。

王薄是齐郡邹平人。造反靠乡亲，于是王薄就在家门口拉起了大旗。队伍成立后，他没有兔子不吃窝边草的觉悟，经常领着队伍席卷郡地，终于惹毛了齐郡的郡丞。

郡丞不是一郡之长，是郡守助理，但就实际情况来看，这个助理可比郡守猛得多。

郡丞正是张须陀。

有一次，王薄照常出动攻打县府，抄大地主的家。一路扫来，连战连捷。不久后，王薄来到泰山脚下。

眼前就是丛林，王薄断定这一次出击圆满结束了，于是架锅做饭。

炊烟升起的时候，张须陀的部队已经渐渐靠近。

张须陀跟踪王薄很久了。一直以来，王薄都是打一枪换一个地方，张须陀要逮住他们不容易，但现在王薄这群人终于停下了脚步并放松了警惕。

生米已经做成熟饭，与此同时，齐郡的官兵出现在营外。

冲在最前面的是一个灵官般的壮汉。此人挥枪袭来的模样在以后很长一段时间内成为义兵的噩梦。

张须陀的突然袭击取得了奇效。王薄丢盔弃甲，狼狈逃走。

脱离战场后，王薄收集散兵，渡过济水，准备回家。这一次他是认栽了，出来混迟早要还的。

显然，张须陀认为并没有完。

张须陀乘胜追上，在临邑又截住王薄对其一顿猛攻，差点儿把王薄打到辽东去。

王薄愤怒了！出来混，何必这么认真，不给我活路，那大家就拼了。

很快，齐郡境内的义军头领都认识到勇猛的张须陀堪称义军公敌。于是，很少集体行动的义军联合起来——长白山王薄、平原郝孝德、豆子贼孙宣雅等组成十万联盟军进攻张须陀。

事实证明，人多未必管用。张须陀只用了两万兵马就击败了这支联盟军，顺便缴获物资无数。

仔细研究张须陀这个人，发现其确实不是一个简单的人物。首先，他具有大隋军官没有的东西——仁义。

当年山东大饥，四处都是饥民，张须陀打开官仓赈济灾民。有人好心提醒他，最好等上面的圣旨下来了再开仓赈灾。

张须陀指着外面奄奄一息的灾民，告诉对方说："我们可以等旨意，但外面这些人等得了吗？"

体恤郡民的张须陀在群众中拥有极高的声望，这是他能获悉王薄踪迹的原因。

此外，张须陀还具有大将必备的素质——勇猛。

据史书所记，有一回，一位叫裴长才的义军头领领着两万兵马直接杀到了张须陀的城下。张须陀来不及集结部队，领着五位骑兵就杀出了城（勇气更嘉），转眼间，被围了数百重。

张须陀横冲直撞，以五骑之力支撑到城内兵马前来接应。

有勇有仁，这样的人已经足够可怕，但这还不是完整版的张须陀。

张须陀声振东夏，连击王薄，勇破联盟军，也玩过奇兵奔袭、大破敌军。甚至有一次，张须陀布下阵营，扼守险要，直接逼得对方将领率领十万大军面缚投降。根据史书所记，张须陀最经典的战役是对阵卢明月。

卢明月，本是涿郡一支队伍的统帅，手下有十多万的兵马。估计小小的涿郡已经无法满足卢明月的欲望，于是，他把兵马拉到了诸雄竞技的河北地界。这是张须陀的地盘。

张须陀刚被齐郡的众山头车轮战了一圈，实力正处于低谷，但人家找上门了，不奉陪就不是他的性格。

领着万余兵马，不多的军粮，张须陀迎难而上，与卢明月对阵。

这一支外来的义军在到达齐郡之前应该是侦查过的，知道张须陀锐气十足，又打听到张须陀军粮不多，于是采取坚壁不出的策略，坐等张须陀粮尽逃遁。

10多天后，张须陀的粮食果然吃完了。他把部将召集过来，介绍了当前的困难，并告诉大家胜利并非没有希望。

"如果我们假装撤走，卢明月一定集合所有的兵马前来追击，我们只要安排精锐趁机偷袭其大营，就一定能取得胜利！"

"我要率领大军诈退引敌，谁能够替我前去袭营？"张须陀将目光扫向了下面的一干军将。

第二天，祝阿镇，风掠过黄河岸边的芦苇丛。此时是隋大业十年（614）的深冬，本已经泛白的芦苇丛在冬日的照耀下泛出金黄的颜色。

伏兵已在其中。

远处，喊杀声越来越响，又渐渐越来越远。

出击，就在此时！

刚刚还平静的芦苇荡突然沸腾起来。马鸣声中，一支千人的骑兵踏苇而出，奋驰上岸，直扑卢明月的营寨。

这正是张须陀的伏兵。

不出所料，在张须陀撤营而走时，卢明月再也忍耐不住倾营而出，准备让张须陀的人一个也跑不了。

趁卢明月出击之时，张须陀的千人奇袭小队冲到了营寨前，可营门紧闭着。看来卢明月的警惕性还是挺高的，都倾营而出了，还不忘随手关门。

一名小将驰马而出，直抵营门，挥枪一击。在《隋唐演义》中，此人力大无穷，能够"横推八匹马，倒拽九头牛"，是群雄中唯一可以跟头号战神李元霸过招的人。

据史书记载，有一次张须陀大胜反抗军，杨广收到捷报后兴致很高，专程派了画师到前线为张须陀营中的大将画像。画师画了两人，一人是张须陀，另一人就是历城人罗士信。

张须陀之所以能够勇冠东夏，正是有罗士信这样的猛将。最开始，张须陀差点儿错过这位少年英豪。

数年前，为了对抗郡内群起的反抗军，张须陀开始招募士兵。有一天，张须陀听到招兵处传来喧哗声，部下进来报告说有人在那里起哄。

张须陀决定亲自去看一看，对每名士兵，他都有了解的冲动。

在外面，张须陀看到一个人在大吵大闹，正是罗士信。

张须陀向前走了两步，仔细打量对方，然后摇了摇头，有些哭笑不得。这谁家的孩子不看住了。"汝形容未胜衣甲，何可入阵！"

言下之意，小伙子你发育都没完全，一副铠甲都能压垮你，就别说上阵应敌了。

罗士信的脸涨得通红，朝张须陀嚷道："将军说我身不胜甲，请出甲试之。"

"两副！"罗士信补充道。

望着这个倔强的少年，张须陀决定给他一次机会。与此同时，张须陀也抓住了自己的机会。

两副铠甲送了过来。罗士信看了看，又回过头来问："鞬呢？"

鞬是装箭的器具。看来，罗士信要全副武装了。

装满箭的鞬送了上来，罗士信歪着头瞅了一下，摇摇头，又伸出两根手指头："两个！"

不等张须陀点头，招兵官员马上又拿来了一个鞬，特地多装了两支箭。

让你狂，压不死你。把脊柱压弯了，可不能说我们虐待童工。

罗士信开始往身上套铠甲。隋朝的铠甲最主要的样式是明光铠，多用铜铁做成，经过打磨如同镜子一般可以反射阳光，所以人们称之为"明光"。

一副铠甲加一具鞬的重量大概在二十公斤，也就是说，当罗士信把两套铠甲以及箭鞬装上之后，已经负重四十公斤。

此时的罗士信本人有没有四十公斤还是一个疑问。

穿上后，罗士信迈开脚步，翻身上马。《隋唐演义》中形容他身轻如燕。

罗士信上马之后，脸不红、气不喘，腰板挺直，神采奕奕，在四面围观的群众中寻找张须陀。

张须陀眼前一亮，连忙招呼道："壮士可以下马了。"

那一年，罗士信十四岁。

罗士信大概是专为沙场而生的。此人力大无穷，勇猛过人，喜欢拿一杆长枪冲锋陷阵。他性子还急，经常对方刚列阵，他就孤身一人冲进去砍杀，然后像没事儿人一样走开。

此人有个习惯，每杀一敌，必定将对方的鼻子割下来，以备计数。

张须陀很欣赏罗士信这股冲劲儿，将自己的战马送给罗士信，安排罗士信做自己的护卫。罗士信没有辜负这份赏识，年少的他成为张须陀军中的头号猛将。

攻打营寨，要是第一个登上去的是张须陀，第二个肯定是罗士信。

罗士信的枪在营门上捅出个窟窿，但营门很结实。放弃捅开营门的想法后，罗士信骑马绕着营寨转。

此时，张须陀正被卢明月的十万大军猛追不舍。多一分钟的延迟，张须陀就多一分危险。

没有攻城器具，营门就攻不开。营门打不开，突袭就起不到作用。

罗士信年少气盛，脑筋不容易转弯，到了关键时刻就暴露出战场经验缺乏的毛病。好在，突袭的队伍里并非只有罗士信一员大将。

另一位隋唐英雄登上了历史的舞台。

一名军将翻身下马，也不踹门，也不挖洞，直接爬营楼。这就对了，推不倒高墙，翻墙总是可以的。

此人动作相当熟练（练过），不一会儿，就爬到了营楼之上。罗士信醒悟过来，翻身下马，也朝墙上爬去。

不一会儿，两位跃上营楼。罗士信大喝一声，拔出腰刀扫开一片空当。

那位仁兄直扑敌方旗杆。

射人先射马，擒贼先擒王，夺营先夺旗！究其原因，两军之战夺旗为先。

军旗都被扒了，整个大营人心涣散，顿时人员无组织无纪律地四下逃散。

紧闭的营门打开了。

这位夺旗勇士正是传说中人称"小孟尝"的山东好汉秦叔宝。

秦叔宝，历城人。《隋唐演义》里，他是高级将领之后。地方志里记载，他跟以后同他一起客串门神的尉迟敬德一样，是打铁的出身，但出土的墓志铭表明，他家以前是做官的。众说纷纭，但乱世是不论英雄出身的。

跟罗士信这样的沙场新人不同，秦叔宝是一名职业军人。很早以前，他就是一员隋将，早些年还去辽东征伐过高句丽。多年的征战使他比罗士信多了一份成熟与稳重。

打开营门之后，秦叔宝立刻下了一个命令："放火燃营！"

胜负已定。正追赶张须陀的卢明月见到自家有三十多道烟火腾空而起时，大喊一句："中计了！"

卢明月拨马就回，等待他的是斗志正盛的秦叔宝和罗士信。没多久，张须陀杀了一个回马枪，出现在其后方。

卢明月大败而逃，十多万的兵马只剩下数百骑向南逃去。

顺便说一句，这位卢明月倒是非常顽强，跑到南方之后又拉起了一支部队，据记载兵力达四十万之众，还搞了个"无上王"的封号。不幸的是，南方也不好混，在那里有一个比张须陀下手还狠的人。

知人善用，足智多谋，为人仁义，英勇无双，这样的张须陀实是山东义军的噩梦。

翟头领同样有恐张症。张须陀因为剿匪得力，被杨广提拔为河南道十二郡黜陟讨捕大使（剿匪总司令），翟让的瓦岗也在他的征讨范围之内。有空时，张须陀也会来找翟让的麻烦，相互交战三十多回，翟让从没胜过。

翟让跟李密讲起了张须陀的那些恐怖战绩，惊慌之下，他忘了李密这些年在山东这带游荡，不可能没听过张须陀的名字。

近来，隋朝政府搞了一次调动，将张须陀从齐郡调到了荥阳。很明显，就是为了保证东都洛阳的安全。

李密应该是知道这个动向的。事实上，李密来荥阳不是为了粮食，不是为了基地，正是为了等待张须陀。

李密不但知道张须陀，也比任何一位义军头领都了解张须陀。

在各地义军走动时，他见过头领们谈张须陀时色变的样子。他知道，要想真的征服这些山头，成为这些人的领袖，就必须击败这位隋朝大将。

过人的口才也罢，诱人的前景也罢，最有说服力的只有实力。

张须陀，你将荣幸地成为被我击败的第一个人，而且是必须击败的人。

翟头领不幸成为李密的诱饵。此时，他急得团团转。

李密按住翟让，用极其冷静的声音说："张须陀没什么了不起的，不用怕他！"

"此人虽然勇健但没有谋略，而且屡战屡胜一定让他生出了骄气。这样的张须陀必败无疑！"李密继续说道。

到了此时，翟让才明白李密不是在开玩笑。

最后，李密保证说："不用担心，将军只管列阵应敌，我保证替你击败张须陀！"

保证，拿什么保证？山东群雄都是张须陀的手下败将，你凭什么说一定能击败张须陀？

鬼使神差，翟让竟然点头同意了。

荥阳城郊。

远处，乱尘飞扬，一队骑兵急驰而来。近了一看，正是翟大当家的。

从翟当家灰头土脸的模样来看，形势对他应是不利。

就在不久前，翟让怀着忐忑的心情集结部队，跟张须陀叫阵。因为是被赶着鸭子上架的，翟让无心恋战，交兵没多久，就败下阵来。

当然，以与张须陀交战三十多回的经验来看，翟让很清楚老张不是点到为止的人物。

环顾四周，喊杀声越来越近，翟让的脸色已经铁青。此时的他，头都大了两圈。

李密不见踪影！

他跑哪儿去了？伏兵怎么还不出来？

老大在前面拼死拼活，小弟却躲着不出来，这也太不像话了。要是翟让知道自己是李密鱼线上的诱饵，只怕就不是骂人的事儿了。

荥阳城西，有一座著名的寺庙，此庙名曰大海寺。此时，它应该叫代海寺，代替南海之意，是南海观音菩萨的道场。之所以改名为大海，据说是因为唐太宗李世民小时候患眼疾，在此寺求佛而愈。当上皇帝后，李世民将此寺扩建得波澜壮阔，似海一般，遂名大海寺。

今天，大海寺将亲眼见证另一位霸者的诞生。

大海寺北边的林地里，李密紧紧盯着战场。也许是冲天的火光，也许是沸腾的血液，李密的眼睛变得通红，全身因为激动而微微颤抖。

鱼入网了吗？

有那么一会儿，李密似乎听到了张须陀的呵斥声。这是让人胆寒的声音，但今天，这横扫千军的咆哮只激起了李密的斗志。

张须陀，无论你多么神勇，注定成为我向上的垫脚石。因为，我非战胜你不可！

张须陀，再奔跑一会儿吧，翟让就在你的前面！离开你的大将，脱离你的大军，去追逐翟让吧，就像鸥鹆猎食麻雀一样。

而我，是猎鸥的鹰。

长风掠过密林，四下的喊杀声越来越混乱，忍耐已久的李密终于等到了出击的时刻。

身后的劲卒随我进击，去战胜我们的宿敌，去击败传说中那位不败的将领。

◆ 将道

张须陀并不难找，凭着老张那标志性的呵斥声，李密领着一千养精蓄锐的精骑包抄到了他的身后。

很快，翟让也杀了回来。

据说，翟大头领本来准备一口气奔回瓦岗的，但徐世勣拉住了他的马头，告诉他，后面的厮杀声发生了变化，一定是李密杀了出来。现在前后夹击张须陀，一定能取得大胜。

翟让，李密，徐世勣，单雄信。张须陀被夹在中央。

张须陀已经落单。

根据史书分析，张须陀为了活捉翟让，采取了分兵追击的策略，现在看来，这是一个致命的错误。

张须陀的身边已经没有了力大无穷的罗士信，也没有了骁勇无比的秦叔宝。

但，张须陀依旧是勇悍的。

明白自己中计被围后，张须陀并没有慌乱。从军大半辈子，他的一生就是在包围与反包围中度过的。

提枪，纵马，暴喝，张须陀冲向了四围而来的瓦岗军。

三军可夺其勇乎？四虎可困猛龙乎？

枪花开遍之地，一条血路已经打开。

张须陀杀出重围，脱身而去。失败对他来说并不新鲜，只要活下去，他一定能够卷土重来。

可跑了没一程，张须陀勒停战马。他听到了惨叫声。

回头望去，部下被重重围住，然后一个个倒下。

沙场向来是残酷的，张须陀自然不是第一次见到死亡。他没有犹豫，做出了一个在别人眼里莫名其妙，但在他看来天经地义的选择。

掉转马头，重回战场。

我绝不会放弃我的士兵，胜利也许是一个将军追求的目标，但同生共死才是我的将道！

张须陀去而复还，又杀进了包围圈，对自己的部下大声喊道："你们跟紧我，一起冲出去！"

大概瓦岗军没有想到张须陀回来了，一时不备，又被他冲了出去。

跑出一段距离后，张须陀对跟他突围出来的部下说："你们先走，我还要回去。后面仍然有兄弟没有出来。"

说罢，张须陀打马回身，冲向了包围圈。

史书记：来往数四。

平常四字，字字浸透悲怆壮烈。

当张须陀第四次杀回包围圈时，猛然发现，战场上越来越安静。偌大的战场，自己人已经所剩无几。

对手越来越多，自己的体力越来越差，张须陀突然意识到到了自己的极限。

是了，这里就是我马革裹尸还的地方。不需要再突围了，我已经将天子交付的兵马丧尽。当年项羽不愿只马见父老，我张须陀又怎能孤身复天子？

想到这里，张须陀翻身下马，一拍，将马策走。

战马啊，你陪我征战沙场，现在，我的生命就要结束，你去寻你的自由吧。

大海寺旁，张须陀站立着战死。

据记载，张须陀中的那一枪是徐世勣刺出去的。

我相信，徐世勣是一枪击中了张须陀的要害。他应该明白，这样的汉子，宁死不屈！

这一夜，哭声响彻荥阳，那是四处逃亡的张部士兵在为他们的将领哭泣。

仁、勇、义、信，张须陀虽以兵败身丧告终，但依然不失为一员名将。

对于李密而言，击败张须陀仅仅是一个开始。

蒲山公营。

胜利掩盖了一切，包括李密的用心。

翟让彻底服了李密。击败张须陀后，翟让摆了庆功宴，大概是多喝了两杯，一高兴，让李密组建自己的队伍。

李密没有客气，很快将追随自己的那些人组织起来，在瓦岗军中别建一营。这个营以他的爵位命名，叫蒲山公营。

这是李密真正的嫡系部队，虽然兵马不多，但李密相信，总有一天，这支部队会跟他一起抵达最终极的目标。

蒲山公营并不是普通的山寨部队。山寨部队有个通病：有组织无纪律。占上风时一窝蜂地往前冲，可一旦落下风，必定跑得比兔子还快。

显然，这样的部队不是李密希望的。要使蒲山公营提高战斗力，必须严肃军纪。李密将部下召集来，没有讲大道理。他只是告诉大家，我们已经不再是山匪，不能只满足于打家劫舍。我们走到一起，一定有更大的使命在前面等我们。

至于这个使命是什么，李密并没有点透，而是告诉大家，以后获得的战利品，我李密一文不取，全归大家所有。

李密的话，含有远大的目标，又有落在实处的内容。大家虽然文化水平不高，但都听进去了。

蒲山公营成为瓦岗军中纪律最为严明的部队，也成为最具战斗力的部队。但与此同时，另一个问题产生了。

大家都知道，山寨做大了，一定会有山头问题，一定会有此山压彼山的问题。

蒲山公营就遇到了这样的问题。估计蒲山公营的福利待遇比其他营的好（李密不参与分红），所以引起了其他营的羡慕嫉妒恨，经常有人来挑事。特别是翟让本部的大哥们，因为上山早，欺负李密的兵已经成为常态。

每次李密都苦口婆心地告诉部下：一切要以大局为重，团结才是力量。

听了李密的话，大家都忍了下来，但没人保证下一次不会擦枪走火。要知道有的人在投靠李密以前，也是当老大的。

正当李密为此事苦恼时，事情似乎得到了圆满的解决。

翟让的营要散伙了。

翟让这个人有一个缺点：格局太小。

刚打下荥阳，翟让就满足了。一来击败了张须陀，出了一口这些年被对方压制的恶气；二来捞了不少实惠。

做山贼做到这个分上，还求什么呢？

翟让找到李密，郑重表示现在粮草充足，当初起事的目的已经达到，我要回瓦岗。兄弟们要跟我回去再好不过，如果不想，那就随便你们去哪里，我们就此告别吧。

翟让回他的瓦岗继续当他的山大王，李密接着前进。

但翟让跟李密的命运注定要纠缠在一起。

走到一半，翟让拉着驴车、马车又回来了。

格局太小的缺点不是致命的，甚至是可以保命的。但翟让还有一个性格缺陷，这个缺陷同格局太小结合在一起，那就要命了。这个缺陷是贪婪。

跟李密不参与分红不同，翟让的部队严格遵守战利品领导先挑一份，然后留公用一份，再手下分一份的山寨式分红模式。

是我的那一份，一分都不能少；不是我的那一份，我也要拿一分。

量小而性贪，这让翟让无法脱身事外，从而急流勇退。

走着走着，翟让收到李密乘胜进军连下数城的消息。翟头领后悔了。

原来分红还没有结束。

于是，翟让掉转方向，重新找到李密，表示大家还是在一起比较好。

◆ 李密的计划

李密对翟让的去而复返十分高兴。他现在力量还很单薄，要做大事，还得借助翟大头领的力量。

欲借之，必先予之，李密身无长物，但有一样东西可谓取之不尽，那就是想法。

"东都空虚,士兵缺乏训练。东都留守的那班人,以我所料,绝对不是将军的对手,如果将军能用我的计策,天下可指麾而定。"

要是在瓦岗,翟头领是很受用这些言语的。打不打是一回事,但享受指麾而定天下的臆想总是有利于身心的。但现在不同了,部队就在荥阳,离洛阳并不远,李密现在提这个,当然不是说着玩了。

刚打完张须陀,翟让的心情还没有完全恢复平静,现在又去惹中央军,这实在超出了翟大头领的心理承受范围。

于是,翟让表示这个事情需要从长计议。所谓从长计议,就相当于暂缓处理,共同偷懒。

但这种敷衍对李密是没用的,从瓦岗出来,李密的霸业就不可阻止地向前推进。对于翟让这种不思进取的领导,李密是有办法的。

过了两天,李密找到翟让,向翟让报告:最近他派人到洛阳打探,但被对方识破,估计东都向扬州报信的人已经在路上,用不了多久,东都跟扬州的大军都会杀来,再犹豫不决就要完蛋。

"那现在怎么办?"情急之下,翟让忘了问李密为什么先斩后奏。

李密霍然站起来,左右踱步,然后站定,用手指着外面说:"翟公请看外面的世界,昏主逃到了扬州,天下群雄竞起,海内饥荒,这正是英雄施展其才的时候。明公以英杰之才,统骁雄之旅,宜廓清天下,诛剪群凶,岂可求食草间,安心为一小盗尔?"

李密越说声调越高,完全忽视了翟让的存在。此时的他,与其说是为翟让献策,不如说是在倾吐内心的雄心壮志。

"那蒲山公的意思是?"翟让小声问道。

"现在东都有备,扬州预警,事势如此,犹如箭在弦上,不得不发。兵法曰:先则制于己,后则制于人。我已经想好了一个万全之策!"

"愿闻其详!"

李密盯着翟让,一字一顿说出一个在心中策划已久的方案:"兴洛仓!"

"兴洛仓?"

"是的,兴洛仓与东都相隔百里。将军如果亲率大兵轻行掩袭,东都路远,必不能救。兴洛仓也绝对想不到我们会弃东都而先攻打它,那里一定没有守备,取之如拾物耳!"

"要是东都出兵来夺呢?"翟让并不笨,抛出了自己的疑问。

"夺取此仓后,开仓散粮,远近谁不归附?!百万之众,一朝可集,然后养精蓄锐,以逸待劳,就算东都兵马来夺,我已经设下防备,何惧之有!"

"退东都兵后可布檄而召天下,引天下贤豪而用其计,选骁悍之士而授兵柄,除亡隋之社稷,布将军之政令,岂不盛哉!"李密慷慨陈词,指点江山,激扬文字。顷刻间,杨广灰飞烟灭,万户侯沦为粪土。李密把翟让说得一愣一愣的。

翟让终于明白事情发展到现在这个地步绝不是偶然。从李密上山,到李密召集各地义军入伙瓦岗,再到攻荥阳,败张须陀等,都是宏大事件中的一部分。这不是随波逐流的偶然,而是一个严谨的计划!这样的计划绝不是李密近日思考的成果,应该是在李密上山之前制定的。这个计划的终极目标已经浮现了:推翻隋朝,另建新朝。

翟让站了起来,认真地看着李密。

翟让审视着自己的内心。无论本心也好,还是恩人的期许也罢,他都略带自卑但又庆幸地发现,自己并没有争夺天下的雄心。

如果人生可以重来,我宁愿回去当一个法曹啊。

落草实属无奈,我再也不想往前走了。

翟让站起身来,向李密施以跪礼,然后真诚地说出了自己的心声:"你所说的实是英雄之策,但我本来是个种田的,志向没有这么高远,这样的大计我担当不起。如果非要干这样的大事,还请你领军先行,我殿后。"

"得仓之日,当别议之。"最后,翟让补充道。

所谓的当别议之,就是重排座位。李密震惊了,他没有想到对方会主动让出这个所有英雄都觊觎的宝座。

望着翟让郑重的表情,李密知道对方不是逗他玩,也不是在试探他。

李密端正身体，然后朝翟让跪拜下去。英雄膝下有黄金，能让英雄舍金而折节的，唯有英雄！

此时的翟头领应该有如释重负的感觉。

黄曹主，抱歉，我无法成为你所期待的救世主，但我今天找到了一个愿意这样去做的人。

李密跟翟让挑选了数千精兵，昼夜兼行，猛然向洛口仓发起了攻击。奇袭取得了效果，守仓的隋兵四下散走。

天下第一仓向瓦岗军打开了大门。

洛口仓，在现在的郑州市巩义境内。这里是大隋朝的交通枢纽，西抵长安洛阳，南通江浙，北至河北。这里土质坚硬干燥，十分利于粮食的贮藏。大隋朝在这里兴建了全国最大的粮仓，存储从江南等产粮区运来的粮食。据记载，粮仓容量十分巨大，最多可容粮二千多万石。

这个粮仓是杨广大帝下令修建的，是两京的特供粮仓。李密招呼也不打一声，就把人家的特供粮给抢了。抢了也就罢了，他还大开仓门，号召十里八乡的乡亲们都来背粮食，大有不是自己的不心疼的架势。

望着川流不息前来取粮的人，翟让露出了幸福的笑容。落草之后，他经常被粮食问题困扰，现在终于可以吃一碗倒一碗了。但李密告诉他，要想把这饭碗变成铁饭碗，还得经受洛阳大军的考验。

看着翟让的脸色晴转阴，李密马上补充道："翟公无须担心，东都留守越王还是个小毛孩，不足畏也。"

不可否认，李密是那个时代的智者。但智者并不是全才，比如识人就不是李密的长处。

越王确实年轻，可年轻不代表着好对付。

在洛阳抵御杨玄感的杀神樊子盖已经死去。

杀气固然是一种力量，但温和并不代表软弱。

越王杨侗是一个温和的人。他是隋帝杨广的孙子，杨广去扬州之后，将他留在洛阳镇守。

这一年,杨侗十三岁。

老杨家素以阴沉狠辣闻名于史。杨广就不说了,他爹隋文帝杨坚也是个狠角色,该出手时就出手,但杨侗似乎是个例外。

杨侗性格宽厚,从来不摆架子,年纪虽轻,但不轻狂。靠着这样的品性,杨侗团结着洛阳城内的官员。

这样的少年,并不是一个值得庆幸的对手。

很快,杨侗就对洛口仓失守做出了反应。他安排虎贲郎将刘长恭率两万五千兵马从正面攻击李密,又安排另一路兵马从后面包抄,让李密在洛口仓吃不了也别想兜着走。

正面进军的刘长恭不值一提,值得注意的是后面包抄的这一路。

按计划,此路将由新任河南讨捕大使隋将裴仁基率领。这位仁兄是一员猛将,骑马射箭是其特长,最近其实力更是大增。张须陀战死之后,张的部下纷纷投靠到裴仁基的营里,这里面就有秦叔宝和罗士信。

这个方案如果能够顺利执行,对李密将是一次严峻的考验。

可惜,事情一开始就变味了。

刘长恭领出来的两万五千士兵并不是真正的战士。

当听说城里出兵要攻打李密时,东都三大国办学校国子、太学、四门的学生纷纷来到军营报名参军,要求出城征讨瓦岗军。

除了书生,还有不少达官贵人的亲戚也参与进来。皇亲国戚不是为了精忠报国、保卫朝廷,在他们看来,这是一次绝佳的捞战功的机会。

本来听说李密要攻打东都,哪知道他掉头一转,跑到洛口仓抢粮食去了。这不是一群饿晕了头的饥民是什么!

对于这样的饥民,不打他,上对不起杨广陛下,下对不起自己。

隋义宁元年(617)二月十一日,兴洛仓城,石子河。

这是刘长恭跟裴仁基约定会师的时间与地点。

裴仁基还没有到。

刘长恭已经到了。

他正在点数，不是点自己书生的名字，而是在点对方的人数。

很快，他点清楚了，脸上浮现出喜色。

李密和翟让只领了数千精兵过来。现在为了对付裴仁基的夹击，他们又将部队分成十队，四队前去阻击裴仁基，剩下六队列营石子河东，对阵刘长恭。

这六队估摸着就两三千人吧。两三千对两万五，数量上的悬殊让刘长恭做出了一个冲动的决定。

不等裴仁基了，立刻渡河发起攻击！

这是一个致命的错误。

隋军猛然发动的攻击一开始发挥了意想不到的作用，翟让第一个就领受到了。

翟头领运气总是这么差，不是被人当鱼饵，就是被人先攻击。

行走多年的老江湖栽了跟头，翟让被打了一个措手不及，阵脚大乱。

关键时刻，救世主出现了。

石子河边，横岭之上，呼啸声掠岭而来，直抵河岸。

蒲山公营的将士终于出现了。

李密领着四队到一个叫横岭的山坡埋伏起来，准备伏击实力更强的裴仁基。可他没想到，裴仁基竟然放了刘长恭的鸽子，到现在连个影子都没有，他更没想到，翟大当家的连读书人都打不过。

观察局势之后，李密调整了策略。

不等裴仁基进埋伏圈了，趁现在两处合兵，击败刘长恭。

李密率领他的蒲山公营及时赶到河岸，成功扭转局面救下了翟让。

隋军兵败如山倒。刘长恭丢下溃败的大军，逃回了洛阳。

瓦岗军这一趟没有白来。此战过后，瓦岗军的不少战士换上了新装备。

◆ 英雄大集合

击退刘长恭后,翟让兑现了他的承诺,让出了第一把交椅。

李密终于成为瓦岗的一把手。他自号魏公,为了表示其正统性,还设了祭坛。

一阵劲风横吹过来,鼓起了李密的大袍,正走向祭坛的李密差点儿摔倒。

军中的书记看到了这一幕,意识到这是上天的一个暗示,于是,他将此事记录下来。直到多年以后,大家才知道这个异象意味着什么。

李密大概知道这不是一个好的兆头,但他不会让这突然杀出的横风打乱他的脚步。

我已经不是命运的奴隶,命运于我,无可复加矣。我命,我书!

踉跄了一下,李密迅速站稳脚跟,然后大步登上了最高位。

从这一刻开始,谋士李密已经过去,如今他是号令群雄的领袖。

李密等这一天等得太久,上天给他的磨砺也太多了。值得欣慰的是,回报跟等待往往成正比。

瓦岗英雄大聚义的时刻已经到来。

一个月前,各地的义军接到了一封密信,信是李密起草、翟让签署的。信中提到瓦岗军攻打洛口仓,大家不妨点起兵马共聚洛口仓,吃大锅饭,喝大碗酒。

这是江湖盛事,但指望大家都来共襄盛举是不现实的。事实上,静观其变的不少,反正洛口仓粮多,迟点儿去,瓦岗军也吃不完。

等洛阳的刘长恭被击败,各地义军终于出动了。

曾经拒绝李密的长白山王薄、平原郡郝孝德拉着部队来了。除此之外,孟让、王德仁以及济阴房献伯、上谷王君廓、长平李士才、淮阳魏六儿、李德谦、谯郡张迁、魏郡李文相、谯郡黑社、白社、济北张青特等义军纷纷前来入伙,甚至当年私放翟让的黄君汉都率领自己的队伍前来投山(这位老兄后来也造反了）。

这些都是雄踞一方的枭雄，以他们的实力打个县城是没问题的，但想要做更大的事情，只有团结这一条路。

洛口仓城里很快聚集了数十万兵马，而李密还在等另一批人的到来。

李密等的是裴仁基。

裴仁基据守的虎牢关很重要。这是洛阳东面的门户，要想攻取洛阳，必须拿下虎牢关。

对于裴仁基，李密没有动武，他采取的策略是劝降。

此时，裴仁基很纠结，本来约好跟刘长恭会战洛口仓，可走到半路，刘长恭逃跑了。

裴仁基迟到了。事实上，他在隋朝体制内过得并不怎么开心。

隋帝杨广给他配了一名副手，名为帮助他工作，实则监视他的一举一动。他跟副手之间的关系很紧张。

裴仁基有个特点，那就是大方，经常给部下发奖金。这个举动引起了副手的不满，副手数次警告他要将这件事上报杨广。

身边有个刺头，现在裴仁基又失期不至，性命堪忧啊。

此时，李密的说客找到了他，给他提供了第二条路。

裴仁基没有犹豫，回头就将副手砍了，然后拉着队伍投奔了李密。这是一次极其成功的策反，除了得到裴仁基这位猛将和虎牢关外，瓦岗的大军又新增了两员虎将——秦叔宝和罗士信。

千金易得，猛将难求。见到秦叔宝和罗士信后，李密大喜过望。作为一名反军领袖，一支忠勇的近卫军是必备的，现在李密终于配齐了人员。

李密在招募来的士兵中挑选出八千员，组成内军，分隶于四骠骑。李密表示：此八千人可当百万。

这并不是一个太夸张的说法。

秦叔宝就是四大骠骑将军之一，其他的骠骑将军史书中记载不一，但还有一个人可以肯定是程咬金。

程咬金领着一帮乡勇，骑着马，拿着长枪（不是斧头）来到了洛口仓城要求入伙。

在《隋唐演义》里，程咬金头脑简单，大手大脚，性格直爽。正如梁山少了李逵便少了三分趣味，瓦岗军里自然不能没有程咬金。但要注意的是，历史中的程咬金跟小说中的程三斧是不同的。首先，程咬金的兵器不是斧头，而是马槊；其次，程咬金不是倒霉的私盐贩子，他极有可能是一位地主。

程咬金，济州东阿人，在投奔李密以前，在老家组织了数百人搞了个自保会。他本人任保长，平时抵御一下游寇的骚扰。

最后，也是最重要的，程咬金并不是一个马大哈，他是一个很精明的人。程咬金成功活到了大唐朝，是唐朝著名的凌烟阁二十四功臣之一，享年七十七岁。据我所知，如果程咬金如李逵那样只认大哥、低头猛走，他肯定活不了这么久。

在老家当了一段时间保长后，程咬金敏锐地发现世道变了。你反我反全都反的模式已经落伍了，接下来就是寡头竞雄的时代。寡头竞雄的一个主要特征就是大鱼吃小鱼。

势单力薄的自保会再也没法保住家乡。于是，程咬金一咬牙，领着部队投奔了李密。

打不过对方，就加入对方。这就是程咬金的智慧。

英雄终于聚首。

现在的瓦岗军有翟让系的三驾马车：翟让、单雄信和徐世勣。李密的蒲山公营有四骠骑，以及各地会集的义军头领。

论阵容之强，瓦岗军绝不亚于梁山上的那套班子。

洛口仓城，李密步出军营，春天的风吹来醉人的饭香。

粮草已备，兵马大集，猛将如云。这正是我梦寐以求的时刻。

我的霸业，就此启航，我的前路，谁能阻挡？

正如秦末项羽、汉末曹操，李密终于找到了属于自己的位置。但历史是一个比较爱热闹的人，不可能只安排项羽，而不安排刘邦，既然安排了曹操，就会安排刘备、孙权。

乱世，不是一枝可以独秀的时代。乱世，向来是群雄逐鹿的时代。

纵观隋末，天下势力三分：关陇贵族、山东豪杰、江淮劲卒，得一而可争天下。

我们要解释一下山东这个概念。这个山东不是指今天的山东省，这个山东代表的是政治概念而非地理概念。

在隋朝之前，中国北方分为北周和北齐，北周以陇右贵族为建国基础，而北齐人便被称为山东人，大概包括今天的河南河北和山东山西等广大地区。

李密算是一个另类，他以关陇贵族的身份统领着山东豪杰。这样的组合不失其英勇，又不会有一般农民军目光短浅的毛病。唯一美中不足的是，李密所率的山东豪杰并不是全部的山东豪杰。

就在李密自称魏公的两个月前，在河间郡，一位大汉登上祭台自称长乐王。这个人统率着另一支山东豪杰组成的队伍。

第四章　山东豪杰

◆ 魏州

魏州书佐殷侔行色匆匆，大概是去办急事。

殷侔的前面，人越来越多，四面八方的百姓拿着祭品纷纷而至。这并非佛诞日之类的重要宗教节日，于是殷侔拉住了一人问话。

被拉住的人向前指去。

前方炉烟缥缈处，一座雄伟的木建筑屹立在人山人海中。这是一座供奉先人的庙，殷侔看清了庙匾上的字：窦王庙。

殷侔困惑不解地望着前面拥挤的人群。在他的印象里，这是一个失败者，一个失败者怎么可能在民间有这么多的信徒？

带着这个疑问，殷侔回到家里翻开了史书。当合上史书时，他终于解开了自己的疑惑。

此人虽败，却存名于人间数百年。这是公道自在人心！这是仁者无敌的真正含义！

明月当空，月色如洗。

激动之下，殷侔摊开纸墨，写下了他留传至今的唯一佳作。

"云雷方屯，龙战伊始，有天命焉，有豪杰焉，不得受命，而名归圣人，于是元黄之祸成，而霸图之业废矣……"

天下大乱，群雄纷起，此人不可避免地卷入争霸的队列之中。

"或以建德方项羽在前世，窃谓不然，羽暴而嗜杀，建德宽容御众，得其归附，语不可同日，迹其英分雄分，指盼备显，庶几孙长沙流亚乎！"

有人说他是项羽，但在我看来，他绝不是残暴的项羽，他的英雄气概当在孙坚之上。

写完这篇散文之后，殷侔冒出了一个念头，将此文刻字成碑，让此人之名流芳千古。

这是一个大胆的想法，因为此人早已经被唐朝政府定性为祸极凶殚，而殷侔身为唐朝公务员，这样做明显是在翻案，跟长安的指导思想相背离。

但殷侔依然决定这么做。

这是殷侔的勇气，他的名字随着他的这篇碑文至今仍闪耀在历史的长河中。这是历史对他勇气的嘉奖。

此时是唐朝大和三年（829），离殷侔碑文中的主人公去世已经过去了整整208年。

逢于乱世，揭竿而起，虎视河北，分鼎天下。此人乃漳南窦建德。

◆ 里长

时光回到那个动荡的年代，镜头重新对准山东那片苦难的土地。

漳南一个普通的村庄，时间已经是深夜，狗突然狂叫起来。

昏暗的月色里，一行人潜行在一座大庄院高墙的阴影下，很快，他们来到了大门外。这是一伙入室打劫的人，从其行动迅速、目标明确来看，他们应该属于惯犯。

门被撞开了，几个人弯腰蹿了进去。不一会儿，数声惨叫在院里响起。

中埋伏了？！

还没有进去的盗贼心中一惊，有大胆的朝门里望了一眼，院中躺着数个身影。

盗贼头领站出来，对里面喊话，表示自己有眼不识泰山，不小心冒犯了贵庄，但在走之前，请归还同伴的尸体，好带回去安葬。

里面传来一个厚重的声音："你们扔个绳子进来，拖回去就是。"

头目大喜，遂扔了根麻绳进去。这绳子本来是准备捆战利品的。

不一会儿，里面那个声音再次响起："绑好了，你们拖吧。"

数个人上来扯绳子，发现很费劲，但想一下就明白了，死人应该是要沉一些的。

一团黑影被拖出了大门。突然黑影跳了起来，滚了两步，顺手抓起一把大刀就朝这伙盗贼砍去。

诈尸了！

一阵惊恐的声音响起，盗贼再也顾不上兄弟情谊，四下逃散。有数个动作慢的被砍翻在地。

望着逃进夜色的盗贼，"尸体"露出了微笑。

经此一战，不会再有小毛贼来光顾村子了。

此人，正是窦建德。

在每位反抗者走上反叛的道路以前，他们都有自己珍惜的生活。窦建德同样如此。

窦建德是山东普通的一个地主，家里有田，有房，有牛车，有朋友，还有声望。他为人豪爽仗义，材力绝人，又诚实守信，属于"三杯吐然诺，五岳倒为轻"的主儿，因此被选为里长。协调村民关系、维持村里治安是其主要工作内容，窦建德干得很不错。

窦建德很想这样生活下去，种好自己的田，有饭吃，有家人，有朋友，这一切就够了。

可惜这是一个乱世。这样的时代是不会允许有才华的人默默无闻的,不管愿意不愿意,命运对他们一定有特别的安排。

窦建德的生活被一个朋友的到来打乱了。

◆ 朋友

一个身形狼狈的人敲开了窦建德家的大门。此人脸色苍白、衣衫褴褛,他走了很远的路才来到窦建德的家门前。

窦建德不是第一次遇到这样的访客,看到对方的样子,他就明白对方是在逃亡。

但对方一开口还是让窦建德吃了一惊。"我把县令捅死了!"

来人叫孙安祖,跟窦建德是一个县的。

经过询问,窦建德搞清楚了事情的来龙去脉。

不久前,孙安祖被选为征士,要跟杨广去辽东打高句丽。孙安祖找到县令,表示自己不能去。

孙安祖给出了一个合情的理由:他家刚遭了水灾,老婆已经饿死了,家里就剩他一个劳动力,他走了,家就彻底垮了。

县令大人是不管这些的,完成上面摊派的征士任务保住乌纱帽才是他要考虑的。于是,县令直接拒绝了他的请求,还把他拖出去打了一顿,并告诉他,如果你不去就把你关起来。罪名都定好了,就说他以前偷过羊。

要真偷过羊,老婆怎么会饿死?

孙安祖终于愤怒了,拖着疼痛的身体回去之后找了一把尖刀,磨得锋利,然后直接冲进了县衙。他刺死县令,逃遁而去。

这是一个在乱世里发生的并不少见的故事。

听完孙安祖的讲述,窦建德告诉对方,先不要担心,在他这里躲一阵子,等风头过去了再想办法。

风头并没有过去。县令大人岂是死了就算了的。又因为窦建德平时经常收容逃窜人员,捕快们都知道。

村外已经出现了公人的身影。

没有办法,藏是藏不住了,摆在眼前的只有一条路。

窦建德把孙安祖叫来,告诉他官府的人已经摸到了这里。

孙安祖当即表示自己马上就走,绝不拖累朋友。

窦建德哂笑,他不是一个怕被拖累的人。窦建德看着孙安祖,摇了摇头说:"你还能去哪里?要当一名朝不保夕的逃犯吗?"

"那我能去哪里?"

窦建德盯着对方,说出了三个字:"高鸡泊。"

高鸡泊乃漳水汇集而成的一个湖泊区,里面芦苇丛生,是野生动物的天堂,也是义军的天然基地。

孙安祖马上明白窦建德是让他落草。他没有犹豫,老婆饿死了,自己背了命案,还有什么不能干的!

窦建德又告诉他,在我的庄园里,还有两百多像你这样的亡命之人,你领着他们一起进高鸡泊吧。

为对方设身处地着想,并安排好一切,"朋友"二字直抵千金。

孙安祖没有言谢,这样的恩情已无法言谢。想了一会儿,他问了窦建德一个问题:"官府已经追到这里,此事怕连累大哥,不如一起进高鸡泊吧。"

窦建德苦笑着说:"我还有一家老小。"

孙安祖没有再劝。数天后,他离开了窦建德的家。

又过了些日子,窦建德听说高鸡泊里多了一支反抗军,其首领自号"摸羊公"。

窦建德笑了,他知道此人一定就是孙安祖。

当初说你偷羊,你干脆就叫摸羊公,看来这逆反心理不是一般的强啊。

◆ 逼上梁山

送走了孙安祖，窦建德开始收拾行李准备远行。他也被抽了壮丁，要去辽东拼命，因为素有威望，还被任命为二百人长。

在说服孙安祖时，他还分析了天下大局，指出辽东之战必败无疑，天下还会因此大乱。

此去，九死一生。但窦建德非去不可。

率领着两百人，窦建德踏上了北去的道路。行到河间郡，命运向他露出了狰狞的面孔。

官府领着官兵，冲进了窦建德的家里，将他的家人全部抓了起来。官府的理由是通匪，根据杨广颁布的敕令，抓住反贼就地斩决。

"无少长皆杀之"，窦建德的家被屠。

"无少长皆杀之"这区区六个字，每个字都像一把尖刀插进了窦建德的心脏。

窦建德虽然交往很杂，但处事小心，从来没露过把柄，官府是怎么找到他家去的呢？

官府的捕快们被四处活动的反抗军搞得焦头烂额，这些人都是打游击战的好手，一追就跑，一跑就没影，你这边刚走，他那边又杀回来了。这些捕快仔细研究反抗军的活动轨迹后，发现了一个奇怪的现象。

整个郡几乎所有的村子都受到了劫掠，但有一个村子例外，就是窦建德的村子。

村子成为乱世中的安全岛，这是窦建德的功劳。

孙安祖自然是不会来的，但附近还有数支部队也不来。窦建德月夜杀盗的故事早已经传遍江湖，到这里来作案风险大收益低，但更多的人是因为敬重窦建德的为人。

窦建德是一个侠者。史书记载，有一天，他正在驱牛耕田，突然看到一个老乡满面愁容。一问之下，原来老乡的亲人去世了，却因为贫穷无法下葬。

窦建德将手里的牵牛绳交给对方,说:"你把这头牛拿去卖了,换钱办丧事吧。"

捕快们很兴奋,根据兔子不吃窝边草的理论,他们推断出窦建德通匪的结论。

这是一个很无耻的结论。

好人已经无法在这个乱世生存。

窦建德召集他的两百名手下,告诉他们:"我的家已经被屠了,我无法再去辽东,只有去当一名盗贼了。诸位要是愿意,可以跟我一起去,要不愿意,悉听尊便。"

没有一人选择离开,两百人跟随窦建德亡命天涯。

这是一条充满血与沙、生与死的道路。

窦建德没有去找孙安祖。

他选择了在高鸡泊活动已久的高士达。此人自号东海公,手下有一支以高氏宗族为核心的部队。以血亲为核心的部队有特别的凝聚力,唯一的缺点是会排斥其他的加入者。虽然起事很早,这支部队的规模却一直没有扩大,保持在数千人的水平。

窦建德的到来改变了这一切。

加入高士达没多久,陆陆续续有不少人找到窦建德并要求入伙。其中一些人窦建德还认识,那是他交给孙安祖的人。

这意味着,摸羊公已经光荣牺牲了。

摸羊公孙安祖是被另一支反抗军的首领即张金称斩杀的。

天无道,人行之。走投无路的人聚在一起,惩恶扬善,救助弱小,打压恶霸,推翻暴政。这就是替天行道的含义。

但打着旗子的人并不一定替天行道，有一些反抗军充其量只能算匪帮，有时候甚至比暴政实施者更残忍。

清河人张金称就是这样。在拉起队伍后，张金称纵横河北，打过官兵，也抢过百姓，而且还搞三光政策，部队过后，人烟全无。此人也不懂阶级友谊，不讲行规，对同行也下黑手，俗称黑吃黑。

张金称趁孙安祖未防备，突然率领部下发起攻击，将孙安祖杀死。

按他的意思，河北地界，唯其独尊。他的下一个目标就是高士达。

这是一个没有理想、没有原则，只相信暴力的人。

收留孙安祖的部下后，窦建德跟高士达的部队扩大到了一万人。这是一件好事，也是一件坏事。好事是人多力量大，可以办以前不能办的事情，比如清理门户和收拾张金称。但坏处也是明显的，人多了打眼，隋朝官府很快盯上了他们。

涿郡通守郭绚最近接到一个任务，就是率领部下去高鸡泊剿匪，这当然是个苦差事。高鸡泊那个地方，湖深草密，到里面找到反军，实在是难上加难。

但杨广的命令是不能违抗的。

正当左右为难时，郭通守听到一个喜出望外的消息——反军内讧了。

◆ 出奔

高鸡泊深处，军营，营中有旗杆，杆上有旗，旗上有字，上书：东海公。

一向有序的军营突然炸开了锅，城门被冲开，一队骑兵冲了出来。领头之人身形健硕，面有怒色，后面哗啦啦跟着一大队兵马。出营之后，这些人在此人的带领下径直离开，留下一片狼藉。

不久后，营门口出现另一位大汉。他铁青着脸，望着远去的乱尘，怒吼着说了一句："把那个娘儿们拖出来斩了！"

领兵出走的人是窦建德,后面出现的另一大汉则是东海公高士达。

他们散伙了。

郭绚要来进攻的消息传来后,高士达为了拉拢窦建德,特意提拔他为行军司马,让其统领军务。但此举显然激怒了高士达的原班人马,高家兄弟纷纷抗议。窦建德处处受排挤,一气之下,领着他的七千兵马离开山寨,另立山头去了。

这是一个好时机。郭绚点起兵马,准备马上向高鸡泊进发。出发之前,他收到了一封让他惊喜不已的信。

窦建德写信过来请求招安,为表诚意,还表态愿意当带路党(愿为前驱),领郭通守直捣高士达的老巢。

惊喜之后,郭绚冷静了下来,毕竟是大隋朝的官儿,警惕心还是要有的。

于是,郭绚派出了侦察兵。

消息传回,窦建德确实跟高士达闹翻了。探子还带回了一个消息,高士达将窦建德的老婆斩了。

杀妻之仇,不共戴天。这下没什么可怀疑的了,郭绚给窦建德回了信,约定窦建德在前面带路,他在后面跟着直捣高鸡泊。

长河界,郭绚的一万大军抵达这里,这是他跟窦建德约定结盟的地点。

为了创造和谐的结盟气氛,郭绚命令大军休息。

郭绚满怀期待,而窦建德也没让他失望。没多久,窦建德来了。唯一让郭绚吃不消的是,窦建德不是一个人来的。窦建德领着他的七千人马,全副武装,杀气腾腾地赶来。

冲天的喊杀声在营外响起,郭绚上当了。

窦建德是诈降。他跟高士达的拆伙不过是一场精心排练好的戏,而那个被杀的女子就比较无辜了。史书记载,她是一名俘虏,刚被安排跟窦建德拜了堂。

作为征讨将军,郭绚来之前应该调查过对方的底细,听说过窦建德是怎么对付盗贼的。从那时起，他就应该知道侠士有时候也会要诈。

毫无防备的隋兵被"盟军"杀得丢盔弃甲。仓皇之中，郭通守领着数十名亲信逃离了战场。可对方不依不饶，一直追到平原郡，将郭绚斩于马下才罢休。

战胜郭绚，窦建德展现了其杰出的军事才能，真正成了这支部队的行军司马，但还没到放松的时候。

你越强大，你的敌人就会越来越多，也会越来越强。只有不断通过考验的人才能称得上真正的王者。

大意的郭绚被消灭了，接下来，窦建德碰上了真正的对手，甚至是一个无法战胜的对手。这位对手是隋朝的一员名将，大概也是最后一员。

此人乃隋朝太仆卿杨义臣，是山西代县人。

杨义臣是带着扫平张金称的胜利逼近高鸡泊的。

◆ 最后的名将

杨义臣率领的不是杂牌军，杨广指派给他的是征战过辽东的精兵。一开始，杨义臣是奔着张金称来的。

张金称吞并了孙安祖，做大做强，开始冲出高鸡泊走向新天地。因为成绩突出，连一向瞧不起农民起义军的杨广都注意到了老张，这才调派了杨义臣前来平定。

张金称这个人可以用狂妄来描述，平日横行无忌，天不怕地不怕。他相信暴力可以征服一切，所以无所顾忌地杀人。

收到杨义臣逼近的消息后，张金称没有回到地势险要的高鸡泊，而是直接就地扎营，专等杨义臣来攻。

数天过去了，张金称没有发现对方的踪影。等打探消息的人回来，他听到了一件莫名其妙的事情。

杨义臣离他不远，就在四十里外挖沟起垒，看样子准备长住下去。

对方不来，张金称准备送上门去。

第二天一早，张金称率领大军抵达杨义臣的大营，表示要拼个你死我活。

营门紧闭。

张金称第二天又来叫阵。也不知道杨义臣葫芦里卖的什么药，死活不肯出来。每天张金称都是乘兴而来，败兴而归。

这样的邀战持续了一个多月，张金称连对方烧柴做饭的炊事兵都没看到一个。

张金称真的火了，一改以往以劝说为主、激将为辅的方式，转变为辱骂。

杨义臣终于露面了。他给张金称送来一个消息：兄弟不要骂了，你实在要战，我就奉陪。明天早上你再来，我一定出战。

第二天，清晨。

张金称起了个大早，吃完早饭，就拉着队伍直奔杨义臣的大营。他的内心已经积蓄了一个多月的怒气。

抓住杨义臣，绝不轻饶！

走在队伍前面的张金称，没有发现远处有一双冷静的眼睛正盯着他。

四十里路走来不容易，又是大热天。张金称满头大汗地来到隋军大营，喊道："叫你们杨将军出来，他说好今天跟我决战！"

过了一会儿，里面有个人大声告诉他："张将军，我们杨将军昨天晚上就去你们军营了，你路上没碰到他吗？"

什么？去我们大营了！还是昨天晚上！

此时有人快马驰到，给张头领带来了不好的消息：大本营被人端了。

张金称连忙下令回营救援。

来回跑了八十里的路，张金称气喘吁吁地回到大营，终于如愿以偿地见到了杨义臣的大军。

还原一下事件的真相。杨义臣跟张金称约定好后，于当天夜里就悄悄领兵逼近张金称的大营，然后潜伏起来，等张金称出营之后杀将出来，直捣其营。

正所谓兵不厌诈。这一切错误源自他的狂妄。他要是调查过自己的对手，就会知道杨义臣绝不是缩头乌龟，这位隋将善于领兵，作战经验丰富。

杨义臣在边疆大战突厥和吐谷浑时，老张大概还在田头捡牛粪。

以逸待劳的杨义臣下达了攻击的命令，疲惫不堪的反军大败而溃。张金称体力好，竟然逃了出去。

杨义臣没有追他。穷寇莫追是他的行事原则，这种行为源于自信与风度。

张金称走到了穷途，逃走后碰上了另一路隋军。显然，这路隋军并不嫌弃张金称是光杆司令，立刻活捉了他。

隋朝官吏大概对张金称恨之入骨，抓到他之后，在市场中立一根木柱，将张金称的头悬吊起来，又用绳子拉开他的手足，允许被张金称侵扰过的人上前割肉而食。

在血肉就刃时，张金称目视对方，引颈长歌，直至死亡，端的是一条硬汉。

丢下张金称，杨义臣没有停留，乘胜向前进军。他的目标是高鸡泊。

那里是义军的发源地，不铲平高鸡泊，今天灭一个张金称，明天就会出一个李金称。

劲敌逼近！

战胜张金称的杨义臣杀向了刚战胜郭绚的高士达。这是两位胜者的较量。

窦建德的策略是撤退。"依我所见，隋将之中善用兵者唯杨义臣，现在他乘胜而来，锋不可挡，我们还是暂入高鸡泊。假以时日，隋兵疲倦，那时出击才有胜算。"

高士达转过身来，用一种难以捉摸的眼神看着窦建德，然后突然大笑起来说："我新破郭绚，士气未必输他，况且又收编了张金称的散兵。此刻兵强马壮，一个杨义臣何必畏惧如此？"

紧接着，高士达挥手阻止了窦建德继续说下去的念头，表示这一次就不劳兄弟出马了，你看好家，我亲自走一趟。

窦建德没有坚持劝说。当他听到对方要自己留守的时候，就知道高老大有想法了。

高士达正处在焦虑当中。这是一种危机感，这种危机感，梁山上的晁盖、瓦岗军的翟让都曾经有过。

窦建德的加入大大加强了义军的实力，但同时也对高士达的领导地位产生了强有力的挑战。

窦建德此人重仁义，不摆架子，不贪财，经常把自己的份子钱分给部下，能跟士兵打成一片。在江湖上有名气，很多人进了大营的头一句常常是我来投靠窦大哥。

这种话，高士达肯定是不爱听的。话说当年，晁盖听说又有人来投靠宋江，心里都纠结成了麻花。

应对这种情况，晁盖力排众议，亲自下山打曾头市，结果不幸中了暗箭，一命呜呼。

高士达此去势在必得。跟晁盖只能请动自己的老班底不同，高士达领走了所有的精兵，给窦建德留下老弱病残守家。

望着自信满满出营的高士达，窦建德心头涌起一种不祥的感觉。

担心似乎是多余的。没多久，前方传来消息，高士达初战告捷。

胜利了？窦建德充满疑惑，接着问了一句："东海公现在何处？"

"东海公正在设宴犒赏大军。"士兵快乐地回答道。

旁边的部属都松了一口气，杨义臣并没有想象中那么难对付啊。于是，有人提议前方已经摆庆功宴了，后方的兄弟也应该同喜庆祝一下。

窦建德一声呵斥："喝什么！快去准备防守，杨义臣马上就会杀到这里！"

望着惊诧莫名的手下，窦建德解释道："东海公未能破敌就骄傲自大，必大败无疑。隋兵一定会长驱直入到达这里，到时，人心惊骇，我们只怕也守不住。"

召集留守的将领，窦建德分派任务加强防守，严阵以待。

5天后，杨义臣杀将过来。

不出窦建德所料，高士达被杨义臣突然袭击了。因为疏于防备，义军大败，高头领本人也阵亡。

杨义臣终于出现在窦建德的面前。他用两次奇袭击败了对手，面对窦建德这支残兵时，直接采取了强攻。

虽然提前做了准备，但在实力大大超出自己的对手面前，窦建德依然无法坚守。很快，义军士兵四下逃散。窦建德本人领着数百亲信逃入茫茫的芦苇丛中。

兵马尽失，强敌在后，这个失败的人，又能逃到哪里去呢？

窦建德第一次感到了茫然。命运不忍心再在这位汉子身上加以磨难。逃走数天后，窦建德并没有发现追兵。

杨义臣收兵了。在他的眼里，高鸡泊的反抗势力已经被扫平，再也成不了气候。骄傲与自信让他再次选择放对手一条生路。

这是一个严重的误判，也是杨义臣一生最大的遗憾。

征讨高鸡泊是杨义臣最后的领军机会。

杨广召回了杨义臣，并遣散了他的士兵，然后给他安排了一个礼部尚书的官职。

经过跟大臣们讨论，杨广认为反抗军虽然多，但成不了气候，而杨义臣屡克义军，兵力膨胀，长期在外，才是帝国真正的隐患。

亡国之际，总有这样的言论占据主导地位，岳飞就是这样壮志未酬空悲叹的。

回到朝中，杨义臣就得了病，应该是被气病的。

空有平乱报国志，无奈朝中尽佞臣。望着一边是义军四起的大地，一边是歌舞相继的江都，饶是英雄也顿觉无力回天吧。

我有救天之力，奈何天要自取灭亡！

没多久，忧愤交加的杨义臣死在了礼部尚书这个莫名其妙的职位上。隋朝最后一位名将就此陨落，大隋朝已经无法挽救。

窦建德又回来了。

杨义臣撤走了，孙安祖死了，张金称死了，高士达死了。顺便提一句，以前在这一带活动的义军如王薄也投瓦岗军去了。

留给窦建德的是一个空白的造反市场，他将重新开始，大展拳脚。

窦建德回到的第一个地方是当日高士达跟杨义臣交战的地方。这里曾经发生过他缺席的大战，旧日沙场上仍弥漫着鲜血的味道。

在这里，掩埋着他的一位战友。虽是人生短暂的交集，虽然相互暗地里视为竞争对手，但窦建德觉得自己必须来到这里，他不能放任高士达的尸体就此暴于荒沟。

高士达的死对窦建德未必不是好事，在这样一个有勇无谋的头头下做事是没有前途的。况且一个平庸的领袖与一个高超的二把手之间，迟早会发生火并这样的惨剧。

窦建德挣脱了束缚，可以真正开始自己的霸业了。可他的霸业却又必须借助高士达播下的火种。

火种就在这昔日的战场中。窦建德在此地接过了高士达的旗帜。

窦建德下令找到高士达的尸体。他本人穿上素白的孝服，率领全军为高士达发丧。

消息传来，被打散的义兵纷纷聚集过来。这里面不但有窦建德以前的亲信，也有高氏宗族的人。

这便是道义的感召力。

接下来，窦建德做了一件事，让自己的部队更加强大。

起义军大多是贫困的农民，落草为寇之后，对曾经欺压他们的隋朝官员、地主、士人毫不手软，抓住就杀。这也是回应隋朝官员抓住反兵就杀的政策。你杀我，我杀你，礼尚往来是也。

窦建德认为这样是不对的，仇恨只能激起更大的仇恨。杨广的随从斩杀义军并没有消灭反抗，同样，义军的杀戮并不利于部队的发展。

于是，窦建德下令，以后抓到隋朝官员不得随意杀害。如果俘获士人，窦建德亲自接见，发现有才能的人就引为谋士。

窦建德的政策取得了很好的效果。有些隋朝官吏一算账，发现为杨广当差的风险大于当草寇的，干脆向窦建德投了诚。

数月之后，窦建德的部队发展到十万人，成为河北地区最强大的义军。但这支部队并非没有弱点。

这是一支败亡余军。当日杨义臣扫荡河北给义军带来了沉重的心理阴影，失败带来的阴影只能用胜利扫除。

窦建德等到了重振军心的机会。隋朝的大军再次出现在了河北地界。

说起来，这支隋军还是李密招来的。

第五章 江淮劲卒

◆ 檄书

　　李密的瓦岗十分热闹，八方英雄齐聚而来，大碗喝酒，大秤分金银，何等快哉。李密专门设了一个百营簿来管理前来归附的部队。

　　必须说明的一点是，李密的瓦岗跟宋江的梁山是有区别的。区别之一是李密的瓦岗管理比较松散，不少人与其说是来投山，不如说是来借仓吃饭。当然，吃完饭，他们也会各统自己的部队，奉李密为总舵主，一起干推翻隋朝的大事。

　　这样的运作模式就像组团打怪兽刷装备。大BOSS是杨广，对李密来说，"副本"开在杨广不在的东都洛阳。

　　这个副本不像想象中那么容易，洛阳宫的杨侗终于展现出不同于他年龄的成熟。

　　刘长恭大败而回后，杨侗并没有将其军法处置，而是释免其罪，还把他叫去做思想工作，令其不要有心理负担，以后将功赎罪就是。

虽然不中用,但这是他仅有的力量。掌握自己能掌握的力量,这是无奈之下唯一正确的选择。

杨侗用他的宽容大度重新团结起了东都的力量,并布置了紧密的防守。李密虽然频频出击,但收效不大,有一回还差点儿被流箭射中。

围绕东都,瓦岗军跟隋军对峙着而形成了僵局。

僵局是用来打破的,对李密来说,更大的麻烦要来了。

造成这个麻烦的原因是李密太高调了。

在攻下洛口仓后,李密乘胜进军,拿下了东都附近另一个大仓——回洛仓。一时之间,兵势大振,四方来投。来投奔的除了各地义军,还有不少隋朝官员。这里面,有一个叫祖君彦的人。

此人对隋朝官府相当不满,原因竟然是嫉妒。据记载,祖君彦才华横溢,但不巧的是,杨广本人也以文人自居,又患有相当严重的文人相轻病。

于是,在隋朝政府内,祖君彦只被安排了一个小小的东都书佐的官职,每天起草公文。

你不用我,就不要怪我为他人所用了。

在李密攻到东都后,祖君彦毅然投靠了瓦岗军。他接到的第一项任务就是写一篇檄书。

从写作进度来看,祖君彦应该早就打好了腹稿,不一会儿,洋洋数千字文采飞扬的檄文出现在纸面上。

这是一篇著名的檄文。在檄文中,祖君彦使用了一个对句:罄南山之竹,书罪未穷;决东海之波,流恶难尽。这句话后来被提炼为"罄竹难书",成为形容罪大恶极之人的专用词。

虽然难书,但祖君彦还是发挥特长,列举了杨广的十大罪状。罪名从谋杀亲父到穷兵黩武,以及三观不正等无所不包。

据说祖君彦平时说话木讷,敢情这狠劲儿都用到笔头上去了。

这篇檄文终于把杨广惹急了,愤怒之下,他打出了最后的王牌:江都通守王世充。

◆ 王世充的世界观

在隋末所有叱咤风云的人物里面，史书对这些人物性格的描述，王世充的可谓最复杂。综合一下，可以得到如下词语：自卑、倔强、孤僻、好强、残忍、刻薄、善妒、造作、虚伪。

对王世充为什么会有这样的评价呢？大概只能从他的过去寻找答案了。

王世充，西域胡人，本姓支。其爷爷去世得早，奶奶后来跟一王姓汉人成婚了。据记载，她是当了一名妾。这位新妇带过去一个小孩，这个小孩就是王世充的爹。这里说明两点：第一，王世充身上流淌着西域人的血，所以他生下来头发是卷的，声音属男低音（豺声）；第二，王世充的父亲相当于一个拖油瓶。

王世充的父亲是在歧视中长大的。据史书记载，他的父亲并没有自暴自弃，不但长大成人娶了老婆，生了王世充，还当上了官。

这是他父亲用人生经历给王世充上的最重要的一课：不要管别人的看法，你只要做好自己。

王世充领会到了这一点，并且有所发挥。

长大之后，托父亲的福，王世充成为左翊卫的一名亲兵。显然，他比下有余，比上就差远了。

人与人总是不平等的。王世充明白了这个道理，但他并没有探究原因，更没有改变这种不公平的伟大理想与非凡勇气。跟许多人一样，他转而追求这种不平等。

王世充观察着周围发生的一切，他从别人身上发现了答案。

榜样是现成的。隋文帝杨坚欺负孤儿寡母，当上了皇帝；杨广靠着拉帮结派，靠伪装抢来了太子的位子，又通过说不清的宫廷弑父案登上了皇位。

王世充恍然大悟，原来成功就是要这样：不择手段，抛弃原则，心狠手辣……只有这样，才能战胜自己的对手，让自己变得更强，成为人上人！

这就是他们成功的秘诀，我只要复制，一定能像他们一样！

你的成功，我可以复制！

王世充的世界观形成了，这不全是他的错，他所在的那个时代也要负上一定的责任。

成功是需要跟内心做妥协的，会不停地索取你的一切。被索取的第一样东西就是慵懒的生活。

王世充交出了慵懒，他十分努力地博览群书。据记载，他的主要阅读范围在兵法、律令、经史，以及龟策、推步之术（算命用的）。王世充很低调，懂这么多，竟然没多少人知情。数年后，当王世充用他的五行奇术绝地反击时，大家才恍然大悟。

成功下一个索取的东西可能就是做人的原则了。

王世充对此毫不犹豫，没有原则大概就是他的原则。当官期间，王世充经常舞弊，并且不以为耻、反以为荣，被人质问时，毫不惭愧，反而利用知识上的优势进行反驳。

第三样被索取的东西是羞耻心。

王世充大概连羞耻心是什么都未必清楚。拍上司马屁，他拿捏得恰到好处；跟下属套近乎，他也没架子。

交出了这三样东西，王世充一步步走向了成功，从一名小小的侍卫兵成为江都郡丞。在这里，他将迎来最好的机会。

江都扬州是杨广经常去的地方。离权力的中心越近，机会越多。

但郡丞还不够近，虽然都在一个城市，但市级的郡丞要想拍杨广的马屁还是有点儿使不上劲。面对这样的不利因素，王世充很快找到了方法。

江都宫监张衡最近发现有一个人经常到施工现场转悠。此人卷发、深目，满脸和气，见人就拱手为礼。

这位仁兄就是王世充。

张衡有点儿胖，气喘吁吁地跑上前打招呼。虽然张衡是上面派下来的官，王世充是地方官吏，但好歹同朝为官，必要的客气是不能少的。

王世充对张衡杰出的工作赞叹不已，表示如果皇帝看到张大人如此劳心费力，一定会龙颜大悦。

张大人前途无量啊。

张衡摆摆手，王世充并没有发现对方露出了一丝难以察觉的苦笑。同样，张衡也不会知道王世充此时心里正在冷笑。

回家后，王世充兴奋莫名，立刻提笔写报告，向杨广报告他在施工现场的新发现：张衡偷工减料，宫中设备缺乏。

这不算诬告，张衡确实没有按照杨广的高标准、严要求去施工，他这样做不是为了捞油水，而是为了节约民力。

当然，百姓的死活王世充是不管的，而且王世充相信他的这封告密信一定能将张衡搞下来。据他打探的消息，杨广已经对张衡不满，具体原因比较复杂，这里简单说一下。当年杨广夺位，张衡扮演了极重要的角色，换而言之，他知道得太多了。

小报告打上去后，张衡被除官为民，不久后，被赐死于家中。而王世充成功达到了目的，替代张衡成为江都宫监。

王世充是一个称职的工程监理，将江都宫修建得富丽堂皇，反正钱又不是他的，不花白不花。王世充还自掏腰包，替杨广购置了铜镜屏风。

王世充的付出得到了回报，升任至江都通守。

综上所述，大家很容易认为王世充的步步高升是因为会拍马屁，但实际上，王世充并不是只会溜须拍马这一项绝技。

人在盛世可以凭借拍马而位极人臣，但在乱世真正脱颖而出的一定是有实力的。

真正让杨广对王世充另眼相看的原因是：王世充是一位屡战屡胜的大将。

隋末年间，王世充是不多的能在对起义军作战中保持高胜率的隋将。

王世充的第一个对手叫刘元进。

当日杨玄感造反之时，各地有不少响应的义军，其中声势最大的就是刘元进的部队。

刘元进，余杭人，据史料分析，这位刘兄是乡里的头面人物，他最大的特点是手臂放下来长过了膝盖。

在听说杨玄感起事后，刘元进拉起了一支数万人的队伍，准备坐船前往东都共襄盛举。但没想到杨玄感太不给力，起得快消失得也快。这边船刚准备好，杨玄感就壮烈牺牲了。

没办法，刘元进只好单干了，他的活动区域就在江都郡。王世充要想走军功的路子，正好拿他开刀。

◆ 没有原则的常胜将军

隋大业九年冬，江都郡延陵，延陵栅。

冬天很冷。

要是放一把火呢？

会更冷，这是王世充的答案。在延陵栅营内，王世充望着四处冲天的火光，心拔凉拔凉的。

前不久，王世充雄赳赳、气昂昂地跨过长江，准备剿灭刘元进。没想到沙场如此残酷，因为带领的都是刚召集的新兵蛋子，没有多少作战经验，第一仗就吃了亏，不得不狼狈地撤到延陵。

刘元进竟然追踪而至，四下放起火来。

想不到第一次出山就进了火葬场，情急之下，王世充准备领着亲信冲出营回老家。

正要牵马散伙，突然一阵风横吹而来，吹乱了王世充的卷发。

王世充突然意识到什么，兴奋地大跳起来："风向变了！"

是的，刚刚还朝自己大本营吹的风突然逆转，火借风势，转而烧向了刘元进。

看来，刘元进的手就算长到脚趾也成不了刘备啊，至少他手下没有会借风的诸葛亮。

绝处逢生的王世充紧急召集部下，这里有很多人都是他在当郡丞时从江都大牢里私放出来的死囚。

王世充告诉他们，你们的命本该结束了，现在每活一天都是你们赚回来的，你们还怕什么？

打开营门，王世充率兵冲向了敌阵。

刘元进着实是一条好汉，眼见大势已去，没有选择逃跑，而是迎向了王世充，战死在沙场。

王世充反败为胜，但胜得并不彻底，刘元进的手下有数万人逃离了战场（火场）。这些人漂泊无根，一逃就像孙悟空脱离了取经队伍，要想抓住他们，除非他们自己回来。

王世充虽然不是唐僧，但比唐僧还厉害，竟然让这些逃兵投案自首了。

王世充先是找来了一些投降的义兵，然后请他们来到一座庙，据记载，这座庙叫通玄寺。王世充将他们领到寺里的一座佛像前。

在佛像前，王世充焚香起誓，表示降者不杀。

义兵们放心了，王世充已在佛前起誓，不会假了。于是，逃散的义兵纷纷放下武器，向王世充投降。很快，他们发现，佛祖被王世充结结实实地利用了一把，而他们也被王世充坑了。

三万降兵悉数被坑杀。

杀降已经够不义气了，何况还是先骗降再杀降。

一个连佛祖都敢欺骗的人，还有什么是不敢的？

在前进的道路上，没有什么是不可以舍弃的，也没有什么是不可以利用的。佛挡杀佛、神挡杀神，这便是王世充的觉悟。一般来说，不对自己的武力迷恋到狂妄的程度是无法做到这个程度的。

不能说这样的狂妄一无是处，至少在短期内它起到了一些作用，但绝不可能持久。历史已经无数次证明，越是乱世，最终的胜利者就越不是那些迷信暴力与诡计的人。

凶狠的王世充成为江左义军的克星。他战胜了从长白山杀过来的打着"杀进江都宫、活捉杨皇帝"旗号的义军首领孟让，又击败了号称燕王的河间义军头领格谦，斩杀了自号无上王的卢明月（这位月兄曾经被张须陀击败过）。通过这些战斗，王世充的江淮军终于成为一支劲旅。

真正的对决刚刚开始。王世充奉命前往洛阳，以他的江淮劲卒去对抗李密的山东豪杰。

在揭开江淮劲卒战山东豪杰的重头戏之前，我们需要先解说另一场惊心动魄的遭遇战。

一直在河北活动的窦建德突然发现自己的地盘上出现了一支隋军。

◆ 命运的白雾

公元617年7月，河间郡城南七里外，一个叫七里井的地方，突然喧哗起来。

涿郡留守薛世雄的数万大军驻营在此。

薛世雄，河东汾阴人，是隋朝一员身经百战的大将，这一次离开驻地南下，是奉了杨广的命令。

杨广是铁了心要收拾李密，不但派出了王世充，还把远在涿郡的薛世雄派来，令他率精兵南下，会兵一处，合击李密。

杨广还加了一条命令：所过盗贼，随便诛剪。大概是考虑到出差成本很高，能多消灭两个就多消灭两个。

于是，行至河间郡，薛世雄停下了脚步。他早就听过窦建德的名字，这一次，搂草打兔子一并收拾了吧。

对于薛世雄的到来，河间郡的各级官员是十分欢迎的。他们早就被窦建德打得脸不是脸、鼻子不是鼻子。现在，上面终于派人来做主了。

在七里井，作为东道主，河间郡各级政府拿着牛酒前来慰军。

先喝下一杯酒，薛世雄并没有将窦建德放在眼里。

翻开薛世雄的个人档案可以发现，此人从小就有将才，长大后从军，参与过平齐之战，打过岭南，伐过吐谷浑，战过辽东，拒过突厥。

黄沙百战全身回，难道还怕一个业余级的草寇？

薛世雄收到消息，窦建德已经从盘踞的城镇撤走，据说要遁入豆子䴗。

再喝下一杯酒，薛世雄打定主意明天一早率军进击，先拿窦建德热身，再灭李密。

在薛世雄将进酒时，140里外的草泽中，窦建德眉头紧锁。

薛世雄的突然南下让窦建德措手不及。前不久，他下令分散部队，身边只留了一千多人，做出这个决定的原因是缺粮。窦建德不像李密，坐拥两大粮仓，他的部下正分散在各地搞粮食。

对方的数万大军就要杀将过来了，自己的一千人怎么抵挡？

朝后望去，远处就是豆子䴗，那是一片古盐泽，负海带河，地形深阻，是河朔境内除高鸡泊之外另一个义军发祥地。

逃入那一片地势险要的盐泽地，也许就可以躲过这一劫吧。

薛世雄找不到我就会离开，他的目标本不是我，是李密。

但如果王世充和薛世雄击败李密，他们的下一个目标会是谁呢？

窦建德突然明白过来：人生不是演出，表演可以有剧本，但人生没有。人生全靠即兴发挥，也没有彩排，更没有推迟。事情该来的时候，躲避是无用的，拒绝是徒劳的。

如果这是命运的安排，那就让命运倾听我的回应吧。

窦建德在决定出击之前，要去问一下上天的旨意。"如果明天天亮之前突袭其营，大吉！"

窦建德抬头，时值正午，阳光猛烈地照向大地。要在天亮之前发动攻击，现在就该出发了吧。

窦建德召集手下，然后从一千多人里挑出两百八十人，告诉他们：我要率领这二百八十人先行出发，偷袭隋营。你们在后面跟上，如果到了对方大营，天已经变亮，那我们就去投降。你们降也好，自谋出路也好，可以自己决定。但，如果天未明，我们就杀将过去。

"是福是祸，就在此举！"

说完，窦建德领着两百八十人出营，朝七里井方向进发。

第二天凌晨，不知道是什么时候，窦建德勒停了马，前面就是薛世雄的大营，目测距离有两里地。

窦建德心头涌起了疑惑。

一路过来，他没有看到对方一个哨兵。

这不是行军打仗常碰到的事情，对方早应该在外围派驻斥候。现在一个影子都没有，那只有两种情况：一种是对方没有防备，另一种是对方正设伏等着他来。

这是夏夜，夏夜很短。

窦建德疑惑的时候，天渐渐发白，就要天亮了。

不久后传来的一个声音，让窦建德心头一惊。

远处，隐隐约约传来吹角声。

这是大军将开拔的声音！

难道对方早已经设好埋伏等着我们到来？难道上天注定要我在这里结束草莽生涯？

窦建德松开缰绳，抬头望天。东方一片白色，用不了多久，太阳就会出来了。那时，我们这两百八十骑就会暴露在对方的面前。

是时候承认失败了，窦建德回过头来，正准备说出投案自首的话来。不知道从什么时候开始，四下里泛开了白雾。雾色越来越浓，很快将四周的一切都包裹在白茫茫之中。

此时正是盛夏，这漫天的大雾来得诡异，而且浓得离谱。据史书记载，窦建德已经看不清后面的士兵了。

这只能用天命来解释了。

"天助我也!"

这才是真正的命运,上天不会让我束手就擒!

窦建德大呼,打马跃进。"走吧,这是我们创造奇迹的开始!"

两百八十骑紧跟其后,冲向了数万大军驻扎的营地。

吹角声越来越响,风声越来越大,雾越来越浓,马蹄声被掩盖在无尽的白色里。

敢于面对强敌的人,才能发现自己有多强大。

窦建德第一个冲进的不是薛世雄的军营,先倒霉的是河间郡的兵,他们的兵营就在薛世雄大营的旁边。

郡兵们这些年饱受义军打击,好不容易薛世雄的大军前来,立刻有了精神,各自领着部队前来会合,挨着薛世雄的营驻扎下来。

当看到窦建德从白雾里杀出来时,郡兵马上认出了这位老朋友。他们做出的第一个反应是逃跑。在浓浓的雾色里,他们纷纷跑向了薛世雄的大营。

这些挂靠的郡兵终于害死了薛世雄。

薛世雄本打算在这一天去豆子䴗寻找传说中的窦建德,没想到窦建德竟然冲了进来。

他应该没见到窦建德本人。一来雾大,二来冲进来的人太多,搞不清哪个是友军,哪个是敌军。

充耳听到的是窦建德来袭营了。

薛世雄的部队正在列队,突然一大群人冲进来,手里挥舞着兵器,嘴里嚷着有人袭营。薛世雄立刻判断这是对方大军前来袭营,然后做出了再正常不过的反应:拔刀迎上。

冲进来的河间郡兵本是来求救的,却发现迎接他们的不是热情的拥抱,而是冰冷的大刀,不禁冒出一股绝望:想不到薛世雄的兵营也被人端了啊!

那就打吧。

全营乱作一团,恐惧像传染病一样蔓延。惊呼声中,不断有人倒下。据统计，死者达上万人，这其中的大多数应该是被友军误伤的。以窦建德的两百八十人，以及后继的数百人，就算有心干出这样的业绩，也没这样的力气。

败局已定，薛世雄领着几十个亲信逃往了河间城。一路上，他可能诅咒天气，也可能咒骂猪一样的队友，但事实上，他是被自己打败的。

因为轻敌，他没有在外围派驻侦察兵，才让窦建德有机可乘；因为放松，他才让友军挨着他们扎营。

十七岁那年，他踏上沙场，到这一年已经四十六年。这四十多年，他征战无数，取胜无数，正是这些辉煌的过去让他产生了轻敌的念头。可他忘了，战场上是没有经验值一说的，一旦踏上战场，所有的一切全将归零。

仓皇跑回城后，薛世雄就病倒了，被抬回涿郡没多久，就病死在床上。这位阴沟里翻船的大将应该是被活活气死的。事实上，薛将军不必太过较真，他有数个拿得出手的儿子，其中一个叫薛万彻，被唐太宗李世民评定为初唐名将。

太阳终于出来了，七里井的雾被风扫荡一空，满地的断剑残枪和尸体。窦建德的脸暴露于阳光之下。

现在，他真正成为河北的霸者。他从残酷的海选里杀出来，成为晋级争霸总决赛的选手。能晋级总决赛的人都是当世雄者，这个决赛圈不会太大，全部数下来都用不了一只手。

下一轮决赛将在李密和王世充之间争夺。

◆ 骑兵与瓒兵

在薛世雄同河间郡的同僚搞联谊时，王世充正奔向东都。他跟他的江淮劲卒将奔向新的修炼场。王将军心中或许还有当年项羽领八千子弟渡江争天下的心情。

离开江左，到中原去，只有在中原称雄的人才是真正的霸王。

行到彭城,王世充叫停了队伍,下了一个命令:"从今天开始,不能走大道了。大军抄小道,沿途不许喧哗!"

马上就要进入李密的势力范围了。

前方,热浪席卷着这片大地,空气里似乎还残留着厮杀的声音。

李密。王世充不禁念着对手的名字。

这是怎样的一个人?

此时的王世充没有想到,他将成为李密的一生之敌。

一路上王世充领着队伍专抄小路,偷偷摸摸地不像正规的官军,而像流窜的反抗军。虽然没面子,但总算到了洛阳。没迟到。

有人迟到了,而且不会来了。

来到东都后,王世充很快就收到了消息,薛世雄因为在雾里迷失了自己,已经回涿郡治病去了,一时半会儿回不来了。

没有了燕赵的两万精兵对王世充来说,也许是一个机会。杨广安排了这场中原大会战来消灭李密,薛世雄因为资格老是总指挥。现在薛世雄半路交了差,事实上,指挥权便落到了王世充的手上。

来到洛阳后,王世充下达了他的第一个命令:刺探。

结果很不好,王世充面对的瓦岗军,不是他在江左碰到的草寇级反军可以比拟的。

对手强将如云,智囊如星,坐拥粮仓,组织严密。

对于这样的对手,要战胜它的首要条件是:知己知彼。

王世充找到了方法。

三个月后,王世充终于发动了他的第一次总攻。

十月二十五日的深夜,王世充领着部队出发了,他的目标是李密的大本营洛口仓城。

在夜色的掩护下,王世充渡过了洛水,来到一个叫黑石的地方。到了这里，王世充下令扎营。

扎好营后，王世充告诉跟他西进的江淮兵："现在跟我渡河到洛北去！"

刚从洛北过来，现在又回去，这是什么意思？况且李密的洛口仓城也不在河那边呀。

望着手下疑惑的眼神，王世充露出了神秘的笑容。

是的，到洛北去，只有在那里，才能击败李密。

回到洛北之后，王世充领着部队沿洛水前进。前面是李密的一座防守堡垒：月城。

天已经亮了。

王世充的心头正被一个大大的问号占据：李密会到洛北来吗？

等看到绣有魏字的大旗，听到紧锣密鼓般的马蹄声时，王世充露出了得意的笑容。

李密，你终于还是来了。

王世充终于在他选好的战场等到了他的敌人。此刻，李密大概是他眼中的猎物，正一步步走向他设好的陷阱。

正如《孙子兵法》所云："凡先处战地而待敌者佚，后处战地而趋战者劳。"

李密的确来了，事实上，他来得不比王世充晚。王世充一出动，他的斥候就侦察到了。李密没有犹豫，立马领着他的四大骠骑将军和左右护法（单雄信、徐世勣），当然还有翟大哥杀到了洛口仓城。

听说江都来了厉害角色，是时候会一会了。

此时的李密已经号称中原盟主，手下还有曾经被王世充击败而前来投靠的人。为兄弟报仇兼树立盟主威风，正当此时。

来时，李密兴致颇高，兴奋之下，没有细想，为什么王世充明明在洛水南扎了营，却依旧渡回北边来。

洛水之北，是一条长数十里、宽不过数百米的狭长地带，这是王世充精心为瓦岗军挑选的墓场。

看到王世充后，李密按惯例向骑兵下达了冲击的命令。

骑兵越来越近，王世充的豹目紧盯着席卷而来的乱尘。在距离足够近之后，王世充终于发出了他预定中的命令：穧兵出列！

李密的骑兵冲到了阵前。

这些所向披靡、屡立奇功的骑兵终于碰到了克星。骑兵们第一眼看到的是一种像枪又像戟的东西，这种东西叫穧，形似长枪，枪头有突起，跟《水浒传》里专破连环马的钩镰枪类似。

瓦岗兵看到的第二样兵器是盾。

盾和穧是江淮劲卒们的常规装备，有攻有守。你杀过来，我有盾挡，趁你不备，就勾你马腿，要你性命。

据记载，李密的兵，落草之前多是渔夫和猎手，善用长槊。长槊配大马，冲击起来力量很大。这是瓦岗军的成名绝技。

兵器本无高下之分，重要的是看它掌握在谁手里，用在什么地方。

在这里，决定兵器优劣的是地理环境。

此地，南面是洛水，北边是邙岭，中间地带地势狭窄，这样的地势阻碍了骑兵的冲击力。瓦岗军的马槊略强于烧火棍，而江淮兵的盾穧攻守兼备，配以狭长的地势，可谓枪枪致命。

血，四处横流；马，嘶鸣悲叫。瓦岗骑军纷纷后撤。

王世充精心选择战场，迂回调动，将对方引至此地。他的努力终于发挥了奇效。

紧随着瓦岗军后撤的脚步，王世充直接冲到了月城。拿下此城，他便随时可以向李密的仓城发起攻击。

站在月城之下，王世充露出了胜利的笑容。

在此后的很长一段时间，王世充都会想起这个时刻。因为失败的人最常想起的，都是当年他们曾经离成功最近的那一刻。

只差一点点，月城将破。

在历史上，一点点往往跟千里没有什么区别，胜负是非此即彼的裁决，而不用长度计量。

◆ 反击

李密满头大汗地从一条船跳到岸上,往日的从容淡定已经消失,猩红的双眼望向对岸。

他的部队正在败退,失败来得如此之快,让他惊慌失措,找不到头绪。

身后聚集了越来越多的人,这是从河对岸逃过来的,身上已经不知被汗水还是洛河水浸透。

挫败感在李密的心头涌起,他终于重新认识了那位从江都杀过来的新对手。

他将是自己的一生之敌!

李密猛然发现了这个命运的安排,在想到这一点后,他反而冷静了下来。

人群渐渐围拢过来,他们相信大当家一定有反败为胜的妙计。他们就是靠着李密的智慧走到了今天。

李密做了一个吞咽的动作,喉咙干燥得像火烧过一般。

一定不能慌,一定有办法!

深呼吸,镇静心绪。李密仔细回忆了这一天发生的事情,终于明白双方在这里交战并不是偶遇,是对方精心设下的圈套。

是的,王世充早已经看过了这里的地形,先期到达,静待我领着部下来到这片死亡之地。

对策呢?

一瞬间,一束光亮在李密的大脑里闪过。他猛地一挥鞭,策马奔向西边。

这是跟月城相反的方向。李密的手下迟疑一会儿,但马上醒悟了过来,策马跟上。

李密心头出现的不是别的,正是王世充引他入伏的《孙子兵法·虚实篇》。不同的是,王世充用了文中的第一段,而李密的破敌之计在第二段。

"故我欲战，敌虽高垒深沟，不得不与我战者，攻其所必救也。"

《三十六计》里对这一句话有另一个简略的描述：围魏救赵。

弃月城，直捣对方的黑石大营！

李密的身后，人越来越多，这是逆袭的时刻。

王世充正在准备最后的进攻，他目不转睛地盯着月城，等待着敌方最后一个人倒下。看着对手走上绝路，是他的爱好。可一阵惊呼声打断了他的观察。

回过头，他的脸色瞬间变得苍白。

远方升起了六道烽火，那里是大本营的方向。

老窝儿被人端了！

王世充做出了正常水准的反应，回军救援。

丢下立刻就能攻下的月城，王世充开始往回奔，大概是用自己的大本营换人家一个小城并不划算。

史书记载，月城与黑石大营的距离是四十里。王世充跑一个来回，相当于一个马拉松。不同是，这不是马拉松，而是铁人三项，跑完之后，王充世还得接着上阵对敌。

李密等他已经有一会儿了。

望着面前开阔的地势，李密露出了久违的笑容。

李密挥动手中的令剑，随着一声令下，战马长啸，乱尘飞舞，金戈铁马袭向了江淮兵卒。

长枪大马，驰奔冲突，饶是有盾，也难以阻挡。

一日之间，胜负颠倒。

战场上充满着变数，只有笑到最后的人才是赢家。

王世充大败而逃。这一天，他曾经无比接近胜利，甚至在很长一段时间内，王世充都认为这一天是他最好的机会。

这种被逆转的沮丧一直纠缠着王世充，他还会回来的。

战后统计，李密大破王世充的江淮劲卒，斩首三千。但李密并不是真正的赢家,他很快就知道自己失去了一个可抵三千劲卒的将领。

回营后,李密得知了一个人的死讯,他的一员大将在渡洛水时不幸落水溺亡。李密当场痛哭不已。

此人不像秦叔宝、罗士信那样勇冠三军,不像徐世勣那样足智多谋,也没有裴仁基那样的根基,但他对李密而言,是一个特殊的存在。

这个人叫柴孝和,他与李密争夺天下的方略有关。

◆ 李密的方略

一场战斗的胜利是无法决定整个战局的,也无法成就一位王者,真正起决定性作用的是方略。成就刘邦的是"约法三章",成就刘备的是"隆中策",成就曹操的是"奉天子,修耕植,畜军资",成就朱元璋的是"广积粮,缓称王"。当年李密曾经想用天下三计成就杨玄感。

李密也需要能成就自己的大计。

柴孝和给他送来了这个方略。

在李密进军洛阳时,柴孝和是附近巩县的县官。柴孝和没有顽抗,瓦岗军一到,就投了降,但他提供给李密的绝不只是一座县城。

柴孝和找到李密,告诉他虽然他们粮食多,四面来投靠的人也多,但这些粮食迟早会吃完的。等粮食一吃完,那些前来投靠的义军一定会离开,到时,魏公用什么去争天下?

听完这个提问,李密没有回答,他知道对方肯定是带着方案来的。于是,他反问:"先生说得有道理,你看这个事情怎么解决?"

柴孝和说出了藏在李密内心深处的一个地名:长安!

"秦地阻山带河,是霸王之资,当年项羽弃之而亡,刘邦得之而王。在下愚意,不如让翟司徒守洛口,裴柱国守回洛(翟司徒是翟让,裴柱国是裴仁基)。然后明公率精锐西上,拿下长安。天下就是明公的了。"

"如果下手晚了,只怕被别人抢先一步!"最后,柴孝和加重了语气说道。

李密内心一阵激动。

是的，这个方案李密并不陌生，这是他当年给杨玄感的中计，现在该是上计了吧。

但他也许无法用这条上计。

想到这里，李密心中苦笑。

柴孝和的这个方法很好，但他忽略了一个问题，就是派系问题，俗称山头问题。

李密虽然是瓦岗军的首领，但他并没有完全控制这支军队，这里有老大哥翟让系，还有裴仁基系。让翟让守洛口，那单雄信、徐世勣不会去长安；让裴仁基守回洛，只怕罗士信、秦叔宝也不会去长安。没有这些人，李密可能有去无回。

这种事情是不能拿到桌面上来说的。可这世界上的很多事情又恰恰是桌面下的决定桌面上的。

还是说点儿桌面上的事吧。

李密突然问柴孝和："先生知道此时的天下有三大中心吗？"

"是的。长安，洛阳，扬州。"

"关中人以长安为中心，河北、山东以洛阳为中心，江左以扬州为中心。我的部下都是山东豪杰，打不下洛阳，他们是不会愿意跟我去长安的。"

柴孝和马上意识到李密在说什么，想了一会儿，他提了一个折中的方案。"如果大军无法西进，请让我先去探探路！"

这相当于一个小经理主动要求去开拓一片全新的市场。怀着赞叹，李密批准了这个行动方案。

柴孝和领着数骑挺进长安，一路上打着瓦岗的大旗竟然招到了一万多兵马。正当他要到长安看看形势时，李密中了流箭从洛阳城外撤走了。

李密一退就如倒了大旗，一万多新加入的兄弟看到前景不好，顿时一哄而散。柴孝和只好又回来了。

现在柴孝和死了，李密再也找不到这样有气魄、肯为他独当一面的人。

接下来，李密只能守着粮仓跟王世充死拼洛阳了。不久后，他派徐世勣拿下了黎阳仓。隋朝的三大名仓尽在他的手里，吃是不用愁了，但柴孝和的担忧终于成了现实。

当日柴孝和跟李密谋夺长安时，有一个人同样看到了逐鹿的关键，正收拾东西准备进军长安。

论起来，这个人跟李密也是阶级兄弟，平时，他叫李密一声老弟。

此人，乃唐国公李渊。

第六章　关陇贵族

李渊是衔着金汤匙出生的。他的祖父是当年西魏八柱国之一，父亲是当朝柱国大将军。

据史书记载，李渊生下来时，有三个乳房。大家知道，这是神化开国帝王的老招数，但不得不说，这比放红光（朱元璋）、生紫烟（杨坚）、散异香（赵匡胤）和打雷闪电（刘邦）等故事，更有创意。

男人多一乳又不能多奶一个孩子，实属多而无用，但史书不惜笔墨，自然是有用意的。其实这是一个有很深政治寓意的异象。历史上，有一位老兄比李渊还多一个乳。《史记》里记载，伟大的周文王有四乳。

周文王当然不是一般人，他生平一大功绩就是推翻商纣王的暴政。

据此对比，可知李渊也是带着这样的使命来到人间的。

如果李渊真有三乳，他一时半会儿也不会想到自己负有推翻暴政的使命。作为贵公子，享受生活的特权总是来得比较直接。跟一帮长安贵少提笼架鸟、放鹰逐兔、掐架摔跤、骑马射箭是他的常备娱乐项目。

李渊七岁那年，他的朋友们被告知，以后跟李渊这小子玩儿要长个心眼，下手也轻点儿，要弄伤了他，赔不起医药费。这一年，李渊的父亲死了，李渊袭爵成为唐国公。

那时的李渊没有意识到这个身份的重要性，更不会想到"唐"这个字眼的特殊性，更不会知道"唐人"会成为华人的代名词。

◆ 雀屏中选

隋朝开皇年间，也就是杨广他爹杨坚当皇帝那会儿，李渊长大了，具备了结婚生子的基本条件。某天，他特地穿了件精神点儿的衣服，抄起弓箭，走出门去。

出了门，李渊直奔神武公窦轨的府上。

这一天，窦轨要为他的女儿窦氏公开比武招亲。当然，神武公招亲不能像雷老虎那么简单粗暴，摆个擂台就直接打起来。

窦轨抬出一架屏风，屏风之上画了两只孔雀。随后，窦泰山宣布规则，每人射两箭，优者录取。

轮到时，李渊愣住了。

以历史论，此时刚经历了胡风南侵的时期，会射箭的人比会用筷子的还多。众人箭术了得，活活将两只孔雀射成了刺猬。轮到李渊时，实在没有多余下箭的地方了。

李渊拿起箭，多想了一个问题。正是多想的这一下，让李渊成为最后的胜出者。这个问题是：为什么要发两箭？

要考箭术，一箭足矣。发两箭，必有其因。端详着面前那两幅孔雀图，李渊突然两眼放光：两箭，必是一雀一箭，而孔雀身体很大，却只有一个地方才是箭应该射向的。

这不是一场箭术的比试，而是企图心的比试。

窦轨寻找的不是一个箭术高超的女婿，他寻找的是一位奇男子，他认为只有立志高远的男人才配得上他的女儿，因为，他的女儿窦氏是一位奇女子。

史书记载，窦氏生下来时就异于常人，头发长过脖子。到三岁时，头发就跟身体一样长了。

窦氏的母亲是北周武帝宇文邕的姐姐，从小就生活在北周宫中。宇文邕娶的皇后是突厥人，因为是政治婚姻，宇文邕对这个老婆不太有兴趣。

有一天，窦氏告诉舅舅："现在局势未定，突厥人又很强，还请舅舅以苍生为念，善待皇后。要是能争取到突厥的力量，则江南、关东不足为患了。"

那年，窦氏未足九岁，她已经懂得隐忍的力量。

数年后，北周被杨坚建立的隋朝代替。窦氏哭倒在床上，说了一句话："恨我非男子，不能救舅家祸。"

窦轨掩住女儿的嘴，警告她要小心，免得引来灭族之祸。但他心里明白，自己的女儿不是寻常的女儿家，这样的女儿可能给家族带来荣耀，也可能给家族带来灭顶之灾。是福是祸，得看她找什么样的老公。

李渊张弓，屏住呼吸。他已经找到了答案。

眼睛！

诸位，诗言"射人先射马"，个中理由无非有二：一是射中其马，人莫逃矣；二是马大，目标显眼，容易中靶。推而广之，射鸟当射臀、胸、腹，无非单位面积越大，中箭概率越大。

此刻，孔雀身躯中箭无数，唯有眼睛上没有箭矢。

眼睛小，中箭概率低，就算是有能力的人也都选择了避开眼睛，射向更容易的躯干。这是常人的选择，但要想不做常人，只有做不寻常的选择。

吾有利箭，轻易不发，一发当中他人所不及；吾有雄志，轻易不张，一张便居万人之上。

箭弦松开，箭矢御风而去，铮地正中一目。

复射，正中另一目！

结果不言而喻，窦家把李渊迎了进去，问了家世，算过生辰八字，婚事很快就定了下来。

纵观李渊一生，发箭无数，射过天上扫云的大雁，射过地上惊草的麋鹿，射过南掠的突厥骑兵，也射过聚啸山林的反军。但论价值，当以这两箭的最高。

◆ 忍耐

过门之后，窦氏为李渊生下了四男一女，分别是李建成、李世民、李元霸、李元吉，以及后来组建娘子军的平阳公主。但窦氏对李渊的贡献绝不只是传承香火，她还教给了李渊一项在乱世生存必备的技能。

有一天，李渊回家脸色阴沉。当窦氏问他原因时，李渊差点儿掉下眼泪来。在窦氏追问之下，他愤然说道："他叫我阿婆面！"

这个他，是杨广陛下。

这一天朝廷搞聚会，顺便说一下，李渊的母亲跟杨广的母亲是姐妹，所以从亲戚上来说，李渊是杨广的表哥。开完会，杨广盯着李渊的脸，猛然说了一句："你就是一个阿婆面嘛。"

在中国，有不少形容老人的词，阿婆面也算一种。这种称呼基本上不算贬义，但对年轻人来说就不是好词了。

李渊刚到中年，年岁不老，脸却皱巴巴的像个老太婆，是谓阿婆面。当然这么说人家有点儿过分，即使不看表哥的情分，看在李渊是唐国公的身份，也不该这般调侃人。

杨广说完，哈哈大笑，看着李渊露出愠怒又不敢言的窘态。他喜欢这样的游戏，自命不凡的人通常都喜欢用别人的丑态来显示自己的高明。

李渊忍着一肚子气，只好回家向老婆倾诉。窦氏听完，哈哈笑了起来说："可喜可贺啊！"

李渊奇怪地望着老婆。见鬼了，我在宫里被人当猴子耍，有什么可喜的。可听见老婆的解释后，他脸上的皱纹似乎也舒展开来。

"你是唐国公，'唐'谐音'堂'，面就是堂，那阿婆面不就是'堂主'嘛。"（这也说得通？！）

有点儿绕，但李渊听明白了。

真的认为自己是唐主，那是不太现实的，李渊暂时还没有这个胆儿，这样的解释无非是发挥阿Q精神。但这是正确的应对方法，遭受自己无法反击的羞辱时，只能自我安慰，因为没有实力的愤怒毫无意义。

要想不受嘲弄、不受侮辱，只有一个办法，那就是强大起来。

在强大起来之前，收起锋芒和愤恨，扮演好一个弱者的角色。这是窦氏教给李渊最重要的生存法则。

这是一个及时的再教育。天下就要大乱，杨广也更加狂妄难测。

时间来到了大业九年，那一年，发生了一件大事，杨玄感造反了。我们已经说过，杨玄感造反还是李渊向杨广报的案。

在关键的时候，他选择站在了杨广这边，这是一个准确的判断。杨玄感是造反爱好者，却不是造反的材料。跟着杨玄感造反的人死的死、逃的逃。同案犯李密此刻就流窜在山东地界，过着亡命天涯的生活。奇怪的是，报案人李渊同样在逃亡，他逃避的是杨广那双狐疑的眼睛。

楚国公杨玄感能反，浦山公李密能反，唐国公也实在不能让人放心啊。

怀疑一切是杨广的性格，提高警惕是必要的。那些年，你反我我反你，不是新鲜事。但杨广跟他那沉默寡言只在内心算计的父亲杨坚不同，杨广是个大嘴巴。

这一年，杨广突然让李渊从驻地回到行宫来汇报工作。过了一会儿，没见李渊来报到，一问才知道李渊请了病假。

大概在每个皇帝的眼里，大臣们都应该有随传随到的品质。见不到李渊，杨广找到了在行宫当差的李渊的外甥，问道："你舅舅为什么不来见朕？！"

"舅舅生病了。"

冷笑两声后，杨广说了一句让千里之外的李渊直冒冷汗的话："死得成吗？"

这大概是表弟跟表哥开玩笑，但杨广忘了，他跟李渊还有一层关系——君臣关系。俗话说，君要臣死，臣不得不死。你老问人家能不能死，要是李渊性格刚烈一点儿，说不定上午问了，下午就扯根绳子挂到房梁上。

当然，李渊并不算刚烈的人，听到这句话后，他马上做了一个决定。

关起门来喝酒，打开门来收贿。

一不管事，二要贪污。这种离经叛道的行为有失大臣的道德规范，但在历史上，这是大臣避祸的法宝。因为酒囊饭袋、贪财好货的人是没有威胁的。

曾经倜傥豁达、任性直率的李渊不见了，取而代之的是一个散发着酒气的酒鬼。

这一年，李渊的妻子窦氏去世了，去世时很年轻，只有四十五岁，但她已经为李渊留下了足够应付乱世的财富：三个英勇的儿子（在《隋唐演义》里耍大锤的李元霸去世了），一个巾帼英雄女儿，以及最重要的隐忍之道。

没有人在他受委屈的时候来安慰他，没有人在他感到恐惧的时候鼓励他，从这一天开始，他一边回忆着亡妻的嘱咐，一边忍耐着羞辱活下去。

更大的恐惧即将袭来。

大业十一年，一个叫安伽妩的道士来到东都洛阳，见到杨广之后说了一个预言："李氏当为天子。"

杨广姓杨不姓李，也就是说，下一个皇帝该轮着姓李的了；杨广的儿子不姓李，这也就是说，姓李的要革姓杨的命。

杨广当然不乐意，但他知道对方千里迢迢跑过来，不可能只是向自己通报死刑，于是，他问道："怎么化解？"

"杀尽天下李姓人！"掐着手指，安伽妩提了一个很不厚道的建议。

杀尽是不可能的，杨广再凶残，也干不出这样的事。不能用扫射的方式消灭这个姓，那就点杀吧。

杨广很快在朝中找到了一个可疑人物——右骁卫大将军、郕国公李浑，据查，此人是李广之后。李渊也号称李广之后，但李渊是假的，李浑极有可能是真的。自从杨素倒台之后，李浑的家族可称得上隋朝第一大户。族中执象笏者达百余人。

这么有势力，还姓李，你不造反都对不起牛鼻子老道安伽妩。又据说，李浑小名洪儿，而当年杨坚曾经做过一个洪水冲都城的梦。

怎么算都是造反的命，在杨广授意、宇文述操作下，李浑被打成反动派，全族抄斩。

这是隋朝一大冤案。简单描述一下，这个安伽陀道士极有可能是宇文述找来的，而宇文述本来的目的也只是点杀李浑。宇文述这么干，当然是跟李浑有过节。至于什么过节，话说来太长，就干脆不说了，总不能让配角李浑抢了主角李渊的戏。

李浑算是躺着中枪的，此人实在没有造反这样高的觉悟。另外两人觉悟很高，一位是立志反隋的李密，另一位是泡在酒里的李渊。

因为装酒鬼，李渊逃脱了杨广的视线，但搞不好哪一天，杨广会突然想起自己的这位表哥也姓李。

头上悬着一把利剑，这柄剑随时都有挥下来的可能。李渊所能做的，就是一动不动，以免引起杨广的注意。

身在死亡的阴影下却不能挣扎，这是何等的恐惧？

人的一生，要战胜多少恐惧？人的耐心是否能等到反击的时刻？

半醉半醒之间，李渊经常想起这个问题。

快了，脱离恐惧，反戈一击的时候就要到来。

◆ 人生的转折

一年以后，大业十二年。

这一年是不寻常的一年。在山东，窦建德正为前任舵主高士达发丧，从这之后，他将成为真正的义军领袖。在江都，王世充献上铜镜屏风，被提拔为江都通守。在荥阳，李密正组建起他的蒲山公营。

与此同时，另一位雄者也来到了命运的转折点。

太原。

城外，一行人骑马靠近，前面，就是他们的目的地太原府。

勒停马，前面一人露出了喜色。此人正是李渊。

这就是我的基地！我的霸业将在这里开始！

李渊在内心发出呐喊，而之所以没有喊出声，是因为他没有忘记背后两双警惕的眼睛。

为了帮助李渊开展工作，杨广特地给他派了两位助手：太原副留守虎贲郎将王威和虎牙郎将高君雅。

李渊的新官职是太原留守。不久后，杨广必定无比后悔这一决定。擅长搞图谶、预言等封建迷信思想的杨广已经犯下一个大忌。

太原属于唐尧古国辖地，李渊袭爵唐国公，封地就在此处。这意味着，李渊回到了他的封地。

这一年，李渊已经五十岁了。这么多年，李渊一直夹着尾巴在死亡的阴影下忍辱偷生，此时，他似乎看到了希望的光芒闪耀在太原城上空。

太原，这是龙潜之地；太原，这是龙兴之所！

我的人生就从这里重新开始吧！

深藏于内心的权力欲望开始苏醒。李渊扬鞭，策马向太原城驰去。

进入太原，李渊大概是感觉进了保险柜，以前总是一副三观不正、吊儿郎当的样子。现在终于正经了一回。他将自己十七岁的二儿子李世民叫来，说出了藏在心里许久的秘密。

"唐固吾国，太原即其地焉。今我来斯，是为天与。与而不取，祸将斯及。"

翻译过来就是，这里是我们的老地盘，杨广还叫我们来这里，这简直是老天开眼，要授天下给我，不取就是却之不恭了。

简单说，就是该干点儿正事了。

据考证，李渊这个想法已经存在好些年了。但王薄反时，李渊没有动；杨玄感反时，李渊没有动；李密反时，李渊还是没有动。

在真正的希望之光闪现之前，绝不要露出真正的面孔。

现在是时候了吗？

李世民年轻气盛，比他爹还激动，还没等表决心大干一场时，就听到李渊意味深长地说了一句："然历山飞不破，突厥不和，无以经邦济时也。"

历山飞是横行山西的一支反抗军；突厥实力强劲，是屡屡过境掠夺的草原民族。杨广派李渊到太原来，自然不是让表哥旅游散心来了，其主要任务就是办这两件事。

李渊要想办自己的事，首先要把杨广交代的事办了。

雀鼠谷，太原南面重要的关隘。

漫天的尘席卷山谷，一支连绵十里的部队直扑而来。

这是魏刀儿的反抗军，此人本在河北涿郡起事，大概是河北地界义军太多，竞争太激烈，于是他拉着部队冲到了山西地界。他一来，就连战连捷。另外，这位仁兄别号历山飞，大概是取太行山想飞哪儿就飞哪儿的意思。

据记载，这一次魏刀儿并没有亲自来，他的部下甄翟儿领了两万士兵来打前站。

进入雀鼠谷后，甄翟儿便提高了警惕。此地道路狭窄，谷名就说明平时只有雀鼠通行。隋兵要想阻击，这里是绝不会放过的好地点。

很快，甄翟儿就发现了前面的隋兵。对面不远处是隋军的军阵，从其军旗之盛、鼓声之响来看，应该就是隋军的主力了。

在这里面，一定有新上任的太原留守李渊，抓住此人，不怕打不开太原城门。

甄翟儿做了这个判断。想来，老甄虽然是农民出身，但也是有文化的农民，读过兵书，知道擒贼先擒王的道理。

甄翟儿自信地下达了进攻的命令。他率领这支部队已经干了数年造反的工作，攻过城池、打过野战，屡战屡胜，前不久，还战胜了两支隋军。在他看来，前面这支隋军不过是路上的绊脚石，抬脚踢开就是。

部队冲到了阵前，果然，隋军的军阵松动起来，没费多大劲儿，甄翟儿就冲进了敌阵。在那里，他找到了大量的物资，可没有找到传说中的李渊。

这可不是好事，沙场之上，东西还在，人没了。这实在让人惶恐。

人呢？

不但甄翟儿在问这个问题，隋军的副指挥王威也在问这个问题。

事后看来，这是一次遭遇战。李渊领着数千兵马出来，只不过想打二龙山之类的小山寨，没想到一出来就碰上了梁山大本营里出来的。

抓盗不如撞盗，既然赶上了，那就动手吧。李渊正准备分配任务，却发现了不对劲的地方。

王威王副官双腿打战，脸色发白，已经吓得不轻。看来名字跟性格有时候相反，带威的不一定威武，杨广的心胸一点儿也不宽广。当然，也有正好跟名字对应的，比如李渊的心思就跟深渊一样不可测量。

李渊笑了，自信满满地告诉对方："不用担忧，这伙人自恃力大。对付他们，略施小计就可以了。"

王威充满怀疑地看着李渊，然后听到了一个让自己抓狂的命令："王副官领军居中，守住辎重。记住，一定要多张旗帜、多敲战鼓。"

说完，李渊就率领数百骑兵走了。

交战之后，他惊恐地发现，自己的军队溃不成军，而敌军已经宣告胜利，开始打扫战场，抢起他这边的东西来。

惊慌之下，王威不慎从马上摔了下来，幸亏部下发现得快，连忙将他扶了起来。

王威惊魂未定，而胜利者甄翟儿也没有放下心，看到自己的队伍又恢复了草台班子的本质，光顾着抢东西时，心头掠过一丝不祥的感觉。

预感被证实了，山岗之上，呼啸声起，一支隋军的骑兵出现在上面。

只一刻间，这支突然出现的骑兵就冲了进来。比人先到的，是带着风声的利箭。

李渊之所以敢用数千兵马迎战对方的两万兵马，无他，知己知彼也。李渊早已经摸透了甄翟儿部队的本质：此辈群盗，唯财是视。

于是，李渊让王威假装中军，带着辎重吸引对方进攻，他则埋伏骑兵发动突袭。当然，这个行动也不算完美无缺，主要是王副官比较悲惨，受了惊吓。

史书的记载在下面出现了分歧：有的记载，李渊冲过来之后马上陷入了重围，幸亏李世民及时杀到救出李渊，顺便大败甄翟儿。有的史书则没有记载这一情节。

这样的分歧并不少见，出现分歧的原因要谈到数年后玄武门的那场惊变。我们知道，李世民的皇位不是正常继承来的，而是抢来的，而李世民又是出了名的爱改史官记录的皇帝。

不管怎么说，胜利是无疑的，本来实力占优的反抗军只顾着抢物资，来不及应敌，仓促之下，两万兵马被李渊的数百骑兵打得四处逃窜。

此战过后，李渊声名大震，不少反抗军的人前来投降。李渊收编了这些降兵，并给他们安排工作。

李渊这么做并不是为了隋军队伍的繁荣稳定，他招抚这些人，选其精锐，渐渐积聚力量，终将成为他争夺天下最有力的资本。

对待降者，李渊采取了跟王世充完全不同的做法。这个世界上有仁慈的权谋，也有杀戮的权谋，而最终的胜利者一定是仁慈的一方。

历山飞元气大伤，不久后，又接到了窦建德谈合作的请求，结果被窦建德吞并了。他的一名叫宋金刚的部下转投他处，成为李渊新的劲敌。

击退了历山飞的进攻，接下来该对付突厥了。

杨广没有让李渊单干，他让马邑的太守王仁恭配合李渊抵抗突厥的侵略。

王仁恭正在翘首等待李渊的大军。这些年中原大乱，突厥人时不时南下打劫，身处边境的王仁恭已经被搞得焦头烂额。

李渊总算领着他的太原兵马来了，王仁恭亲自到城外迎接，打过招呼之后，不忘往李渊的背后看一眼，脸色一下子变得古怪。"唐公就领了这些兵来？"

略点人头，只有数千兵马。

李渊的微笑告诉他，是的，他就领了这些人来。

那还打个屁！突厥号称控弦百万，出来十分之一就是十万人，你领数千人，都不够对方一次冲锋的。

这一刻，王仁恭想哭的心情都有。

事实上，李渊是有兵力的，据记载，他在太原有数万兵马。

李渊故意只领了数千兵马来，这样做是为了保存实力，但也不完全是。对于经常以数十万兵马南下的突厥来说，数万跟数千并没有区别。况且，李渊还没有准备跟突厥人决战，在他的心中还藏着另一个计划。

当然，马邑太守的脸拉得比马的还长，也该给他一个说法。李渊拍拍老马的肩，告诉他自己有让突厥退兵的办法。

这一年的冬天，突厥人又来了。

按例，突厥人四处分散活动，看谁家城墙没修好或者有洞，就冲进去办一回。这一次，他们突然发现了一个奇怪的现象。

距营地不远的地方，突然出现了一支数千人的骑兵。

突厥方人员众多，又是多部落组团出兵，难免管理混乱。

搞不清，那就侦察一下吧。

突厥的侦察兵靠近了这支神秘的部队，奇怪的是，对方似乎并不介意围观。在经过近距离仔细观察之后，侦察兵发现：对方穿着甲胄，背着弓箭，身上没有中原人的粮包，倒有牛羊干，经常换营地，平时射箭打猎。侦察兵还发现，对方营中一名将领模样的人箭术高超，发箭必中。

这敢情是友军吧。

侦察兵回去报告，可没多久，调查的结果出来了，这支部队不属于任何一个部落。就是说，这是一支伪装的突厥骑军。

突厥集结兵马，前去袭击这支山寨自己的骑军。

等突厥兵马靠近准备抓捕时，却发现对方等待多时，拒角已经放下，箭已经上弦，正热情地鼓励他们大胆地往前走两步。

随他去吧，权衡了硬冲的利弊之后，突厥人退走了。目前来看，这支山寨部队并没有什么实质性的动作。

望着突厥人退走的尘土，那位百发百中的人露出了笑容。

好了，打鸟射兽的日子结束了，是时候做一些正经事了。

相信大家都猜到了，率领这支部队的人正是李渊。

带着部队来到野外，李渊下令，从今天起，大家忘记过去的行军操作守则，以后穿胡甲、操胡弓、住帐篷、吃牛羊、居水草之间。李渊这么做当然不是因为喜欢模仿。

这样的目的只有一个——了解对手。

这些年突厥势头强劲，中原兵马屡败，士兵已经有了突厥恐惧症。心存恐惧的军队是无法战胜对手的，而要去除恐惧，就要先去了解自己的敌人，因为人的一切恐惧都来源于未知。

穿胡服、骑胡马、居胡营、吃牛羊、猎飞禽走兽，这就是对手过的生活。突厥兵也不是三头六臂，虽然他们挂着狼头旗，但终究还是人，是人就不用害怕。

这段深层体验活动开展后，恐惧被一点点去除，当士兵看到突厥人竟然不敢进攻时，内心的勇气终于被唤醒了。

三军之力在于气，李渊率领这数千兵马突然发动袭击，屡战屡胜，有一回还抢了突厥将领的骏马。

胜利是喜人的，但必须得说，这样的胜利并不具有决定性的作用。从杀敌数量来看，不过是数场小胜，但李渊告诉王仁恭，突厥要退兵了。

王仁恭将信将疑。很快，消息证实了这个判断，突厥人果然撤走了。王仁恭充满敬佩地跑去问李渊：为什么认定对方会撤走。

李渊笑着告诉对方："这是突厥人的性格决定的。"

"怎么讲？"

"突厥人见利即前，知难便走。他们突然受到打击，一定不敢再逗留，必定撤走！"

了解自己的每位对手，看透每位对手的内心，碰到李渊这样的对手，是这个时代所有英雄的不幸。

出色地完成了杨广交代的任务，李渊回到了太原。战场上自信、稳重的军事家又不见了，取而代之的仍然是一个酒鬼。

李渊没有忘记，在他的身边，有人目不转睛地盯着他，他的一举一动都会被通报给数千里之外的杨广，自己稍有不慎，杨广就会挥动手上的利剑。

李渊回到了大隐隐于市的状态。圣人说："邦有道则仕，邦无道则隐。"可"无道则隐"并不是最终的解决办法。圣人明哲保身，但无道的时候都隐，谁来改变世道？

雄者，邦有道则隐，邦无道则出！正所谓盛世存圣人，乱世出英雄。

一头佯醉的雄狮会想些什么？大抵如下吧：

杨广真的失尽天下了吗？

这真的是自己的机会吗？

自己的力量已经大到足够跟杨广抗衡了吗？

李渊的内心依旧充满了疑惑。他年纪大，沉得住气，但年轻人就未必了。

◆ 谋划

北来的风吹过太原，隐隐中似有金戈之声，这是天下大乱的气息吧。

太原城内一处庭院的灯还亮着，外面的院子里站着两个身材高大的男人。

其中一人抬头望着城外。

城上又燃起了烽火，也不知道郡内哪个村子受到了突厥或是反抗军的袭击。

叹了一口气，这个人忧心忡忡地说："人本来就贫贱，还赶上这样的乱世，还让不让人活啊？"

叹息之人，乃晋阳宫监裴寂，裴寂替杨广管理晋阳行宫。裴寂是悲观主义者，大概小时候受的磨难太多所致。据记载，裴寂家里很穷，在穿开裆裤时父亲就去世了，他是由兄长带大的，估计没少受嫂嫂的白眼。长大后，因为读过书有文化，混了一个主簿的官。从一个主簿混到宫监，也算是相当励志了，但无奈底子薄，总显得信心不足。

旁边这人就不同了。

听完裴寂的悲叹，那人大笑起来："天下大乱，才是我们两人脱离贫贱的好机会！"

这位唯恐天下不乱的主儿是晋阳令刘文静。

刘文静笑完之后，又望了对方一眼，说实话，他并没有瞧上裴寂。

两人望着城上的烽火，各自出神。

世道已经乱了，乱世正是出英雄的时候，天下又有谁可以称得上英雄？我们的未来又在哪里？

不久以后，刘文静似乎找到了答案。他兴冲冲地跑来告诉裴寂，他已经找到了一个可以开创新时代的人。"这个人非比寻常，性格豁达可以跟汉高祖相比，神态武威又像魏祖，年纪虽少，但一定是大材。"

裴寂在脑海里把刘邦和曹操嫁接了一下，实在想不出来，这两人拼在一起会是什么样子。于是，他好奇地追问，听到刘文静说出这个名字时，裴寂笑着摇了摇头。

一个十七岁的少年顶什么用？

刘文静说的是李渊的二儿子李世民。事实上，裴寂心中早有人选，跟刘文静重视少年不同，裴寂认为李渊才是真正的人主。

两人性格上的迥然不同，但又殊途同归的命运，在这个分歧时刻便已注定。

看到裴寂不以为然，刘文静告辞而去。接下来，他准备投奔李世民，可正当他准备去拜码头时，出事了。

李渊到太原没多久，就下令将刘文静关了起来。这个事情不怪李渊，要怪只能怪李密。

刘文静跟李密是亲戚。当年李密是反抗军的师爷，是逃犯，还没有牵扯到刘文静，现在李密坐上了瓦岗军头把交椅，成了隋朝头号敌人，那就只能怪刘文静结亲不淑了。

戴着镣铐，刘文静从县令变成了囚犯，就等着杨广哪天下令斩首了。

这就是"出师未捷身先死"吧。刘文静十分沮丧。以为自己的一生就此交待了，直到牢门被一个人打开。

"县令大人，住得还习惯吧。"一个身影出现在牢门口。

牢门打开时，刘文静看清了这人的面孔。

刘文静两眼放光，霍然站了起来。

他发现自己敬重的人同样也敬重自己，是谓"孔北海知世间有刘备耶"！

李世民来了。

◆ 望父成龙

李世民是专为刘文静而来的。李世民是一个早熟的人，内心早已藏下了权欲的猛兽。现在，天下英雄群起纷争，他内心的那头野兽再也按捺不住。他急于向他人倾诉壮志，聆听方略。可志高者和寡，风高者天清，放眼太原，李世民朋友无数，却似乎没有一吐为快的对象。想来想去，只有身在监牢的刘文静还可以聊一会儿。

李世民对刘文静问出了早藏于心中的疑问："现在天下大乱，有什么解救之法？"

刘文静早就有了答案。这些天关在牢里，光琢磨这些事情了。"丧乱方剡，非汤、武、高、光不能定。"

刘文静所说的"汤武高光"是指商汤、周武、汉高、光武，这四人都是不世之雄者，其才能绝冠其时。他们有一个共同点，就是推翻了暴政，开创了一个新时代。言下之意，现在这个乱世，如果没有能力可跟这四人比肩的人是搞不定的。

此句一出，李世民的眼中闪过一道兴奋的光芒。他知道此行不虚，不禁脱口而出：

"你怎么知道现在没有这样的人！"

李世民深吸一口气，让内心的骄傲潜伏下来，问了一个切合实际的问题："我若行大事，请先生为我指点迷津。"

刘文静已经完全恢复了本色，开始在狭窄的牢里踱步，指点着外面的万里河山。

刘文静有一整套的造反方案。据他一气说来的情形，应该是打了无数次腹稿，思前虑后的结果。

"杨广现在跑到江淮，李密围逼东都，造反的人数动不动都以万计。此时正是乱世出英雄的时候，如有真命天子振臂一呼，取天下易如反掌！"

李世民盯着刘文静，鼓励他说下去。

"现在太原有大量避乱的百姓，我当了这么多年县令，早就摸清哪些是豪杰。只要召集他们，可得十万人，会集令尊数万将士，一言出口，谁敢不从！"

"率领此众乘虚入关，号令天下，不过半年，帝业成矣！"

刘文静一气说完，脸色已经潮红，面对他信任的人，他已经亮出了自己的底牌。然后，他听到了令自己感到欣慰的回应。

"先生此言正合我意。"

两个谋夺天下的人在潮湿狭窄的牢里找到了默契。

没多久，刘文静就被放了出来。这是一个奇怪的现象，李渊为了明哲保身，按理不该放刘文静出来。除此之外，太原城内到处是朝廷的逃犯。李渊一边夹着尾巴，一边却把他的太原变成了官办的聚贤庄。

刘文静跟李世民也没有想明白这里面的原因。这两位就造反之事进行了深入探讨，最后找到了实施这个计划的障碍：李渊。

没有李渊同意，反是造不起来的。毕竟于公，李渊是太原留守；于私，是李世民的爹，有监护责任。

想到这里，刘文静告诉李世民，要劝李渊造反，我不行，你也不行，只有一个人可以：裴寂。

据史书记载，裴寂跟李渊本是老朋友。李渊当上太原留守后，与裴寂他乡遇故知，两人经常在一起喝酒、下棋，一玩儿就是通宵。

"要是此人出马劝说，胜算就大多了。"刘文静说道。

想了一会儿，李世民摇了摇头，表示跟裴寂不熟，况且这么大风险的事情，他未必肯出面。

对裴寂，刘文静是很熟的。他笑了笑，告诉李世民说："裴寂好财，又贪财。"

李世民也笑了。缺点这么突出，那就没有办不成的事了。

裴寂突然发现自己最近手气特旺，赌桌之上，连战连胜，累计算下来，已经赢了数百万钱。

裴寂很喜欢钱，小时候家里很穷，有时候上京城连头驴都没得骑。人穷到一定程度，就会落下穷症，症状是看到钱比看到亲爹还亲切。

很快，裴寂就见到了输钱给他的人：李世民。

不知道是裴寂被钱开了窍，还是刘文静出的馊主意起了作用，反正他们想到了一个办法。

李渊有点儿烦。这么多年，他一直在装低调，可自己的儿子太高调，一下子就把他的伪装捅破了。

这一天，李世民跑过来，兜头扯了一大堆当前形势，最后说道："父亲应该顺民心、兴义兵，这是上天的安排！"

李渊一听，头都炸了，这是要望父成龙呀。

你小子也太狂了，二十岁没到，就想反上天去。再说，造反这种事也轮不到你来提醒老子。老夫当年在涿郡跟宇文士及夜谈天下事时，你还只有十四岁！

"不要胡说！再说我把你抓去见官。"

李世民告退了，虽然劝说效果不佳，但他相信，接下来这一步，一定能把父亲逼上梁山。

早上被愣头青李世民气得够呛，李渊只好借酒去愁，作陪的照例是老朋友晋阳宫监裴寂。

气氛有点儿怪异。裴寂的眼神飘忽不定，概而言之：左目迷离，右目彷徨，完全一副作奸犯科的情态。

喝到一半，裴寂再也忍不住站了起来，向李渊作了一揖道："留守大人，对不住了。"

李渊抬头，用奇怪的眼神看着他。

裴寂鼓足勇气说："留守大人还记得前些日子陪你的那个女人吗？"

李渊当然记得，前些天，裴寂给他送来了一个美丽的女人，一个正常男人都无法拒绝的女人。

要命的是裴寂接下来说的这句话："这个女人是晋阳宫的人。"

香甜的美酒突然变得苦涩。

晋阳宫是杨广的行宫，虽然李广现在在江都，也看不出有回晋阳宫的可能。晋阳宫人等于在守活寡，但她们也是有主儿的。

李渊举杯的手停在了半空，这就要命了。这么多年来，他一直装低调，可想不到低调也是一种错，现在竟然低调到杨广的内宫里去了。

裴寂看情况不对，连忙把李世民请了出来。"二郎在暗地里招兵买马，准备举大事，所以才安排我送宫人进来。"

李渊叹了一口气。他不是第一次听到让自己造反的话，但每一次，李渊都会告诉对方，这件事情说说就算了，千万不要再提。

造反的利润大，但风险极高，一旦踏出这一步，不是万人之下，就是万人坟堆。面对极大的利润，很多人会忘了极高的风险。

你们都希望跟我走上造反这条大道，但你们怎么会不知道，这条路就在悬崖旁边，稍有不慎，大家这辆造反的牛车就会翻滚下去。

李渊招呼裴寂坐下，给出了答复。"我儿子确实有这种想法，我还没同意，但现在事情到了这个地步还能怎么样，只有从了你们。"

第二天，李渊把李世民叫来。李世民估计还没收到裴寂的简报，又苦口婆心地分析形势，指明要害。

李渊耐着性子，仔细又听了一遍，最后，说出了历史上著名的但被怀疑是编造的一句话："今日破家亡躯亦由汝，化家为国亦由汝矣！"

在定下"化家为国"的大计后，李渊说干就干，立马组织实施。李渊本来就是一个果断的人，但如此雷厉风行倒不是发扬传统，真正的原因是除了李世民和刘文静等人的劝说，杨广也在努力把他往梁山上逼。

也不知道是不是两位副官又打了李渊的小报告，杨广突然从千里之外传来命令，指责李渊跟马邑太守王仁恭守疆不力，要求就地处决王仁恭，把李渊送到江都问责。

去江都就是死路一条，李渊终于下定决心，排除万难，推翻隋朝。可就要举红旗喝血酒开动员大会了，杨广又发神经，传来第二个命令，王仁恭不用死了，李渊也不用来江都了，两位该干吗还干吗。

这就是闲得慌了。大概杨广在江都实在无聊，一想到表哥在太原，就想捉弄他一下。想到李渊接到命令后，脸上吓出的褶子一层层的，杨广的心情应该是不错的。

接到第二个命令时，李渊长出了一口气，握着传令人的手，说了一句像刚从抢救室被推出来的人所说的话："以后的日子，都是老天送的。"

过一天算赚一天的李渊突然将起事的节奏慢了下来，又回到了他那从容不迫的步调。

刘文静又找到了裴寂，告诉他赶紧催一下李渊。

裴寂大概觉得自己前面办的事有点儿不地道，于是两手一摊，没好气地说："人家不急，我催有什么用？"

刘文静笑了，说："你应该比他急啊，要知道，把宫女介绍给他的不就是你吗？要是被杨广知道了，裴大人可以订棺材了。"

裴寂仔细看着刘文静，心头涌起一阵愠怒。

这就是所谓的朋友吗？

裴寂压住怒火，马上表态立刻催促李渊。

曾经共宿同论天下的两个人第一次出现了隔阂，这个隔阂很细微，但之后越来越大。

事实上，李渊并不是因为逃过一劫就改弦易张准备当顺民的。他不会在太原等着养老，一杯茶、两壶酒度过余生。

他在等另一些人。

当裴寂又来催他起事时，李渊直接找来了李世民，对他说："我之所以不早起兵，是顾虑到你们兄弟还没有到齐而已。"

这会儿，大儿子李建成、四儿子李元吉还在河东，女儿女婿还在长安。要是不先通知一声，这边一举旗，那边就得人头落地。

生存很重要，大业很重要，但不要忘了亲情、兄弟也很重要。

望着李世民离去的背影，李渊无法确定自己这个聪明绝顶的二儿子能否理解这一点。

那时是公元617年的二月，春风该吹进太原城了吧。

◆ 定杨天子

最近，太原、西河、雁门、马邑等郡收到一封公文。杨广发下敕书，要求征调郡内的成年男子入伍，年底在涿郡集结，进攻高句丽。

消息一出，人心惶惶。王薄创作的《无向辽东浪死歌》已经成为人人传唱的金曲，大家都知道去辽东跟去地府没什么区别。

事实上，这个消息是假的。杨广在江都已经是当一天皇帝翻一天牌了，早已经没有了征战天下的雄心。实在不行，他还准备到长江以南守着半壁江山过日子，高句丽交不交保护费，早就不是他关心的事情了。

这是李渊散布的假消息，其目的是搅浑局面。目前来看，效果不错，骂杨广的人又多了一些。但让李渊没想到的是，在起兵这个项目上，他还没准备发令，就有人抢跑了。

率先起事的是马邑的军将刘武周。

在隋末形形色色的起义者当中，有活不下去的农民（孙安祖），有报仇雪恨的将领（杨玄感），有越狱的死囚犯（翟让），有被坑的地主（窦建德），也有心怀大志的贵族（李密、李渊）。他们可谓怀着不同的目的，走上了共同的道路。这其中，刘武周的目的可能最为特殊。

刘武周起事不是为了一碗饭，也不是为了一条命，更不是为了伟大的理想。煽情一点儿讲，他是为了爱情，准确地讲，他是为了奸情。

刘武周，家住马邑，年少时因为喜欢跟一些不三不四的人搞到一起（喜交豪杰）被伯父痛骂。小伙子一气之下离家出走，在外面当了几年兵，还跟杨义臣征过辽东。混了几年后，刘武周回到马邑，当了鹰扬府校尉。

在马邑，刘武周算是碰到知音了。太守王仁恭看此人长得精神，在当地又是有名的人物，遂提拔他，让他主管治安，还让他到郡府值班（包括夜班）。

问题就出在这里。

与偷情的愉悦成正比的是对事败的恐惧。

按《水浒传》里王婆的说法，要想不偷偷摸摸，把露水夫妻做成长久夫妻，就要下得了手。换而言之，就是干掉王仁恭。

这谈何容易，王仁恭也不是一般的官员，他是一位武将。当刘武周在老家被他伯父骂得狗血淋头时，王仁恭已经在边境跟突厥作战了。

但机会一定是有的，刘武周很快找到了方法。

不久后，马邑境内民情鼎沸，四处传言王太守不恤民苦。这并不是谣言，这一年，马邑发生饥荒，王太守守着粮仓不肯放粮。

舆论已经起来，刘武周请了病假。事后，王仁恭才知道刘武周请的其实是丧假，还是自己的丧假。

回到家后，刘武周躺在床上，耳朵听着门外的动静。听到外面的喧哗声后，他露出了得意的笑容。

该来的人都来了。

刘武周自然是装病，因为要办事，就要联络群众，一大群人聚集难免引起注意，但如果是探病就没事了。

很快，八方豪杰聚集而来。这里面，有一个脸黑如铁的人。据记载，此人年轻时是打铁的，生得一身横肉。这位便是后来跟秦叔宝一起长期义务为大家当门神的尉迟恭。

看到人来了，刘武周腰也不疼了、头也不热了，一骨碌从床上翻了起来，大叫道："杀牛置酒！"

喝到七分醉，刘武周说了一句极具煽动性的话："现在天下到处都是盗贼，你们要守本分，就只有死路一条。官仓里面的粮食堆得都烂掉了，你们谁敢跟我一起去取之！"

第二天，刘武周病假没休完就去上班了，说是有重要情报汇报。不一会儿，刘武周回来了，他的朋友手上拎着王仁恭的脑袋。

刘武周也算是冲冠一怒为红颜了。

杀了王仁恭后，刘武周当上了太守。

起事之后，刘武周开仓放粮，招兵买马，还顺便攻下了附近的汾阳宫。据说当年有个会望气的人发现太原附近有天子气，为了镇住这股天子气，杨广特地在这里修了汾阳宫。

进了汾阳宫后，刘武周挑了一些漂亮的宫女，将她们送上马车，然后下令送到突厥人那里去。

为了女人，刘武周走上了反叛的道路。而现在，为了将造反的道路一直走下去，他要将杨广的女人送给突厥人。

突厥人对隋朝境内的造反之事向来支持，收到刘武周的礼物后，马上表示坚决支持刘武周，为了表明态度，还给刘武周送来了狼头大旗，并册立刘武周为定杨可汗。

从这个称号可以看出，突厥人对曾把他们搞得焦头烂额的杨家人（包括杨广）又恨又怕，扶持一个傀儡，都要在名字上占点儿便宜。

◆ 监视者

刘武周造反的消息第一时间传到了太原。此时，李渊的造反筹备委员会还没有成立起来，这让潜伏了数十年的李渊情何以堪。

被人抢跑，一般人是无法高兴起来的。但李渊除外，如果李渊有着李世民的性子，我估计他会当场高兴得跳起来。刘武周反得太是时候了，这简直是上天送给他的礼物。

不好好利用一下刘武周，就太对不起上天的美意了。李渊马上下令："开会。"

与会人员是太原的高级将领，这里面有李渊的两位副手：王威与高君雅。

人员到齐后，李渊通报完最近的情况，满面愁容地说："刘武周这个人虽然没什么本事，但这么猛然来一下，也着实难对付。要是他再南下，占据汾阳宫，只怕皇帝陛下怪罪起来，在座各位跟我都要被灭族了。"

听到"灭族"二字，两位副官只怕吓得胆囊都破了，他们只不过是杨广派来监视李渊的，要是弄成跟李渊连坐就太不划算了。于是，王威连忙提议，赶快集结部队，消灭刘武周。

看到王威又急又怕的表情，李渊摆了摆手。

"先不要着急，要是他只在马邑郡，就不足畏；要是他进入楼烦郡，我们再集兵防备。现在就动兵，只怕乱了自己的阵脚。"

如何用兵自然还是李渊说了算。散会之后，两位副官满怀忧虑地走了。他们没有注意到，后面那张皱纹脸罕见得舒展开来。

刘武周像是听到了李渊的会议记录，紧接着就杀进了楼烦郡，占据了汾阳宫。我们已经说过，刘武周把汾阳宫的漂亮宫女都抢走了，杨广如果知道了，还不得把相关责任人的皮给扒了。

王威再也按捺不住了，连忙跑来找李渊，要求商议一个对策出来。

那就再开会吧。

军事将领又集合了起来，李渊重新评估了一下形势，认定刘武周把事情搞大了，连皇帝都当了起来，这下，想让杨广坐视不理是不可能的了。

"现在，我们可以做的就是士兵戒严，全城加强守备，保障粮食供给。剩下的事情，大家看着办吧。"

做完总结陈词，李渊两手一摊，摆出一副撂担子的样子。

王威是真的急了，要真追究起来，李渊跟杨广是表兄弟，说不定还有救。而他和高君雅什么都不是，先倒霉的肯定是他们。

王威连忙上前，差点儿就崩溃了。"今天太原人的性命就在唐公手里，唐公要是推辞，谁能担起这样的重任！"

"那你说怎么办？"

"立刻招兵买马，平定刘武周。"

李渊又摆了摆手说："招兵征讨这种事，必须经朝廷批准。擅自动兵，可是大罪！"

说来说去，又说到死了。好在李渊是一个好心人，实在不忍心看到王威和高君雅两位副官在热锅上烤，终于给了一条出路。

李渊表示刘武周已经称帝，势头正猛，必须马上对付他。现在，刘武周离太原不过数百里，随时会来进攻，而我们又离江都三千余里，一路上到处是叛军，要是打报告，肯定是来不及了。现在把大家请来，正是商议一个变通的办法，并不是我要撂担子。

李渊如此推心置腹，王威也忘了自己监视者的身份，连忙举双手表态说："唐公是国戚，与国共命运。要是等奏报，已经来不及了，现在是平贼事急，我们看唐公可以做一回主！"

至此，王副官和高副官结结实实地被李渊忽悠在了地板上。

李渊长叹一口气，终于勉为其难地答应全权指挥平叛事宜。

你们要我管，那我就管啦。

李渊给太原诸位将领分了工，王威被提拔为太原郡丞，李渊特地把他叫来，表扬他为官廉洁，去管粮仓支出再合适不过。而高君雅前段时间在外面打了败仗，李渊也没有追究他的责任，而是让他巡行城池兼管器械。

两人心服口服地投入到新工作中去，却没有想一下，为什么招兵的工作不让他俩插手。

李渊亲自抓招兵工作，十来天的时间，就招到了一万多人。征辽东没什么人愿意去，但听说跟李渊打刘武周，感兴趣的人还是很多的。

李渊将召集来的兵马分成两队，分别驻扎在兴国寺和阿育王寺。李渊私下告诉李世民，兴国寺这个名字不错，是个好兆头。李渊还告诉李世民，他已经写密信送到了河东长安，李世民的兄弟马上就会到太原来。

这些事情，两位副官当然是不知道的。但如果说这两位是猪队友也不准确，两个难兄难弟也发现了不对劲儿之处。

问题出在领兵的军将身上，率兵驻扎在兴国寺的是刘文静，率兵驻扎在阿育王寺的是刘弘基、长孙顺德。

刘弘基和长孙顺德都是隋朝贵族，长孙顺德还是李世民老婆的叔叔，他们跑到太原，倒不是走亲戚看朋友，这两人是逃难来的。前些年，杨广征辽东，两人都在征调行列。大概也是听过《无向辽东浪死歌》，他们不谋而合地跑到太原躲了起来。

事情清楚了，一个领兵的是反贼李密的亲戚，另外两个是逃丁。本该领兵的两位副留守一个在粮仓里数大米，一个在城里抓小偷兼擦铠甲。这找谁说理去！

李渊这是想干吗？这不是去平反，怕是要造反吧！

两人找到行军司铠武士彟，说起了招兵的事，然后忧心忡忡地讲起刘弘基跟长孙顺德都是逃丁，不抓他们已经是违法犯纪了，现在怎么可以领兵。

说到此处，发现自己被闲置的王威气愤地表示："我现在就去把他们抓起来。"

武士彟摇了摇头，诚恳地说："这两个人都是唐公的客人，你要是这么办，事情闹大了怎么办？"

是啊，闹大了怎么办？

现在给杨广打小报告估计也不管用了，送信还得问问半路的李密借不借路。

两位副官一筹莫展地离去，而武士彟收拾了一下，向李渊报告了两位的新动向。

武士彟的确是王威一党的人，这是王威向他征求意见的原因，但王威忘了武士彟在从戎之前是干什么的。

武士彟以前卖过豆腐、贩过木材，算是一个成功的商人，而他除了认识王威之外，还认识李渊。

作为一名商人，武士彟相当识数，早就算清了跟着李渊混才有前途。据史书记载，早年劝李渊起事的人里，就有武士彟。

顺便提一下，武士彟这个名字估计听过的人不多，但他的女儿无人不晓。他的女儿，有的人叫她武媚娘，她自称武曌，史书多称她为武则天。

在武士彟的忽悠下，王威错过了第一时间的反击。

王威依旧管着粮仓，有时候也去兴国寺转转，看到越来越多的兵，他的心情也越来越烦躁。

李渊这是奔着造反的路大踏步前进了。考虑到自己经常打李渊的小报告，说不定到时祭旗的光荣使命就落在自己和高君雅的头上了。

不能再观望了，在李渊起兵之前，必须想出办法来。

显然，现在要办李渊，只有发动一次突然袭击了，抓住李渊跟他的骨干，才可以彻底扭转局面。

无数个方案在王副官的脑海里翻滚。很容易想到的就是夜袭，但这个方案被否定了。虽然高君雅负责太原治安，但手里只有一些捕快级别的人物，要去冲击职业军人守卫的太原郡府不亚于送死。

也许模仿刘武周不失为一个办法，借开会发动攻击，然后拎着李渊的人头出来，大吼一声，说不定能镇住场面。可想到李渊身边那些亡命之徒，只怕站着进去，躺着出来的是自己。

要不，搞个鸿门宴？

王副官又摇了摇头，想请李渊吃饭不是容易的事。

此时，才刚进入五月，天气已经热得让人无法忍受。擦了擦额头的汗，望着外面似火的太阳，王威突然想到了什么。

已经好久没下雨了。

这一天，李渊刚开始办公，外面就报晋阳乡的乡长刘世龙求见。

乡干部要见唐国公、右骁卫将军、太原留守李渊，这中间差了十万八千里的等级。刘乡长难道会筋斗云，一下就想翻到李渊的跟前？

想了一会儿，李渊马上下令："请刘乡长进来。"

据史书记载，李渊有一项特殊的技能：记人。只要见过人一面，他就能过目不忘，多年以后再见，也能记起来。

李渊想起自己和这位刘乡长并不是第一次见面，以前经裴寂引见过。

刘乡长进来后，问了一个问题："唐公最近是不是要去晋祠祈雨？"

李渊想起来，不久前，王威打了一个报告提及太原久旱不雨，建议到晋祠求一下雨。李渊已经批准了。

"是的。"

"唐公千万不要上当，王威、高君雅准备在祈雨时对唐公不利！"

听到这个，李渊怔了一下。他还是小看这两位了，想不到他们还有如此胆量。

李渊哈哈大笑说："这就是他们自寻死路了。"

李渊走下来，对刘世龙前来举报表示感谢，并告诉他不要声张，这件事由他亲自来处理。

刘乡长的举报是真的，问题是，一个管鸡管鸭的人怎么会知道这样的大事呢？据调查，这位刘乡长家里有钱。有钱，朋友就多，比如高君雅就是刘乡长的朋友。

两位副官哪里想得到一个小小的刘乡长竟然还见过李渊，不但见过，李渊还不计较刘乡长的身份低微，热情招待他。

不要忽视每位小人物，天大的事情往往取决于小人物。

王副官和高副官也算倒霉，认识一个是叛徒，再认识一个还是叛徒。眼力如此之差，杨广还派他们来监视老狐狸级别的李渊，只能说杨广太异想天开了。

五月甲子（十五），早晨，晋阳宫。

李渊在开早会，名曰处理政务，难得的是还邀请了王威和高君雅参加。刚发生过刘武周事件，王威和高君雅应该提高警惕，但想到过两天就是祈雨日，还是不要节外生枝的好。

王威和高君雅按时来到了政事厅。

一切都很正常，直到外面报刘文静有事晋见。

刘文静进来了，他不是一个人来的，后面还跟着太原十八府之一的开阳府的司马刘政会。

刘政会表示要告密状。

密状？李渊并没有叫人递上来，反而看了王威一眼，意思是，你是郡丞，这事该你管。

王威准备起身取状，屁股刚离凳面三厘米，听见刘政会说道："我告的就是副守大人，这状只有唐公能看。"

李渊大惊道："还有这种事，递上来我看看！"

看过密状，李渊转过身，面对两位助手，无比痛心地说："副守大人，你们竟然引突厥入寇！"

王威当场就瘫了。高君雅是杨广的老部下，底气还很足，当场愤而起立，一甩袖子就开始骂人。

"这是想造反的人要杀我灭口！"

高君雅怒目直瞪李渊。

李渊老儿，你就别装了，谁不知道你想干吗。

李渊站起身来，十分遗憾地说："这个指控十分严重，我身为留守，也无法包庇你们，只好请两位大人先到牢里待两天，时间自会还两位清白。"

时间还我清白？骗三岁小孩儿吧，高君雅拔腿就要跑。

跑是跑不掉了，李世民昨天夜里已经在外面布下了伏兵。

刘文静挥了挥手。

一队士兵从旁边杀出，一把按住刚抬脚的高君雅，然后将其捆成粽子丢到了牢里。当然，他的狱友是王威。

第三天，从狱卒的交谈中，他们听到了一个消息：突厥人杀到了太原城下。

第七章 天下的腹心

◆ 空城计

晋阳宫,城头,李渊正眺望北方。北面,骑尘席卷天际而来。

突厥人比曹操还快,说他入寇,他就来了。但要说是王威引来的显然是冤枉他,猜测一下,带路的大概是刘武周。

来得真不是时候啊,正准备起兵对付杨广,突厥人却来凑热闹了。

现在,不是打不打得赢的问题,而是能不能打的问题。

打,就要自损实力;不打,显然,突厥人来一趟不容易,他们不拿足好处是不会回去的。

沉思一会儿,李渊叫来了所有的军将,下了一个命令:"将所有的城门打开,城上的旗帜撤下来,守城的人不得探头往外张望,禁止喧哗!"

读过《三国演义》的人知道,这是著名的空城计。

这样的计策有时能起到奇效,但也伴随着高风险。要是对方好奇心重,真伸个脑袋进来窥探呢?

李渊紧接着下了第二个命令:"裴寂、刘文静各率兵马,伏兵门内,以防冲突,但切记不可妄动。"

但愿这一切能让突厥人知难而退吧。

望着北方越来越近的骑尘,李渊的心情突然沉重起来。

突厥人杀到太原城下。他们很配合剧情,当时就怔住了。

城门大开,城上无一旗、无一兵。

这是搞什么鬼? 突厥人以前吃过李渊的亏,知道此人向来诡计多端,还是小心为妙。

在城门外盘旋了一阵子,突厥人做出一个让李渊提心吊胆的行动。

呼喝声群起,突厥人策马冲进了北门。

有那么一刻,李渊差点儿发出进攻的命令,但最后还是忍住了。这是一个正确的选择。

从北门进来的突厥骑兵并没有向城内冲击,从东门又出去了。

望着源源不断的突厥骑兵从北门进来,又从东门出去,李渊突然冒出一个大胆的想法。

吸引他做决定的是突厥人胯下的大马,李渊要起兵,太需要这些马了。

于是,李渊叫来了一个叫王康达的人。据记载,王康达是李渊招降的反抗军,以前落草时就专干抄掠的事情。

现在,是发挥其特长的时候了。

李渊告诉他:"现在领千人悄悄靠近北门。记住,先不要动,等突厥最后一批骑兵过来后,你们杀出来,将他们的战马夺过来。"

时间已经过了正午。王康达已经潜伏了很久。突厥人哗啦啦地来,也不报号,谁知道这是最后一队还是中间一队?

大概只能靠猜了吧。

此时,李渊还在城楼之上紧盯着北方。除了心情不同外,这个情景很像李渊在检阅突厥的骑兵。

乱尘依旧连绵，也不知道过了多少突厥骑兵，但可以肯定的是远没到结束的时候。余光之下，李渊看到了让自己大惊的一幕。

王康达毕竟是野路子出身的，耐不住性子，纪律性又差，潜伏了半天，突然忍不住了，率领部下从藏身处杀了出来。

王康达着实勇猛，他的手下也对砍人抢东西相当在行。没多久，王康达就砍翻不少骑兵，赚得不少大马。可渐渐地，王康达发现敌人越来越多，后面又响起了突厥人的喊杀声。

在突厥人的前后夹击下，王康达被赶到汾河边，被挤到河里淹死了。

本来想派人去抢马，但没想到对方太凶残，马没抢到一匹，自己倒死了一员大将和一千兵马。

损失不只是这些，更危险的是突厥人的刀已经见血，想靠一个空城计就让对方退去已经不太现实。

对于突然冒出的贪念，老天爷定会给予相应的惩戒。

有一些激动的太原市民十分愤怒，纷纷要求将牢里的王威和高君雅抓出来砍头，以惩治他们引突厥之罪。

人在愤怒之时，就是恐惧之时，恐慌已经在太原城内蔓延开来。但有一个人绝不能露出怯意。

李渊是微笑着从城楼上下来的，仿佛打了胜仗的是他。面对摸不着头脑的太原军将，李渊解释道："我们才怀疑王威通外寇，突厥人就来了，这是上天惩罚我不早点儿起兵救国。这些突厥人既然是上天为我派来的，就应该为我而去。假如他们不去，我就赶他们走，你们无须担忧！"

这天夜里，李渊再一次召集他的军将，拿出了应急方案。

第二天，突厥人已经决定进攻了。昨天跑了一圈，结结实实地请李渊好好检阅了一下他们的部队，又被突然杀出来的人搅了一下，心情实在不太好。

不管你在玩空城计，还是设有埋伏，这一天，我们都要看清李渊的底牌。

正要下令出击，突然有人报告说后面出现了新的部队。

援兵？

突厥人决定侦察一下。

他们果然看到了一支部队，看架势，还很精神，彩旗飘扬，战鼓雷鸣。

也不知道是从哪里跑来管闲事的部队。

那就先打援兵吧。突厥人摆好阵势，准备让骑兵发起冲击，却发现对方迅速变阵，抢占高地，持枪张弓严阵以待。

这一幕太熟悉了，突厥人马上想起了半年前，有一支假冒他们的骑兵部队就曾经这样对付过他们。

看来，这确实是李渊在外面的兵马收到消息，回来解围了。

那就让这些人进城吧，到时一起收拾。

突厥人以为只有这一支部队而已，但很快他们就傻眼了，一天之内，数支部队进入了太原城。不仅这一天，接下来数天，每天都有兵马支援太原。

这一下，恐惧的一方变成了突厥。大热天跑来本想搞个短平快，可没想到对方在集结大军。再想到刚来那天太原城门大开，突厥人终于明白了，这是对方要包自己的饺子啊。

趁对方人马还没到齐，三十六计走为上。

这天深夜，突厥人就走得干干净净，再一次上当了。

李渊并没有得到援军支持。现在天下大乱，自保都来不及，谁还来管太原的死活。这些天，大摇大摆来支援的其实是太原自己的兵马。

每天夜里，李渊都派出数路兵马悄悄出城，跑到哪个山头上待上半夜，第二天一早又大张旗鼓地回来，从而造成了援兵源源不断的假象。

这种招数当年董卓用过。

最后交代一下，在太原死牢里的王威和高君雅，这两位跳进黄河也洗不清了。刚把他们关起来，突厥人就来了，说不是他们引来的，杨广都不信。

又因为突厥人在城外搞了不少破坏，太原人把气都撒在这两人身上。李渊将这两人问斩，以安抚太原的群众。

突厥人退走了，两位监视者也被干掉了，李渊的儿子和女婿们也来到了太原。

一切都妥当了吗？

没有，还有一件重要的事要办，这是决定性的一步。

这也是困难的一步。之所以困难，并不在于它需要冒多大的风险，而在于这是有关尊严的一步。

李渊望向了北方，从太原城过去是雁门山。山外是连绵的长城，再北上，是荒凉的沙漠与富饶的草原交杂的塞外。在那片土地上，突厥人的狼头大旗随风飘扬，草原的霸主正虎视眈眈地望着中原。

◆ 突厥人的前生今世

所有民族的历史都可追溯到神话，关于突厥人的神话是这样的。

很久很久以前，漠北的草原上火光冲天、惨叫连连，火焰照亮了一张张狰狞的面孔。这些人的目光落在了一个十岁小男孩的身上。

他是这个落部最后的幸存者。

斩草除根，还是网开一面？施暴者选择了后者。在他们看来，一个男孩掀不起大浪。临走时，他们斩断了这个男孩的双腿，确定他不能再成为威胁。

人渐渐散去，马蹄声也越来越远，留下的是残帐黑烟，没有双腿的男孩在地上爬行，等待他的是死亡。突然，男孩看到了冒着寒光的眼睛。

这是一只母狼的眼睛。

后面的故事颇具传奇性。母狼用肉喂养了男孩，男孩长大后，与狼生活在一起。敌人再次袭来时，击杀了这个男人，而狼，逃走了。

不久后，狼生下了十个男孩。这些男孩走出狼窝，迈向了大漠，那是他们祖先生存的草原，他们要在那里重新繁衍生息。

以下的就不是传说了。

这一族狼的后人来到高昌，就是《西游记》里火焰山那个地方。这是一处可以安身立命的土地，水草丰茂，物产丰富。他们在这里放牧牛羊，培育大马。据记载，他们在养马上有专长，马的脚力超群，可以长途奔袭，这为他们日后称霸草原打下了良好的基础。这里还有铁矿、煤矿，是西域有名的金属冶炼场，他们在这里学习到了高超的锻造技术。

历经苦难的他们似乎可以开始幸福的生活了。但幸福永远不会如此轻易得来，美好的期待被马蹄声打破了。

自打盘古开天地以来，这个世界上就没有无主的土地。现在，继匈奴、鲜卑之后，柔然人宣布他们是大漠的主人。这片土地上空的飞鸟、地上的牛羊、水里的游鱼都是他们的财产，当然，还包括这些突然闯进他们领地的陌生人。

于是，他们成为柔然人的奴隶。柔然人让他们搬到了金山（阿尔泰山）的南面，因为金山的形状像兜鍪（士兵头盔），而草原人将兜鍪称为突厥。他们因此得到了共同的称呼：突厥人。

与此同时，柔然人决定发挥突厥人的技术特长，给他们安排了打铁的工作。

因此，他们有了另一个名字：锻奴。

但他们永远不会忘记他们共有的姓氏：阿史那。

阿史那的意思是苍色的狼眼。他们在自己的旗帜上画上金狼头，面向东方而坐。他们相信，在最苦难的时刻，苍狼一定会指引他们找到前进的方向。

他们流着汗水，在闷热的铁匠房锻造着铁蹄、箭矢、铁剑、长剑和响镝，然后，他们看着柔然人骑着大马冲进他们的部落，马脚上装着他们锻造的铁蹄。柔然人将箭矢对准他们，或者挥舞着他们打造的铁剑、长枪，将他们的牛羊抢走，将他们的妇女掳走，将他们的壮丁抓走。

这是奴隶社会位于最底层的人所经受的一切。

忍受着羞辱，突厥人在铁房里将炉火燃旺，正如他们内心的怒火；他们将铁锻打成器，正如他们的内心经受着锤炼。

总有一天，我们突厥人要成为自己的主人，金狼头的旗帜将飘扬在整个草原的上空。

时机终于成熟了。公元6世纪的中叶，称雄漠北一百多年的柔然终于露出了疲态，部族四分五裂，领地内反抗群起。突厥人抓住了这个机会，变得强大起来。

他们有了自己的领袖，一个叫阿史那土门的人。

在此人的率领下，他们骑上自己放牧的大马，拿起自己锻造的弓箭和长枪，纵横在草原之上。他们吞并部落、扩张领地，终于成为草原上不可忽视的一股力量。

突厥人觉得是时候改变自己被奴役的地位了，土门先生给柔然可汗写了一封信，要求娶柔然公主。

柔然可汗用一声干脆利落的回答拒绝了对方的求亲："你这个锻奴，竟然敢提这样的要求！"

和解的希望破灭了。看来，只有彻底击败自己的宗主，才能直立着在这片草原行走。

突厥人发挥他们的聪明才智，联系上了南方中原的皇朝——西魏，并成功娶到了西魏的公主。有了西魏的支持（主要是精神上的），突厥打败了柔然，成为漠北新的霸主。

在阿尔泰山脚，狼头旗下，土门建立了第一个突厥汗国。他将部落一分为二，让弟弟室点密从西进军，他自己向东进军。

数年后，室点密征服了西域的众多国家，建立了西突厥汗国，而土门可汗向东征服了草原上的各个部落，成为蒙古草原上的主人。这便是突厥的东西汗国的由来。

跟中原皇朝来往密切的是东突厥。

东突厥人度过了一段幸福的时光。他们赶上了好时候。

北方游牧皇朝同中原农耕皇朝一直在玩跷跷板游戏，彼强此弱、彼弱此强。跷跷板的支点大概就在长城上吧。

突厥人来到蒙古草原之后，欣慰地发现中原处在大分裂的时期。北方，北周跟北齐正在对峙，突厥成了抢手货，成为两方竞相争夺的对象。突厥人也没有浪费这样的好时机，经常干一些敲竹杠的事情，谁家嫁女儿就跟谁家好，谁家送钱多就帮谁。

突厥人度过了第一个黄金时期，一直到隋朝建立。

统一中国的隋文帝杨坚就没那么大方了。在天才外交家长孙晟（李世民的岳父）的帮助下，杨坚制定了"远交而近攻，离强而合弱"的策略。这个策略分为两部分：第一部分就是联合远方的人，对付眼前的敌人，让敌方腹背受敌，这属于联合部分；第二部分属于离间，在突厥内部寻找势力弱小的首领进行培育，让其挑战实力雄厚的一方，让敌方陷入内战。

杨坚在突厥内部扶持了一个小可汗，将自己族人的女儿封为义成公主嫁了过去，并扶持这个小可汗成为东突厥的大汗，最后，封此人为启民可汗。从此，东突厥成为隋朝的小跟班。

跷跷板的一端偏向了中原皇朝，但不可避免的事情又改变了一切。首先，杨坚去世了，然后长孙晟去世了，最后，一直忠诚的启民可汗也去世了。

如何重新规划跟突厥的关系成了杨广的责任。从父亲那里得到灵感，杨广也玩起了离间，但离间属于技术要求很高的活儿，杨广没有长孙晟这样的天才外交家，办法自然简单了些（培养了一个没野心也没胆的小可汗），手段又粗暴了些（刺杀突厥新可汗的宠臣），终于离间不成，反而把人家逼到了反抗的道路上。

杨广很快要为自己的粗暴式执政付出代价。

◆ 围城

隋大业十一年八月，此时，李密还没有上瓦岗，李渊还没有来到太原，杨广也没有搬到扬州。

雁门山脚。

秋风早已经光临这座被称为天下九塞之首的名山险隘，今天来的风除了凉意似乎还带着肃杀之气。

响箭划破长空，漫天的乱尘席卷而来，一个可汗模样的人翻身下马，仔细观察着眼前的一切。

大道上脚印凌乱，各种物资丢弃一地。显然，刚有一支队伍从这里经过。

此人的脸上露出了笑容，皮帽之下，细长的眼睛因为眯着望向前方，显得更细了。

杨广，你就在前面吧。一定要等我。

翻身上马，一声低沉的嘶鸣响起。

走，随我去抓隋朝的天子！

连破三十九城后，突厥人终于在雁门城围住了他们的目标。

雁门城。

就在数天前，杨广刚逃进了城，他的一生还没有这么狼狈过，包括上次从辽东撤退。

大意了，没想到一向顺从的突厥人竟然敢对他们的宗主国发起袭击。

就在这个月初，杨广来到塞外巡视关防。可刚视察了没两天，他就收到一位内线的密报，突厥的可汗正率十万精骑前来袭击他的乘舆。

惊慌之下，杨广迅速撤到了雁门城。

紧接着，杨广见到了前来袭击他的人。突厥的新可汗叫始毕可汗，是启民可汗之子。

始毕可汗本来想偷袭杨广的车驾，却因为保密工作没做好，让杨广逃进了雁门城，但总算及时赶到将杨广困在了城内。

杨广，我一定要抓住你，洗刷这些年被你们离间的耻辱！

始毕很快就发起了进攻。他率领的十万大军是突厥的精锐，长于奔袭，善于野战，但攻城就差了点儿，一下又搞不出足够的攻城器具，只好在城外放箭。

射箭，是突厥人的特长。在城外放的箭飞射入城，竟然直接射到了杨广陛下的跟前，着实惊了圣驾。杨广不顾形象，当场抱着儿子哭了起来。

但突厥人不相信眼泪，他们是不会轻易退去的。哭完之后，杨广打起精神，布置了防守，又发出了江湖救急令，号令天下兵马速来雁门救驾。

问题是，雁门城已经被围得大雁都飞不出去，密信是怎么送出去的？

在保命这个关键时刻，杨广还是有智慧的，他将诏书系在木头上，然后投到汾河中，送出了这些"鸡毛信"。

天下兵马闻风而动，纷纷前来勤王。史书里记载，有两路兵马特别引人注意。

一路是王世充率领的江淮劲卒，他是从江都出发的，这个距离相信大家都想得到。但重点不是王世充不远万里来救驾，重点是王世充在这次救驾中表现了仅次于李渊但高于这个时代其他人的表演天赋。

得知皇帝被围后，王世充召集了所有的江淮兵马，连老弱病残也在征调之列，此去不在战斗力，而在声势。

一路上，王世充表现得比他亲爹被围了还心急，脸也不洗，头发也不梳，衣服也不换，到了晚上，找个草堆就躺下眯一会儿。

如果有人问起原因，他会告诉对方，皇帝正蒙难，臣子怎可贪图安逸。

王世充并没有赶到雁门，但史书里大笔书写了他救驾一事，而真正抵达雁门的隋朝大将却被湮没在历史中。

但会表演的并不一定是最厉害的，最厉害的是掌握着史笔的。

史书记载还有一路勤王之兵。史书中言之凿凿地表示，成功解雁门之围的是一位十六岁的少年。

这位少年是李世民。

当时，他正在雁门郡当兵。

于是，李世民找到了长官，提出了一个解围的方法："始毕可汗举国而来，敢于围攻我朝天子，毕竟算死我们仓促之间无法救援。要想救援，只要打破敌人这个想法就可以了。"

长官对这个提议很有兴趣，示意李世民接着说下去。

"我们大张旗鼓地向雁门城挺进，白天张旗数十里，晚上就打鼓。对方一定以为我们救兵云集，然后望尘而遁！"

据说，长官采纳了他的方法，向雁门进军。果然，该大部队被突厥侦察兵发现，始毕可汗惊慌之下，只好退兵。

这段记录表现了唐太宗少年机智的特性，说明大唐皇朝在这样的天子带领下，开创一个盛世是顺理成章的。

故事很美好，但并不全是真的，李世民可能真提了这个建议，但并没有得到实施。

当时，李世民在雁门郡的崞县当兵，而崞县跟雁门城，是雁门郡仅存的没有被突厥人攻破的城池。

雁门城外有突厥人，崞县外也有。大家保住崞县就是帮忙了，哪里还冲得出去救皇帝陛下？

事实上，一个月后，突厥人的确从雁门城外撤走了，但救杨广的不是王世充的精彩表演，也不是李世民的机智。

救苦救难的观世音菩萨是突厥可贺敦（相当于皇后），是隋朝义成公主。

十五年前，隋文帝杨坚为了拉拢启民可汗，分化突厥，将宗室之女封为义成公主，嫁给了启民。现在，启民可汗已经去世了，启民的儿子成了新的大可汗：始毕可汗。下一代登基后，义成公主并没有退居二线当皇太后，她再接再厉，又干了一届皇后。

没错，不是太后，而是皇后。她能做到这一点，跟突厥人的习俗有关。在突厥，儿子不但可以继承父亲的财产，还可以迎娶父亲的妻妾（非亲生）。

中原跟塞外通婚由来已久，前有昭君出塞，后有文成公主入藏，这两位都为和平做出了突出的贡献。而义成公主也是一位不可忽视的和亲公主，她甚至给中原皇朝带来了更彻底和长久的安定。只不过，她用的是另一种方式。

那还是以后的事情，但这次，她救了中原皇朝。

在始毕可汗前脚刚出汗廷，义成公主的密信就被送往了杨广的车驾，提前得到消息的杨广得以逃脱了始毕的偷袭。同样又是义成公主给始毕写信，谎称有人进攻老家（北边有急），才让始毕从雁门撤走。

杨广虽然躲过了一劫，但隋朝跟突厥之间的关系彻底决裂了。不久后，杨广搬到了扬州，有人说杨广是去扬州游玩，有人说他是去平定江淮的叛乱，但也许在杨广的记忆深处，藏着突厥人射到他跟前的那些利箭吧。

◆ 狼头纛

回到公元617年夏天的太原，李渊智退突厥人的时刻。

突厥人撤走时是在深夜，他们来时没打招呼，走时自然也不会说再见。

第二天一早，太原的斥候侦察对方营地时，发现偌大的平地一片狼藉。放眼望去，没有一个突厥人的影子，才突然意识到，突厥人竟然撤走了。

惊喜的斥候连忙打马回城，将这个喜讯报告给了李渊。

李渊平静得像听到来探亲的女儿回了夫家。他告诉斥候："我早已经知道了。"

未来并不是完全未知的，在了解自己、了解对手的情况下，采取正确的应对方案，从而让未来按自己制定的方向前进，是谓"运筹帷幄之中，决胜千里之外"。

突厥人的撤退是李渊意料之中的事，是整个计划当中的一部分。虽然这一步已经够让人佩服了，但下一步才是李渊真正让人吃惊的。

天大亮后，太原人都知道了突厥人撤退的消息，大家纷纷前来向李渊祝贺。

李渊微微一笑，表示这不值得庆贺，然后说出了满座皆惊的一句话："大家先不要相贺，等我为你们将突厥召而用之！"

开玩笑吧，突厥人哪里是你招之即来的。

没等大家提问，李渊信心百倍地叫人送上笔墨。

李渊提笔写了一封信。史书记载，他的字很不错，但没想到他的文笔亦

相当好。现摘录开头,用白话翻译了一下:

"你从哪里来,又见到了什么?你悄悄地来,又悄悄地走,这不是上天的安排吗?我知道这一切都是天意,所以没有派兵追击。如果你也懂天意,跟我站在一起吧……"

如果没有下文,突厥人会以为收到了一封情书。在后面,李渊请求与突厥人结盟,作为回报,他将与突厥人分利。分配方案如下:李渊要土地,突厥人坐收子女玉帛。

这是李渊跟突厥的第一次融资谈判。目的很简单,李渊就是想跟突厥借钱去开拓市场,大不了以后多付点儿利息,算借高利贷了。但李渊显然低估了突厥的胃口。

突厥人是那时的天使投资者,资助了不少中原的造反企业。但突厥这位天使投资者绝对没有长着天使的翅膀,反而有着狮子般的巨口,他们不仅要谋求上市后分红,还要控股权。

写完信之后,李渊吩咐将信放进信封,信封上写着某某启。

接到命令,书记犹豫了一会儿,指出了李渊的一个用语错误。

在古代用错规范体例,问题就大了,丢乌纱帽事小,丢脑袋事大。

书记指出信封上不该用"启"字,而应该用"书"字。

"启"是官员给皇帝写信时用的,而"书"是平等双方通信时用的。言下之意,突厥大汗是突厥的皇帝,跟我们不相干,给他写信,犯不着这么铺张浪费,用一个"书"字足矣。

"况且他们没文化,糊弄一下就可以了。"最后,书记总结道。

长叹一口气,李渊否决了书记的提议。他告诉这名有骨气的书记,突厥人那里也有逃难的汉人,再欺负人家没文化是行不通的。现在说好话都怕他们不来,何况轻慢他们。

就用"启"吧,这是价值千金的一字。就算突厥人现在要千金,我们都得给他们,何必吝惜一个字呢?

书记于信封上写上了"启"字,这意味着李渊同突厥的关系定了基调:

李渊是臣，突厥大汗是君。

李渊曾经向杨广屈服，现在，他又要向突厥人屈服。

虽然这会让自己丢掉尊严，但没有实力的自尊谁会在乎呢？如果不能屈服一时，又怎么能做万人之上的君主？

这是不得不付出的代价，总有一天李渊会全部收回来的。到时，不再是"启"，不再是"书"，而是君王示臣的"敕"！

很多年以后，李渊成为帝王，他的这些屈辱被历史学家巧妙地掩盖了起来。这大概也是李渊的旨意。于是，李渊变成顺风顺水的人，没有人记得他曾经忍受的耻辱，就连他自己也选择了遗忘。

如李渊所料，突厥人很快同意了结盟。对隋朝的反政府武装，突厥人向来大力支持，要兵给兵，要马给马。

突厥的大马出现在太原的市场，这些良马自然都是要钱的。大家虽然是盟友，但账还是要算清楚的。

战马是优质的战争资源，放到现在相当于爱国者导弹，每个无法自主研制导弹的国家都会争先购买。

听到消息后，李渊下了一个奇怪的命令：在这些马中挑选好的，只买一半。

李渊只买一半，并不是因为对方的马有劣品。事实上，突厥人的马都是良马，唐朝以后的战马都是用突厥人的种马培育的。

谁也无法猜到李渊的用意，直到一个大款站了出来。太原城内的一些有钱人大概是李渊的粉丝，看李渊只买一半，认为留守大人囊中羞涩，于是主动提出自掏腰包，帮李渊买下剩余的马。

知我者世间安有？不知者谓我人穷。李渊哭笑不得。他请来这些财大气粗的主儿（史称义士），说出了他的秘密："胡人有的是马，而且贪财，他们会源源不断地送马来。到时，你们卖了棺材都买不起（死汝不能市也），我现在少买，就是装一下穷。"

装穷是必须的，只有傻子才装大款。

马的事情解决了，但更难处理的是突厥人提出的结盟条件。

突厥使者给李渊带来了一个消息。始毕可汗对李渊计划进兵长安十分感兴趣，表示将大力支持，李渊要多少兵马，只需开个口。

这相当于始毕给李渊开了一张空白支票，数额由李渊自己填。优厚的待遇自然就会有苛刻的条件。始毕可汗表示杨广那人我了解，要是他还接着当皇帝，我的日子不好过，唐公还是自己当皇帝吧。

最后，始毕告诉李渊，只要你答应，我就送你一面狼头纛。

所谓狼头纛，就是绣有狼头的大旗，突厥人的落部都竖有这种大旗，是为了纪念他们的狼祖先。刘武周就领了一面狼头纛。这种旗做工讲究、图案精美，作为装饰品是不错的，但要命的是这种旗并不是装饰品。

接受这面旗，等同于中原地方官吏接受中央的符印。也就是说，挂这面旗意味着要当突厥的臣属国。

李渊虽然能忍，但要把狼头纛竖在自家门口实在丢不起这个人，毕竟李渊不是狼的后人。但不接受，突厥人就会翻脸，隔三岔五地到太原来骚扰，李渊实在没空对付他们。

摆在李渊面前的是一个难题。想了一会儿，李渊吩咐把突厥的使者请来！

下属走到一半，李渊叫住了他："不，我亲自去见突厥使者！"

李渊亲自跑出晋阳宫接见了突厥的使者。李渊对远道而来的外交使臣表示了热烈的欢迎，并请使者大人转达自己对始毕可汗真诚的问候。

史书上确实只有这些，但我们真正关心的是李渊到底有没有接受突厥人的狼头纛。

从会谈结果来看，似乎是接受了，因为突厥人很高兴，表示很满意这次会谈。但从另外的资料来看，又像没接受，李渊表示自己南下将是匡扶隋室，以此拒绝了对方的狼头纛，为了补偿突厥人受伤的心灵，李渊承诺自己将打对方的军旗。

这是关于初唐的一个谜，很多历史学家就此进行过研究，并提出截然不同的看法，还原历史真相不是一件容易的事。我们也不想在这上面多做论述，因为有没有称臣也许并不重要。

就像摔倒并不重要，重要的是能不能爬起来。称臣自然是一种耻辱，但如果能知耻后勇，曾经的耻辱便会成为成功的见证。正如史学家陈寅恪在其著作《论唐高祖称臣于突厥事》中最后写道："初虽效之，终能反之，是固不世出人杰之所为也，又何足病哉！又何足病哉！"

突厥人满意地离开了。与李渊同去的，还有刘文静。刘文静是受命拿着始毕可汗开出的空白支票去突厥人的银行兑换兵马。

李渊悄悄给刘文静指定了一个数额。让他快点儿去，但不必急着回来。

万事终于俱备。数天后，太原的郊外兵马集结，红白军旗夹杂。白旗是突厥人的旗帜，而红旗是隋朝的旗帜。明显，李渊又玩了花招，白旗是用来忽悠突厥人的，而红旗是给天下人看的。这两种军旗夹杂，造成了一种特殊的视觉效果，红白相间，好似花园一般。

是的，正如《桃李子歌》中所说的："桃李子，莫浪语，黄鹄绕山飞，宛转花园里。"

望着面前这支严整待发的大军，李渊内心潜忍已久的欲望之兽终于咆哮而出。

天命所归，舍我其谁！

起军吧，向长安进发，天下尽在我手！

其时，乃公元617年，七月初五。这一天，李渊迈出了人生中最重要的一步。

◆ 前辈

出太原没多久，李渊并没有急于攻城略地，在南下之前，他要确定一个人的动向。

李渊叫来了自己的秘书温大雅。

你给荥阳的李密写封信联络一下感情吧。

两个李密的年龄加在一起跟李渊的差不多，但要比造反的时间，李密是老前辈了，去封信问候一下也是应该的。

李密的回信不久后也到了。李渊打开一看，里面有一句话：自唯虚薄，为四海英雄共推盟主。

从表面上看，这是李密谦虚自己势单力薄（自唯虚薄），承蒙各位英雄推举才成为盟主。

李渊要是天真地认为对方是谦虚，那就不是李渊了。语言是一门博大精深的艺术，里面常有不少陷阱。

一个人要先是谦虚，那八成是在为后面的炫耀做铺垫。紧接着，李密热情地邀请李渊精诚合作，一起擒拿暴君杨广。最后，李密还要求李渊前来一起开会，商议大计。

言下之意，兄弟不才当上了盟主，李兄就来当个堂主吧。

这实在是不讲辈分。虽然李密跟李渊都是八柱国之后，属八柱国第三代，但年龄上，李渊可以当李密他爹了。论职称，李密是草民，李渊却是太原留守。论地盘，李渊占有太原龙城，而且其时正前往长安，不出意外，长安也是囊中之物，而李密还在洛阳外围转悠。李密有各方豪杰拥护，李渊却有关陇贵族支持。当然，李密也有长处，比如他粮多。但粮多能当盟主的，翻遍史书和武侠书，也没找到成功的范例。

看到李密的信，李渊哭笑不得。在造反的道路上迟了两步，就被人家当小弟看，但很快，李渊哈哈大笑起来。

"李密也太狂了。但现在我们要进军关中，还得用他帮我们拖住东都的兵马，就暂且让他骄傲两天吧。"

李渊指示温大雅再写封信给李密，表示承认对方的盟主地位，但开会结盟一事，眼下太忙，实在走不开。

最后，李渊特别指示在信里加上一句：复封于唐，斯荣足矣。

我没有远大的奢望，能够继承唐国公的荣耀，此生已经足矣。

李渊相信这句话一定能打消李密的顾虑。

李密不来争长安，长安舍我其谁！

◆ 南下

七月下旬，霍邑五十里外贾胡堡。李渊大营驻扎在此地。

雨一直下，气氛很不好。

旱情得到了有效缓解，但李渊的焦虑却在直线上升。

大雨滂沱，道路泥泞，极其不利于行军。交通也受到影响，从太原运粮的车队一直没来到大营。更要命的是，李渊收到一个让人惊慌的消息。

刘武周又勾结了突厥人，准备趁李渊引军南下之机偷袭太原。

此时，刘文静没有回来，李渊陷入了困境。

在前进的道路上，一定有许多的假象跟真正的陷阱交织在一起迷惑着你，痛苦的是，你无法得知哪一个是真，哪一个是假。

李渊决定召开会议，确定下一步行动。

显然，刘武周要入侵的消息已经传遍了军营。许多人表示太原是根本，亲属都在那里，要是被夺走了，大军就成了流浪军，所以必须马上撤回！

裴寂是这一建议的倡导者。他举了很多不利因素为他的撤军作注脚：没有粮草，前有隋军，后有刘武周和突厥人，而且进军长安，说不定还要跟实力强劲的李密发生直接冲突。

作为一个穷孩子，当上宫监已经是祖坟冒青烟了，裴寂并没有什么野心，跟着李渊造反也是由于交友不慎，认识了刘文静这个野心家。欲望的缺乏让他失去了勇气，在碰到困难时第一个想到的是保命。

"你们看呢？"李渊把目光放到他的两个儿子身上：长子李建成，二子李世民。

李世民早已经按捺不住了，在他的眼里，裴寂就是"软弱"两个字。他站起来，大声驳斥对方的说法。

"我们已经兴兵，就像箭已经离弦，只有奋不顾身夺取咸阳，据此号令天下。如果只是一点点的困难就班师，只怕那些跟随我们的人会失望地离去。到时，隋兵在后面进攻，刘武周从北面进攻，夹攻之下，我们还能保全自己吗？"

李世民仔细分析了情势，指出粮草虽然没有运到，但现在秋天到了，田野里到处是稻谷；南面的隋将轻狂浮躁，一战就可以擒拿，不用担心；刘武周跟突厥人虽然结盟，但他们疆土接壤，相互依靠也相互猜忌，刘武周未必就敢丢下自己的马邑跑来抢太原。最后，说到李密，李世民露出了轻蔑的笑容："他还守着他的粮仓不肯放手，怎么会来跟我们抢长安。"

李世民说完，所有的人都盯着他看。分析完后，所有的困难都不再是困难，而变成了机遇。这些分析合情合理，不像出自一个十八岁刚成年的人之口，极像一个老谋深算的人。

连一向对弟弟不以为然的李建成也表示二弟的分析有道理，我们应该坚持下去！此时的他大概也感觉到了李世民身上那股逼人的气势。

成为他的对手，将是一件可怕的事情。幸好我们是兄弟，是站在一边的。

李渊听取了两个儿子的意见，然后拍板：撤回太原，大军现在就出发。

李渊已经是五十岁的人了，他一直靠保守和稳重行事渡过难关。这一次，他依然选择了老办法。

回到营房，天色暗淡了下来，李渊躺下休息。他并没有睡着，隐约中，感到自己退军的决定似乎太草率了。

正当辗转难眠时，外面传来了一阵哭声。

李渊下令将外面哭的人拉进来，竟发现哭的人是李世民。

散会之后，李世民一直想再说服父亲，就跟到了帐外。可李渊已经睡了，无奈之下，李世民站在帐外不禁哭了起来。

"你哭什么？"李渊板着脸问道。

"大军进军是为了大义，向前进军就能取胜，向后退大军就会溃散。到时，敌人乘机攻击，我们必死无疑，安能不悲！"

李渊恍然大悟。是的，我已经走上了造反这条道路，这条道路是没有退路的,退回去,我也当不成唐国公。只有前进,不成功则成仁。

我一直以稳重生存于这个世界上,但如果要突破自己,就得更加果断。

想了一会儿,李渊表示自己已经后悔了,但后悔也没用,大军已经在回太原的路上。

李世民不慌不忙,告诉他现在还来得及。

"右军严整未发,只是左军撤了,但也没走远,只要快马赶上,追回来就可以了。"

李渊的军队分为左右军,李世民统领右军,李建成统率左军。这说明,李建成比较乖,听指挥,按规则办事。李世民有主张,还敢自作主张。

李渊终于拿定了主意,斩钉截铁地告诉儿子:"不用再说了,按你说的办,立刻追回左军,你跟建成一起去!"

李世民跟李建成连夜追兵,比当年萧何月下追韩信还着急。李世民还跑错了路,跑到山谷里去了。大概马都受不了这么长途奔袭,倒地了。最后,李世民弃马徒步赶上了大军,将部队拉了回来。

大军重新集结在贾胡堡,等待着最佳的进军时间。这次等待并没有多久。

不久后,天晴了,太原的粮草也运到了,并且运粮队带来了最新的消息,刘武周进攻只是一个谣传。突厥信使也抵达了贾胡堡,通报突厥的援兵已经在路上,马上就能到。

不过数日,困难全部散去。这证明,成功就是多坚持一会儿,多往前走一步。

大军开拔继进的时刻终于到来,前面是唐军的第一个拦路虎。李渊的部队自称义军,但史家多以唐军称之。

隋朝虎牙郎将宋老生奉杨广之命,率两万精兵驻守霍邑,堵住了唐军南下的道路。此人就是前面被李世民形容为轻躁、一战可擒的主。

李世民的确是抓住了宋老生的七寸。

八月初三，霍山。

到处弥漫着晨雾，雾气中隐隐有金戈的声音传来。仔细观察，在霍山脚下，一支大军沿着山脚小道疾行，从其红白夹杂的军旗来看，这是李渊的唐军。

放着大道不走却走山道，据说是霍山山神的指引。到底李渊有没有见过山神，无从考证，但走山脚小道却是正确的选择。

当李渊的大军开拔到离霍邑城只有十余里时，城内的宋老生仍然没有发现对方的行踪。

李渊叫停了大军，眼睛直盯着前方，白雾的后面就是霍邑城。

这是出太原以来的第一场大仗，其胜负将决定南下的走向。

风从山谷间吹来，不一会儿，刚刚还弥漫在山谷中的白雾被吹得干干净净。发黄的树林、结露的草丛显露出来，这是初秋的景色。

李渊大喜道："如此景色，天助我也。"

李渊叫来了他的将领，分析了敌我势力，指出宋老生此人不难对付，但如果他怯而不战就不好办了。

"你们有什么办法？"李渊看众将，众将看李建成，李建成看李世民。

"如果用轻骑去挑逗宋老生，宋老生一定出城应战，我们趁机在城外擒拿宋老生！"李世民开始展现出他的军事才能。在隋末唐初，他的军事才能应该只在一人之下。

李渊笑了，像考验李世民一般问了一句："要是对方不受挑逗呢？"

"不会的，宋老生一定会出来！"

"哦，为什么？"

"宋老生此人出身寒微，勇而无智，因为以前讨捕小盗，立过一些功劳，才被派到这里来，来之前一定拿了不少赏赐。如果不出战，他怎么向上面交代？如果他真的固守不出，我们可以散布消息说他跟我们相通。他不是霍邑的地方官，根基又差，左右又都不是亲信，到时自相猜疑，相互密奏，不用我们动手，江都自会来取他的首级。"

"当然，宋老生还是有些小聪明的。不出战的这些后果他都知道，所以，他一定会出城应战！"

李渊惊奇地望着自己的儿子。李渊本人擅长分析对手，喜欢从对手的性格、爱好、习惯等方面入手，从而判断对方的行为，然后制定相应的策略。没想到李世民完全继承了他的这一思路，而且扩展到对方的出身方面。

沙场就是双方将领的博弈场，胜负的关键在于你了解对方多少。李世民年纪轻轻，差点儿把宋老生的祖上八代拿出来研究了。

李渊赞叹道："你分析得不错！宋老生不敢逆战贾胡堡，我就知道他没有什么能耐！"

时间到了午后，是时候请宋老生出来一战了。

霍邑城。

宋老生知道自己控制不住暴脾气，为了克制自己，他把自己关在城里，没有出去偷袭李渊。

这天下午两三点，宋老生爬上城楼，远远看见一队骑兵跑过来。

人数不多，只有数百骑。

离城数里的地方，这数百骑停住了，从中又分出数十骑径直冲到了城下。

宋老生冷笑一声，想把我激出来，招式也太老了。

可最终，他还是坐不住了。

对方停止了辱骂，开始挥鞭指点江山。先前的数百人突然分为十队，从东南向西南奔跑，一看，就是在勘察地形。

难道对方不只是激将，真要在城外扎营准备猛攻？

很快，宋老生肯定了自己的这个想法。远方，一大队兵马正集结而来。

不能坐等对方布营结阵，趁对方立脚未稳，打他个措手不及。

宋老生点起三万精兵，从东门和南门杀出。

一出来，他就上当了。

外面叫骂的骑兵一哄而散。

领头骂城的正是李世民。看到宋老生出城之后，他压抑住欣喜，迅速跑到了李渊的身边。

"宋老生出来了，事情成了！"

望着兴奋的李世民，李渊摇了摇头说："不，还没有成功。宋老生只是出了城，他随时有可能退回去。要想让他有出无回，还得让他再前进一点儿。"

李渊很快布置了方案："骑兵分为二路，李建成率左路，李世民率右路，等双方一交战，你们迅速脱离战场。李建成奔东门，李世民抄南门，堵住宋老生的退路！"

李渊又下令道："中军后退！"

完美的计划，但这一次，李渊发现对方也不是木偶。在中军撤退之后，宋老生并没有乘胜进击。

李渊露出了破绽。

战场之上的变化复杂无比。后退有可能是真的胆怯，乘势攻之可以取得大胜，但后退还有一种可能：诱敌。

那怎么区分呢？当然只有细致入微的观察和丰富的战场经验才能分辨真伪。兵书记载，溃退之兵一定是军旗参差不齐，鼓声大小不一，军阵喧哗而步伐凌乱的。如果旗帜整齐，鼓点统一，号令如一，撤退有序，则一定是诱敌。

作为一名没有高贵出身的将领，宋老生有着丰富的战场经验，早已经看出李渊的中军撤退有问题。于是，他在城前结阵而没有发起攻击。

不变方可应万变！

诱敌之计已经不行了，李渊做了一个决定。

李渊将中军向东推进，跟在东边结阵的李建成会合，大概是为了防止宋老生突然向兵少的东翼发动进攻，把他的儿子抓走。

两军对峙，最先沉不住气的总是要出岔子的。

当李渊的中军向李建成移动时,军阵开始拉长,空当出现了。

出击,就在此时!

宋老生抓住了这转瞬即逝的机会,迅速下达了进军的命令。三万精锐猛地冲向了李渊跟李建成。

也许是上天眷顾,宋老生发现自己刚冲击,对方就一阵骚动,并且开始撤退。此时,军旗倒了,鼓声杂了,步伐乱了。

宋老生心中一阵狂喜,这是童叟无欺的溃退!

李渊将诈退表演得如此逼真,他也不愿意。

李建成摔倒了。

也不知道这位太子爷在想什么,宋老生这边刚冲击,他就莫名其妙地从马上掉了下来。据后面的史料来看,李建成也不是没胆量的人。

本来的诱敌假戏成真,在隋军的猛烈进攻下,唐军节节后退,眼看就要一败涂地。

宋老生惊喜之下,忘了敌人不止一个阵。

震天的呼啸声从后面传来。回头一看,宋老生看到满脸酱紫的一人率领一队骑兵从南面的高地上冲了下来。

李世民本来在南边布阵,离这边有一段距离,但他还是察觉到了这边的异常。

让他警觉的是飞尘,东边腾起的飞尘,他猜到这边出了问题。这应该也不是史书瞎说,中国古代不少的名将都有望尘而知敌的本领。

率领着骑兵,李世民从高而下冲进了混战的沙场。据史书记载,李世民相当勇猛,挥舞双刀,扑向了宋老生。

据我所知,在《三国演义》里,用双刀的都是超级龙套,比如为了衬托关二爷勇猛而壮烈牺牲的守关六将之一的孟坦。

显然,隋唐英雄的设定跟三国不同。李世民作为主角,耍起了双刀,而且颇有关羽耍大刀的杀气,一口气斩杀数十名敌人。最后,双刀出现了缺口,李世民的袖口沾满了鲜血(别人的)。

李世民的突然杀出终于稳住了形势。李渊恢复了镇静。

当老狐狸的状态恢复到正常水平时，就没有人能够算到他会使出什么样的招数。

李渊只用一句话就瓦解了隋军的意志："我军已斩宋老生！"

宋老生已经被斩了？隋兵愣住了，他们也忘了活要见人、死要见尸，等回过神来后，心绪大乱。个别无组织无纪律的人已经开始拔脚往回跑了。

那么，宋老生到底是死是生呢？

傍晚的时候，终于发现了宋老生的踪影。这位先生正策马向城门狂奔，他的军队已经大败。

史书没有记载宋老生是跑向了哪个门，但区别不大，两个城门都已经关上了。

在宋老生被李渊宣布死亡之时，李建成与李世民按计划分别抢占城门。守城的倒是手快，一见唐军攻来，连忙放下了滑门。

唐兵是进不去了，可怜的宋老生也回家无门。情急之下，宋老生跳下马，跳进壕沟，爬向了城墙。

天色已暗，城上有眼尖的人发现了宋老生，扔了一根绳子下来。宋老生抓住这根救命绳子开始往上爬，爬到一丈时就被后面的追兵追上。唐军跳起，将宋老生斩杀在城下。

李渊只打算今天引宋老生出城而擒之，现在已经达到了目的（稍有偏差，是斩而不是擒）。要攻城却没有准备工具，况且时间也不凑巧，太阳就要下山了。望着四面聚集而来的唐军，李渊没有犹豫，下达了攻城的命令。

比工具和天时更重要的是士气。三军士气可夺城也。

在太阳完全落下地平线之前，唐兵徒手爬上了城墙，拿下霍邑。

从中午开始发动攻击，李渊用了一个下午拔去第一个拦路虎。

◆ 赏罚之术

进入霍邑开始论功行赏，攻城的唐军皆有赏赐。但奇怪的是，李渊下令霍邑城内的也有犒赏，十足散财封官童子的模样。

实质上，广封大赏是李渊的策略。从太原出来时，他就一直执行这条政策，前来投靠的皆有官职。除此之外，大军经过之处，当地七十岁以上的老人，都授予散官的职务。散官不用上班，基本上也没有特殊优待，但毕竟有个头衔，死了后，在墓碑上写个通议官某某总比田夫某某有面子得多。

很多人不解，建议李渊维护官爵的严肃性，不能顺便这么封。

李渊告诉对方，自己刻意如此是为了招抚天下人，以达到有征无战的目标。

是的，多一个散官当然比多一个敌人要好太多。

霍邑之战的庆功大会照常举行，但很快，新的问题又出来了。

下属报告，攻城的将校开始发牢骚，表示为什么奴隶也跟我们一样领赏赐。

在李渊的部队里，还有西突厥的兵马（不是前面的东突厥），而突厥还是奴隶社会，突厥人率领奴隶前来助拳。

奴隶都不能算人，怎么能跟我们一样领赏？

面对这样的质疑，李渊没有发火，也没有强行要求统一思想，而是找到有意见的士兵，给他们讲起了道理。

你们说的那些人虽然是奴隶，但在沙场之上、矢石之间，他们是跟你们一样浴血奋战的人，是跟你们并肩作战的战友。我们能取得胜利，你们能从战场上生存下来，他们的作用不可忽视。

这一番道理有理有情，没有人表示不服。李渊不光是为了宣讲众生平等，他给这些奴隶同样的赏赐是为了一个更重要的目的。

统率一支大军，要想树立权威，做到三军统于一心，令行禁止，最主要的方法是赏罚，而赏罚有一条重要的原则，即赏小罚大。

赏小罚大，不是说奖金要少发，处罚要严厉，而是指赏赐要从卑微的人开始，处罚要从权贵开始。赏一个微小的人，能提振所有人的士气；处罚一个权贵，才能震慑全军。是谓"奖善以贯小为明，严刑以杀大为威"。

李渊的唐军人员混杂，有收编的隋兵，有自己的嫡系，有投靠的豪杰，还有外来的突厥兵。李渊依靠其高超的指挥艺术将他们组成了一个攻无不克、无坚不摧的团体。

◆ 结盟的秘密

八月十五，李渊的大军抵达黄河边的龙门县。这一天是中秋节，该是团圆的日子，当年在太原谋划起义的人终于到齐了。

刘文静回来了。

刘文静大摇大摆地领着一队突厥人和一群突厥马回到大营时，脸上颇有得意之色。交付兵马之后，他又大摇大摆地找李渊请功去了。

众人一看，不由火从心来。刘文静领来的兵和马如下：突厥兵五百人，马两千匹。

你小子嘚瑟啥，从六月底去突厥，到现在已经快两个月了，你就领回了五百人。五百人够冲一次锋吗？你敢再迟点儿，直接到长安找我们好了。

刘文静没有理会，径直找李渊复命，并在那里得到了李渊的高度表扬："我到达黄河边，你才领着突厥兵来，而且兵少马多，你立大功了！"

怎么回事，来得迟、来得少，还算立功了？

是的，这关乎李渊跟突厥人结盟的真正用意。李渊补充了句："这样的结果正合我心意！"

现在从头梳理一下李渊同突厥人的结盟事件。在决定起兵前，最大的挑战不是将要征讨的隋兵，而是隐藏在雁门关之后的突厥人。这些人行动迅速，兵马众多，又不讲规矩，要是李渊起兵南下，他们会乘虚而入，抢掠太原。当然，想要出雁门主动进攻突厥，那更没有胜算。

怎样摆脱实力强劲的对手的骚扰？办法只有一个：结盟。

所以，李渊不像刘武周。他与突厥结盟不是为了借兵马，而是为了拖住对方，不让对方进攻自己。

目的的不同决定了方式的不同，刘武周完全臣服于突厥，以此希望突厥人能多借兵马，帮他打天下。而李渊只是希望拖住对方，那突厥人的兵马对他来说就无足轻重了。

刘文静在突厥待得越久，就越能拖住对方。现在领来的突厥兵越少，以后支付的报酬就越少。更好的是，还带回来了两千突厥良马。马比人实在，除了吃草，不收报酬。

兵不在多，有马就好。现在，这五百突厥人与其说是来帮忙的，不如说是人质。突厥人至少短期不会来抄李渊的后路。

解除了后顾之忧，继续前进吧，前面是进长安最后的关卡。

河东城横在了李渊与长安之间。

◆ 引蛇出洞

驻守河东城的大将是长安派出来的，叫屈突通。

宋老生出身卑微，个性自卑而敏感，前去挑逗一下就能引出来，屈突通就不行了。此人是一名老将，经验丰富，而且还善于守城。屈突通守在河东，李渊攻又攻不下，绕又怕对方从后面偷袭。相比宋老生，这是一个更难缠的对手。

但李渊还是找到了屈突通的命门。

李渊叫来了一支小分队，交给他们一个任务：渡河！

在这支小分队出发之前，李渊特地叫来这支部队的将领，告诉他，过河之后就地扎营，然后加强守备，屈突通必来袭营！

怎么确定屈突通一定会来袭营呢？

李渊露出了狡黠的笑容。他告诉将领，屈突通的性格决定了他一定会来。

"屈突通是员老将，性格刚毅，为人忠诚，听到你们渡河向长安进发，他一定坐不住。"

为人忠诚、性格刚毅，这是屈突通的长处，但另一面，也成为被对手利用的弱点。

军将领命而去，渡河之后扎下营房，提高警惕。夜里，屈突通的兵果然过河来袭，因为提前做好了准备，屈突通的夜袭没有起到作用，最后屈突通的兵逃回了河东城。

在回河东时，隋兵把黄河上重要的桥梁——蒲津桥烧了。

大概隋兵想的是大家都别过河了，就在河东死磕！听到消息后，李渊笑了。

在李渊的计划里，烧桥就是应变之一。

针对屈突通，李渊预设了三种情况：第一种是屈突通领兵入关守长安，那河东城自然落在唐军手里；如果屈突通分兵，则唐军趁机进攻河东，让其首尾不能相顾；如果屈突通死守河东，则烧掉黄河的浮桥，断绝河东跟关内的联系，使河东成为一座孤城。

屈将军放火烧桥也算帮了大忙，李渊是不愁过河的，他早已经组建了一支水军，船只是附近的百姓赠送的。

但在渡河之前，李渊告诉部下，要彻底击败屈突通，还需要一步：围城！

大军来到河东城下，显然，夜袭失败对屈突通的信心造成了打击，屈将军紧闭城门，死也不出来。

李渊分派兵马，各守一面，按计划，也就是展示一下唐军军容，起到敲山震虎的作用，并没有攻城的打算。

河东城很高，可布阵完毕，唐军纷纷要求发动攻击。

三军之气可吞城，李渊临时改变计划，下令发起攻击。

据记载，这个临时决定起到了意想不到的作用。在旺盛的士气鼓舞下，竟有数千人登上了高高的城墙。

可这时，天空突然变色，雷声在天边炸响。雷声过后，暴雨倾盆而来，登上城楼的唐军听到了收兵的信号。

据史书记载，李渊发现己方已经登上城头，但考虑到天气突变，己方又屡战屡胜，难免有骄傲轻敌的情绪。而屈突通善于守城，怕这些先期登城的骁锐中了埋伏，为了士兵的安全起见，还是先退了为好。

这个决定体现了李渊谨慎的性格和爱兵如子的胸怀，但可惜这一切都是假的。

◆ 史料中的真与假

中国是一个文明古国，相比其他文明古国，有极其完整的历史记录。在浩如烟海的史料中，我们得以了解过去的中国人。但必须注意的是，史料中有不少是虚假材料。

出现虚假的原因很简单：史书是人写的。

为了维护伟大人物的光辉形象，"贴金"有时候是需要的；为了打击反动势力，"抹黑"也是常用手段。历史的真相就在饰美与抹黑之间被掩盖了起来。

当然，我们都愿意了解真相，而不是光明的更光明、黑暗的更黑暗。在分辨史料上，有一个小小的窍门：对胜利者的赞美和对失败者的批评时要留一个心眼儿，必须同时参考各方面资料后才能确定。其原因大家都知道，史书是成功者书写的。

李渊、李世民作为成功者，是史书中经常受表扬的人物；杨广因为是大反派，我们想在唐朝史料中找到一些正面评价就不容易了。还有一种比较复杂的情况是：李渊相比杨广，他是胜利者；相比他儿子李世民，他又是失败者。这导致他时而光明伟大，时而胆小怯懦。在面对杨广时，他无比智慧；而在需要表现李世民英勇果断时，就不得不牺牲一下李渊的形象来衬托对方。

在河东撤军一事上，李渊不必配合李世民，所以形象显得伟岸一些。

撤兵一事出自《大唐创业起居注》，这本相当于实录的书是唐初一位叫温大雅的人写的。此人此时正在唐军中，官职为大将军府记室参军，相当于机要秘书。作为起义的全程参与人员，温大雅的这本起居注完整地记录了李渊起事的经过。史料十分翔实，又因为写作时间较早，没有受到后来者李世民的影响，其观点比较公正。之所以用"比较公正"，是因为温大雅毕竟是李渊的手下，温秘书写作当然要注意维护长官的形象。

综合其他史书，撤兵一事其实是这样的：在唐军攻上河东城时，李渊在城的另一面，又因为大雨，视线不好，李渊并没有及时发现这一有利情况。于是，李渊错误地下达了撤兵的命令，从而错过了一举攻下河东城的良机。

最好的机会已经错过了，但最初的目的已经达到，李渊相信，就算屈突通再出兵，也无法对自己攻取长安造成任何威胁。

挥师渡河，进军长安，去夺取天下的中心，实现"得关中者得天下"的古老预言。

益：利有攸往，利涉大川。

十月四日，李渊终于来到长安城下，此时可谓形势一片大好。长安城内人心离散，当年跟杨玄感大战的尚书大人卫文升因忧病倒了。这也难怪，卫老爷子已经七十多了，前些年对付杨玄感已经脱了一层皮，现在又来了一个李渊，实在是有心无力。没多久，卫文升就在长安城内病亡了。李渊的部队越来越庞大，附近起义的小部队纷纷前来拜山头要求入伙，除此之外，还有不少隋朝政府的贵族领着兵马前来会合。这里面，有李渊女儿领来的一万精兵。这位爱武装不爱红装的巾帼英雄在听到父亲起义后，没有逃回太原，反而在长安附近招兵买马拉起了一支七万人的部队。

唐军的规模很快达到了二十万，但李渊并没有下令进攻，反而朝城上喊起了话，让对方打开城门。这倒不是李渊奢望凭三寸不烂之舌就能打开城门，因为劝说是必须走的程序。

李渊并不是杨玄感、李密那样的铁杆造反派，他是打着匡扶隋室的旗号来到长安的。这个旗号让他避免成为突厥的附庸，也更广泛地争取到了支持，但同时也给他带来了约束。

既然是来匡扶隋室的，就不能直接攻打长安，毕竟里面还住着隋朝的代王杨郁（杨广的孙子）。

杨郁不想让人帮忙，李渊要想做好人好事，也只有制造困难来帮了。

于是，史书里出现了奇怪的记录。

前十天，李渊天天到长安城下喊话，当然，对方没有跟他对话的意思。

十多天后，李渊准备以德服人，但部下按捺不住了，纷纷请求马上攻城。

对于这一部分热心将领，李渊认真地做思想工作，表达了向长安城进攻，天下人怎么看我的想法。

这些部下都是嫡系，还能劝得动。很快，李渊又听到一个消息。

新近入伙的部队已经开始准备攻城器具了，这些头目因为刚入伙，立功心切，拿出了皇帝不急太监急的势头，没等李渊审批，就发起了进攻。

李渊连忙表示太唐突了，然后果断派李建成、李世民前去支援。据说是怕这些义兵攻城时大意，发生人员伤亡事件。

城最好不攻，但如果一定要攻，大家要注意保护自己啊！

这个举动的含义终于被诸位头领领会到了。

关中各位头领纷纷率领部下登城，据称李建成和李世民拦都拦不住。最后，李渊亲自出马到前线劝谕诸将，才将事态平息下来。

接下来，经常是群帅进攻，李渊劝阻，到最后，李渊终于表示听从民意，准许进攻，但必须答应他一个条件："不得惊扰隋室的宗庙，不得伤害隋朝宗室！"

现在，天下人都知道了，为了保护杨家人，李渊已经仁至义尽。

十一月初九的黎明，唐军发起了总攻。据说李渊得到消息后，总觉得不妥，打马前往前线制止，但终于来迟了一步，没有能阻止这起暴力攻城事件。

刚到景风门东，前方唐军已经登城。

费尽周折，长安的大门终于向李渊打开。

长安的骚动平息下来后，李渊步入长安。

经历了多少忍耐，做出多少关键的决定，他才走到今天这一步！答案只有李渊自己知道。

壮观的大兴城已在自己的掌控之中，关中的险要将成为自己扫荡天下的基地！

在踏上长安最高处时，李渊并没有太多喜悦。他结束了一段凶险的旅程，开启的是一段更为惊险的旅程。他战胜了许多强劲的对手，与此同时，他也将面对最具威胁的竞争者。

北面的刘武周依旧盯着太原，寻找着进攻的机会。西北边，武威郡的李轨、金城郡的薛举、朔方郡的梁师都在崛起，他们绝对不会坐视李渊独占长安。东面，杨广自然不会对夺他京都的人善罢甘休。

环顾了对手，李渊发现自己陷入了重重包围，但仔细分析了一下，他松了一口气，这个包围圈并不严密。至少在东面，有一个人会为他挡住所有的威胁。

托离开太原时那封信的福，李密会成为我不花钱的韩信和彭越，为我独当一面。

并不是每个人都会成为我的对手。李渊下了这个判断，这是一个精明的判断。

群雄逐鹿说到底是一场生存竞赛，众人常常以为要取得胜利就要击败所有对手。实质上，这是一个错觉。生存竞赛的核心不是杀死对手，而是自己存活下来。最高明的人会占据水草丰茂、视野开阔又易于藏匿之地，然后静观他人的厮杀，直到最佳时刻到来才会从密林中跃出，取走最后的胜利。

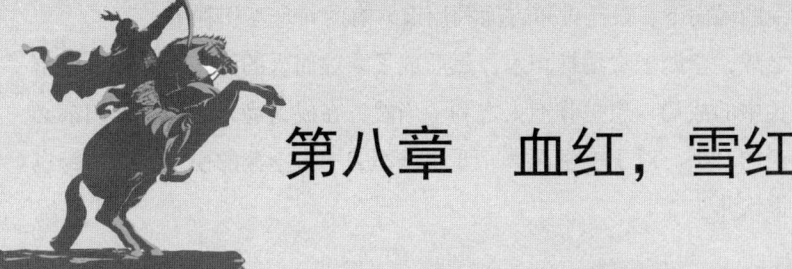

第八章 血红，雪红

荥阳，瓦岗大营。

李密收到了李渊的来信，信里除了"复封于唐，斯荣足矣"，还有一句"欣戴大弟，攀鳞附翼"。

李密兴高采烈地展示给瓦岗诸将看："唐公见推，天下不足定矣！"

在一片恭维声中，李密终于得到了自己想要的东西。从此，李密专心守在洛阳，再没有向长安踏进一步。

如此看来，李渊用一封信，就让对方成为自己计谋的牺牲品。李密挂着盟主的称号，却为李渊干着阻挡东都兵马的苦力活儿。

但事实并非如此。

要说李渊忽悠别人有可能，但要忽悠李密只怕有些夸张。李密不是笨人，也不是没读过史书，这种明推崇、暗利用的把戏只怕瞒不过他。但李密依然选择朝李渊挖的坑跳了进去，那是因为他别无选择。

李密需要的是权威。他手下好汉众多，不幸的是他本人底子单薄，怎么镇住这帮草莽英雄便成为一个重要课题，但借助李渊的推崇显然可以提高自己的权威。况且，李渊用他来抵挡东都的兵马，他亦可以借李渊拖住长安的兵马。

在混乱的局面下，没有谁单方面利用谁，有的只是互相利用。

洛阳之战，李渊坐观鹬蚌相争，然后成了乘虚而入的渔人。同样，李密也在窥视关中的战局，想坐收渔人之利。当然，在成为渔人之前，他们都必须战胜自己的对手。对于李密而言，要想进军关中占李渊的便宜，必须跨过王世充这道坎儿。

◆ 火并

洛水，王世充满眼血丝，一脸憔悴地望着对面。月城之战，他跟瓦岗军大大小小较量了数十回，遗憾的是胜得少、败得多。

这一次的瓦岗军不再像以前的对手，他们的装备比政府军的还精良，战马比政府军的还多，粮食也比政府军的充足。相比之下，王世充的江淮劲卒倒像半路起家的山寨武装。

王世充渐渐陷入失败的沼泽，但他并不是一个轻易认输的人。

现在说胜负还为时尚早，我还没有败，我还有兵马在手。而对手绝非不可战胜，再强大的对手也有软弱的地方。

仔细打探了瓦岗军的来历，王世充终于找到了对方的弱点。那个薄弱地带处于李密跟翟让之间。

也许现在所要做的只有等待吧。

死盯着洛水对岸的那一双蜂目愈加阴沉起来。

表面上瓦岗军一片和谐：李密只取江山，不取金银；翟让偏好金银。两人交换了位置，各取所需，各有所好，但裂痕还是在看不到的地方延伸着。

翟让永远搞不清楚李密是个什么样的人。

李密身材短小，其貌不扬，连个性都低调得让人无法理解。虽然已经做了大当家的，却还是穿着布衣，平时也不大碗喝酒、大口吃肉，房间里只收藏了一些书，夺来的珍宝、俘虏的女子，李密一个也不要。这实在没个山大王的样子。

他这是要干什么？

前当家的翟让是无法理解这种行为的。大家上山不就是为了过好日子吗，你搞得像苦行僧一样干什么？

想不明白，他就单纯地将李密归为软弱的人。

这是一个致命的错误。

从此以后，翟让虽然从大当家的位子上退了下来，却依然保留着大当家的做派。据史书记载，发生过这么一件事。

李密抓获了江都郡丞冯慈明，此人是当朝名士。李密亲自劝说，想拉其入伙，但冯慈明反而做了李密的策反工作。无奈之下，李密将此人关了起来。进了牢房之后，冯慈明又做起了牢头的策反工作，竟然说服对方放了自己。

冯慈明骨头硬、舌头快，但下山后又被瓦岗军抓住。李密一看，养着他也是浪费粮食，关又关不住，干脆把他放了。

没过一会儿，翟让进来，告诉他，我已经将那个冯慈明斩杀了！

李密愣住了，好半天才反应过来说："将军杀得对！"

翟让颇为得意地离开。他不是不知道这样干会引起李密的不满，但他毫不在乎。

他不高兴又怎么样呢？他能打得过我？他现在的位子都是我让给他的！

在翟让转身时，李密的脸色冷得像秋后的霜，那是凝结了杀气的霜。

事情的发展越来越让李密感到不安全，他很快又听到了一个消息。

翟让的老部下劝说翟让把李密的权力夺过来，重新当老大。他的老哥翟宽更表示，天子只能自己做，哪有让人的，你要是不当，我来当！

看来，翟让的哥哥更有野心。

听到这些话，翟让哈哈大笑起来。

当然，翟让本人早已经放弃了当老大的想法，但他依然享受着那种众望所归的感觉。于是，对这种追捧，他没有认同，但也没有严词拒绝。

在权势斗争里，这种不置一词的态度简直是找死的态度。

在这件事情之后，翟让又干过如下事情。

事迹之一：翟让叫来了瓦岗总管崔世枢。这位崔世枢在上山之前是隋朝官员，是早期投靠李密的人之一。叫来崔世枢后，翟让很坦诚，直接让对方孝敬点儿钱。

瓦岗军管物资的人被瓦岗军二把手敲竹杠，这简直闻所未闻。崔总管脑子没转过弯来，直接被翟让关了起来，要不是李密及时赶到，估计崔总管的屁股就要被打开花。

事迹之二：有天，翟让叫人传元帅府记室（也就是李密的机要秘书）邢义期前来打牌。考虑到这极有可能是工作牌，再数数口袋里的钱，邢义期决定不去。不陪翟二当家打牌的后果是挨了八十大板。

事迹之三：有一天翟让很生气，因为他发现山寨攻下汝南郡分红时，竟然没他的份儿。于是，他把负责进攻的左长史房彦藻叫来。这一回，翟让不再客气，恶狠狠地说："你破汝南郡搞到的钱，竟然全部送给了魏公，而不给我。你知道不知道，魏公都是我立的。你要搞清楚状况（事未可知）！"

够了，翟让终于触及了李密的底线。

要知道，领导最忌讳的就是听到部下说出"没我，他哪有今天"之类的话。无论你救过领导的命，还是跟领导同生共死过，又或者和领导共创了大业，唯一的应对方式是忘记，至少永远不要主动提及。违反这一原则的人最终都会很惨：喝毒酒死掉的吕不韦，惨死于长乐钟室的韩信，被朱元璋收拾掉的明初开国大臣们，都曾经触犯过这条底线。

为了实现自己心中的理想，为了团结瓦岗，李密已经忍了很久了。蒲山公营曾经受到翟让部的欺负，他忍了；对于分红，翟让多拿多占，他忍了；翟让故意折他的面子，他也忍了。

但这一次，已经无法再忍。

翟让，我已经受够了，我不再忍受你的狂妄，我要让天下人知道，瓦岗只有一个领袖。

隋义宁元年十一月十一日，兴洛仓城，石子河。

王世充又一次向驻扎在兴洛仓城的瓦岗军发动了攻击。这应该是例行攻击，主要目的是向上面表示自己的确在干活儿。

大概是王世充对瓦岗军的组织结构有一定的了解，一开战，王世充就先找上了翟二当家的。毫不意外，王世充打得翟让连连撤退。同样，在危难时刻，李密又及时出现，会同单雄信前来救援，再一次反败为胜。

在大家面前丢了面子，翟让很生气。有了单雄信和李密在身边，翟让顿时气壮山河，表示要立刻追击，就是王世充逃到洛阳城也要将他抓来。

刚要打马出发，李密叫住了他说："翟将军，不要追了，天色已黑。"

翟让抬头，果然，日已暮。

"翟将军，还是回去吧！"

苦劝之下，翟让终于消了气，勉强同意先放王世充一马。

大军收兵，走到一半，该是各回各营的时候，李密突然说了一句："王世充此败，短期必不敢再来。明天，翟将军到我那里喝两杯。"

第二天，翟让来赴宴。他不是一个人来的，浩浩荡荡地领了数百人。翟让不认为他是来赴鸿门宴的，所以没有多带些人以防万一。他可能抱着你敢请客，我就组团来吃你的心理。

进了蒲山公营，李密将翟让引了进来。接下来，就是排座位了。这是鸿门宴能否成功的关键。

主桌前很快坐满了人，上席人员翟让、李密，以及裴仁基、郝孝德，这都是各自有派系的人。单雄信虽然是资深瓦岗将领，但没有嫡系部队，也只有站着的份儿。

后面站了一堆人，有李密的保镖，裴仁基的保镖，郝孝德的保镖，当然，还有翟让的保镖，他们把会餐席挤得满满当当。

这些保镖五大三粗，平时也不太注意卫生，这么多人挤在后面，确实影响就餐心情。于是，李密转过头，对自己的保镖说："今天跟达官喝酒，就不需要这么多人在后面了，你们先下去，留两个服侍的就行。"

李密的保镖退下了，裴仁基、郝孝德的保镖也退下了，唯独翟让没有发话。显然，翟让的部下只听翟让的指挥。

这下麻烦了，翟让的人还站着不动，李密的人不见了，怎么看都像翟让要火并大当家的。

关键时刻，有一个人靠了上来。此人是左长史房彦藻，就是前面提到的被翟让训斥不给他分红的那位。大长史负责管着这些酒宴杂事。

房彦藻走到李密身边，说："今天大家饮宴作乐，正是快活的时候。现在天气这么冷，还请给司徒身边的人赐以酒食！"

司徒，翟司徒翟让也。

李密笑了。他望向翟让说："这个事情你还是要请示一下翟司徒！"

翟让没有让保镖退下，也不是察觉到了什么，他就是想让大家看看，翟司徒的部下只听他一个人的号令。现在翟让的需求得到了充分的满足，就没必要让手下人在这里站着喝西北风了。

"这个提议很好！"

翟让的部下全部退了出去。这个举动说明翟让确实是马大哈型的。部下退下时，他没有注意到李密的后面站着一个大汉，此人手里拿着一把大刀，这大概就是李密所说的留下一两个人服侍的吧。只不过，这个大汉拿着刀要服侍什么？

风从掀开的营门吹进来，刚刚还拥挤的大厅突然显得有些寒冷。酒菜还没有上来。

将进酒，奈何酒未至。

风吹过大厅，大厅里响起了吱吱呀呀的声音，搞不清楚这声音是从哪里来的。

为了打发这段空白时间，李密唤人拿出一把良弓，请翟让鉴赏。

红粉送佳人，宝剑赠英雄，名弓馈草莽乎？

翟让沉气，猛拉弓弦，好一个满月！

还没有说出好弓之类的赞叹之词，翟让就被一直站在后面的大汉突然举起大刀把脑袋砍了下来。

牛鸣一般的怒吼响彻整个大厅，翟让轰然倒在了血泊里。

曾经雄霸运河、割据一方的枭雄就此结束了草莽的一生。他大概临死都没有理解这一切，那一声怒啸里充斥着恐惧与疑惑。

我让出了第一把交椅，为什么还会遇到这样的事情？！

是的，翟让，到了今天，你还是没有脱离一个法曹的境界：不想讲理时就不讲理，想讲理时就讲理。

翟让最后一眼看到的是李密冷酷无情的脸。

营门大开，伏兵袭来。

没用多久，李密的伏兵进行了扫场，翟让的亲信被清除，包括号称要当天子的翟让他哥翟宽。现在，他总算明白了，翟让为什么要把老大的位子让给李密坐。心不狠、手不辣，光凭资格是做不成老大的。

场面一片混乱，蒲山公营的士兵经常受翟让部的欺压，这下总算出了一口恶气。但显然，扩大化清除异己是不对的。

王伯当连忙大喝了一声：手下留人！

被救下的是徐世勣。徐世勣比较聪明，一看情况不对，撒腿就往门外跑。可李密早就布下了伏兵，刚出门，徐世勣就被迎头的大刀斩伤了脖子。

与此同时，李密在另一边救下了单雄信。单雄信没有受伤，关键时刻，求生的欲望战胜了尊严。单雄信跪了下来，叩头求饶。

够了，杀戮到此结束。

李密站到高处，大厅里响起了他的声音："与君等同起义兵，本除暴乱。司徒专行暴虐，凌辱群僚，无复上下；今所诛止其一家，诸君无预也。"

我们有共同的理想，翟让暴虐是自取灭亡，他之罪过，与诸君无关。

混乱的局面平息了下来，但事情并没有结束。

翟让的大本营很快就会知道这里的一切，稳住那一群人成为击杀翟让真正取得成功的关键。

李密早已经埋下了伏笔。他将受伤的徐世勣扶进来，亲自为他敷疮。又找来单雄信说:"单将军,请跟我去一趟翟司徒的大营吧。"

要安抚翟让的部属,只能让两个人去:徐世勣和单雄信。

李密骑上了马,领着单雄信、王伯当前往翟让的大营。他告诉部属,不用派兵,我们几个人去就可以了。

去多少人不是关键,而是什么人去。当李密出现在翟让大营里时,还有些骚动,但当单雄信出现时,现场安静下来。

李密告诉他们,翟让已经死了,以后统领他们的是徐世勣、单雄信,让大家放下心来。

当然,李密没忘了在统领翟让部的将领里塞进去一个王伯当。

从此以后,瓦岗军里再没有蒲山公营,没有翟让旧部,瓦岗军只有一支部队和一个领袖。

仅仅吃了一顿饭,李密不仅击杀了翟让,还降伏了翟让的部属,效率不可谓不高。这样的成绩,项羽就办不到。

李密终于成为瓦岗真正的领袖,再没有人对他的地位构成威胁。但这绝对称不上胜利,失败的种子已经悄然种下。

在这场鸿门宴中,李密违背了最基本的东西,这个东西叫道义。

无论世事如何变迁,总有一些东西是永恒的,是天经地义的,是无论如何也绕不过去的,比如受人恩惠,必当相报;同称兄弟,不得相残。

翟让不过是一个贪财好利、爱慕虚荣的人,他没有真正想要谋害李密,这样的人够不上动用家法。退一万步,就算要处置翟让,也不该李密动手。

当年,李密被义军谢绝入内,是翟让给了他机会。因为翟让,他才有了施展抱负的机会,更何况翟让还让出了头把交椅。没有李密,翟让依然是翟让;可没有翟让,李密绝对成不了今天的李密。

至少,李密应该让翟让死在沙场上,给他留一个体面的退场,就像宋江对晁盖。

违背基本道义的谋略也许可以成功一时,但绝对换不来最终的胜利。

◆ 雪夜的豹声

"李密天资明决，为龙为蛇，固不可测也！"

这话是王世充说的。听说李密跟翟让火并时，王世充比谁都兴奋。可这股兴奋劲儿没持续两秒，他就听到李密下手利落的消息：一天之内，李密解决了翟让，收服了徐世勣、单雄信。这是小范围的定点清除，并没有引发大规模武装冲突。王世充自问，要是自己来干这趟差事，也未必收拾得这么干净。

趁火打劫的希望落空了。王世充比谁都失望，甚至感到恐惧。貌合心不合的瓦岗已经让他吃尽了苦头，何况现在瓦岗军统一在李密的指挥下。

不能再等了，在李密真正整合瓦岗力量之前，一举击败这个对手。

这一天，李密的大营又来了一些投诚的人，其中有一个来自王世充的部队。

这种弃暗投明的人不止一个。因为洛阳缺粮，跟着王世充经常是战时吃干，闲时吃稀，不战不闲时半干半稀。而李密大营天天炊烟直上，米饭馒头换着花样吃。不想挨饿的人都知道该去哪里。

听到有王世充那边过来的人，李密把他叫了过来。

"王世充的军中最近在干什么？"

也许是刚吃了白面馒头，士兵回答时中气十足："最近只见他在大量招兵，犒劳将士，不知道他想干什么。"

招兵？犒劳？

王世充这是想干什么？想了一会儿，李密跳起身来，对着他身边的裴仁基大声说道："差点儿中了王世充的计！"

面对还没转过弯来的裴仁基，李密滔滔不绝地说出了他的分析。

"我们久不出兵，王世充的粮草将尽。这个时候，他还大肆招兵，他拿什么来供应这些新兵。明知没钱，却还要大笔使钱，这是典型的赌徒心理。王世充募兵飨士，一定在准备做最后一搏，而此人屡来屡败，一定不敢大张旗鼓。如所料不错，他一定会在月色晦暗的夜晚来袭我仓城！"

"我们该做点儿防备了。"

这次的预判十分及时。就在这天的三更，月色朦胧，借着夜色的掩护，王世充杀到了李密的仓城。当然，等待他的不是白米饭，而是白晃晃的大刀。

李密在仓城附近布下了伏兵。据计，李密兵分三路设伏，计有：平原公郝孝德、琅琊公王伯当、齐郡公孟让。

值得注意的是，这里没有翟让的原班将领，徐世勣的脖子还有点儿歪，可能尚在养病，但为什么不让疾如飞云、战似雷行的单雄信出战呢？

瓦岗军虽然统一在了李密的指挥下，但显然，这支大军从一开始就缺乏一种叫信任的东西。

乘兴而来的王世充退走了，他连仓城的米都没见到一粒，反而丢下了千余具尸体。

这一战对他打击颇大，毕竟自己把压箱底的钱拿了出来犒劳诸将，又牺牲睡眠时间半夜出击，最后，被对方打了一个伏击。这种感觉大概跟孙悟空翻了十来个跟头，最后发现自己依然在如来的掌心里。

回营之后，王世充把自己关了起来，再也不准备去进攻李密了。但这样消极怠工是不对的，杨广虽然远在江都，无法对他的工作进行考评，但杨家的人也有近在咫尺的。

杨广的孙子杨侗最近常派人到王世充的大营来，可这位王爷不是来问责的，反而前来劝慰王世充，对王世充不辞辛劳、屡败屡战的不屈精神给予了高度评价。

望着杨侗送来的慰问品，王世充心头涌起的不是喜悦，而是后怕。

拿了皇家这么多东西，还不出工，这不是找死吗？

惶恐之下，王世充只好找了一个借口："屡次出战，兵疲卒损，无力组织进攻。"

王世充很快就后悔自己想出这么个馊主意。

杨侗给他送来了七万兵马，并告诉他，他可以指挥调动东都的诸路兵马。

这大概是东都无大将、世充做先锋了。拿了赏赐、领了兵马的王世充再也没有理由在被窝儿里混日子了。

就这样吧，集东都兵马孤注一掷。王世充急需一场胜利向上头交差，而李密同样需要一场胜利来稳定刚经历动荡的瓦岗。

公元618年1月15日，洛水之北，巩县对岸。

数天前，王世充率领大军来到此地扎下营来，对面就是李密的营寨。数天对峙过去了，李密没有半点儿主动进攻的意思。李密可以等，但王世充没办法等了。原因还是粮草问题，有粮吃的不怕没粮吃的。

王世充决定发起进攻，从大营里出来，王世充下达了渡河的命令。

河上并没有现成的桥，要过去必须搭浮桥，为了尽快将部队拉到对面去，王世充下令各部各搭浮桥。显然，王世充并不想统一进度。为此，他下达了一个命令：先渡河者先攻击！

这是一个明智的决定。李密的游骑就在对岸巡逻。李密当然没有宋襄公那样的风度，会在王世充的部队全数渡河后再列阵。先过者先进攻，这个计划藏着一个隐患：在各部自行攻击时，怎样保证各部间的联络？

王世充行到洛水边，浮桥已经开始搭建，天色却反常的黑。抬头望去，一大团黑云像移动的城堡一样缓缓而来，然后停在大营的上方。

"黑云压城城欲摧"，这是什么兆头？

浮桥连通了洛水两岸，李密的骑兵发现了冲过来的隋兵。李密亲自率领一千骑兵前来拒战。如此看来，李密的情报没有得到及时更新，以为王世充只带着那些人，这才率千骑拒战。等对方的士兵源源不断地从浮桥上冲过来时，李密才发觉不对劲。

这不是试探性的进攻，这是对方的总攻。

仓促之下，李密打马，下达了撤退的命令。

进军易、撤军难，隋兵跟着后撤的李密顺势冲到了李密的大营外。

这情景极容易造成误会和恐慌。很快，外面的隋兵发动猛攻，已经突破大营的营栅。

山寨部队纪律松散的毛病在瓦岗军身上体现出来，全营开始骚动起来。这里面，大概有翟让的旧部趁机煽风点火，巴不得山寨倒台。

慌乱之中，一声巨吼响彻全营。

"谁也不要动！"

李密满面怒色，手上青筋毕现，光看外表，很难相信刚才这样的大吼出自这样瘦弱的身体。

李密没有想到，偶然的一次进攻就把他逼到了这样狼狈的地步。在全营的骚动中，他似乎看到了悬崖的边缘。

到了这时，绝不能后退，退一步，瓦岗就会溃散。

李密叫来了数百人，人数不多，但李密相信这都是以一当十的敢死之士。更重要的是，他相信，当自己冲出去时，他们一定会跟随在自己的身后。

营外，喧哗声越来越近。隋兵已经杀了过来。

出击吧，这是殊死之战！

正要迎敌而上时，李密突然听到一个奇怪的声音。仔细听了一会儿后，李密狂喜："这是对方撤军的号角声！天助我也！"

怒马飞箭，长枪利剑，李密的骑兵飞驰而去。

王世充并不知道他的部队已经突破了李密的营栅。他曾经离胜利如此之近，他更是做出了一个让自己后悔不已的决定：吹号角，令先头部队撤军。

王世充担心先头部队中了李密的埋伏。李密经常这样干。

战场的奥秘就在于无穷无尽的变化，你要用所有的智慧去猜测对方的行为，猜对的奖赏无比诱人，猜错的惩罚无比冷酷。

胜负的位置顷刻对调。

很快，莫名其妙的先头部队撤了回来，紧接着，他们就看到了乘势来袭的李密。

李密的长枪大马再一次发挥冲击力强的特点，而王世充发现自己处在极其危险的境地：他们就在洛水南岸，部队还没有成列，后面是洛水。

隋军很快被冲乱，惊慌之下，有一个胆小的隋兵撒腿跑向了浮桥。此人的举动像在热带雨林中振翅的蝴蝶引发的效应,导致了全军的溃败。

隋兵纷纷往浮桥上逃去,浮桥摇晃不定,拥挤上桥的不少人掉到了水里。

失败来得如此迅速,王世充已经没有多余的脑细胞去思考问题出在哪里。

这一天晚些时候,王世充一身湿漉漉地出现在洛水岸边。

回到岸上,王世充并没有停留,径直向北奔去。那不是去洛阳的方向,往上是黄河。

王世充往黄河跑,应该不是想跳黄河自杀谢罪,他是在逃窜。李密当然乐意取他性命,王世充惊恐的是洛阳也不会放过他。

七万兵马大半折在这里,一同损失的是六员大将,这里面就有当年率学生军战过李密的刘长恭。

不能去洛阳,只有向北走了。

北风吹荡着洛水两岸的一切,雨下了起来,接着是雪,再然后雨雪交加。王世充从没体会过像今天这样的寒冷。

这是王世充从未经历过的大败:洛水之上,流水为坠水而亡的隋兵尸体所堵塞;洛水岸边,到处可见冻僵了的身躯。

白雪皑皑的逃亡路上,王世充闻到了绝望的气息。

为了掌握权势,我可以溜须拍马,可以痛下杀手,也愿意拼命一搏。为什么老天如此待我,将我逼到今天这样的绝境!

天色晦暗,王世充仰天长啸。

苍凉悲绝的声音在荒凉的大地上回荡。这是雪豹之声!

蜂目已露,豺声已振,绝境下,王世充听到内心那头嗜血野兽的嘶鸣。

我绝不承认失败!没有人可以打败我!

雨水从他的脸上流下,飞雪在他面前肆虐,望着白茫茫的前方,他终于找到了可以去的地方。

渡过黄河之后,王世充直奔河阳。河阳的官员听说这位大将来访,纷纷前来迎接,并请王将军进府休息。

见面之后，王世充问了一句："你们的监牢在哪里？"

得到答案后，王世充径直来到郡城的大牢里，要求进去住两天。

只有这里才能让自己逃脱责罚吧。

进去后，王世充开始了等待。他相信自己不会把牢底坐穿。

事实确实如此。得知王世充跑到河阳入牢请罪时，杨侗没有治他的覆师之罪，反而派人前来劝慰他。为了让王世充放心，杨侗还派王世充的大哥前来传达赦免王世充的丧师之罪的消息。

看到大哥出现在牢门前，王世充终于肯定自己可以不用再吃牢饭了。

回到了东都，杨侗赐给王世充金帛、美女，仿佛他是得胜归来的将军。当然，这是杨侗的智慧，战败已经无可挽回，大将又几乎全部阵亡在巩县。杀了王世充，谁来替他挡李密？

李密乘胜进军，攻取了偃师，在那里驻下军来，其众有三十万（不是号称）。偃师离洛阳只有四十里地，一天就可以来回。

而东都无大将，只好世充做先锋。收拾残兵，王世充驻扎在洛阳城东的含嘉城。

以这样的屡败之军怎么去抵挡李密的三十万大军？

大概只有靠援军了。

事实上，援军真的来了，从西边来了一支部队，他们打的旗号就是救援东都。

◆ 趁火打劫的唐军

前来拉东都一把的是李渊，他向东都派出了十万兵马，领军的是他的两个儿子李建成和李世民。

大军来到东都城下，第一个前来欢迎的不是东都人，而是李密。当然，李密不是挥舞汗巾前来欢迎的，而是舞着大刀。

这是正常的，东都一直是李密的地盘，唐军跑到这里来属于捞过界。

收到消息后，李世民点起了一支小分队，让其前去拒战。

接到命令的小分队当场呆了：李密有三十万兵马，你让我们小分队前去，是送死还是送死？

面对部下的疑惑，李世民不急不慢地告诉他们只管大胆地去战，保证你们没事！

怀着为国献身的精神，这支唐军来到了前线，到了之后，松了一大口气。

瓦岗军也只来了一支小分队。

在逐鹿这样的淘汰赛里，比战胜对手更重要的是选择正确的对手。

两位乱世的智者颇有默契，这是因为他们知道逐鹿跟淘汰赛一样，都要战胜对手晋级下一轮。但不同的是，淘汰赛是抽签决定对手，而逐鹿要自己选择对手，选错的人会很惨。

唐军与瓦岗并不是真正的敌人，至少目前不是。

于是，两支小分队就在洛阳城郊较量了一番。从下手程度来看，很像一次联合军事演习，参与双方本着友谊第一、砍人第二的精神，对各种技战术进行了演练，并双双取得了满意的效果。

演习结束之后，双方各自打扫战场，然后各回各家了。

李世民要撤走了，杨侗是不会让他进来的。长安洛阳早不是一家人，这时候跑来支援，如同屠户问猪吃饱了没一样。与其说他们是来救援的，不如说他们是趁火打劫。但唐军并非没有机会，很多东都人偷偷带信出来，表示愿意当内应为唐军打开城门。

天下的第二个中心送到了面前，李世民望着前面的洛阳城。这是一座伟大的城市，它跟长安组成的双子星座，一直是天下的中心。

青灰色的城墙和红黑的城楼，向每位心有霸图的人展示着难以抗拒的力量。

考虑之后，李世民拒绝了内应的请求。

这是我的城，但现在不是。

现在占据它，下一回李密派来的就不是小分队，而是三十万大军。

今天我舍它而去，终有一天，它的大门将为我打开！

史书记载，李世民撤走之后，东都里杀出兵马抄其后路。

跑了八百里地来到洛阳，连口热茶也没喝上，先是被围城的揍了一顿，后又被城里的揍了一顿。这大概是最倒霉的援军了。

此地不宜久留。但洛阳，我还会回来的。

在回来之前，我会找一块高地，坐看两虎相争。

◆ 王世充的期待

唐军的到来给东都的局势搅起了波澜，但很快随着唐军的撤走，一切又恢复平静，充满压抑的空气笼罩在这座城市的上空。

王世充龟缩在洛阳东面的含嘉城，昔日他从扬州领来了数万江淮劲卒，现在已经剩下不到一万。照此来看，可以将他从争霸的名单上删除了。

但有一人大概不会同意这样的定论。

王世充还没有准备向命运低头。

我还没有败，在我放弃以前，没有人可以断定我的失败！

在无尽的黑暗里，王世充就像一只受伤的猎豹，舔着自己的伤口，等待着绝地反击的机会。

一定还有希望，一定还有东山再起的时候，也一定有对付李密的办法。

无数个夜晚，王世充都在思考这个问题。他没有找到答案，但他知道世界上所有的难题都有答案。

在找到答案之前，唯一能做的只有等待。

无论那机遇是什么，我相信它一定存在，并朝我而来。因为，我还没有放弃自己！

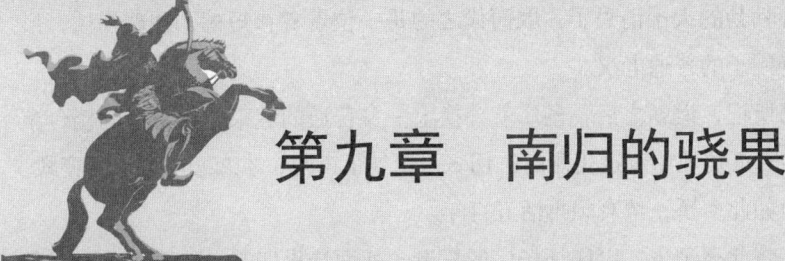

第九章 南归的骁果

"好头颈,谁当斫之!"

江都迷楼的寝殿里一个男人手握铜镜,不无惆怅地叹了一句。镜里映出一张留有美须、五官端正的脸,以美学而论,确是一颗好人头。

这颗人头是杨广的。杨广搬到扬州已经快两年了。

此时,杨广还有另一个极其响亮的称号:太上皇。那是长安的李渊送给他的。杨广陛下的职务涨了一级,但他本人应该不会高兴。

现在能让他高兴的只有眼前的美景了。

闲暇时候,杨广经常登上迷楼的高处。迷楼是他在江都修建的一座高楼,建筑规格相当高,楼接楼、房套房,陌生人进去了肯定走不出来。另外,迷楼是杨广亲自取的名。

如同楼名,杨广的心头大概也是一片迷茫吧。

仰望星空,杨广的眼神异常空洞。

不过数年间,富强的帝国四分五裂,硝烟遍布神州大地。

中原再也回不去了,他再也没有平定中原的信心,也没有称雄天下的壮志。

雄心勃勃的天子消失了，取而代之的是一位着青衫短裤，拄着拐杖，形态颇似逛园子的普通老汉。

史书所记，退朝之后，杨广就会换上一身普通的装束，在行宫的楼台馆舍里游走，贪婪地望着这美丽的一切。一直到了夜晚，才恋恋不舍地回寝殿。

江山如此多娇，侬真想再活五百年。

史书将此事记下，以印证杨广的荒诞。外面烽火四起，他不想着出去平定，却天天搞自助游，实在不像话。

可是，谁又能理解杨广此刻的心情？曾经的杨广也算有为青年，修长城、凿运河、通西域、平边乱、收四夷。但数场大败洗尽了他的英雄气，现在的他已经看到了自己悲惨的结局。

人世间最痛苦的莫过于心有壮志的人发现自己的软弱无力。

也只有看不尽的美景、醉人的烈酒能麻痹自己吧。只有这些能暂时消除内心的惶恐，还有无尽的失望与绝望吧。

李密、李渊、窦建德，还有天下的群豪，你们都想取我这项上人头吧。

来吧，我等着你们。

杨广没有料到，最终取他人头的不是外面的豪杰，而是他最信任的骁果军。

骁果军是杨广的御林军，这支军队是从军中壮士挑出的，有一些还是从死囚犯里拣出来的，左臂刺以血鹰，以示效忠。

想起事的人正是率领骁果军的虎贲郎将司马德戡。此人乃扶风人，小时候是杀猪的，也不知道怎么就从了军，还成了杨广的亲信，此时率领着一万骁果军驻扎在东城。

其实不是司马德戡想杀杨广，他是被逼的。最近这段时间，司马德戡发现部下的情绪相当不稳定，断断续续还发现有些骁果兵逃跑了。骁果兵逃跑也不能怪这些人没组织没纪律，其实都是杨广逼的。杨广这些日子正在策划迁都丹阳，也就是今天的南京。骁果军都是关中人，老婆孩子多在老家，跑到扬州来本以为是度个假，来年还能回去，现在竟然要迁到长江以南，那何年何月才能回家？

手下的兵一个个逃跑，要是追查起来，司马德戡怕是脱不了干系。为了摆脱困境，司马德戡先生想了一个办法，这个办法后来被认为是馊主意。

这个办法是：要是骁果兵大规模逃亡，那我也逃！

为了实现胜利大逃亡，司马德戡串联了不少志同道合的人，这些人身份各有不同，有杨广的秘书（内史舍人），各种武将（虎牙郎将、鹰扬郎将），替杨广管印章的（符玺郎牛），门下省助理（直长），管城门的，看病的，站岗的和宫女太监，等等。从规模之广来看，司马德戡不逃则已，一逃就要把江都掏空了。

史书记载司马德戡阴险，看来史书诚不欺人。但史书忘了记这个人有点儿笨，拉拢这么多人逃跑，虽然可以让杨广抓这个顾不了那个，但未免人多了坏事，走漏了风声。

司马德戡大概不知道保密是怎么回事，不但大搞串联还毫不避讳，经常跟这些人到酒楼开会，称兄道弟，并公然讨论逃跑事宜。

消息传到了宫内。

◆ 杨广的发妻

一个宫人决定告发司马德戡。她不是第一个听到消息的人，但应该是第一个决定告发的人。这是一个有勇气的人，但估计地位比较低，无法在杨广面前说上话，于是她只能找自己的主管领导，也就是后宫之主——皇后。

皇后姓萧，史称萧皇后，出身高贵，是西梁孝明帝的女儿，但又生来贫苦，因为出生在二月——那时的人认为二月生的儿女不吉利，就把她送了出去。这导致萧氏虽身为公主，却躬亲劳苦。

当然，自从嫁给杨广之后，她还是过上了好日子。杨广虽然好色，但跟萧氏关系很好，这大概跟关于萧氏的预言有关。隋唐最著名的算命先生袁天纲给了她八个字："母仪天下，命带桃花。"

听到宫女的报告后，萧皇后沉默了一会儿，然后告诉她："好吧，你去奏禀圣上吧。"

出来后，这位正直且勇敢的宫女被拉到宫外斩首，罪名是妄议朝政！

据说鸵鸟在碰到危险时会将脑袋伸进土里，其实这是一种误解，鸵鸟只是将头靠近地面，侦察敌情以及伪装自己。世界上，真正在危险面前将头钻进土里的，应该是人这种生物。

不久之后，又有宫女报告听到宿卫的士兵在低声谈谋反的事，请求将这一情报禀报给杨广。

萧氏拦住了她："事情到了这一步，已经无药可救了，告诉圣上这些话，无非让圣上徒增烦恼。"

二十九年前，只有九岁的萧氏嫁给了杨广，这么多年，她见证过杨广的谋略（主要是阴谋），也共享过杨广的荣耀，现在一切都要结束了。

◆ 宇文家的三兄弟

事情已经无可逆转地朝终点奔驰，司马德戡甚至已经定了日子，就在三月十六，当天大家集体跑路。

照司马德戡的计划来看，这还不是最糟糕的，毕竟司马德戡只是想逃跑，就算他撺掇着所有的人都跑了，杨广大不了当个光杆皇帝。

事情的质变源自一个人的加入。

因为司马德戡大力发展跑路下线，有一个人也听到了风声，并直接要求会见"跑路总指挥"司马先生。

新加入的小弟还想见总指挥？听到这个要求后，司马德戡马上决定见一见对方，因为对方的来头太大了。

这个人是宇文述的儿子。顺便说一下，当年炒掉李密的宇文述在两年前就去世了。

在《隋唐演义》里，宇文家有一个很了得的儿子，叫宇文成都，在隋唐十八条好汉里排第二，仅次于李渊家的傻小子李元霸。此人相貌堂堂、武艺出众、勇猛无双……但可惜的是，宇文家的基因不可能出产这样的优质品，宇文成都是虚构人物。

除了宇文成都，在《隋唐演义》里宇文述还有一个叫宇文惠及的花花公子儿子。宇文惠及在大街上强抢民女，后被秦叔宝一锏打死。这个宇文惠及是虚构的，但他的光辉事迹还是有原型的，原型就是要来见司马德戡的人。此人叫宇文智及，根据史书记载，此人与《隋唐演义》里的宇文惠及一样是色鬼，但宇文智及这位原型还有一项特长：搞阴谋！

见到司马德戡，宇文智及认真听取了总指挥的逃跑计划，然后毫不留情地指出了对方的一个大漏洞："杨广虽然失去了道义，但威风还在，要是听闻你们逃跑，一定严令追捕，你们和窦贤一样，自取灭亡！"

窦贤是隋朝郎将，是逃跑主义的先行者，不久前率部下逃亡回家，被杨广派兵追上斩杀。

司马德戡吓出一身冷汗，千算万算，没算到杨广是一个有仇必报的人。要是惹怒了他，就算逃到西天佛祖那里都会被他挖出来。

"那怎么办？"

宇文智及压低了声音，说出了另一个计划："不如纠集兵马，攻向宫殿，废昏君，立明哲。如果事情成功，公自然享受荣华富贵！"

这个思路太跳跃了，司马德戡只想跑路，让他杀杨广，他实在没有心理准备。但宇文智及马上用一句话给司马吃了一颗定心丸："就算不成功，也能吓杨广一跳。那时，你们再逃，杨广必定胆怯，不敢追讨！"

进可改朝换代，退还可以跑路，这实在是万全之策。司马德戡马上同意了这一方案，还表示事成之后，奉宇文智及为主。

宇文智及笑了，告诉对方说，我还不能领头，但我已经有了一个最佳的人选。

"谁？"

"我的兄长宇文化及！"

宇文化及是宇文述的长子。这位仁兄算是典型的贵族子弟了，在长安的时候，就仗着他父亲的威风，成天在大兴城内耀武扬威，驰骋道中。长安市民避之不及，愤恨之下，给他起了一个轻薄公子的花名。

宇文智及大力推荐兄长，不是因为兄长比他更浑，而是因为兄长跟他关系很好。宇文智及认为这样的好事不该忘了兄长。

于是，宇文智及将司马德戡等人领到宇文化及的面前，郑重地告诉他哥这个好消息。奇怪的一幕出现了。

宇文化及脸色大变，全身流汗，差点儿休克过去。

这位仁兄来到江都以后，接着放荡不羁，但弑君这样的事还是超出他的承受范围。

后来，司马德戡想起这一幕，后悔自己没有看出对方是个脓包。

当然，现在整个计划都告诉你了，你不干，就是跟大家过不去了。宇文化及终于点头同意。

宇文家的加入，让一起逃跑的事件演变为改朝换代之事。另外，种种迹象表明，宇文家的第三个儿子也参与了进来，这个人是多年前同李渊谈论大事的宇文士及。因为宇文士及后来当了唐朝的宰相，而隋史又是唐朝人编的，说宇文士及没有参与这一起弑君事件，那就没有吧。

江都的气氛越来越压抑，所有人都知道要出事了。但接下来传开的这个消息，还是把江都的关中汉子们惊住了。

据传闻，杨广准备迁都丹阳，而怕关中骁果不听命令，遂决定将他们全部毒死。这个消息传得有板有眼，如杨广已经准备好了毒药，酿了二十石的毒酒，连日子都选好了，就在三月十六日那天。据估算，隋制一石有一百多斤，一石足以毒杀千人，二十石够两万人用的。

搞这么大规模的毒杀事件，杨广果然是大手笔惯了。

这个消息据说很准确，是皇宫里的御医传出来的。

我们前面说过，跟司马德戡喝酒拜把子组成跑路同盟的人里有太医院的医生。而三月十六日，很巧，那原本是司马德戡准确跑路的日子。

现在，计划有变，目标变了，日子也提前了。

三月十日，弑君的大幕拉开。

那一天，风很大，风尘扫荡了扬州的每个角落，天空变得昏暗如夜。风沙之中，没有多少人注意到城东，一支部队悄无声息地集结起来。

那是司马德戡跟他率领的骁果。司马德戡宣布了他的计划，很快得到了骁果的响应。

造反，还是过几天去吃杨广的毒酒，这并不是一道难做的选择题。

在这一天的黄昏，司马德戡偷走了厩马，备齐了武器，只等夜色的降临。

风高，月黑，弑君！

梆！梆！梆！

打更声似远似近地响起来，约定的时间终于到了。

"点火把！"黑暗中，司马德戡用阴沉的声音下达了命令，无数火把点了起来，照亮了扬州城的东边。火光下，是数万准备起事的大兵，那些脸孔因为兴奋而显得格外发亮、发红。

杨广发现不对劲。

想来，杨广贪玩儿，也是夜猫子，都三更天了，竟然没睡着，还望到了东边的火光，并听到了宫外的喧哗声。

"宫外何事喧哗？"

很快，杨广定下心来，他得到了一个合理的解释："外面的草坪失火了，大家正在救火。"

给出这个回答的是值班的侍卫武官裴虔通。此人是杨广的亲信，在杨广还是王爷时，就是杨广的跟班，当然，现在裴虔通是司马德戡的人。

杨广又躺了下去。他不知道，自己的生命已经进入了倒计时。

扬州街头，刀已出鞘。

◆ 杨广之死

扬州的大街上，值班的士兵正在巡察街道，突然冲过来一群禁卫军。这帮人来了之后，毫不客气，立刻就将负责巡夜的隋将控制了起来，并告诉下面的士兵，你们可以回去休息了，现在扬州城防由我们接管。

率领这支部队的是宇文智及。很快，各个街头都布置了新的士兵，扬州城落在了反军的手里。

与此同时，宫殿的芳林门外，出现了一个身影。

此人是杨广的孙子，燕王杨倓，因为宇文化及等人的动作太大，总算有人发现了不对劲。杨倓连夜从家里跑出来，准备给杨广报信。

来到芳林门，门已经关上了，没有令牌是进不去的。想了一会儿，杨倓捏着鼻子从下水道钻了进去，总算过了第一关。

下一关是玄武门，这是最后一道门，进去后就是杨广的寝殿，可玄武门是没有下水道供人钻的。情急之下，杨倓大声对楼上招呼道："臣中风了，命悬一刻，请求见圣上最后一面。"这个理由编得还不如逃课的小学生。中风了还能钻下水道，还能如此大喊？

玄武门被打开了，杨倓一进去，就被裴虔通请到小单间关了起来。

裴虔通在玄武门外等了很久，但截获杨倓只是意外收获，他本来等的人是司马德戡。

司马德戡一路小跑来到了玄武门前，他是大摇大摆地从正门进来的。在这之前，司马德戡早已经做好工作，各大城门都没有上锁。这样看来，杨倓的下水道是白爬了。

来到玄武门前，看到迎接他的是裴虔通后，司马德戡松了一口气。在计划里，玄武门是最关键的一环。这里原本驻扎着效忠于杨广的一支部队。这支部队勇猛善战，待遇优厚，杨广还经常做媒，将宫人许配给他们。这支部队称为"给使"。

玄武门外，数百名给使已经撤走。这一天的早些时候，给使接到圣旨，说皇帝要将他们调出城外。他们丝毫没有怀疑这道圣旨的真实性，因为前来宣读圣旨的是杨广的亲信太监魏氏（姓魏的太监就是奸啊）。

诚然，魏太监也是逃跑团的成员。

杨广此刻称得上众叛亲离了。他混到这一步，能怪谁呢。下面发生的这件事就能解释为什么最后关头，亲信都选择背叛他。

在司马德戡抵达玄武门时，另一支部队也来到了玄武门，领军的是司马的舅舅独孤开远。来到门外，独孤开远大力敲门，说："兵仗尚全，犹堪破贼。陛下若出临战，人情自定；不然，祸今至矣！"

杨广终于知道外面已经反了，他的第一个反应是问自己的老婆萧氏："难道是阿孩作乱？"

阿孩是杨广的儿子齐王杨暕的小名，因为失宠被软禁在家。第一时间，杨广想到的造反者竟然是自己的儿子。

想到这里之后，杨广选择不回应外面的请求，谁知道外面那些兵马是不是杨暕骗来敲他大门的。

最后的希望溜走了，裴虔通领着反兵冲到了成象殿前。

迎接裴虔通的是一声声的呼喊："有贼！"

我们不是贼，今天我们来诛国贼！

裴虔通冲进大殿，大声呵斥守卫，命其放下兵器。

正当殿内守卫举棋不定时，一声暴喝响起："天子在此！你们想干什么。"

站出来的是右屯卫将军独孤盛。因为事出突然，独孤盛来不及披上铠甲，犹拿着大刀，挡在了裴虔通的前面。

没想到到了这时，还有人愿意给杨广陪葬。裴虔通上前一步，讲起了道理："事情已经这样了，不关将军的事，请将军不要乱动。"

独孤盛以一声干脆利落的回答表明了自己的立场："老贼，休得胡言！"

说完，独孤盛喝令值班的士兵前去迎战，但很快，他绝望地发现，士兵们纷纷放下武器，离开了现场。

谁都知道拿起武器是死、放下武器是生。而敢于坚持原则，具有直面死亡勇气的人毕竟是少数。

挥舞着大刀，独孤盛冲向了箭雨刀林，倒在了大殿的台阶之上。

跨过独孤盛的尸体，裴虔通向寝殿进发，此刻天已经微微发亮。

前面就是寝殿，里面住着那位不可一世、权倾天下的人。擒拿住他，一切将画上句号。

殿门紧闭着，裴虔通下令："撞门！"

门吱呀一声开了，优秀内应魏公公打开了大门。

杀进来之后，裴虔通四下寻找，已经不见了杨广的踪影。杨广是不会等着别人来抓他的，听到外面兵乱的声音后，他换了身衣服逃走了。

杨广哪里去了？

裴虔通率兵跑出寝殿来到了永巷。我们已经说过，迷楼可不是一般的地方，它是一座迷宫。如果杨广存心躲猫猫，一时半会儿还真抓不着他。正在无奈之时，旁边有位美人伸出了头。

"陛下在哪里？"裴虔通抱着侥幸的心理问了一句。没承想，美人轻抬玉手，指向了西边。

陛下逃到西苑去了！

嫔妃也出卖了杨广。当然，不能怪美女薄情，要知道，这里是永巷，永巷向来是宫中幽禁失宠妃子的地方。

乱兵终于找到了杨广。

隔着窗子，杨广看到白晃晃的大刀。他没有慌乱，大概早就在等待这项上一刀。于是，杨陛下认真地问对方："你这是要来杀我吗？"

这一反问，搞得乱兵很不适应。你要是大喊大叫，我趁着头脑发热就一刀结束了你，岂不是甚好？

惊慌之下，乱兵表示自己不敢，这次前来只是请陛下回长安。

原来如此，杨广步出房门，见到了裴虔通。

"你不是我的故人吗？对我有什么怨恨也来反我？"

大概是对过口径的，裴虔通表示自己不是造反，只是奉陛下还京而已。

好吧，你们都演戏，我就陪你们玩一玩吧。

"朕正准备回京，等江上的米船到了，我就领你们回去！"

天终于亮了。

宇文化及正在家里焦急地等待消息，很快，门外有人禀报，司马德戡已经派兵前来接他去主持大局。

显然，一下子从一个轻薄公子变成主持大局的人，宇文化及十分不适应。行到街上，很多消息灵通的人知道这位宇文大少爷将是话事者，纷纷上前拜码头。

宇文化及浑身颤抖，说不出一句话来，只会低头靠在马鞍上连声回应："罪过罪过。"

来到城门，司马德戡早已经等候多时。他将宇文化及领进朝堂，告诉他，事情已经在掌控之中，你现在是丞相，请主持大局。

紧接着，司马德戡说了一句让宇文化及跳将起来的话："陛下马上就要到这里来见我们。"

西苑，裴虔通正在请杨广上马，按照他们的流程，这会儿应该请杨广到大街上遛一圈儿，然后到朝堂上宣布退位。

这就太不厚道了，到大街上遛一圈儿，不就是游街示众吗？这种办法一般用在作奸犯科的犯罪分子身上，皇帝被游街示众的事好像没有先例。

杨广并没有意见，只对要骑的那匹马有意见。

"马鞍太旧了！"杨广严肃抗议道。

这大概是世界上最挑剔的游街示众犯了。最后，裴虔通又搞了一副新马鞍，好不容易将杨广请上了马。裴虔通一手拿刀，一手拉着缰绳带着杨广大帝到大街上遛了一圈儿。效果还是很不错的，围观的群众（以乱兵居多）欢呼雀跃。

是的，对他们来说，杨广的时代终于过去了，再没有人强迫他们远征辽东，也没有人请他们喝毒酒，他们也不需要渡过长江去南方蛮夷之地了。也许，他们马上就可以回家了。

在杨广被押到朝堂之前，宇文化及制止了对方的前来。

虽然杨广已经是阶下囚，宇文化及已经号称丞相，但杨广的气场依然让宇文化及难以直接面对。

事情到了这里，基本算完事了。派一个大兵将杨广的头砍下来，然后宣布宇文化及摄政，此次政变完美收官。可不知道是谁出的主意，他们还想在取杨广性命之前，羞辱一下杨广。

这是一个自取其辱的想法。

他们找来了一个叫封德彝的人，据说此人才思敏捷，口才了得。果然，上去之后，封德彝就给杨广宣布了数条罪行。

杨广轻蔑地看着对方说："我实在对不起百姓，但你们这些人，跟着我享尽了荣华富贵，你们有什么资格来反我！还有你，封德彝，你是一个读书人，为什么参与到这些武夫的逆谋中来。"

不要再安排罪名了，杨广就算罪行滔天，也该窦建德来取他的人头。但这些人要取，也就取了吧。

裴虔通的大刀挥出，杨广十二岁的儿子倒在了地上，杨广无能为力。

大刀伸向了杨广，突然被打断了。

"天子有天子的死法，怎么能动刀，给朕取鸩酒来！"杨广在维护人生最后的一点儿尊严。

这个曾经气吞河山，梦想建立一个伟大的帝国（一个空前绝后、超越秦汉的帝国）的人，这个以"千古一帝"自许的帝王，倒在了扬州迷楼寝殿的洗手间里。

远在长安的李渊得到消息后，哭得十分伤心，然后化悲痛为力量，专门开会讨论后，给他一个"炀"的谥号。

《谥法》有言："好内远礼曰炀，去礼远众曰炀，逆天虐民曰炀。"

这就是说，杨广是个色魔+流氓+独夫+暴君。李渊也算是报了当年被称"阿面婆"的仇，出了一口恶气。

当年秦始皇比杨广更猛，也没有被人加上"炀"的大号。这不公平，但这就是历史。

剩下的就是清洗杨家宗室，爬下水道的杨侊死了，还有一路兵马直扑齐王杨暕的宅第。杨暕在睡懒觉，听到动静之后，大惊："是什么人？"

看见冲进来的大兵，杨暕心头涌起绝望，不甘心地大叫："请慢点儿下手，儿子并没有负国家！"

原来，杨暕以为是其父杨广要来取他的性命。

杨暕被拖到街上斩杀。至死，他都不知道是谁要他的命。

无论失掉权位也好，丢掉性命也罢，最痛心的莫过于父子到死还要互相猜忌。

难怪许多贵族子弟抱怨，宁可生在铁铺豆腐坊也不要生在帝王家。

杨广死后，宇文化及这帮人是管杀不管埋，拍拍手走了。萧后只好找了些宫女，将床板拆了下来，做了一副小棺材，将杨广跟他的儿子放进去，掘了一个浅坑埋了。

数月后，隋朝的旧将来到这里把杨广挖出来，改葬到吴公台。吴公台是弩台，用兵之地，杀气太甚。又过数年，唐军来到这里，他们将杨广从吴公台请出来，改葬到吴公台二十里之外的雷塘。至此，杨广总算有了一块安息之地。

后来的百姓经常在杨广的墓地附近刨土种菜，也没有人给杨广扫墓，杨广的墓渐渐被荒草淹没。

曾经拥有天下的人，连一块墓地都保不住，这公平吗？这是公平的。

最后还有一件事要提一下：二十九年以后，杨广的坟墓又被打开，这次不是搬家，而是有新人入住。他的妻子萧氏辗转多地，历经人世的沧桑，于大唐盛世贞观二十一年（647）去世。李世民特批让萧氏与杨广合葬于雷塘。

虽然过了这么多年，但迟到的团聚也是团聚。如果得知最终陪伴他的是自己的爱妻，杨广会感觉有所慰藉吧。

◆ 内讧

杀掉了杨广，宇文化及等人策立了杨广的一个侄子为皇帝，开始领着关中人踏上了还乡的路程，宇文化及当仁不让地就任了"还乡团"团长一职。

启程之后，宇文化及平定了一场由隋朝遗老引发的叛乱。杨广虽然是个失败的帝王，但生性豪放，平时也拉拢了一些将领。有人替他复仇是正常的，但宇文化及没想到，还乡团内部分裂了。

搞分裂的是司马德戡，司马德戡本来跟宇文化及搭的是同一条贼船。司马兄原本还是船长，后来主动让贤给了宇文化及，但很快，司马德戡就无比后悔自己的这一决定。

宇文化及太不成器了，通俗点儿说就是烂泥扶不上墙。

自从当上还乡团团长后，宇文化及除了私生活不检点之外，司马德戡还发现他可能是个笨蛋。自从他总揽政务后，下面汇报情况，无论什么样的问题，宇文化及都一概以不变应万变——不回答、不批示。

连话都不会说，不是笨蛋是什么？

事实上，司马德戡估计错了，宇文化及不笨，只是口笨，现场答题能力差而已。等汇报的人下去之后，宇文化及会召集师爷商讨，然后送到傀儡皇帝那里盖章。

后面发生的一件事，让司马德戡对宇文化及失去了信心。

还乡团行至彭城，水路不通，只好登岸。为了满足庞大物资运输的需要，宇文化及就地抢了民车两千辆，然后下令，值钱的东西搬上车，宫人上车。

"那这些兵器铠甲怎么办？"望着摆了一地的器械，下属问道。

"分发给士兵，让他们带着上路好了。"

接到这个命令，司马德戡快要疯了。

一路上，要应对无数的挑战，有无数的恶仗要打。保护你的不是香车美人，而是这些外貌粗俗、不具任何观赏价值的骁果。你把他们累成了马，要是李密、李渊还有东都人杀过来，谁来应敌？

好不容易搞掉了一个杨广，抬出来的却是一个更浑的。

自从宇文化及暴露了自己的智商和人品后，司马德戡便不像以前那样恭敬地对待他了。

这个变化很快被宇文化及察觉到了。

有一天，宇文化及笑呵呵地将司马德戡叫来，表示这次能够推翻暴君，将军功不可没，为了表彰将军的功绩，特提拔将军为礼部尚书！

最后，宇文化及轻描淡写地表示，将军手下的兵，我已经下令让各部分领了。

这就是所谓的釜底抽薪。

司马德戡彻底怒了，刚过河就拆桥，你不仁就不能怪我不义了。

司马德戡找上了宇文智及，在送了不少礼之后，司马德戡争取到了一个位置，他率领一万人殿后。

司马德戡决定从后面袭击宇文化及，消灭对方后自立山头。

为了稳妥起见，他甚至联络了回乡途中的一支农民起义军——盘踞在曹州的孟海公。

结盟信送出之后，司马德戡安心等待对方的回应。

孟海公没等到，宇文化及来了。

这一天,下面来报，宇文化及跟他的兄弟已经到了后军，他们是来打猎的。

打猎的？难不成消息已经泄露了？

司马德戡迟疑了一下，但想了想宇文化及是个笨蛋加软蛋，最终决定还是前去迎接一下。人都送上门了还亲自接什么，率兵去把宇文化及绑了不就大功告成了？

低估自己的对手，这是常见的错误，通常还是致命的错误。我们已经分析过，宇文化及以前有轻薄公子的名号，说这样的人笨，估计连普通百姓都不会认同。

宇文化及收到了消息，这次来后军打猎，猎的就是司马德戡。

司马德戡刚出营帐，宇文化及的身后就冲出一堆人，将司马德戡按倒在地。

望着在地上挣扎的司马德戡，宇文化及十分遗憾地说："当日我们共同平定海内，经历了无数危险，现在事情成功了，正要跟你有福同享，你怎么这么想不开要谋反呢？"

知道大势已去后，司马德戡进行了最后的辩解："本来杀昏君，就是受不了他的淫虐，可足下比杨广有过之而无不及！我们是被逼的！"

宇文化及口才极差，被一抢白就说不出话来，只好挥手送司马德戡上路。

杀掉了司马德戡，宇文化及终于确定了自己在还乡团中的地位，是时候加快速度回关中了。

宇文化及率领着十万人马再一次踏上征途。人数并不算多，除去宫女太监文官，也只有数万兵马，但不能小瞧这数万兵马，这些骁果是隋朝军队精英中的精英。这数万兵马或许无法解决中原的归属问题，但一定能打破中原的僵局。

从彭城出发，前面就是中原地界了，那里是群雄逐鹿之地，是血与沙的修罗场，是淘汰劣质的残酷之地。

在宇文化及怀着思乡之情眺望西边时，西边的李渊也眺望着东方。

长安，大兴宫，太极殿。

当初李渊告诉李密，他只想保住唐国公的地位，并没有野心。事实证明，这是一个彻头彻尾的大谎言。在李密纠结没能拿下洛阳，无法称帝时，李渊就坐在太极殿的最高处，俯看着天下。

杨广去世的消息传到长安一个月后，李渊登太极殿，正式称帝，国号为唐，年号为武德。

在这之前，史书记载，群臣固请李渊称帝，李渊采取了固辞的对策。但最后，大臣们尤其是裴寂表示您再不当皇帝，那我们只好辞职了，并举出了许多异象来论证李渊称帝的合理性。为了让老天爷睡好觉，李渊勉为其难，跟在长安的隋朝皇帝搞了交接仪式（禅让），登上了皇位。

禅让帝位给李渊的隋恭帝杨侑于第二年在长安去世，年仅十五岁。据说他是病死的，又据说他是遇害而亡。对于这种八卦，大家都没有探究的欲望，因为所有人都认为，李渊就是真正的凶手。

李渊登基那日，是为公元618年6月18日（五月二十四），这是一个阴谋产生的日子，也是一个伟大朝代的开端。

就当时来看，李渊只不过是众多帝王中的一个，谁也无法在当时就判定他是最终的胜出者。要想真正让唐朝成为统治天下人的皇朝，还有许多的事情要做。扫荡东方是最后也是最重要的一战。

日出东方，泽被四海。

在兵出关东，挺进中原之前，有许多的事情先要完成。唐朝的使臣向三蜀进发，去宣慰那里的郡县。长安的鸿胪寺内，唐朝的外交人员赔着笑脸接待那些趾高气扬的突厥人。

李世民率领大军前去抵御对长安发起进攻的薛举。在这之前，唐朝刚经历一场大败。正可谓西边不平东边又起。

李渊下了一道诏令，指示对于身在江都、家在关中的，一律不追收他们的田宅，如果还有没饭吃的五保户，立刻登记并进行救助。

当然，这是李渊在拉拢还乡团的成员。仅仅依靠这个是无法真正解决问题的，此时，李渊只有依靠他那个可以称兄道弟的盟友李密了。

李密一定能抵挡住宇文化及吧？如果他挡不住，我要怎样做才能承受住两边的重压？

望着东方，李渊的眉头皱了起来。

◆ 东都

杨广被弑的消息传来后，杨侗也成了皇帝。

杨侗的心已经纠结起来。杨侗很不容易，这一年刚十四岁，面对的敌人有老狐狸级别的李渊、天才般的李密，以及江湖豪杰窦建德。

现在又多了一个蛮横的宇文化及。

他可以依靠的只有自己的文臣和武将了，成为杨侗心腹的有七个人，分别是纳言段达、纳言王世充、内史令元文都、兵部尚书皇甫无逸、内史令卢楚、内史侍郎郭文懿和黄门侍郎赵长文。这七人被称为七贵，如果人太多一下记不住倒也没关系，暂时记住王世充、内史令元文都以及卢楚就可以了。

这七人待遇优厚、地位崇高，但与此同时，他们必须承担起守卫东都的责任。

眼下，这个责任更重了，除了要应付李渊的窥探、李密的进攻，还要防止宇文化及的回归。

大殿之上，杨侗眉目如画，温和仁爱，庄重矜持。这大概是盛仁君主该有的风范。

乱世之中，要如何依靠温和仁爱生存下来？

◆ 乐寿

窦建德很忙，自从自号夏王后，他发现最大的敌人竟然从隋朝政府变成了同行。

在他驻地的不远处，有一支实力强劲的农民起义军，这支部队是当年想在山西建立根据地却被李渊打出太行山的魏刀儿；而在上方的幽州，又冒出一位堪称窦建德一生之敌的对手，这位是统领着燕云铁骑，号称幽州总管（自封的）的罗艺。

现实中，这位罗艺一不是秦叔宝的姑丈，二没有枪法出众的儿子罗成。据考证，罗成其实是以罗士信为原型虚构出来的人物。但罗艺的确是一员猛将，根据地的确在幽州，他成为窦建德最难缠的对手。

跟河北同行竞争成了窦建德最重要的工作，从江都而来的宇文化及似乎跟他八竿子打不着。但世事难料，宇文化及竟然是来给他送礼的。

◆ 荥阳

李密很头疼，他发现自己陷入了被两面夹击的境地。

长安、洛阳、荥阳，这是宇文化及所率还乡团的进军路线，李密这里是第一站。这意味着，当他面对宇文化及时，就不得不暴露后背给东都洛阳。

当年执着于攻占洛阳的错误显现出来了，他似乎在走杨玄感的老路，但已经没有回旋的余地了。

李密在洛水、巩水一线布下了重防，大概是想把突然杀出来的宇文化及吓回扬州去。

扬州是回不去了。

从杀掉杨广那一刻起，宇文化及就踏上了不归路。

要回到长安，就需要击败李密，占领洛阳，并且打败长安的李渊。不知道宇文化及哪里来的信心，认为自己可以做到这一切。

前进，险阻重重；回去，宇文化及即便有这个想法，也没有盘缠来支撑。十万人从江都带出来的粮食吃得差不多了。

何去何从？也只能走一步算一步了。

出了曹州之后，宇文化及停住了脚步，再往前，就是李密的阻击线。想了一会儿，宇文化及下令集体右转，向北挺进。来到滑州后，他留下了辎重，率领大军渡过黄河奔向了黎阳。这是一个处在饥饿边缘的人的正常反应。

黎阳仓内有粮。

但这又是一个饿昏了头的举动。

黎阳的城门紧闭着,守卫仓城的是徐世勣。

看到来势汹汹的宇文化及后,徐世勣马上放弃了黎阳城,将所有的部队都转移到仓城。宇文化及来晚了一步,除了在城内找到了一些残羹剩饭聊以果腹之外,一袋大米都没捞到。

愤怒的宇文化及一面派兵守住黎阳城,一面分派兵马,围住了仓城。

平心而论,宇文化及能干掉司马德戡也算有些小聪明,但那些小聪明在徐世勣面前就不值一提了。更何况,还有更滑头的李密在后面。

杀到仓城之下时,宇文化及发现对方早已经做好了准备,没有攻城器械便无法拿下仓城。

于是,他退下来准备攻城器械。在刨木头的时候,李密来了。

李密率领两万兵马前来救援徐世勣,进入汲郡境内后,李密停下了脚步。

前面是淇水,渡过淇水,就是黎阳。

听闻李密前来后,宇文化及也率兵赶到淇水,大概是想搞个半渡而击。

就这样,两人隔河对视着。

算起来,李密、宇文化及和去世的杨玄感都是长安城有名的官二代。世事变迁,杨玄感身首异处,李密成了草莽寇首,宇文化及成了弑君逆臣。

乱世是喝醉酒的老天爷在值班,但以为老天爷不管事儿那是不正确的。置身于乱世的人如溯河洄游的鲑鱼,他们逆流奋击,自认为是在与命运抗争,但结局不过是依老天爷规划好的路线前进而已。

李密是来劝降宇文化及的。

突然杀出的宇文化及让李密很是恼火,他正全力准备进攻东都,却不得不前来应付这支突现出现的精兵。

最好的方法应该是收降,这个也是有可操作性的。毕竟从大方向来说,李密跟宇文化及都属于反隋武装,有共同的诉求,但李密不该羞辱对方。

淇水西岸,李密向对面的宇文化及打招呼,要求对方马上放下武器投降,如此，还可以保住性命。这倒无可厚非，但顺口说了一句："你们家当年不过是匈奴人的奴隶，我记得你们原本姓破野头吧。大隋朝对你们不薄，你却要谋逆，这是人应该干的事儿吗？"

宇文化及怒瞪双眼，厉声喝道："我们是来一决生死的，说什么废话！"

是的，不要五十步笑百步，谈忠君爱国没有意义。沙场之上，胜利才是最有说服力的。

李密转身离去。他告诉部下："宇文化及平庸愚蠢，还想当皇帝，我折一根棍子就能将他赶跑。"

一般说这种话的人都是狂妄之徒，但李密有资格在宇文化及面前狂妄。

宇文化及的攻城器械总算造好了，可等推到仓城附近时，宇文兄傻了眼。徐世勋在城前挖了深沟，辛苦打造的器械根本推不到城下。

徐世勋的深沟除了阻止攻城器械之外，还有一个作用：偷袭。

依靠深沟高垒，徐世勋经常出其不意地出现在城外，跃出之后，直接扑向了那些器械。

大火在器械上熊熊燃起，火烧了一天一夜还没有完全熄灭。

可能大家都有一个疑问：为什么宇文化及不救火呢？

事实上，宇文化及是有心无力。徐世勋每次出击前，都会点燃烽火，当看到这个信号时，李密就率兵过河，从后面袭击宇文化及。

器械没有了，宇文化及退回了黎阳。每次退回城池，他都下令紧闭大门，命士兵登城，以防李密乘势袭击。

奇怪的是，李密并没有发起猛攻，每次宇文化及退去，李密就回到淇水以西。

是的，现在还不是大决战的时候。

大决战一般出现在两军对垒的时候，当三足鼎立时，一般是不会出现大动静的。这也是三国能延续大半个世纪的原因。

忐忑不安的宇文化及，首尾不能相顾的李密，心慌意乱的杨侗，中原的局势陷入了一种奇怪的平衡，但这种平衡很快就会被打破。读过《三国演义》的人都知道，平衡被打破的引线是结盟，正如当年孙刘结盟，与曹操在赤壁大战。

东都向李密伸出了橄榄枝。

◆ 招安

数天前,东都。

内史令元文都兴冲冲地朝宫里走去。据史书记载,这位老臣性格耿直,颇有才能。东都能支撑到现在,元文都的大力维持起了不小的作用。

撑到现在,已经是强弩之末了,李密已经在城外攻了经年,李渊也派儿子来踩过点儿了,现在宇文化及也来了,一拨儿接一拨儿的敌人让他们应接不暇。

但危机来临,同时也带来了希望。元文都发现了一个绝佳的机会。当然,准确地说,这个机会也不是他发现的,是有一个叫盖琮的人提了一个建议:联合李密征讨宇文化及。

仔细分析,元文都发现,这是转危为安的绝佳计策。

于是,他兴冲冲地来到中书省,找到了另一位内史令卢楚,将这个计划和盘托出。

计划很简单,就是招安李密,让李密进攻宇文化及,等宇文化及被消灭了,李密也就半残废了。这是典型的坐山观虎斗。

最后,元文都说出了这个计划最精妙的部分:"我们还可以利用这次机会赏赐对方的将士,拉拢他们,进而离间和瓦解对方!"

招安的信从东都发出,送到了在淇水前线的李密那里。

问题是,李密会上当吗?从过往经验来看,杨侗上李密的当的可能性比较大,李密上杨侗的当的可能性相当小。但接到杨侗招安的信后,李密还是从了。

他无法拒绝。

宇文化及这个饿鬼盯上了李密的粮仓,大有不吃上大米饭就绝不罢休之势。李密只有跟他对决。而在对决之前，解除东都的威胁是关键。招安信正好解决了这个问题。

所以，这个世界上绝没有单纯谁利用谁的道理，都是相互利用而已。当然，想占便宜，那只有比谁出手快、下手狠了。

相比元文都埋下的伏笔，李密也看到了属于他的机会。这个机会在招安信的后面。

在招安书里，杨侗十分大方，册封李密为太尉、尚书令、东南道大行台行军元帅、魏国公，并特别承诺，平定宇文化及以后，入朝辅政。

在这一刻，李密大概想到了董卓和曹操。这是上天给予的机会，至于入了朝辅政还是主政，那就看心情了。

东都的大门已经向李密敞开，唯一的问题是东都要验门票，门票在宇文化及的脖子上挂着。

对不起，宇文兄弟，请借项上头颅一用。

李密率领大军渡过淇水，驻扎在黎阳外围。但李密并没有向宇文化及发动攻击，而是派出了一个使者。他准备给宇文化及一个惊喜，等惊喜过后再不战而胜。

这是一个欺负人智商不够用的计划，差一点儿就成功了，如果不是李密阵营出了叛徒的话。

数天后的夜晚，黎阳外，李密大营。

一个人偷偷溜了出来，望了望后面的李密大营，露出了愤怒的表情，然后大步向黎阳城走去，那是宇文化及的大本营。

此人算是弃明投暗的，因为在李密那儿犯了事，实在混不下去了，就来投奔宇文化及。

到了后，这位兄弟发现了一个奇怪的现象，黎阳城内充满了祥和喜庆的气氛，军营里蒸米饭、杀猪羊，像过年一样。

原来数天前李密前来表示结盟，为表诚意，承诺送大米过来。

来人哭笑不得，他小心翼翼地告诉宇文化及，不要等李密的粮食了，李密的粮食就算倒进黄河里，也不会送一粒给你。现在李密已经跟东都达成协议，此刻正在集结精兵，等你们粮尽之时就是进攻之日！

知道真相的宇文化及陷入了疯狂。

欺人太甚！宇文化及的每个细胞都充满了被戏弄的愤怒，马上决定跟李密拼了。

出城，渡河，决一死战！

七月初一，阳光扫荡黑暗之时，童山脚下，大战开幕。

◆ 巨枪

这是李密截至目前所经历的最惨烈的一战。还乡团的成员是杨广的御林军，战斗素养十分高，连一直称霸中原的瓦岗将士都有点儿吃不消。

李密中箭了。

这不是李密第一次中箭。据估计，武艺不是李密的专长，但他又经常冲锋在前。这也是无奈之举，手下这帮山东豪杰不管你是什么出身，有什么智慧，他们最敬佩的永远是跟他们并肩作战的人。

中箭之后，李密从马上掉了下来，部众也没注意到，各自跑得没影儿了。

李密离死亡只有一步。

一柄长枪挽回了局势。

这柄枪的具体尺寸已经失传，但规格显然超于常制。

这柄枪的主人是秦叔宝（希望看到秦叔宝耍双铜的朋友要失望了）。

秦叔宝奔来之后，救起了倒地的李密，将其转移到安全的地方，然后挥舞长枪又奔进了敌阵。

在战场上，一面不倒的军旗，一匹奔驰的战马，一段震天的鼓声，一个挺立的身躯，一柄横扫的长枪，具有独特的号召力，是一支部队的灵魂所在。

很快，溃散的将士重新聚集在这柄长枪下，并成功击退了宇文化及的进攻。

激战十多个小时后，战斗终于结束了。

这是至关重要的一战，我很愿意详细解说一下，比如介绍一下徐世勣怎样里应外合，单雄信如何飞驰夺将，程咬金如何横扫三军，罗士信如何少年英雄，王伯当如何箭箭夺命。但史书资料有限，而本文又奉正史为本，无法像小说一样进行发挥，还请各位见谅。

最后总结一下战场吧。

单从敌我损失来看，无法判定谁是真正的胜利者。宇文化及撤退了，他的还乡团伤亡不少，但瓦岗军也没占到便宜，劲卒损失不少，尤其是骑兵，因为双方同样拥有优质骑兵。瓦岗兵以往以骑兵制胜的法宝并没有发挥优势，交战之后，战马损失惨重。

但最终的胜利者依然是李密。因为这场胜利的关键不在沙场之上，而在粮仓里。

退走后的宇文化及已经把锅里最后一粒米都吃了，只好空着肚子到处找吃的。又因为饿昏了头，手段自然就粗暴了一些，最后导致原本归附宇文化及的郡县纷纷向李密投诚。不久后，不少跟随宇文化及西上的部队纷纷投奔李密，这些人是南方人，本就不是还乡团的骨干成员。

人心散了，还乡团已经无法还乡。宇文化及只好带领剩下的两万兵马奔向东方。这支骁果军成功改变了中原的局势，现在，他们将走完最后的一步。

宇文化及进入了魏县，那里是窦建德的势力范围。

宇文化及向东遁走之后，李密确定对方再无法对自己构成任何威胁，他也没有彻底消灭对方的打算，留着宇文化及应该更利于他入主东都。

休整部队，李密兴冲冲地向东都进发，准备去当他的太尉。走到温县，这里离洛阳很近，一个消息传到了这里。李密停下了脚步，不无遗憾地望着东都的方向，他计划好了一切，但人算不如天算。

只能回去了，东都已经去不得了。

第十章 瓦岗的终结

◆ 反客为主

数天前,东都上东门。

元文都正在搞庆功宴。自从李密接受招安以来,表现出了极强的组织性,就算在前线抢了宇文化及一头羊都要送捷报到东都来(每战胜,必遣使告捷)。这意味着,如同梁山打方腊一样,招安已经取得了成效。

所有困境的结点在李密身上,解开李密这个结,一盘死棋竟然变成了活棋。这样的喜事,不请客吃饭就太说不过去了。

王世充脸色阴沉。

他的愤怒来自绝望。他知道自己之所以屡败还没被东都抛弃,是因为还有利用的价值。可等李密一进洛阳,他的利用价值就比不上一块尿布了。

如果元文都仅用一个招安就降伏了李密,那我血战百场算什么?李密来东都,我又该站到哪里去?

我,绝不允许这样的情况出现。我所做的一切,都是为了掌控自己的命运,我绝不把自己的生死交到李密的手上!

王世充挥袖而去。

内史令卢楚面色通红,正要发作,元文都用眼色制止了他。

现在还不是摊牌的时候,以后我们要对王世充更好一点儿!

在宴会上摆脸色、甩袖子之后,王世充也发现自己失态了。慌不择路,饿不择食,饥不择色,怒不择言;不择路容易掉坑里,不择食容易拉肚子,不择色容易审美疲劳,不择言则树敌无数。

还是冲动了,王世充后悔不已。

他马上改变了自己的态度,越愤怒就要表现得越冷静,脸上的笑容要更灿烂,并认真搞好跟文官的关系。

这样的日子没两天,局势又紧张起来。

这一天,元文都打了一个报告,要求加封自己为御史大夫。顺便提一下,如果元文都印名片,那上面已经有一长条头衔了:内史令、开府仪同三司、光禄大夫、左骁卫大将军、摄右翊卫将军、鲁国公。现在还要加一个御史大夫,也实在是不谦虚。

杨侗批了,卢楚也发了公告,就等最后盖章确定了,可半路杀出个"程咬金"。

王世充当场表示,这些官位大家说好的,等平定叛乱之后,好赐予有功人员。现在你先领了,开了这个口子,到时拿什么封予勋臣?

这样的搞法,大家还共守什么洛阳?

显然,王世充又开始炮打中书省了。但这一次并不是冲动,王世充已经掌控了自己需要的力量。

这两天,王世充出入军营,细致地做了广大人员的思想工作。

"元文都那些人,都是拿笔的官吏。根据我的观察,一定会被李密擒拿,到时,我们这些士兵就死定了!"

"诸位想想看,我们跟李密打了多少仗,杀了他们多少兄弟,他们能放过我们?"

……

王世充一票就否决了元文都的进步要求,煽动军队的事情也暴露了。

不能再装什么事都没有了,王世充已经图穷匕见。现在,拔剑出鞘,先下手为强。

元文都马上召集众大臣,告诉大家,王世充称你们为刀笔吏,准备煽动兵变。

众大臣在激动之下,竟然没有发现有一个人悄悄地离开了大厅,过了一会儿,又悄悄地溜了回来。

溜走的人是七贵之一的纳言段达。

段达长得一表人才,个高八尺,还留有雄性特征十分明显的大胡子。但这位仁兄却有一个十分女性化的外号:段姥。明显,这是骂人的外号,这个外号是山东义军头领给他起的。

在张须陀、杨义臣之前,段达也曾经在山东剿过匪,那时还是郝孝德、张金称称雄的时候。段达先生能力有限,匪没剿成,却被起义军收拾得够呛。

段姥是对手起的名字,而朝中同事多称他为怯芄。

怯芄,胆小的狗尾巴草也。

这是胆怯的人临阵逃脱时经常干的事。在元文都制定消灭王世充的计划时,段达看了看眼前这帮手无缚鸡之力的文官,再想了想一脸杀气的王世充,很快做出了决定。

他溜了出去,叫自己的女婿去给王世充报信。

得到消息后,王世充拔脚就跑。

这一天的晚上,钟鼓楼传来清脆的三响,王世充率兵冲向了皇城东边的太阳门,等待他的是紧闭的城门,以及在城外严阵以待的东都兵马,这是皇甫无逸的兵马。

得知王世充跑路之后,元文都就知道大事不妙,下令赶紧关闭所有的城门，全城兵马警戒。

元文都也很忙，布置好城防之后，赶紧将杨侗转移到正殿，即干阳殿，并亲自率领宿卫兵坐镇。此时，不好的消息传来，城外的战斗已经处于下风，元文都面色凝重，做出了一个大胆的决定。

从北门玄武门杀出去，然后绕到东边夹击王世充。作为一名文官，这是一个充满勇气的决定。

率领着兵马，元文都来到了玄武门下，但是他也出不去，因为玄武门是关着的，还上了锁。

门钥匙不知道哪里去了。

元文都的头衔之一是左骁卫大将军，而这个职务就是管都城城防的，按理说，城门启闭就在他的权力范围之内。但元文都这个左骁卫大将军上任没有多久，并没有真正将宿卫之事抓在手里。而前一任左骁卫大将军不是别人，正是段达。

在玄武门内，元文都等了大半夜，始终找不到钥匙。也许，钥匙此刻就别在段达的腰上。

到天快亮的时候，元文都终于放弃了出玄武门夹击的打算，领着部队朝东边的太阳门进发，准备直接出城援战。刚到干阳殿，消息传来，王世充已经攻破城门，杀了进来。

大势已去，皇甫无逸准备逃跑了。逃跑之时，皇甫无逸去找了卢楚，让他跟自己一起跑。

卢楚拒绝了这个建议："当日我跟元公有约，若社稷有难，誓以俱死，今舍去不义。"

据史书记载，卢楚很有才华，但有一个缺陷：口吃。但这一句一气呵成，毫无阻滞，这是因为他已经不再急于表白什么，他愿意坦然接受到来的一切。

皇甫无逸斩关而去，卢楚杀身成仁。

只剩最后这步了，用血铺一条到最高处的路吧。

王世充来到了宫外，宫门依然紧闭着，元文都还在守卫干阳殿。王世充没有急于进攻，因为这牵涉到一个定性的问题。

杀进去虽然痛快了，可到了杨侗面前怎么办？杀下去算弑君，王世充还没有做好这样的心理准备；可不杀，掉头就走也不像回事儿啊。

一定有比动刀更好的办法。王世充已经想到了这样的办法。

王世充虽然是一介武夫，但对这些文人却了如指掌。在他看来，文人容易走极端。

现在怎么用当然很清楚。

王世充转向了段达："段兄，辛苦你走一趟吧。"

不一会儿，段达押着元文都出来了。段达说服了杨侗，给元文都下了一个放下武器的命令。有的史书记载，段达是矫旨，元文都属于被骗，这大概是为了维护杨侗的声誉吧。元文都不是笨蛋，杨侗就在身边，怎么可能会是矫旨。况且听到命令后，元文都绝望地说了最后一句话，这也是一个准确的预言："臣今朝死，陛下夕及矣！"

说完这句话，元文都被押到兴教门外处死。他和卢楚都兑现了"社稷有难，誓以俱死"的承诺。

王世充走向了干阳殿。他是披散着头发，红着双眼来到杨侗面前的。王世充哭着给杨侗介绍了情况，元文都等人准备拿住皇帝陛下并投降李密，幸亏段达忠心耿耿给我通报了消息，我才得以引兵入宫。

我实在不是造反，而是诛杀逆反之人！

说罢已是泣不成声。

杨侗接受了王世充引兵的解释，并让他从含嘉城搬到了尚书省，开始主持朝政。

一年多前，王世充领着他的江淮劲卒来到了中原，挂靠在东都；一年多过去了，王世充屡战屡败，可竟然从一个外来户成为东都的实际控制人。个中变化，实在让人瞠目结舌。

但王世充，现在还不是庆祝的时候，不要忘了你是干什么来的。杨广虽然死了，但人死账不赖，任务还是要完成的。

战胜李密，为杨广，更为自己正名！

◆ 大决战

武德元年（618）九月初十，洛水，王世充率领精兵驻扎在洛水的南边。

进军之前，王世充大赏三军。

王世充已经没有了退路，就此决一死战吧。

河对岸，就是李密盘踞的金墉城，李密大概正在里面琢磨该如何夺取东都吧。

来吧，李密，我已经押上我的一切。

在洛水对面，李密同样陷入了沉思，让他困惑的是选择。

王世充是抱着华山一条道的决心来的。

李密有很多选择，可以守、可以扰、可以攻，但人生许多的烦恼便来自过多的选择。

到了这时候，就开会集思广益吧。

裴仁基出了一个主意：王世充精兵尽出，洛阳必定空虚，只要派三万精兵绕路接近洛阳，王世充必定回援。等王世充回援之时，我们就退；王世充出来，我们又向前逼近。这样搞上数回，就能将王世充累趴下。

李密十分赞同裴仁基的疲兵之计。他已经看出王世充此次进军不同于寻常。想了一下，他将自己的分析和盘托出："公言大善。今东都兵有三不可当：兵仗精锐，一也；决计深入，二也；食尽求战，三也。我但乘城固守，蓄力以待之；彼欲斗不得，求走无路，不过十日，世充之头可致麾下。"

这是史书的原话，相信大家都看得懂。这个计划跟裴仁基的差不多，重点在于拖垮对方。这应该是一个万全之计，但李密没有料到自己的话音刚落，就出现了不同的声音。

许多军将表示王世充屡次被我们打败,已经吓破了胆,现在我们兵力数倍于对方,哪有退守之量,应该趁机出击。再说,新降了不少江都兵马,这些新兵都等着这个杀敌立功的机会。

面对请战的声音,李密陷入了困惑。

作为一名领袖,他不但要制定远景规划,提供解决方案,还有一项重要的职责:决策。每个重要的转折时刻,都有不同的声音指向不同的道路,只有头脑清醒,才能找到其中唯一正确的道路,从而避免陷入深渊。

是主动迎击,还是固守城池,或是绕路奇袭?

以智慧闻名的李密动摇了,最后,他选择相信群众。

群众的智慧大多是值得称赞的,但我们必须承认,真理有时候确实掌握在少数人手里,尤其是群众的队伍并不纯洁的时候。请战的人很多,他们中的大多数的确是立功心切,但有一位的动机就不那么单纯,那人是飞将单雄信。

裴仁基苦苦争辩,无奈没有舌战群将的技能。最后,他痛惜地说了一句断言:"魏公一定会后悔今天的决定!"

顺便提一句,此时的外围也有一个人提了一个建议,从内容来看,跟李密的坚守疲敌之计差不多。当然,这个人地位不高,连决策圈都没有进入,其计也没有得到采纳。此人是后来以直谏闻名青史的名臣魏徵。

◆ 周公托梦

为了应对王世充的进攻,李密做出了安排:王伯当留守金墉城,他自己率领一部驻扎在北邙山上,在他身边的是程咬金的内马军。单雄信率领外马军开拔到偃师城北。

来到前线之后,李密发现了一个奇怪的事情,对方的军旗上绣着的不是"王"字,也不是"隋"字,而是"永通"二字。这"永通"是什么意思?

紧接着，李密又发现，对面军旗遍布，军容强大，士气旺盛。

这不是李密以前接触的萎靡不振的隋军，而且对方的士气颇为奇怪，这些人的脸上露出让人胆寒的神气，是一种被麻醉后近乎癫狂的状态。隐隐地，李密总觉得这异样的士气跟那不同寻常的"永通"二字有关联。

确有关联。

在隋军出征之前，有一个叫张永通的人号称梦到了周公（三次）。周公一向解梦，但这一次，周公决定托梦。梦里，周公指令王世充必须马上出兵击贼，如果出击，就能立下大功；不出兵，营中马上会瘟疫流行。张永通就成了周公的代言人，所以旗上绣上了"永通"二字，以后就算周公的兵马了。

周公托梦的故事在军中很快传开了。又据记载，王世充的兵多是楚人，文化水平不高，对此深信不疑。

这是王世充的鼓动之计。翻开王世充的档案，就会发现他通龟策、推步，活脱脱就是半个阴阳先生。

来到东都之后，王世充几乎是完败。但这最后一战，王世充没有保留，使出了浑身解数，与李密做最后一搏。

第一天。

龙战于野，天地玄黄。

李密再聪明，也算不出对方已经是周公附体，但他还是发觉了不对劲。

对方士气高涨，不可等闲视之。在仔细审视了自己的排兵布阵后，李密发现了一个漏洞：单雄信那边的力量太薄弱了，要是对方发起攻击，只怕顶不住。

战局的进展证实了李密的担忧。王世充在河上搭建了三座桥，并迅速渡河，直接扑向了单雄信的大营。

李密紧急做出调整，叫来了裴行俨和程咬金，命令两人马上前去支援单雄信。程咬金大家很熟，这里介绍一下裴行俨。此人是裴仁基的儿子，作战十分勇猛，在军中有个"万人敌"的外号。在隋末，有数人享有"万人敌"

的称号,这样的称号都是在沙场上用血争来的,裴行俨的同样如此。

接到命令后,他率先冲杀了出去。

流箭面前,人人平等,万人敌也不免于难。因为太过勇猛,拼杀靠前,裴行俨不幸被箭击中,摔下马来。

裴行俨摔下马来的那一刻,隋兵的心里大概在欢呼。按照周公之梦,在交战之时,周公会显灵帮助他们。这不就是神助吗?

曾经怯懦的江淮劲卒在"神灵"的照耀下恢复了当初纵横江南的骁勇,纷纷扑上前来擒拿裴行俨。

北邙山上,一员猛将驰奔而来,铁枪扫地,立毙数人,然后翻身下马,扶起裴行俨,将其放到马背上,复再上马,往邙山撤去。

来人,就是猛将程咬金!

这大概就是"半路杀出个程咬金"的来由吧。程咬金的猛然出现,惊退了隋兵。很快,在发现对方并没有多少兵马后,隋兵又追了上来。

越来越近,程咬金的马驮着两人,跑得并不快。一位隋将看到露出后背的程咬金,露出了窃喜的表情。

挺槊一刺,手上的触感告诉他,已经刺中了程咬金。

窃喜变成了惊喜,成功刺杀程咬金这样的名将是每个士兵的梦想,但名将之所以是名将,就是他们并不容易被刺杀。

怒吼如惊雷般响起,隋将惊恐地发现,程咬金转过身,赤目圆睁。接下来发生的事让人无法相信自己的眼睛。

程咬金握住槊,用力一折,竟生生将槊折成两半。带着血,断槊被拔出了身体。

隋将猛然发现不妙,拨马就跑,却因为惊慌过度,路线选择不利,被程咬金从后赶上,以彼之槊还施彼身。

夜幕降临的时候,第一天的战斗终于结束了。李密损失惨重,十多员猛将受重伤,其中程咬金受伤是最大的损失。我们知道,程咬金统率内马军,单雄信统率外马军，马军是李密克敌制胜的法宝，现在已经损去一臂。

李密感觉到了不祥的气氛，而此刻，王世充也没有沉醉在胜利当中。

是的，一切仅仅是开始。

第二天。

三军夺气，将军夺心。

王世充起得很早，或者说王世充根本就没睡，他在等天明又未明时。

在第一天的交战中，他已经发现，偃城外的不过是瓦岗军的小分队，李密的大军在北邙山。当然，李密本人也一定在那里。

李密，在那里不要动，我要直取你的头颅。

王世充及时调整了进攻方向，决定以北邙山为主攻方向。为此，他安排了一个大胆且关键的计划。

现在，夜色已经变淡，是时候发动奇袭了。在这之前，王世充决定做一次动员。

"今天这一战，是生是死，全在此一举。"

这些言辞毫不华丽，却有着陈词滥调所不具有的性质：真实。有时候，最真实的求生欲望才能真正鼓舞人心。

"去争你们的胜利，不只为国，也为自己的性命！"

王世充嘶哑的声音传遍了大营，这是嗜血的豹音。

大军扑向了北邙山。

天亮之时，李密终于发现了冲到营前的隋兵。这让他很吃惊，他没有料到刚经历一天的恶战，王世充又精神抖擞地出现在营前。

仓皇之中，李密拉出队伍，排兵布阵。此时，对面的王世充并没有注意李密怎么布阵，其视线越过李密，落在了背后的邙山之上。

当邙山高地之上露出一队兵马之后，王世充露出了狡黠的笑容。

自己的伏兵已经到位了。

昨天夜里，王世充派出了一支骑兵悄悄地进入北邙山中，他们在一处山谷埋伏下来。王世充特别下令，吃好饭喂好马，等待天亮。

现在，正是发挥这支奇兵的作用的时候。

呼啸声中，骑兵掠风而下，不是冲向了李密的军阵，而是直接冲进了李密的大本营。

这就要命了，据记载，自从打败宇文化及之后，李密有一些轻敌，营房外竟然没有设置拒马之类的壁垒。这支骑兵没费多少力气就冲了进去，并顺利完成了端营、放火、杀人、逃跑的奇袭四步骤。

大火在李密的营地升起，瓦岗军军心已乱。

但王世充没有下达总攻的命令，他望着大火的方向，急切地在等待什么。

他没有失望，尘土飞扬起来，一支骑兵出现在眼前，这是隋军自己的骑兵。王世充露出一丝不易察觉的笑容。

兵未到，呼声已经传来："已经斩获李密！"

不但端了营、放了火，李密都斩了，这成果也太喜人了。

王世充板着脸，正色说道："不要谎报军情，要知道这是死罪！"

"仆射大人，此事千真万确，李密就在这里！"

一颗人头被送了过来，虽然血淋淋的煞是可怕，但仔细一瞧，像是李密。

王世充看了一会儿，嘀咕了一会儿，然后对后面的人说道："你们上前看一看，这到底是不是李密？"

左右上前，经过仔细观察，最后终于得出结论，这确实是李密！

王世充大喜，连忙下令："好！传视三军，李密已经就首！"

曾经让我们吃尽苦头、丢尽颜面的李密已经被斩首！瓦岗军没有了李密，何足畏哉！当此头颅在三军之间展示时，最后一丝畏惧消失了。顷刻之间，万岁的声音响彻隋阵。

王世充及时下达了总攻的命令，然后望向战火冲天的对面：李密，你已经被我宣布死亡，就不要再逃了，把你真正的头颅交给我。

刚才那颗头颅并不是李密的。

不久前，王世充发现一个长得极像李密的人，遂将其抓了来，藏在密室里。来到战场后，才将人家的头颅借出来一用。

虽然是山寨产品，但效果还是可以的，隋军士气大涨，瓦岗军接近溃败。

望着一拨儿又一拨儿扑上来的隋兵，李密感到不妙。

当然，他也不是第一次面临这样的困境，有很多次，他都反败为胜。而屡次反败为胜的关键是他有一支足可改变战局的骑兵。这支骑兵在跟宇文化及交战时受损不少，昨天的交战中骑将程咬金又身负重伤，但并非不能组织起有效的反击。

李密望向了偃师城，眼下，唯一可以扭转战局的只有单雄信率领的外马军了。

单雄信望着邙山，脸上露出冷酷的表情。刚才，他给自己的兵马下了一个命令：就地列阵，不许轻动！

两年前，李密一声断喝救下单雄信；两年来，李密将外马军交给单雄信。他以为做到这一切，就可以让单雄信忘记那天宴会上发生的一切。

翟让倒下时的身影，临死前如巨牛般的大吼，一幕幕就像昨天发生的，一直盘旋在单雄信的心头。

李密，现在是你还账的时候了。

这天的晚些时候，李密终于承认战败，率领一万士兵撤向了洛口城。晚上，王世充进攻偃师城。据记载，假李密的头颅又发挥了作用，此头颅被扔进城后，城里的人纷纷投降。城内的裴仁基、郑颋、祖君彦成为王世充的俘虏。

单雄信还保有自己的外马军，但照当前情况来看，用不了两天，也是要投降的。

这两天的交战对李密来说无疑是一场噩梦，但他依旧没有放弃。夕阳下，李密奔向了洛口城。

希望在明天。可是，明天又在哪里？

第三天。
病去抽丝，败兵山倒。

在洛口城驻守的是瓦岗军的长史邴元真，此人曾经给李密出过一个馊主意。

有一天，邴元真找到李密，表示瓦岗军有粮，但没有布，没办法给立功的将士赏赐，但东都有布无粮，不如跟东都做生意，互通有无。当然，对于这个交易，东都人很欢迎，但这项交易没进行多久，李密就发现不对劲。以前，每天从东都来投降的人有数百，自从以物易物之后，投降的人一天比一天少。李密马上中止了这个交易。

据记载，邴元真之所以出这个主意，主要是想从中捞点儿油水。但仔细考察一下，邴元真并不是真的想捞钱，他只是在拆李密的台。

因为邴元真也是翟让的亲信。

很多年前，邴元真还是隋朝的一名小公务员，因为贪赃枉法走投无路，来到瓦岗投靠了翟让。大概是因为出身相近（都是官员出身）、际遇相同（都犯过事儿），邴元真很快成为翟让的亲信。在李密成立蒲山公营时，翟让还大力推荐邴元真给他。也就是说，邴元真一直是翟让安插在李密身边的棋子。

这是一颗潜伏的炸弹，现在也许就是引爆的时候。进入洛口城，李密就收到消息，邴元真已经悄悄跟王世充搭上了线，准备献城投降。

叛徒当然是可耻的，有人抽出大刀，准备去砍邴元真，李密却拉住了他。"砍一个邴元真很容易，难对付的是王世充，我们不如将计就计！"

李密的计划如下：邴元真既然已经送出了情报，王世充肯定率军前来。要来到洛口城，必须渡过洛水，瓦岗军可趁王世充渡到一半的时候发动攻击，扭转败局。

李密又重新找回了智慧。可在大势面前，智慧毫无用处。

这天早晨，李密按计划率军出击，准备进行他的半渡而击。可刚出城没多久，就收到一个消息，王世充的部队已经渡过了洛水，正朝洛口城而来。

大势去矣。李密放弃了进攻，而洛口城也回不去了，邴元真不会给他再次入城的机会。

领着部下，李密向北而去，渡过黄河，来到了河阳。此时，他的身后只剩下了数十骑。

彻底的大败，失去一切的大败，宣告终结的大败。

在此之前，李密取得了无数的胜利，这么多的胜利都无法将李密送达成功的彼岸。但一次失败就让他坠向了败亡的深渊。这便是乱世的残酷。

接下来的事情就比较简单了。来到河阳后，李密召集部众就瓦岗的前途开会。王伯当听闻大败的消息，放弃金墉城，追随了过来。

李密建议去黎阳，以东山再起。

守卫黎阳的是徐世勣。据史书记载，徐世勣因为在一次吃饭时间公然抱怨李密处事不公，厚待新降人员，薄待老兵，所以被李密安排去当了仓管。

刚提出这个建议，不知是谁的发言让李密沉默了。"当年杀翟让时，徐世勣差点儿死掉，现在失利了去投奔他，保险吗？"

"那守黄河一线，东边黎阳，以观后势。"沉默了一会儿，李密又抛出了最后的希望。很快，他就感受到了失望。大家纷纷表示，大败至此，只怕用不了多久部众就会离散。

绝望的情绪笼罩着李密，聪明绝顶的他再也想不出应对之策。

天亡李密乎？诸位跟随我多年，我曾经许诺诸位锦绣前途，却不想领大家至绝地。今天，就让李密一死以谢众生吧。

李密拔剑在手，以刃弑脖。

剑未及脖，李密已经被王伯当紧紧抱住，满室响起悲切的哭声。

何至于此！何至于此！

不能东山再起，又不能死，只有屈居人下了。

李密说出了最后的出路："投唐！"

说出这个建议后，李密告诉王伯当，我们去投唐就可以了，但王将军家大业大，就不要去了。

大概王伯当的家属已经被王世充俘虏了，投奔王世充才是他正确的选择。

数年前，王伯当只是一个小头目，因为相信李密的谋略而追随于他；数年间，他见证了李密将偏居一隅的瓦岗带至巅峰；今天，他又亲眼看到瓦岗坠落深渊。

王伯当做出了自己的决定："当年萧何尽率子弟跟随汉王，伯当恨不能兄弟俱从，怎会因为失利而离去。纵身分原野，亦所甘心！"

真正的朋友，可以共创业、共享福，也可以共患难。

好吧，那就启程吧，去长安，找李渊寻我们的出路。

◆ 真正的败因

写至此处，瓦岗军的故事就要结束了，但有一件事不得不提，就是瓦岗之败因。个中原因前面已经分别述说，有内部不合的原因，也有外部生存环境突然恶化的原因，但还有一个极其重要的原因没有讲明白。

李密此时要投李渊，却不知瓦岗之败，正败于李渊之入长安。这说起来有点儿不着调，毕竟李渊只来东都望了两眼，什么也没干，瓦岗失败跟他有什么关系呢？

关系还是有的，为了说清楚，请允许我讲一个故事。

最近研究发现，居住在城市的印度人常常受到豹的袭击，这是以前很少有的。豹一般活动在山林，不常下山，经过调查发现，豹频频下山是因为城里的流浪狗太多了，豹下山是来捕食流浪狗的。而流浪狗多是因为食物多了（如动物尸体，以牛居多）。而死牛多了，因为原本吃死牛的秃鹫少了。秃鹫少了，因为死牛中含有一种价格低廉的兽用止痛药，而这种药对秃鹫来说是致命的毒药。

这是生物界的反应链，社会中，也有这样的链条。

现在回到李渊进长安这件事。要不是李渊占据长安，杨广就不会彻底断了回乡的念头，转而准备迁都。杨广不迁都，就不会引发骁果叛乱。骁果不叛乱，宇文化及就不会领着还乡团西归。宇文化及不来，李密就不必跟他大战。李密不大战宇文化及，就不会大量损失骑兵。不损失骑兵，王世充就未必一击成功。

除了这一条,还有另外的影响,这一次,我们采用倒推的方式。

此战,王世充能悄悄渡河发动突然攻击,是因为李密的侦察兵没有发现。李密的侦察兵没有发现,是因为李密的战马少了,无法保证斥候的需求。战马少了,除了一部分损失在跟关中骁果的战斗中,还因为没有及时得到补充。没有及时得到补充,是因为以前经常来往于运河的运马船没有了。运马船没有了,是因为李渊占据了长安,而战马以前都是长安统筹通过运河送给杨广的。当然,李渊是不会再给杨广送马了。李渊扣了杨广的马,最终受损伤的却是李密。

千错万错,李渊应该负上一点儿责任。当然,李渊也是无心的,就算有心,李密也是不知道的。而当李密来到长安近距离接近李渊时才会发现,自己终将亡于此人之手。

◆ 李密之死

李密受到了隆重的接待,半路上,李渊就派人前来迎接。到长安后,李渊称他为弟,将自己的表妹嫁给了他。但李密还是很郁闷,他发现了一些让自己不快的事情。

李密得到了很高的待遇,但他领来的两万兵马却没有得到妥善的安排。这些瓦岗将军现在竟然一天连一顿饭都吃不上。

都是来投靠的,怎么差别这么大?当年宋江领众兄弟招安,梁山上兄弟共分三十六金牌、七十二银牌。为什么此时独李密一人吃香的喝辣的,兄弟们却吃西北风喝东南风?

这是李渊的特殊安排。

李密的投靠给李渊送了一个大礼,但同时也给李渊出了一个难题,那就是怎么安置李密。

此时的李密是一位末路英雄，但末路英雄就如潜伏在草丛中受伤的猛兽，让人无法放心。只有死去的英雄才让人感到安心。

打了这么多年的交道，李渊早已经了解此人心怀大志。当然，现在李密失败了，就应该叫心怀野心，而且极其善于拉拢人。这样的人在长安搞不好就会做大。

李密的资源，李渊是欢迎的，可李密这样的野心家，李渊是绝不欢迎的。一个朝廷有一个野心家就够了，李渊已经占了这个指标。再想想翟让，李渊就实在难以入眠。

没过多久，李渊的安排发挥了作用，吃不饱的原瓦岗士兵开始抱怨李密将他们带到了错误的路上。

接下来，该让李密离开长安了。

最近李密很烦恼，李渊虽然一如既往地称他为老弟，可李密还是感到了不自在，他发现自己在长安并不是一个受欢迎的人，随便一个官员都敢拿白眼对他。

就在一个月前，我还击败了宇文化及，声望达到了顶点，八方豪杰莫不称臣，就是你们的皇帝当年也说唯我马首是瞻。你们何许人也，立有何功，成就何业，敢轻视于我？

事实证明，轻视还算是有礼有节的了。

有一天，有一位执政者登门拜访，喝茶之后开始聊天。来人十句不离李兄这些年征战南北，尤其大败宇文化及，应该捞到不少好东西吧。

明白了，这是上门敲竹杠的。

克制着怒火，李密拿出黄白之货将对方打发了。史书未记这位登门索贿的人是谁，但猜测一下，十有八九就是裴寂。

连李渊都对李密礼遇有加，可下面这些大臣竟然敢在行动思想上不与皇帝保持一致，这是什么意思？

羞辱接踵而来。有一天，唐朝开大朝会，所谓大朝会，就是百官朝见天子，报告一下工作情况。当然，开完会，聚餐是必不可少的。

李密松松腰带，准备去大吃一顿。刚上班，一堆报表送到了眼前。

李大人，先别着急上席啊，先把这些单据弄好了。

打开一看，是宴会的预算审计和食物安排。

我相信此时李密的心情跟蟠桃园门口的孙猴子是一样的，甚至还过之，毕竟王母娘娘没让老孙去摘桃。

曾经叱咤风云的李密竟然沦落至此，悲愤之下，李密找到王伯当，差点儿当场流下眼泪。

"当日在洛口，我曾经想让崔君贤当光禄，可没想到今天自己当起这光禄来了。"

光禄，光禄卿也，这就是李渊给李密安排的工作。此官从三品，品阶不是太低，但管的事儿太丢人，这个职位是专门管皇室膳食的，也就是说李密现在是李渊的后厨总管。

丢人丢到家了，把八柱国的名声都丢光了。

这跟李密当初的设想差得太远。当初进长安时，李密在数了数自己对李渊的贡献之后，信心满满地告诉部下："吾功不减窦融，岂不以台司处我？"

这位窦融是东汉初年人，曾经以河西五郡降于汉光武帝。据记载，后来汉光武帝刘秀为了表彰他的卓越贡献，特任他为大司空。

那窦融都成了大司空，我李密也得弄个台司级的官职吧。

所谓台司，就是三公，大司空就是东汉三公之一。此时，三公为太尉、司徒、司空，正一品。

论功劳，李密对李渊的作用确实在窦融对刘秀之上，李密是奔着三公来的，杯水之职怎么能满足李密的车薪之欲？

此时，李渊正注视着李密的一切。

李密，不要怪我，要怪，就怪你太具威胁吧。另外，你什么时候离开我的长安啊。

李渊相信，大凡经历过金戈铁马的人是不会安于三尺案头的，何况是菜板肉案。

　　李密确实要走了,但真正让他下定决心走的不是菜单,而是另外一件事情。

　　到长安没多久,李密就被指派了一件差事,去迎李世民。

　　李世民刚刚在西边战线取得一场大捷,战胜了薛仁杲。这位薛仁杲是秦州薛举的儿子,隋末有名的万人敌。

　　李密因为当过大领导,又有些恃才自傲,所以恃功自负。李渊特地让他去接李世民,大概是想杀一杀李密的傲气。

　　见到李世民着金甲、跨大马,得胜过来的英气,李密私下说了一句话:"真英主也,不如是,何以定祸乱乎!"

　　这句就不翻译了,反正是为了抬高李世民的个人形象,连威震中原的李密都服了李世民,天下第一人舍此其谁?

　　这是史书的记载,但据本人猜测,李密在仰视李世民时,怕不是生出敬佩之心,而是涌出一股酸楚。

　　是的,这种仰视的感觉李密并不陌生。很多年前,他也像李世民这般年轻,可他却在大兴宫的大殿内仰视着杨广。这么多年过去了,他逃亡过,奋斗过,经历了无数的苦难,可最后,竟然回到了原点。

　　兜兜转转,我依然是那个屈居人下的李密。其实大多数人都是在人生的轨道上转圈,区别是,有的人愿意沿着轨道重复人生,有的人愿意冒险脱离轨道,去寻找另一条道路。李密无疑是后一种人。

　　羞愧让李密的热血开始沸腾,内心那头沉睡的猛兽再次觉醒。

　　为了顺利离开长安,东山再起,李密找了一个理由,他打报告表示河南境内还有许多他的旧部,而被王世充招过去的兵马也有弃暗投明之意。如果他前去招抚,一定能为陛下招来那些山东豪杰。

　　打了报告后,李密忐忑地等待,要骗过李渊不是一件容易的事情。在长安的一个多月,他似乎已经感觉到李渊是一个难以捉摸的对手。

批示很快下来了，李渊十分高兴，马上同意了这个方案。

于是，李密又提了一个要求，让贾闰甫跟他一起去。

因为瓦岗人才太多，没有来得及介绍这位贾闰甫。此人是李密在瓦岗时的参谋，才能出众，也是李密的亲信。此人后来还写了一本《蒲山公传》，算是李密的传记作者。

李密没有让王伯当一起走，大概是怕拉的人太多，李渊起疑心。

对于这个要求，李渊满口答应，还特别交代，他将亲自设宴为二位送行。

关于吃饭，从来都不只是吃饭。这是老辣的苍狼跟狡黠的灵狐之间的直接对话。

李渊在等两位，他要用这顿饭再刺激一下对方。

很快，两位都来了。照例，李渊说了两位辛苦了的客气话，突然李渊收住笑容，冷不丁冒出一句话："有人不想兄弟前去河南，他们告诉我，你一去便是投鱼于泉、放虎于山！"

图穷匕见，气氛猛然紧张起来。

李密反应相当快，马上离席，跪地，表示自己绝无二心。同时跪下的当然还有贾闰甫。

李渊心满意足，挥挥手，示意两位站起来。"他们的话朕是不信的，朕与兄弟推心置腹，岂是他们可以离间的。"

不信？不信还拿出来说什么，吓出心脏病算谁的。

李密抬头，轻轻说了一句："臣入朝的时间很短，实在不愿意离开。现在朝中公卿又不信任我，还请陛下派一位心腹跟臣同去。"

所谓心腹，李密不好点名，大概是想让裴寂跟他走一趟吧。

听到这个请求，李渊愣了一下，但马上恢复了平静。

李密啊李密，你不愧为智人，到了这时还反将我一军，让我的心腹跟你去，怕不是监督你，而是给你当人质吧。到时，我要下手就会投鼠忌器。

李渊盯着李密，对方脸色不变，神情凝重，一副赤诚的样子。李渊露出了一丝笑容，表示对李密无比信任，根本不需要再派什么人。李密你大胆去干。

最后，李渊说出了一句让李密略感吃惊的话："让王伯当给你当副手！"

饭就这样吃完了，这一顿饭吃进去多少不重要，重要的是赴宴双方都得到了自己想要的东西。

李密终于离开了长安，出城之后，他大口呼吸着这自由并狂野的空气。

李密打马离去，身后是高深莫测的李渊。在李密狂奔的身形上，已经有一根隐形的线，线的另一头正握在李渊手上。

行到华县，李渊轻轻扯了一下线头。

从长安追过来的使者，给李密下了一个命令："留下一半人在关内，你可率一半人出关！"

想了一会儿，李密决定执行这个命令，自己就要回到河南，十万兵马指日可待，留一半又有何忧。

李密中计了，要知道高明的人从来都不是一棍子将人打死，他们只是慢慢出招，每次都提出让你难受但又无法拒绝的要求，渐渐地消除你的实力。

领着剩下的一半人行至陕州，这里处于长安和洛阳的中途。李渊再一次扯了线头，这一下动作有点儿大。

长安的使者赶上来，下了另一个命令。这是一道催命符，李渊终于甩出了撒手锏。

"留下所有部下，李密单骑入朝，另有节度！"

开什么玩笑，大家都不笨，何必忽悠我。要我单骑入朝，你是想节度我，还是超度我？

李密转身，面对贾闰甫："你还记得那次吃饭吗？天子说过有人不愿意我们前往河南，我要是回去，绝无生还的道理。"

到了这里，也不必再装了，大家摊牌吧。

李密召集众人，说出了他的计划。

计划如下，进攻附近的桃林县，搞到粮食后，迅速渡过黄河，投奔在黎阳的徐世勣。

说完，他望向了贾闰甫："你认为怎么样？"

让李密没料到的是，贾闰甫马上表示了反对。贾闰甫从现实情况扯到天下大势，最终还扯出了当年李密杀翟让的事，表示现在去河南，没有人会听从李密的安抚。

"明公还是回朝吧。"

贾闰甫一盆冷水浇下来让李密火冒三丈。李密当场拔刀，表示不跟我走，就斩了你。最终，经过王伯当求情，贾闰甫才逃走。

事情还没开始，就有人当了逃兵，但仔细推敲一下，贾闰甫加入这个复辟团以及他的逃跑可能是李密早就布下的棋子。

走了贾闰甫，还有王伯当。李密领着剩下的人奔向了桃林县。李密的聪明才智再一次得到了发挥，他给桃林县令写了信，表示接到旨令要单骑回京，走之前，先把家眷寄存在这里。

考虑到对方是妇孺，桃林县令打开了城门，数十名妇女鱼贯而入。进来后，就撩起了裙子，这些家眷们举起了大刀。

这些妇孺是如假包换的铁血硬汉子。

李密很快控制住了桃林县，抢到了一批物资，抓了一批壮丁，马马虎虎拉起了一支队伍。接下来，就该按照原计划向北渡过黄河直奔黎阳了。

出桃林县后，李密下令："向东进军！"

在逃亡路线的选择上，李密耍了一个小小的花招。其实，早在长安，他定下的计划就不是投奔黎阳的徐世勣，而是投奔襄阳的一位老部下。而此前，他宣称去黎阳，不过是布了一个疑阵。

现在，贾闰甫已经逃到了唐朝的势力范围吧，他把我的计划告诉了对方，唐军正发兵前往黄河一线去拦截我了吧。

对不起，我们要去襄阳了。

李密再一次踏上了逃亡的道路。逃亡对他来说是轻车熟路。

李密内心充满对未来的期许，可惜，上天已经不会再给他同样的机会。

前面，就是熊耳山。那是他的终点。

经过数天艰苦的跋涉，李密率领部下穿过了熊耳山，正从山南出山。此时，是公元618年的最后一个月，李密这一年三十七岁。

刚出山南，伏兵四出，高处有强弩利箭，溪谷有大刀斧头。李密的队伍被冲散。

伏击他的是唐朝的熊州行军司马盛彦师。李密虽然布下疑阵，可依然没有骗过他。分析了李密的动向，他准确判断出李密将越熊耳山，并提前在这里设下埋伏。

这说明，再聪明的人都有智穷的一刻。

李密战死，与他同亡的是王伯当。在桃林时，王伯当跟贾闰甫一样不赞成李密的计划，但他依然选择了跟李密踏上这条死亡之路。

因为义士之心，不以存亡而易；因为跟随李密之初，王伯当便许下了纵身分原野，亦所甘心的诺言，王伯当用生命兑现了他的承诺。

在李渊一步步的安排下，李密终于走向了死亡，可事情还没有结束。李渊紧接着下了一个命令："将李密的首级送往黎阳的徐世勣处，并告诉他李密谋反之事。"

在李密投诚之后，徐世勣也投诚唐朝，据记载，从中牵线的是魏徵。降唐后，李渊格外开恩，赐予徐世勣李姓，于是，徐世勣成了李世勣。又过些年，因为众所周知的原因，世字不能随便用了，李世勣又变成了李勣。为了方便，我们还是叫他徐世勣吧。

杀死李密很容易，但让原瓦岗的人心不散是难事。李渊找到了这个关键人物，李密之外，徐世勣是瓦岗的核心。

接到李渊的通报，徐世勣无话可说。这能怪谁呢，李密谋反在先，李渊不过是正当防卫。最后，他提了一个要求，收葬李密。

徐世勣以君臣之礼收葬李密，将他埋葬在黎阳山南，这是李密统率豪杰称霸中原的地方。如果李密自己选，这也是一个合适的地方吧。

下葬那天，许多人痛哭流涕。这些人永远不会忘记李密将他们从山寨带到了更大更高的舞台，也永远不会忘记那个出身高贵却跟他们称兄道弟的李密，不会忘记那个轻财重义、慷慨激昂的领袖。倘若草木有情，泥土非物，它们也不会忘记李密吧。

最后还有一件事情不得不说，在得知李密去世后，瓦岗一位叫杜才干的将领做出了一个决定，他给新上任的滑州刺史写了一封信，要求率自己的部下归降。

这封信得到了回应，滑州刺史前来会合。见面后，杜才干抽刀，斩下了滑州刺史的头颅，然后送到了李密的坟上。

滑州刺史是洛阳封的官，此人是出卖李密、出卖瓦岗的邴元真。

死后有人复仇，江湖快意。李密泉下有知，当稍心慰吧。

最后，总结一下各种史书对李密的评价，为李密盖棺定论吧：风云际会，聚八方豪杰，率百万之师，亡暴隋之政，解兆民之困，声动四方，威行万里，何其伟哉。

第二卷
李唐天下

第十一章 拼的是儿子

◆ 大唐元帅李世民

开皇十八年（598），隋文帝杨坚发动了第一次征高句丽的战争。这一年的二月，隋朝大军开始出征，九月，损兵折将之后，开始退军。此事是这一年唯一值得一提的大事，除此之外，非要说有什么事值得记下来，那就是这一年的年尾，十二月二十二日（阳历是599年1月23日），在武功县的一处大宅里，一个男婴出生了。这个男婴就是李世民。

作为后人称赞的千古一帝，按天生异人必有异象的规矩，史书上记载了一些奇怪的事情，比如李世民出生之前，家门口有两条龙，据说，二龙戏了三日方才离去；又比如，李世民"生而不惊"。我琢磨了一下这四个字，大概是生下来不知道哭的意思。总而言之，李世民出生了。

四岁那年，李世民才取了名字。那时他父亲李渊搬到了岐州，有一个会算命的书生给小李世民算了一卦，断定他年将二十时必能济世安民。这位书生算完命，卦钱也不收，等李渊准备杀人灭口时，书生竟然不见了。托书生的福，李渊正式给这个儿子取名世民。

综上所述，李世民是以济世安民的救世主形象出现在历史舞台上的。

要了解一个民族，得去看它的历史；要了解一个人，大概需要了解他的过去。一个人在成年之后所做的一切，大抵可以在他青少年时代找到注脚。

据史书所记，李世民作为贵族子弟，在年轻的时候，常跟一帮大侠混在一起。通过与这些人的交往，李世民洗去了贵族身上的孤傲之气，这使得我们很容易理解为什么有那么多草根豪杰愿意追随他。

十五岁那天，李世民应募入伍，他赶上了最坏的时代，也是最好的时代。最坏的是大隋盛世已经过去了，天下烽烟四起；最好的是他有了重新打磨自己的机会。

呈现在他面前的，是跟猎鹰走犬完全不同的生活，那是铁枪铜甲的生硬，是军旗啸西风的苍凉，是血淋淋的厮杀，是尔虞我诈的较量。

许多年以后，李世民的称号里多了一个"军事家"的头衔。

军事才能跟中医一样属于经验学科，要想了解战争的奥秘，只有到沙场上去闻那血的腥味，看那漫天的骑尘，听那震耳的喊杀声。战争是一门残酷的学问，了解它，没有捷径可走。

对于一名少年来说，最好的老师莫过于自己的父亲。

十八岁那年，李世民跟随父亲来到太原。李渊向他展示了战术上一项重要的技能：读心术。读敌人的心，观察敌人的每个行为，从中了解敌人的欲望、恐惧、习惯、优势与劣势，然后做出最佳的应对方案。

知己知彼，方能百战不殆。

在李渊的亲身示范下，李世民学会了果敢决断，从而在瞬息万变的沙场上找到转眼即逝的胜机。

李世民已经成为一个足以匹配军事家头衔的名将了吗？

十九岁的李世民大概认为自己已经达到这样的水平，从未失败过的他大战过宋老生，力逼过屈突通，打过长安城。

战场之上，还有什么是我不熟悉的？

有的。一个全胜的将军是无法成为名将的，只有经历过失败，李世民才会明白为什么孙膑大放异彩是在断足之后，为什么白起要杀妻，为什么从胯下钻过的韩信有可能成为兵圣。

二十岁那年的五月，李世民看着他的父亲登上了长安大兴宫的最高点。

与此同时，李世民的身份也发生了变化。这一年，他被封为秦王，按虚岁算，这一年他正好二十岁，遭受了人生中第一个沉重的打击。

在他被封为秦王的同一天，他的哥哥李建成被立为太子。在那些道贺的群臣中，李世民明显感觉到向他哥道贺的笑容含糖量更高。他完全理解这种差别。现在，李世民不过是一个普通的藩王，而李建成已经成为这个新兴帝国的接班人。

是什么造成了这种差异？

在太原，我大战历山飞时，你在干什么？我招抚亡命徒时，你在干什么？伏杀王威、高君雅时，你又在哪里？

忽视这一切努力，仅仅因为你比我早出生几年（准确说是十年），就可以名正言顺地成为太子继承一切，这公平吗？

将这些疑问与委屈深藏于心底，李世民知道，现在他还不具备向他父亲质问这一切的实力。

只有拥有实力，更大的实力，才能掌控自己的命运，才能让人无法忽视自己。

李渊度过了创业的第一阶段，也就是史书里说的"化家为国"。

事业做大了、摊子铺广了，就需要分工协作。在这些分工里，领军作战当然是最重要的工种。这个位置不好安排，有能力的未必信得过，信得过的未必有能力。但李渊还是找到了一个最佳的人选，此人经过前面数战，已经展现出一名优秀指战员的潜质，更重要的是，此人的忠诚无须怀疑。这个人当然就是他的儿子李世民。

事实上，李世民并不是唯一的人选，李建成也完全可以胜任这个工作。

虽然史书记载李建成是个花花公子，但经过史学家考证，此人并不是传说中尤其不是李世民所说的那种纨绔子弟，李建成的能力也很突出。但李渊并没有把这个任务交给他，是因为李建成的身份。

因为是嫡子，李建成当上了太子；因为是太子，李建成无法成为元帅出征作战。因为关于王子的礼法里除了立嫡立长，还有一条叫"君之嗣嫡，不可以帅师"的规则，通俗地说就是帝国接班人是不能领军出战的。因为太子还兼着一项重要而光荣的使命，就是当皇帝的备胎，要是老皇帝不幸宾天，太子必须马上顶上。要是太子也在外作战，万一死了怎么办？即使不死，皇帝死了，太子在外面收不到消息，被别人占了位置怎么办？当年扶苏就是因为在外领军，才没能顺利接上嬴政的班。春秋的时候，晋国的太子申生因为领军作战，而最终被父亲赐死。

所以，对于太子来说，领军是最危险的工种。

李世民很快就抓住了这有利的一面。他被任命为元帅，统率唐朝兵马。

兵马已经握在他的手上，他将用这些兵马扫荡天下，积累足够的功名与实力，然后去挑战那看似牢不可破的礼法。

为了实现这个目标，他必须战胜这个世界上所有的英雄：洛阳的王世充，河北的窦建德，而在面对他们之前，他必须先战胜西北的数位豪强。

◆ 李渊的劲敌

大业十三年（617）二月初一，朔方郡。

天下大乱的骚动终于波及于此。这一天，朔方郡城内冲进了数千人，这群人直接冲进了郡府，斩杀郡守，据郡造反。领头的人叫梁师都，是本郡豪族，原本是隋朝的鹰扬府郎将。鹰扬府是隋朝的军府。不知道因为什么事情，梁师都被免了职，于是拉拢了一些人。

斩了郡守，梁师都就近找上了突厥人，领了一面狼头纛，号大度毗伽可汗、解事天子。

这一年，南方的起义已经如火如荼。梁师都算后知后觉，规模也不大，但谁也没有料到，这个位于西北的割据势力是最后被平定的。

梁师都起事的消息越过黄河，传到了河东，那里也有一位军将举起了反旗。

这位已经介绍过，就是马邑郡的校尉刘武周。同样，刘武周也领了一面狼头纛，号定杨可汗。

像连锁反应一样，动乱的冲击波抵达了黄河上游。

二个月后，四月初三，金城郡。

金城郡的郡治在今天的兰州市城关区。这一天，城内十分热闹，金城令郝瑗摆了酒席，犒劳城内的将士。郝瑗是个负责任的人，不久前，为了对付郡内日益严重的治安形势，特地招募了数千兵马，发放了铠甲武器。他们吃完这顿酒，就准备出城剿匪了。

郝瑗没想到席上有人准备用他的兵马为自己的事业开光。

吃到一半时，有人掀翻了酒桌，打碎了酒杯，拔出了刀剑，冲上来，一把擒住了郝瑗。

当头一人转身，喝住了目瞪口呆的士兵，下了一个命令："开仓赈施！收捕反者。"

很快，粮仓打开了，金城郡的官吏被抓了起来，也就是说，此人造反了。

造反者是金城府校尉薛举。这位仁兄是本地豪强，家里有钱，身边有朋友。起事后，薛举自号西秦霸王，名称跟西楚霸王项羽有点儿相近，这个称号还算实事求是。

一来，薛举起事之地确属西秦；二来，薛举确有霸王之力。介绍此人时，史书用了"容貌魁伟，凶悍善射"的词汇。这两个词汇常见，不常见的是后面这个形容词：骁武绝伦。

在秦叔宝、程咬金、尉迟恭等人的传记里都没有用过这样的词语。可见，论武力值，此人实是那个时代的第一人。更威猛的是，他还有一个叫薛仁杲的儿子，薛仁杲多力善射，号称万人敌。

虎父豹子，这一对父子搭档开张以后，势头很猛。招集群盗，攻城略地，兵锋所指，攻无不克。没用多少工夫，就占据了陇西全境（陇山之西），拉起三十万人的队伍。

薛举一路猛打，将另一个人逼上了梁山。

三个月后，七月初八，武威郡。

夜已深，武威鹰扬府司马李轨还没有睡。此时的他全身铠甲，紧张地聆听着外面的一切。

很快，外面喧哗声一片，李轨霍然起立，跃门而出，身后是全副武装等待已久的甲兵。

领兵出来之后，李轨径直扑向了郡府。在那里，他碰到了已经攻进城的外兵。

里应外合之后，李轨擒住了郡城的官吏。第二天，李轨便打出了他的旗号：河西大凉王。

跟梁师都、刘武周、薛举这些有理想、有追求的人不同，李轨起事并没有大的想法，他只不过是想保住家业。

李轨家是武威郡的大族，家大业大，又偏偏靠近薛举的金城郡，薛举起事以后一定会前来叨扰（也就是打劫）。而指望隋朝官员保护乡邻就不太现实了，于是，李轨联合郡内豪杰，直接接了隋朝政府的班。

起事没多久，薛举果然来了。李轨集结兵力，击退对方并趁势攻占了张掖、敦煌、西平、枹罕，掌控住河西五郡，也算做大做强了。

相信大家看出来了，梁师都、刘武周、薛举、李轨，这四位都是当地豪强，也都是隋朝军府的军将。造起反来，起点很高、步子很大、基础很牢，对于李渊来说，实在都是劲敌。但对于李渊来说，这四位又各有不同，他们当中有隐患最大的，有威胁最大的，有可以拉拢利用的，有势头最猛的。

最猛的是薛举父子。

◆ 箭指长安

薛举很生气。他气的是李渊,算起来,他是四月起的事,比李渊还早了一个月,可李渊竟然趁他在陇西扫荡时,抢先占据了长安。

到了此时,薛举才发现没抢先占据长安的劣势。李渊在长安称帝,有高大的宫殿,有无数的人才。当然,顺便提一句,薛举也称帝了,号称秦帝。

薛举决定从李渊手中夺过来一切。

下定决心之后,薛举派遣万人敌儿子薛仁杲攻下秦州,紧接着,又向凤翔发起了攻击。从地图上如果在兰州、秦州、凤翔之间画一条线,就会得到一支箭的形状,箭头正指向长安。

李渊,把你的长安让给我!

显然,李渊也注意到了薛举的不合理诉求。为了回绝对方,他派自己的儿子李世民去拒战薛举的万人敌儿子。

拼爹的时代还未到来,现在是拼儿子的时候。

公元617年的十二月,北风在陇山之上翻滚,薛举的内心感到了一丝寒意。就在不久前,他的万人敌儿子薛仁杲被李渊的儿子李世民从扶风赶了回来。此次交战,损兵一万,李世民还一直追到了陇山脚下。

逐鹿太凶险了,史书记载骁武绝伦的这位大汉并没有一颗强大的心脏,一败就准备投降了。他召集自己的百官,小心翼翼地问了一个问题:"古来天子有降事否?"

虽然要投降,但还是要讲面子的,自己毕竟是皇帝,别开了皇帝投降的头。另外,投降的前景如何,要看看历史上有没有可以借鉴的案例。

百官发挥群策群力的作用,成功找到了皇帝投降的案例。从前人的经验来看,投降后前景看好,虽然当不成皇帝,但基本上能保住荣华富贵,他们举出了赵佗、刘禅和萧琮的案例。

薛举松了一口气,原来还有退路。可刚放松,有人快步走了上来。此人是卫尉卿郝瑗,虽然是从三品的官,但管的是军器仪仗,管的事不重要,所以站位比较靠后。他从后面快步走上来，还费了不少力气。

"皇帝失问也！"

一句将薛皇帝否决之后，郝瑗也举了两个例子：一个是刘邦，另一个是刘备。大意是刘邦当年被项羽打得四处逃亡，刘备连老婆孩子都丢了，可他们都坚持了下来，最终取得了胜利。陛下怎么失败一次就想投降呢？

言下之意，陛下您老婆孩子还在，着什么急啊，再坚持一会儿。

查了一下，这位郝瑗不是别人，正是当日的金城令。那天被薛举发难劫持，现在竟然在薛举这里当了高官，还挺身而出为薛举打气，这大概就是得了传说中的斯德哥尔摩综合征吧。

当刘备，还是当刘备不成器的儿子刘禅，这不是一个太难的选择。薛举马上表示，上面那个问题是用来试探各位的，结果发现有的人意志不坚定。总而言之一句话，咱们还接着干。

可是怎么干？

从事实来看，郝瑗不但意志坚定，还是一个有水平的谋士，很快就为薛举提了一个建议：联结梁师都，厚赂突厥，集结兵马，进逼长安。

◆ 唐军大败

唐武德元年，在休整大半年之后，薛举卷土重来。这一次，他没有再走经南面凤翔的老路线，而是选择了从北面的泾州进攻。这样走大概是为了更好地跟北面的梁师都打成一片。

七月，薛举进逼高墌。在这里，他碰上了前来拒战的李世民。

估计大家注意到了，我将这一年标为武德元年。武德是唐朝的年号，也就是说，这一年李渊正式称帝；李世民因为出生晚，所以没当上太子。

李世民身为元帅，是统领着唐朝的八总管兵前来的，而薛举是父子兵上阵。据后面分析，老薛家不但领来了大军，还把整个行政班子从秦州领了过来，大有整体迁往长安的意思。

一个孤注一掷，一个全力以赴。薛举要雪仇，并告诉世人，他的儿子不是好欺负的，而李世民需要证明自己是李唐最杰出的王子。

碰上了，那就打吧。

奇怪的是，李世民进入高墌之后，就搞了些挖沟起垒之类的基建工程，根本没有出战的意思。薛举天天前来叫阵，可李世民就是不出来。

史书记载，李世民病了，得的是疟疾。这种病通过蚊子传播，发病很快，症状有打摆子、高热等。生了这样的病当然没办法同薛举决战，但李世民不出战，似乎不只是生病的原因。

躺在病床上，李世民叫来了行军长史刘文静和行军司马殷开山，交代了一句话："薛举悬军深入，食少兵疲，若来挑战，慎勿应也。俟吾疾愈，为君等破之。"

刘文静大家都熟，是李世民的铁杆跟班。这位殷开山原是吏部侍郎，也是李世民的亲信。此人是南方人，老人们都说南方人狡黠，这话可能冤枉了不少南方人的纯厚忠良，但绝对没有冤枉殷开山。

退下后，殷开山把刘文静叫到一边，说了一句挺激人的话："秦王是担心你退不了敌，才专门交代此句。现在对方闻我秦王生病，肯定轻视我们，应该给他们一点儿威风看看。"

看来，这世界上不缺惹事的人，自己想干，却挑唆着别人出手。当然，也不缺一挑就着火的人。很快，刘文静拍板拉出部队列阵。史书记载，刘文静没有打报告。

刘文静领着部队出城，在城外一处叫浅水原的黄土高原列开了部队，准备搞一次大阅兵，以振军威。

事实告诉我们，真正的军威是打出来的，而不是阅出来的。就在刘文静检阅八总管的大军时，薛举的骑兵潜行在浅水原之下，绕到了唐军的背后，并在唐军最散漫的时候发起了进攻。

战斗结果如下：唐军大败，八总管上一个败一个，数员大将被抓，士兵伤亡半数以上。李世民弃掉高墌，逃回了长安。

史书记载，李世民在病床上听说刘文静领兵出城的消息后，连忙下了一道制止的命令。命令还没有到达浅水原，唐军已经大败。

这是唐朝成立以来的第一次大败，也是李世民军旅生涯中的第一次大败。当然，按照史书所载，这事不能怪李世民，要怪就怪刘文静、殷开山。这两位不服从安排，擅自出兵。这两位也受到了惩戒，被免职为民、戴罪立功。这是唐朝政府以及史书的最终认定，但真相似乎并不如此。

首先，两位仁兄的擅自行动导致损师大半，京师震动，差点儿让刚成立的唐朝夭折。其处理结果如果仅仅是免官，还在军中戴罪立功，这似乎有点儿说不过去。况且这两位应该没有这样的胆子，刚听完李世民的指示，马上就反其道而行？

再者，从李世民跑路之迅速和还能临床指挥来看，病情似乎并不重，绝不至于丧失指挥权。

当然，李世民是王子，又处在要树立威望的关键时刻，是不能失败的；李世民不能败，就只能委屈两位亲信背一下黑锅。

下属挡了子弹，史书改了记录，李世民不光彩的一页隐藏在历史的迷雾当中。李世民可以用这些来骗过所有的人，但有一个人他是无法骗的，那个人便是他自己。曾经横扫千军、气吞万里的他怎么面对自己的骄傲？他又怎么去接受丧师过半的耻辱？

那场大战的每个细节都被史书略过，但在接下来的日子里，这些细节时不时出现在李世民的脑海里，曾经屡出奇兵、高歌猛进的他怎么就败在了薛举的手下？

这不亚于经常揭开快好的伤疤，仔细观察那些血淋淋的表象，提醒自己伤口是如何而来。这是一个痛苦的过程，但同时也是一位将军必须经历的过程。因为，真正的名将一定是从失败中走出来的。

在李世民反省自己的同时，李渊也在反省着自己。

李世民找部下顶包一事，怕是骗不过李渊的。但李渊没有深究，而是低调处理了刘文静、殷开山两人。这样做的目的除了稳定大局之外，还因为他知道失败的责任并不全在李世民身上。

此次大败，固然与年轻气盛的李世民轻敌有关，但根源在李渊的政策。大概是因为当了皇帝，李渊有点儿大意，平时常用的拉拢打压等绝技都没有发挥出来，就让李世民直接领着部队上战场了。

把战争想得太简单，以为不过是战场上单纯的厮杀，其结局自然是承受失败。

还是小看薛举了。

现在怎么扭转败局？

在困境之下，李渊终于清醒了，恢复了往常的水准。

打开地图，李渊盯着西北方。很快，他找到了症结所在。

在西北方，唐朝要面对许多的挑战，但并非每个都是敌人，其中有一些是可以利用的。

李渊找到的是盘踞在河西五郡的李轨。显然，这是根据"连弱抗强，远交近攻"的方略找到的盟友。

很快，李渊的使者出现在武威城内。面对共同的敌人薛举，李渊顺利跟李轨达成了联盟的协议。为了表示亲近，李渊称李轨为兄弟，李轨欣然唤李渊为大哥。

李渊实在是认兄弟的祖师爷。宋江认的兄弟多了，不过当个山寨头目，李渊认一个李密，就挡了东边的兵马，认一个李轨，就成功打破了西北的僵局。当然，李轨这位兄弟实力相较李密要差一点儿，还无法独当一面。要真正解决西北的困境，还是要靠老朋友。

李渊又想起了突厥人。

为什么用"又"呢？那是因为李渊已经凉了人家好久。

唐朝和突厥的关系由热转冷，这得怪李渊。

李渊这个人太没有契约精神了，进了长安之后，就完全忘了当年跟突厥人达成的"土地归唐公，子女玉帛归突厥"的协议。

因为李渊没有按量足质地交纳提成，突厥人对李渊相当不满，经常派使者到长安城里大吵大闹。每次李渊都赔笑脸，指使外交部好好招待。

当然，在长安城可以随便吃、随便喝，但要打包带走，那是不行的。

现在李渊又想起要用人家突厥了。这回，不拿点儿真金白银出来，当然是不行了。

不久后，长安城派出了一队使节团。除了外交大臣之外，还有一些特别的人员，她们是色艺双绝的长安艺伎，这是李渊送给突厥始毕可汗的大礼。

但要靠一群艺伎就让始毕可汗出兵是不现实的，最后，李渊终于拿出了真正值钱的东西：土地。

李渊割出了五原郡和榆林之地，这两块地处于河套地区，是中原防御北方游牧民族的第一条防线。如果打开地图，从草原南下，过五原郡是朔方郡，而朔方郡的梁师都是突厥人的马仔。经过朔方郡，突厥的战马可以一直冲到长安城下。

这不是危言耸听，数年之后，突厥人就将饮马渭水。

在中国历史上，将战略要地割给草原民族的，李渊不是唯一一个。数百年后，一个叫石敬瑭的人将幽云十六州割给了契丹人。石敬瑭因此成为千古第一汉奸，被骂了许多年，而李渊躲过了这个骂名。其原因很简单，石敬瑭卖了就卖了，而李渊卖了还能抢回来。

低调处理兵败之事，结盟李轨，贿赂突厥，作为一位战略家，李渊完成了所有的布局，而最后的一击，需要他的儿子李世民来完成。

◆ 薛举病逝

李渊父子在反思时，薛仁杲同学却只能一个人哀思，他的父亲刚刚去世了。

浅水原大败李世民一个月后，薛举就生了病。薛举找了个巫师来治病，经过占卜，巫师说了一句令人毛骨悚然的话："这是死去的数万唐军的冤魂在作怪。"

在这之前，薛举采纳谋士郝瑗的建议，准备出兵长安，刚收拾利索就挂了，也算"出师未捷身先死"吧。

大秦帝国的重担落在了新任皇帝薛仁杲的身上。

薛仁杲也不含糊，化悲痛为力量，登基之后，第一个命令就是进攻泾州城。

此时，薛仁杲正率领他的部下驻扎在离泾州城不远的折墌城。折墌城属于小县城级别，薛仁杲就是在这里从太子晋级为皇帝的。

薛仁杲率领大军将泾州城围了起来。这是一个错误的决定，这个决定也违背了薛举的遗志。薛武帝（武皇帝是薛举的谥号）本来是准备趁长安大败、根基动摇之际直取长安的。薛仁杲放弃长安直奔泾州的原因大概是幕后策划师郝瑗也生病了。

见过患斯德哥尔摩综合征的，但没见过病得如此严重的。

◆ 泾州

薛仁杲知道长安不是好攻的，可他没想到的是，区区的泾州城也是不好攻的。

驻守泾州城的人是唐朝骠骑将军刘感。刘感已经在泾州坚守了很久。

粮食不够了，刘感就将自己的马杀了充军粮。在将士分食马肉时，他跑到一边，取了一些马骨煮汤混着木屑吃。

靠着与全城将士同甘共苦的信念，刘感以孤城对抗着薛仁杲的大军，最终等来了唐朝的援军。

唐朝的长平王李叔良率领士兵进入泾州城。李叔良是李渊的堂弟，在历史上没什么名气，但他的曾孙相信大家都听过，叫李林甫。

援兵的效果是明显的。城外传来消息，薛仁杲不但撤了包围，还引兵朝南而去，从方向上看，应该是回大本营秦州了。原因据说也是没有粮食了。

泾州之围被解后，又传来一个好消息。高墌城来了一位老乡，老乡表示薛仁杲一走，高墌人愿意重新回到唐朝的怀抱，请将军马上派兵主持大局。

于是，李叔良指示刘感马上去高墌接管城池。

刘感来到了高墌城下，他或许已经感觉到这是一个陷阱，但官大一级压死人，况且李叔良的级别比他还不只高一级。

高墌的城门紧闭着，刘感大声喊话，告诉对方自己是应约前来。过了一会儿，门没有开，上面却传来一个声音，说秦兵已经走了，将军可以翻墙进来。

刘感笑了，秦军已经走了，还让我翻墙？骗小孩子吧。

望着紧闭的城门，刘感下令："放火烧门。"

点火的士兵刚把城门点着，就被城上倒下来的水浇成了落汤鸡。

这是一个陷阱。

发现上当的刘感转身命令步兵后撤。然后，他依然站在城下，苦口婆心地做高墌人的思想工作，让对方打开城门。

城上用三道烽火做了回答。黑烟腾起之时，南面的高原上冒出一队骑兵，新任大秦皇帝薛仁杲从南原纵马而下。

他已经等了很久，他要看一看这个坚守泾州的人到底是什么样子。

薛仁杲"万人敌"的称号可不是浪得虚名，其骑兵在唐初也属于顶尖水平。没多久，薛仁杲就成功擒获了刘感。

抓住刘感后，薛仁杲亲自审问，先是问了刘感家里的情况，然后劝告刘感识时务者为俊杰，只要他能劝降泾州城，一切都好说。

想了一下，刘感答应对方："我去。"

薛仁杲领着刘感又回到了泾州城，按薛仁杲写的剧本，刘感的台词如下："援军已败，守这个孤城是徒劳的，大家向我学习，早早投降，以保全家室。"

在薛仁杲的无比期待中，刘感上前，清了清嗓子，大声向城上喊道："逆贼饥饿，亡在朝夕！秦王率数十万众，四面俱集，城中勿忧，各宜自勉，以全忠节！"

薛仁杲愤怒之下，在城边挖了个坑，将刘感推到坑里，从脚埋到膝部，然后指令骑兵从旁边奔过，发箭射杀。

看着利箭刺穿刘感的身体，薛仁杲的气似乎消了一些。但让他困惑的是，刘感至死都在厉声呵斥，自己身后的军将都转过了身体。

薛仁杲陷入了困惑。唐朝政府成立不过才一年，刘感为什么要效忠于这个新兴的朝廷而不归顺于我？为什么我的军将不愿意欣赏我的虐杀游戏，战场上比的不就是谁更狠吗？

史书将刘感的行为归于忠义，并用个人操守的高洁来解释刘感的行为，这样的解释太过流于表面。刘感真正的力量源泉应该是希望，这希望不是他一个人的希望，而是这片土地上所有人的希望。

从三国到现在，天下已经大乱了四百年。四百年的战火纷争让世人尝尽了苦难，世人无比向往乱世的终结。

久乱思治，这便是人心的力量。

乱世是群雄逐鹿的时代，真正的胜出者只有一个。这个胜出者一定是让天下人看到乱世终结希望的那位。

定都长安的唐朝便让刘感看到了这样的希望，而薛仁杲纵然匹敌万人，他的暴虐却永远无法给人以这样的希望。

◆ 薛仁杲投降

刘感杀身成仁，足称忠义，但他在城下吼的那一嗓子，差点儿泄露了唐军主力的秘密。

秘密是"四面俱集"这四个字。

李世民迟迟未来，是因为他在集结兵马。两个月前的大败确实伤到了唐军的筋骨，为了重新组织一支可以跟薛仁杲对抗的大军，唐军调集了各方力量。

九月，李世民终于回到了高墌，两个月的时间加一场刻骨铭心的大败已经足以改变一个人。

薛仁杲的大军也撤离泾州，回到了折墌。现在李世民有全部的指挥权，他将用一场胜利证明谁才是这个世界上真正的英才。

薛仁杲率兵前去挑战。

唐营营门紧闭。

到了晚些时候,薛仁杲打马回营。他并不是第一次碰到坚壁不出的情况,他相信对方一定有忍耐不住的一天。

时间一天天过去,薛仁杲的兵马天天都来,唐军依旧营门紧闭,秦军变得越来越急躁。

唐军到底什么意思?来了又不战,到底什么时候才肯痛快大战一场?

薛仁杲的心头充满疑惑,就连唐军将领也变得急躁起来,跑去问李世民出战的时间,李世民用干脆的声音给出了回答:"等待。"

"以后,谁敢言战,斩!"李世民补充道。

曾经少年意气、一往直前的李世民不见了,替代的是隐忍不发的老猎手。李世民终于领悟到战争的真正要义,从而从一名猛将进化为名将。

所谓猛将,就是浑身是胆,横冲直撞,夺人士气,取人首级。这样的猛将常常可以取得胜利,但也无法避免失败。而真正的名将就像高明的剑手,他们不会大砍大杀,却会静态时机,等待对方的破绽,然后一击致命。

《孙子兵法》有言:"昔之善战者,先为不可胜,以待敌之可胜。不可胜在己,可胜在敌。"

最伟大的将领要确保自己立于不败之地,而胜利来自对方的破绽。

长安,李渊正在喝酒。在儿子于前线与劲敌决一死战的时候,他选择了喝酒,这是一个正确的选择。跟他一起喝酒的是突厥人骨咄禄。

开席之后,李渊特地将骨咄禄牵到自己的龙榻旁边。李渊与骨咄禄并排坐在一起。

史书记载,这位骨咄禄是始毕可汗的远房亲戚,年轻,在突厥地位不高,才被派来出差。没想到,在长安竟然连龙椅都坐上了。

望着喜笑颜开的骨咄禄,李渊举杯示意。

喝吧,痛快地喝吧,招待工作不仅是生产力,还是战斗力。骨咄禄喝得越痛快，李世民的胜算就越大。

折墌城。

两军对峙已经60天了。

薛仁杲已经失去了耐心，本以为李世民也就耗个把月，谁知道两个月过去了，对面的唐营还是一点儿动静都没有。

再这样下去可不行，唐军耗得起，薛仁杲也耗得起，但部下的肚子可耗不起。

当初为了更快攻占长安，薛举采取蛙跳战术，打一枪占一个地方，步步紧逼长安。这样的策略可以最大限度地使自己的主力处于最前线，但也产生了一个问题：粮草供应。不是每一个地方都适合驻扎大军的。

待在折墌这个小县城，薛仁杲的粮草已经所剩无几。

事实上，李世民也不知道什么时候打。

他只是在等待。在他的计划里有一个进度条，只有某件事情被触发时，进度条才会往前走一格。

这一天，突厥的援兵来了，李世民的进度条往前进了一大格。又一天，前来叫阵的秦将显得有些暴躁，李世民的进度条又往前进了一步。再过一天，李世民发现营前的秦兵面色发黄，略呈菜色。他笑了笑，把进度条又往前拨了一点儿。

六十天过去后，薛仁杲的内史令翟长孙领着手下来投降了。一般来说，文官的骨头要软一点儿，率先投降并不奇怪。李世民又将进度条往前拨了一点儿。又过数日，薛仁杲的妹夫钟俱仇也送来了降书，连亲戚都靠不住了。数天后，李世民判断出兵的时机已经成熟，薛仁杲的大将梁胡郎率领部下前来投降。一般来说，粮食首先供应大军，连大将都降了，说明薛仁杲那边确实揭不开锅了。

李世民终于将薛仁杲拖入绝境，此时发动一次猛攻，有很大的把握将对方击溃。可李世民叫来了自己的行军总管，命令他率一部兵马出城，并特别指示:"选择险要之地扎营,不要出击,守住军营就是胜利。"

在最后的关头,李世民依然不肯确定进度条已经走到了终点,他将亲自完成最后一步。

浅水原上,一队唐军开拨到此,扎下营房。

依旧是浅水原,李世民将战场选择在还残留断矢的这片高地,大概是失败的人都希望哪里跌倒就从哪里爬起来。薛仁杲也会欢迎这个选择,因为胜利的人喜欢重复过去的模式,以期复制胜利。

听到唐军到浅水原扎营的消息,宗罗黄大喜。宗罗黄是薛仁杲的大将,原本是陇西的反叛军领袖,手下兵强马壮。在薛举起事之后前来投靠,是秦军中实力最强的大将。

万人敌薛仁杲没有亲到前线。这六十多天,薛仁杲一直坐镇折蚝城,指挥宗罗黄前来挑战。原因是:一来当了皇帝,贵为九五之尊,不能轻举妄动;二来,他相信宗罗黄完全有实力战胜对方。看到唐军出兵的宗罗黄,无异于饿了三天的猫看到屋檐下挂出了鱼干,立刻率兵马扑了上来。可唐军驻兵于浅水原,并不出战。

要在平时,叫阵不出,宗罗黄也就返回折蚝城了,可眼下唐军都已经出来了,再空手回去实在没有面子。于是,宗罗黄发动了强攻。

李世民一直望着那片黄土高地。数天过去后,他集结兵马,终于说出了那四个字:"可以战矣!"

浅水原上,宗罗黄有些恼火。上火的原因之一是苦攻数天,唐军总是守住要害,让他苦攻不下;原因之二是好久没有水喝了。

茫茫高原,感受不到一丝水的湿气。

也许该撤退了。生出这个念头时,唐军的主力出现在浅水原上,宗罗黄马上明白过来,自己数日猛攻的唐营不过是一个诱饵,其目的就是耗尽自己的锐气。

兵马俱渴,兵马俱疲。眼前已是困境。

别无退路，就做最后一击吧。

宗罗黄排列兵阵，冲向了新赶来的唐军主力。这支被引入包围的秦军在绝境之下爆发出惊人的战斗力，唐军几乎被冲散。似乎数月前，八总管俱败的情景又将上演。

李世民是不会让失败重演的。浅水原的北面，宗罗黄的后面，一支唐军的骑兵霍然出现，前面是一匹乌黑的战马。

很多年以后，这匹战马被刻成石雕，供奉在唐朝的皇陵昭陵，它的名字叫白蹄乌。跟它一起的还有五匹马，它们一起被人称为昭陵六骏。

乌是黑色的意思，白蹄却不是白色的马蹄，白蹄是突厥词，意指少汗。综合起来，白蹄乌指这是一匹少汗所骑的大黑马。

白蹄乌之上，是身负大弓的李世民。

数月前，他在这里第一次尝到大败的苦涩。现在，他要亲自找回自己的尊严与荣耀。

复仇者一般都是热血满腔，恨不得冲上去猛砍对方两刀解恨。可李世民控制住了自己复仇的欲望。深沟坚壁对峙了六十多天，又用饵拖住了宗罗黄，就在最后一刻，他依然远离战场，转而率领骑兵悄悄从原下绕到了原北。

无比的坚忍，等来了最佳的一击。眼前，宗罗黄依然呼啸纵横，声震高原。但李世民知道，现在的他就好像一把拉到极限的弓，只需要再给他施加一点儿压力，就可以将他折弯。

纵马而去，白蹄乌，去战胜宗罗黄。因为只有战胜了他，才能攻到薛仁杲的面前。

榜样的力量是无穷的，何况还是领袖亲自示范。白蹄乌大踏沙场之时，唐军士气大振，声震高原。

宗罗黄大败。在丢下数千部属后，宗罗黄逃离了战场。据猜测，宗罗黄还是比较聪明的，他没有逃向大本营折墌城。

李世民收集就近的两千骑兵，也没有选择追击宗罗黄，而是下令向折墌城进击。

刚要进兵，一个人冲了上来，一脸急色地拉住了白蹄乌，告诉李世民不要冲动。虽然宗罗黄被打败了，但薛仁杲还守着城池，应该见好就收，观望一两天再说。

这位劝阻人是唐将窦轨。虽然跟李世民的老娘窦氏并没有什么亲戚关系，但李世民见了这位窦将军还是要叫一声舅舅。

窦轨说得并非没有道理，行军当以稳重为上。但战场的魅力在于，它从来不是一成不变的，在所有错综复杂的现象背后，只隐藏着一个真正正确的时机。

是忍耐还是急进？

李世民俯身告诉窦轨，我已经想得很清楚了，现在是势如破竹的时候，舅舅不用再说了。

这一天，在李世民的脑海里已经排练过无数次，他可以等待六十多天，却不愿意再多等一天。那是因为六十多天的苦待，正是为了这一天的急兵猛进。

静如处子，动如脱兔。雄狮可以一动不动地潜伏于草丛之中，但只要跃起，便不会停下追逐猎物的脚步。

现在，他将直趋折蚶城，擒拿薛仁杲。事态之急，他向窦轨解释原因的时间都没有。

李世民的两千骑兵很快来到了折蚶城的外围，而熟门熟路的宗罗黄还没回来。

薛仁杲倒比较实在，没有死守城池，还拉出队伍在城下列阵，跟李世民隔着泾水较劲。但没多久，薛仁杲就老老实实将队伍拉了回去。因为对阵期间，自己的军队太不争气，竟然有将领临阵脱逃，甚至逃到了对方阵营。要是再不回城，只怕逃亡潮起来，薛仁杲就要成光杆司令了。

这一天黄昏，唐军的主力才陆续来到，将折蚶城围了起来。事实证明，真心向往外面世界的，一道墙是拦不住的。半夜，守城的士兵纷纷借助绳索等工具翻墙投降。夜半时分是翻墙行动的高发时段。

大势已去，在聪明人发现自己的头可做投名状之前，薛仁杲自己打开了城门投降。

受降之下，唐军军将纷纷前来祝贺，并对李世民的突击表示十分佩服，并提出了一个疑问："大王一战而胜，后面又舍步兵，也没有攻城的器具，只是率领轻骑直趋城下。大家都认为拿不下来，却没想到一天就取下城池，这是为什么？"

现在李世民终于有时间当然也有心情来解释当日激进的行为了。"宗罗黄的兵马都是陇外之人，将骁卒悍。我出其不意将其击破，但斩获不多。如果迟了，他们就会逃入城内，薛仁杲招抚他们，就不容易攻克。我紧急进军，他们进不了城，只有逃回陇外。如此一来，折蛭城虚弱，薛仁杲也一定胆破，无法组织防御，所以我才能攻克。"

精准的判断力，果敢的决断力，在瞬息万变的战场之上，李世民抓住了转瞬即逝的机会，刺出了封喉的一剑。

与西秦一战到此结束了。此次的交锋可谓一起三伏，李世民先胜后败，最后再胜。李世民得到的不仅仅是一场胜利而已，他在这场战役中，磨炼了心志，锻炼了部下，增强了声望，扩大了实力，从而朝自己的目标迈进一大步。与此同时，他的父亲李渊也发现了一些苗头。

◆ 李密的离间计

在攻下折蛭城后没多久，李世民收到一个消息，李渊准备让他把薛仁杲的部下全部斩首，其理由是薛家父子杀了太多的唐兵，不杀他个回本，怎么对得起死去的唐兵？

李渊的命令颇为奇怪，这不太符合李渊的行为模式。当初从太原南下长安时，一路上只要投降的就封官，不愿干的还发路费，为什么要杀尽同为关陇一脉的薛系呢？

原因大概是在李世民身上。

李渊发布这个命令间接地说明了另一个事情，那就是李世民没有动手杀人。

李世民不但没有杀对方的骨干，还把他们组织起来，薛仁杲、翟长孙以及后来投降的宗罗睺依然率领旧部。李世民没事就跟他们一起射猎，不知道内情的人绝对猜不到，不久前他们还是你死我活的对手。

除了军将之外，李世民还寻到了一个给薛仁杲的伪秦政府当过黄门侍郎的人，此人叫褚亮，属名流雅士，因为太有才，被杨广羡慕嫉妒恨，将其贬到了西北。碰巧赶上薛举要组建政府，他就被拉去充门面。

找到褚亮后，李世民相当客气，亲切接见了褚先生，将褚亮安排到自己王府的文学院当学士，那时李世民的文学院中早已加入了杜如晦、房玄龄等人。数年后，李世民的文学院里一共凑齐了十八位饱学之士，他们合称十八学士。

从表面上看，李世民善于招抚人心，同时也说明李世民正在组建他的小团队。

通过征战树立威信，通过纳降收服人心，这些成为他最后可以依靠的力量。

李世民的这些小动作自然是瞒不过李渊的。

于是，李渊下了这道命令，准备将李世民拉帮结派的念头消灭在萌芽阶段。当然，这个命令有点儿不近人情，太过残酷。此时，李密打了一个报告，表示这样做不利于安抚百姓，要杀就杀首恶。那会儿，李密刚投靠过来，还说得上话，终于让李渊改变了主意，只将薛仁杲抓到长安斩首示众。

由此可见，李密积了大德了，但真要认为李密是忠君爱民的优秀封建官员那就被史书骗了。要知道，编写史书的人在当时都是儒学大家兼高级官员。儒学大家就意味着他们有足够的技巧在史书中拐弯抹角地写一些东西；高级官员则意味着他们有足够的情商知道一些东西需要拐弯抹角地写。

李密劝谏的原因可能并不单纯，以他的智慧，当然马上就猜出来李世民在拉帮结派，而他做出的选择是暗中支持李世民。他支持李世民并不是因为像刘文静那样崇拜对方，他这个举动更有点儿唯恐唐室不乱的意思。

不久后，李世民得胜归来，李密被特意安排前去迎接。在郊外见到李世民后，李密对着殷开山（上次大败同刘文静一起背黑锅的那位）说了一句话："真英主也，不如是，何以定祸乱乎！"

翻译过来，就是秦王真是英明的主子，不是这样的人，怎么可以平定天下的祸乱！为了对得住千年以前，挖空心思写史书的先儒们，我们不能一眼扫过去就认定这是在夸耀李世民的英明神武，连李密都为之折服。

我们已经说过，李密正是见了得胜回来的李世民才突然想起自己的理想，回去没多久，就逃出长安准备东山再起。这是这段记录的第二层意思，但最关键的是第三层意思。

再看这段经典的称赞，我们会发现一个奇怪的现象。

李密称李世民为英主！

这个称法，在太原时可以说，那时李渊李世民李建成没有分家。现在到了长安，李渊当了皇帝，李建成当了太子，李世民封了王。君臣已定，李渊是君，李建成是接班人。李世民虽然是王子，但跟大臣一样，属于高级打工仔，是打工仔怎么可以冠上"英主"这个称号？他顶多是英雄嘛。

李世民要是英主，那李建成算什么？李渊又算什么？要是没有李世民，李唐皇朝就玩不转，那李渊李建成情何以堪？

显然，李密的这句话很快就会传遍长安的官场，然后在李家父子兄弟之间埋下相互猜忌的种子。

没过多久，李密中了李渊的计，从长安出走，惨死在熊耳山。但聪明绝顶的他早已为自己点燃了复仇的火焰，可惜的是他无法亲眼看到玄武门的血了。

◆ 裴寂、刘文静之争

李渊听到了李密的那句话，当然，很快就理解了李密的话中话。明明知道李密此话不怀好意，但他依然上了当。因为李密说得是真的，也是李渊无法回避的难题。

当年化家为国，现在分了工，要是二儿子李世民不满意分工怎么办？当初分工时，李渊就为这个问题所折磨。他发现父子兄弟之间正在生成一道细微的裂痕。一个人的上书更提醒了他这道裂痕的存在。

大唐成立没多久，纳言刘文静上了一道奇怪的奏折，大意是皇帝陛下你是万民之主，要注意形象啊，别对大臣称自己的名字。另外，您老人家坐的榻也不是普通的榻，那是帝座龙榻，地位十分崇高，您老人家就是高兴起来，最好也不要叫人上去跟您同坐。总而言之，您老人家应该像太阳一样高高在上，这样大家才能被照得暖洋洋的。

表面上，这是充满浓重奴才气息的奏章，主要内容是指责皇帝陛下太把臣子当人看。但实际上，这是一把锋利的剑，准确地刺向了一个名字并未在奏章里出现的人。

中剑的人是裴寂。

事实上，唐朝的皇帝平易近人，自称名字并不是什么怪现象。比如史书记载，李世民就经常对臣子说：世民对某事搞不清状态，还请某某教我。但要注意的是，不是每个大臣都能享受这种待遇，李世民请教的某某多半是魏徵，而李渊自称名字时，谈话对象多半是裴寂。

据记载，李渊不但在裴寂面前自称名字，而且称呼裴寂都不带名字的，还是用以前的老称呼：裴宫监。这样就太亲切了，跟叫人乳名是一个意思。大概就是说咱们是老交情了，虽然我现在当了皇帝，你也升了官，但你永远是我的裴宫监。

上班时，裴寂跟李渊坐在一张床上。下班时，李渊还把裴寂叫到自己的卧室内。每天，李渊特别交代御厨房，饭菜给裴宫监留一份，特别的赏赐也总是给特别的裴寂。

刘文静大概一次也没坐过李渊的龙床，也没有到李渊的卧室参观过。

李渊登基后，大封当年的起事老班底。刘文静官居纳言，是门下省的最高长官，正二品；裴寂为右仆射，从二品。论起来，刘文静确实比裴寂有才，功劳也大。当年太原起事，刘文静出力不少，出使突厥时又出色地完成了任务。另外补充一下，在李渊进攻长安时，刘文静负责殿后，并成功迫降河中的屈突通，现在屈突通正在唐朝当兵部尚书。

虽然刘文静才高功厚，但裴寂待遇比刘文静高，是有客观原因的。这个原因是：裴寂是李渊的老朋友，而刘文静是李世民的老朋友。通俗点儿说，裴寂是李渊的人，而刘文静是李世民的人。裴寂跟大唐皇帝李渊是单线联系，而刘文静则是间接联系。刘文静出谋划策，东征西战，而裴寂也没白拿工资，陪李渊喝酒之余，还经常办一些李渊不好出面办的事情。刘文静的事情堂堂正正，史册有记；裴寂干的那些事情，不太好往史书里写。

看完这封酸掉大牙的奏章，李渊感到莫名其妙。我们老朋友交情好，关你什么事了？碍你哪只眼了？这你也拐着弯来说我们？

李渊马上进行了批复。由于刘文静在奏章中引用了东晋名臣王导的名言："若太阳俯同万物，使群生何以仰照！"李渊专门找了东汉刘秀的典故："昔汉光武与严子陵共寝，子陵加足于帝腹。今诸公皆名德旧齿，平生亲友，宿昔之欢，何可忘也。公勿以为嫌！"

翻译过来就是，当年严子陵跟光武帝刘秀一起睡过觉，严子陵还把大腿压到刘秀的肚子上，刘秀都没说什么。所以，我跟裴寂的事，你就别操心了。

刘文静的奏章被兜头打了回来，但要让老刘接受现实那是不现实的。含沙射影的批评没起到作用，刘文静干脆就扯开了闹。

从此以后，只要上朝，裴寂发表意见，刘文静总能找到纰漏，然后猛烈批判；找不到纰漏，那就制造纰漏，进行批判。这就是所谓的为反对而反对了。

公开唱反调，因反对而反对，往往意味着一个很严重的问题：党争。当然，牵扯到王族，那就不是党争，而是宫斗了。

平心而论，刘文静干的这些事，很难说是李世民在背后指使的。因为就算李世民不指使，刘文静跟裴寂唱反调也合乎逻辑，所有的症结都可以归为羡慕发酵成妒忌，嫉妒霉变成恨。

从此，刘文静下定决心必找裴寂的碴儿，但很快，他下岗了。

浅水原一战为李世民背了黑锅，刘文静被削职为民。当然，刘文静并不着急，总有平反的一天。果然，第三次大战，唐军反败为胜，刘文静欢天喜地地回到了长安。

官复原职是必须的，搞不好，还能混点儿别的赏赐。

很快，命令下来了，刘文静不平静了。因为李渊给了他一个民部尚书的官。简单介绍一下，唐朝的政府机构分为三省六部。三省是中书省、门下省以及尚书省。尚书省下设六部，民部尚书就是其一。这个官说小不小，正三品；说大也不大，刘文静以前是门下省的长官正二品的纳言。

更让刘文静愤怒的是，李渊太不厚道，不能官复原职也就罢了，在中书省安排个三品的侍郎也行，或者在门下省安排个三品常侍或者四品谏议大夫也行啊，偏安排去当民部尚书。这不能不说是个比较刻薄的安排，至于刻薄在哪里，还是请尚书省的长官右仆射裴寂来说明一下。

刘文静彻底失去了冷静。说实在的，他确实有才，但老天爷是公平的，给你一个优点，必定搭配一个缺点。

有才的人往往恃才自傲。

被裴寂压一头的委屈实在难以发泄，刘文静只有借酒消愁。消愁还罢了，醉酒之后，刘文静做出了一件耸人听闻的事情来。

有一次，刘文静喝了酒，突然抽出腰刀，对着家里的柱子砍了起来，边砍边恶狠狠地说："总有一天我要砍下裴寂的脑袋！"

堂堂民部尚书，竟然公开威胁顶头上司，还喊打喊杀，这成何体统。

让刘文静失去理智的原因是绝望，就目前来看，他已经看不到出头的机会。其根源还在李世民身上。当年在太原，刘文静选择了李世民，裴寂选择了李渊。从年纪上看，刘文静选择了将来，裴寂选择了现在。从投资上来说，刘文静要比裴寂高明。刘文静算到了一切，却忘了最重要的一点，将来往往是由现在决定的。

当上皇帝之后，为了尽快稳定局势，也为了让一些喜欢押宝接班人的大臣死心（比如刘文静这样的），李渊马上册立了太子，从而堵死了李世民的希望，也断绝了刘文静今朝不行待明朝的奢望。

酒后失言的刘文静很快就要大难临头了。

这一天，刘文静家比较热闹。院子里摆着香案，一位披散着头发的法师嘴衔小刀手舞足蹈，这就是传说中的跳大神。据记载，刘家最近有不干净的东西，也就是闹鬼，刘文静专程请了这位法力高强的法师前来驱邪。

邪没有驱走，鬼上身了。

在法师蹦蹦跳跳时，一处偏房内一双孤独幽怨的眼睛望着这一切，那双眼睛里闪出的光芒渐渐变得狠毒起来。

这双眼睛的主人是刘文静的宠妾，准确地说是前宠妾。

这一天过后，这位怀有怨恨的小妾叫来了自己的兄长，写了一封状纸大义灭亲，状告其夫刘文静在家装神弄鬼，意图谋反。

没多久，李渊就派人来调查了。

调查人员由裴寂、萧瑀领头，裴寂就不用多说了，他跟刘文静本是朋友，现在反目了，自然比一般的敌人更狠辣。萧瑀是后梁皇族，他的姐姐就是杨广的皇后萧后，官居中书省长官内史令。此人因为是皇族之后，自视甚高，当然跟刘文静这样的暴发户没什么交情。

看到这两位前来问话时，刘文静知道抵抗是徒劳的，马上招认自己确实有些过激，这都是因为当年起事时，他与裴寂还是同一起跑线。现在到了长安，自己天天在外面征战，待遇却不如裴寂，心有不平，所以酒后失言，行为失检。

李渊听到刘文静的回复，十分愤怒，当着百官的面定了调："看刘文静的这段话，反骨已经露出来了（反明白矣）。"

对于李渊的指示，裴寂不说话，萧瑀当场抗辩。这位萧大人虽然跟刘文静没什么关系，但身为贵族还是有一些贵族的风骨，陷害人的事是不愿意干的，马上申辩刘文静绝对没有造反的心。

萧瑀抗议也就罢了，另一个人又跳了出来替刘文静喊冤，这个人是礼部尚书李纲。这位李纲人如其名，在维护纲纪方面十分坚决，堪称魏徵的前辈。可就朝中关系来说，李纲这个举动很不正常，因为他除了是礼部尚书之外，还是太子詹事。也就是说，他是李建成的老师。

接下来，李纲不但替刘文静喊冤，还没事儿上书，表示自己管不了太子了：太子饮酒无节，听信谗言。最后，李纲列了一条石破天惊的过错：疏骨肉。

所谓疏骨肉，就是说李建成不注意跟兄弟搞好团结。再仔细想一下，便可以得出这是一个让李世民睡不着觉的言论。所谓疏骨肉，大概是李建成在背后极力将刘文静事件往李世民身上引。

李纲以刚直闻名，实在是名不虚传，不但胳膊肘往外拐，还直来直去，一下将刘文静之案的背景捅破。

这是刘文静跟裴寂之间的恩怨，更是李世民跟李建成的较量，亦是李世民跟李渊之间的较量。李渊要定刘文静的死罪，不仅是为了替裴寂出气，更是为了削弱李世民的实力。

刘文静被抓后，最着急的莫过于李世民。因为刘文静这样干，很容易让人想到是出自李世民的指使，但听到初审结果后，李世民稍松了一口气。刘文静只谈了自己的怨言，没有提李世民的怨言。这说明，老刘虽然气昏了头，但还有点儿理智。

刘文静对裴寂的羡慕嫉妒恨，也就是李世民对李建成的羡慕嫉妒恨。

这一年，刘文静五十二岁，可冲动得像二十五岁的愣头青；这一年，李世民二十一岁，却已经像五十一岁的老年人那样沉稳。

李世民应该是听刘文静发牢骚最多的人，可能还听过许多大逆不道的话。当年在太原，刘文静就认为李世民是刘邦和曹操的结合体，现在到了长安，只怕刘文静天天都来提醒他要加快速度进步。

这个话在太原可以说，毕竟造的是杨家的反，现在天下是李家的了，怎么能说？李世民每次都提醒刘文静要冷静，可老刘就是按捺不住他那暴脾气，终于出事了。

出事还是要救的，刘文静是李世民最得力的助手。要是刘文静活到玄武门兵变之时，唐朝第一开国功臣的名号，只怕就不是李世民的大舅子长孙无忌，而是刘文静了。而且，据某些蛛丝马迹显示，刘文静还起到了一个特殊的作用——他是李世民跟突厥人的牵线人。

当年李渊让刘文静出使突厥，刘文静极有可能干了私活，动了手脚，帮李世民在突厥那里拉了关系。李世民极有可能跟突厥的某些首领拜了兄弟，到了后来，李世民成了突厥指定的长安的唯一谈判对象。

这大概也是李渊非要置刘文静于死地的原因吧。

李世民找到父亲为刘文静求情。

李世民不该来求情，因为他救不了刘文静。不但救不了，他越救刘文静，刘文静就会死得越快。

能决定刘文静生死的大概只有裴寂了。

杀了刘文静，朝廷反对声太大；不杀，这些台面下的事情怎么摆平。举棋不定的李渊最终叫来了裴寂，问他到底怎么处理刘文静。

想了一会儿，裴寂回答："刘文静确实才华出众。"

马上，裴寂又补上了凶狠的一句："但文静性复粗险，现在天下未定，留之必贻后患。"杀人最快的永远都不是刀锋，而是话锋。

听完后，李渊半天没有说话。好一会儿，他才郑重点头表示同意裴寂的判断。

刘文静的大半条命没有了。

之所以说是丢了大半条命而不是说刘文静中毒舌身亡，那是因为刘文静还有用。我们已经说过，刘文静身上还负有一项重要的使命，他是大唐跟突厥的联络人。

只要李渊还要借助突厥的力量，刘文静就有存在的价值。

不幸的是，李渊决定再一次挑战突厥。

这一次，不是李渊惹事儿，是突厥人故意找碴儿。

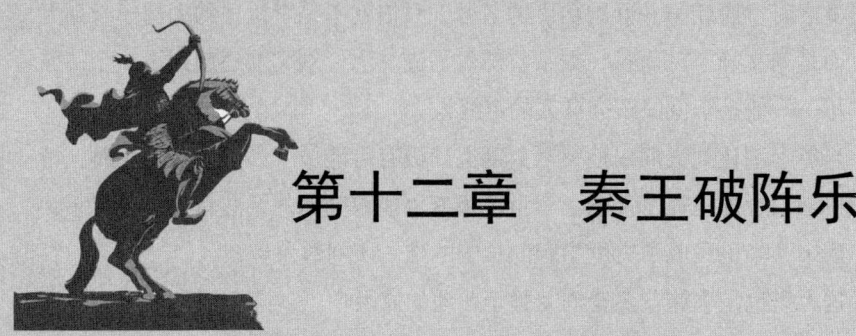

第十二章 秦王破阵乐

◆ 始毕可汗去世

武德二年（619）二月，夏州。

"可怜无定河边骨，犹是春闺梦里人。"

狼头大旗飘过黄河，直抵夏州无定河边。

望着远处，突厥始毕可汗露出了笑容。前面，他的两位小弟已经等候多时。前来恭候总盟主的是大度毗伽可汗梁师都和定杨可汗刘武周。

事后看来，这是一起由梁师都提议、突厥主持、刘武周主攻的南侵行动，其目标是唐朝国都长安的大后方——太原。

算起来，李渊也是给突厥人交了保护费的，不该说打就打，可今天的李渊已经不是当初的李渊。此时，李渊西降薛举，东收李密，唐朝的势力西至陇西，东出山东，综合实力大增。按武林的专业术语来说，是打通了任督二脉。

交保护费的眼看就要比收保护费的膀子粗了，这明显是破坏了在突厥的主持下，各方保持均衡发展的环境，对突厥构成了极大的威胁。于是，突厥人组织了这起进攻，给唐朝敲敲警钟，促使李渊回到各方争霸但不独霸的既定轨道上来。

李渊很快收到突厥人将进攻的消息。但李渊不慌不忙，依旧祭出了撒手锏，准确地说是撒手钱。

一支运送礼币的队伍从长安出发了，目的地是突厥汗庭。正所谓，水来土掩，兵来钱挡，破财消灾嘛。

到了丰州，过了黄河，不用多久就要到了。可李渊又下达了另一个命令，送礼团不要继续前进了，就地停下来，将礼币存到当地库府里。

因为突厥的伟大领袖始毕可汗去世了。

看来，李渊家的祖坟的确冒了青烟，还是青烟直上白云间的那种，不但占了长安，当了皇帝，还谁打他谁倒霉。"出师未捷身先死"的悲剧在始毕可汗身上重演了。

当然，始毕虽然死了，但突厥国还在。该交的保护费还得交啊，人死账不赖嘛。

其实，李渊也不是心疼那些钱，他想趁突厥人内乱的时候省下这笔钱。

这一停就出大事了。突厥人并没有被悲伤砸掉算盘，听说唐朝半路截停了送礼车，也顾不上给始毕可汗办送葬事宜了，马上集结大兵压境，准备动手抢。关键时刻，丰州总管张长逊急中生智，出了一个主意，把本来的礼币（保护费）改成慰问金。

慰问金就好办了，直接交给突厥治丧小组就行。介绍一下，治丧小组负责人是义成公主。办完始毕可汗的丧事后，义成公主跟突厥各部落酋长商议，因为始毕可汗的儿子还小，就推举他的弟弟就任新可汗，号处罗可汗。为了维持突厥的繁荣稳定，义成公主当仁不让，又当了一届可贺敦，也就是皇后。这是义成公主的第三个任期，但不是最后一个。

收了钱后，处罗可汗还是认账的，将大兵从边境撤走了，但唐朝的麻烦并没有结束。因为一笔钱只管一段时间，而且当初是突厥、梁师都、刘武周三方同谋，那两位可没有收钱。

◆ 刘武周崛起

四月，榆次往北，黄蛇岭，军旗逶迤于整个山岭之上。刘武周的大军正在此处扎营，军营除了他老刘的旗帜外，还有不少突厥的白旗。

沉寂了两年，刘武周终于挥兵南下，准备夺取天下。当然，原本说好要一起来的始毕可汗已经升天，梁师都也没来会师，但刘武周依旧打算按原定计划进军。刘武周敢甩开那两位跟唐朝单干，因为今天的刘武周已经不是昨天的那位冲冠一怒为红颜的刘武周了。

去年的冬天，易州某营寨。

营寨被一团悲怆的气息笼罩，议事厅内一位大汉悲愤莫名。面前的案几上，摆着一封劝降信。

信是窦建德写来的。

在这一年的十一月，窦建德在河北搞开了大兼并，一直在河北活动、外号历山飞的魏刀儿成为其兼并对象。据记载，窦建德假装跟对方搞联盟，趁对方不备突然发动袭击，将魏刀儿围了起来。

收信的大汉叫宋金刚，是魏刀儿的部下。

听闻老大被围后，宋金刚率领自己的两万兵马前去救援，谁知道人没救回来，自己的两万兵马只剩下了四千，而且窦建德还盯上了他。

在劝降信中，窦建德表示你的老大已经被杀了，你要是识时务，应该速速率你的部下来投降。

是跪着活，还是站着死，宋金刚做出了选择。看着跟他出生入死的兄弟，他愤然说道：

"窦建德杀魏王，我绝不投靠他，诸君可以拿我的头去取富贵。"

说完，他猛地拔出腰刀，在脖子上一架，准备去阴曹地府找他的魏王魏刀儿。关键时刻，部下拥上来夺去刀，抱住了宋金刚。

英雄可以死，但这样死也太窝囊了，再说还没到山穷水尽的时候。

天下之大，乱世之乱，岂没有豪杰立身之地？

宋金刚不死了，挺直了身子告诉部下："我们投刘武周去！"

分析一下，也只有刘武周可以投了。窦建德不用说了，王世充那儿不是留人的地方，而李渊那里，如果大家记性好，或许记得当年李渊进太原第一件事情就是打魏刀儿的部队。

从效果来看，投奔刘武周是一个明智的选择。宋金刚得到了刘武周的热情欢迎，为了留住这位乱世的高端人才，刘武周将其封为宋王，委以重任，还把家里的财产划分了一半给宋金刚。

为了回报刘武周的知遇之恩，宋金刚做得更彻底，他将自己的老婆休了，娶了刘武周的妹妹。儒家讲究修身齐家治国平天下，现在宋金刚连家属都换了，是铁了心要跟老刘打天下。

娶了人家妹子，分了人家财产，自然不好意思帮刘武周守着马邑过小日子。宋金刚给刘武周提供了一条方略。

夺取太原，南向争天下！

黄蛇岭上，刘武周大喜过望，原本他打算在这里扎营休整一下，做好了长期作战的准备，可没想到，唐军放着城池不守，竟然主动出击了。

前来作战的是唐朝车骑将军张达，率领的还是兵种单一的步兵。这就是来送大礼了，要知道刘武周除了自身实力大增，还有一支行动迅速、战斗力强的突厥骑兵。

张达是带着情绪上战场的，他本不愿意来，但太原留守李元吉一定让他出战。人家是当今皇上的三儿子，他说来那就来吧。

对于这一队送上门的唐军，刘武周没有客气，立刻发动了攻击，并成功全歼这伙跑到战场上的唐军，还俘虏了张达。

因为怀有怨恨，所以不用刘武周做思想工作，张达马上投了诚，并亲自带路指引刘武周攻陷榆次。

四月十八日，刘武周兵围太原。

五月十九日，刘武周攻陷平遥。

六月十日，刘武周攻陷介州。

夺太原，扫山西，渡黄河，夺长安。这是当年李渊走过的路，刘武周准备走李渊的路，让李渊无路可走。

兵败的消息传到了长安，经过分析，李渊很快找到了问题的关键。

两年前，李渊跟刘武周先后起事，因为靠得近，数次几乎擦枪走火。但这两年，大家还是你走你的阳关道（这是李渊的路），我过我的独木桥（刘武周的桥），为什么刘武周这次敢大举进攻呢？

李渊大概没想到老刘新收了一个生猛的妹夫，但他还是找到了另一个关键因素，在刘武周的军队里有突厥的兵马。

正所谓十处打锣，九处有他。只要有闹事的，就有突厥人的身影，对于这样的刺头，还不能来硬的。

不能来硬的，那就来软的吧。

李渊决定倾情演出一幕苦情戏。

六月十二日，李渊发了一个通知：从今天开始的三天，暂停朝会。废朝三天，不是让官员回家休息的，而是赶紧到家里找一件比较素的衣服穿上，然后到长乐门哭丧去。

突厥那边前来报丧的人到了。

于是，在长乐门，李渊亲自带头，披麻戴孝好好哭了一会儿。哭完后，李渊特别指示百官先别急着回去换衣服，赶紧到突厥使者的住所慰问一下。慰问金是不能少的，大家根据自己的家庭情况，自行准备吧。

大家提起唐朝，无不涌起强烈的自豪感，但你们不知道，辉煌强大的唐朝不是平地崛起在世界的东方的。在那之前，李渊作为皇帝，还给突厥人当过孝子。当然，有的人不是唐朝的粉丝，他们是汉朝的粉丝，十分向往大汉朝的文治武功，但是，大汉朝也不是突然降临在中华大地上的。在大汉之初，刘邦曾经被匈奴的冒顿单于用四十万大军围在白登山七天七夜，最后走了夫人路线才跑了回来。

在所有的辉煌背后，一定有着某些不堪提及的屈辱。

送礼币无所谓了，称臣也无所谓了，就连当孝子也无所谓了，在自己足够强大之前，唯一的选择是将自己的拳头往后缩。

李渊的绥靖政策似乎失灵了。

刘武周的进攻并没有停止。七月十一日，宋金刚进犯浩州，突厥人还在他们的军营里。八月，助拳刘武周不算，突厥人又联合梁师都进犯延州。

李渊彻底愤怒了，这孝子当了，钱也送了，怎么还不依不饶地进犯！

既然所有的外交努力都已经失效，那就亮剑吧。

顺便提一句，这一年的五月，李渊完成了一项重要的兼并：平复了凉州的李轨。去年，李渊还跟李轨一块搞薛举，但现在薛家父子都完蛋了，那李轨应该称臣了，但李轨显然不上道，竟然以大凉皇帝自居。那就对不起了，李渊使了一个离间计，轻易擒获李轨。这是继李密之后，第二个被李渊坑的义弟。

当日的西北四强，薛举、李轨都被灭了，余者何足论？胜利让李渊鼓起了勇气。

李渊决定发兵迎战，这个决定不能说冲动。但紧接着，李渊做了一件头脑发热的事情，他任命裴寂为晋州道行军总管，全权指挥对刘武周一战。

这个工作是裴寂自己争取来的。这段日子裴寂被刘文静攻击只会陪酒陪吃陪玩儿，急需打一场胜仗来证明一下自己。

在裴寂领兵过黄河、挺进山西时，李渊终于可以干那件他早就想干的事了。

刘文静或许还有最后一线生机，那就是裴寂大胜归来。裴寂大胜，李世民的势力得到控制，杀不杀刘文静就不重要了。但押宝裴寂大胜不太现实，而且李渊也不想给刘文静这样的机会了。

就在裴寂前往山西不久，李渊就将刘文静从牢里送到了刑场。大概有拿刘文静为他的裴宫监祭旗的意思。

既然现在不用跟突厥人好好谈了，那留着刘文静有什么用？既然有亲信裴宫监出征，那就不需要太顾及李世民的感受。

当年李渊论功行赏，随他起事的人都封官加爵，除此之外，许多人还获得了一项特别的荣誉：恕死。这其中大部分人只恕一死，只有裴寂和刘文静是恕二死。

可事实证明，君要臣死，一次就足够了。

行刑之前，刘文静捶胸叹气，说了一句极其经典的话："高鸟尽，良弓藏，果不妄。"

看来刘文静到死都没有觉悟自己为什么死，依然单纯地归结到鸟尽弓藏。鸟尽弓藏是不正确的，因为同是功臣的裴寂没有死，不但没死还统率了大军。照此看来，刘文静的死是因为站错了队伍，跟错了人。但这也是不准确的，比如同样追随李世民的刘弘基和殷开山就没事。

真正让刘文静走到今天的是他的才华。

才华是一把利剑，可以劈风斩浪，却也会伤己。才华又跟剑不一样，锋利的剑常常用一个漂亮的剑鞘装起来，而横溢的才华需要的包装可能就是一块旧布。

◆ 裴寂大败

武德二年九月，介休。

雄赳赳、气昂昂，裴宫监率领唐军跨过黄河，直达介休。到了此地，裴寂不走了。

宋金刚就在前面的介休城内。

找到敌人就好办了，裴寂下令扎营。从后面的发展来看，裴寂应该是翻过一些兵书的，知道扎营时地势要高一点儿、地面要平整一点儿，最重要的是还要有水源。裴寂找到了这样的地方：度索原。

后面有源源不断的粮草供应，营地风景甚佳。

不久后，唐军发现从营房流过的涧水断流了，很明显，宋金刚在上方截了流。水是生命的源泉，没有水，营也就扎不下去了。于是，裴寂下了一个命令，大营起拔，另找一处水源就是。

在唐军七手八脚准备搬家的时候，宋金刚的骑兵出现在营前。

交战之后，唐军大败。算上阵亡的逃跑的和投降的，整个大军差不多就只剩下裴寂。

裴寂一生之中唯一的一次领军作战以大败而告终。

裴寂大败的消息传到太原，太原留守李元吉叫来了部下，告诉对方，你们先领老弱守一下城，我领着精兵跟刘武周拼了。

这一月的十六日夜半，李元吉果然出城了，出城之后，径直朝南一口气跑回了长安。

太原太危险，还是长安安全。

李元吉是领着"精兵"出城的。据史书记载，还是后院"精兵"，成员以妻妾为主，奴婢为辅。

李元吉前脚刚走，刘武周就来到了太原城下，很顺利就占据了太原城。老李家的发家地就这样被轻松地送了出去。

史书对李元吉这种逃跑主义进行了严厉批判，但把失败全归于李元吉也是不正确的，毕竟李元吉这一年才十六岁。

无论如何，都要把太原夺回来。

在李渊发怒的同时，胜利者刘武周正盯着长安。

刘武周已经沉寂了很久，他原本只想占着马邑当个山大王，可突厥人的支持、宋金刚的投奔让他体内冷却的血液渐渐沸腾起来。

◆ **草莽英雄**

唐军连败的消息陆续传到长安，晋州失守，浍州兵陷，刘武周的兵锋直抵黄河。

今日饮马黄河，他日说不定就要夜宿长安。

惊慌之下，李渊专门下发了一个文件，给大家交了底，告诉大家要做好丢弃黄河以北，跟刘武周隔河分治的心理准备。

这个文件发下去后，人心惶惶，个别意志不坚定的人可能要打包换单位了。但有一个人不但没有慌，反而像夜行山路的人突然看到了前面的灯火。

李世民等这个机会很久了。

自从在平定薛家父子时露了一点儿搞小团伙的苗头，李世民就成为李渊重点防范的对象。领军的资格被莫名其妙地剥夺了，最得力的心腹刘文静又被以莫须有的罪名杀了，李世民还被赶出了长安城。

从折蛙城回来没多久，李世民就收到一个指令，出镇同州的长春宫。看上去是独门独户了，但谁都知道，这是让他远离政治中心长安。

李世民老老实实地到长春宫去了，但他知道自己总有一天会回到长安。

现在，感谢刘武周，感谢宋金刚，感谢突厥人，当然，最重要的是要感谢裴寂。

李世民马上上表，主动请缨领三万精兵渡河收复失地。

到了此时，还能相信谁呢？

李渊也不防二儿子了，毕竟蛋糕大了才担心分配不均。现在蛋糕被刘武周切去了一半，自然要团结起来，夺回失去的东西。

于是，李渊将关中的精兵交给李世民。为了提高成功率，李渊还交给李世民一群特殊的人。

在李渊交付的兵马里，除了以前的陇右贵族系，还有一支山东豪杰，他们是刚从王世充的洛阳投诚过来的秦叔宝和程咬金等人。

八个月前，故州。

王世充再也不是当日那个被李密打得满头包的王世充。打败了李密后，王世充招降了不少瓦岗军的大将，比如秦叔宝、程咬金、罗士信和裴仁基等。

这一天,王世充亲自带队,率领诸位新收的大将前来进攻唐朝的故州。拿下故州是小事,主要是锻炼一下队伍,提高一下士气,展示一下实力。

好不容易收了这么多强人,不拉出来威风一下岂不是跟锦衣夜行一样。

这边刚列上阵,突然那边一队骑兵就跑出阵列,直冲对面而去。

王世充一头雾水,还没下令进攻啊,谁这么猴急?望了一眼,是秦叔宝和程咬金。

难不成是新入伙的,想立功?

王世充满心期待着,可马上他就气得要跳脚。

对方冲出一百米开外,突然不跑了,掉转马头,翻身下马,行了个礼,对着王世充喊了一句话:"虽蒙殊礼,不能仰事,请从此辞。"

翻成大白话就是,您对我们还不错,但我们不侍候您了,就此跟您拜拜了。

说罢,上马,直奔唐营而去。

王世充生平最痛恨的就是背叛,可看了看秦叔宝手里那柄重枪,想了想程咬金那不要命的样子,咬了咬牙,没有下达追击的命令。这是一个正确的决定,就算下令,估计也没多少人敢去追。

就这样,王世充眼睁睁地看着自己的大将慢悠悠地投奔了敌营。

愤怒之余,王世充怎么也想不透,自己也算礼贤下士了,自问待两位大爷不薄,一个封为龙骧大将军(秦叔宝),一个封为将军(程咬金),他们还有什么不满足的,竟然临阵叛逃了呢?

这个问题,如果王世充不怕脸面扫地,可以请程咬金来回答。"王公器度浅狭而多妄语,好为咒誓,此乃老巫妪耳,岂拨乱之主乎!"

翻成白话就是:王世充这个人器量狭小,又喜欢乱开空头支票,简直就是老巫妪,哪里是拨乱反正的君主!

何谓骂人入骨,这样的就是了。

要知道,在唐朝(当然不只是唐朝),骂人像老太婆是极狠的话。当年诸葛亮送女人衣服给司马懿,杨广叫李渊阿婆面,都属此例。到底王世充做了什么"光辉事迹",得到这个老巫妪的称号?

具体事迹如下。

控制洛阳之后,王世充开太尉府,搞了一个小朝廷,又专门在太尉府设了三块木牌。头二块算是招工启事,第一块招文士,第二块招武将;第三块,算是击冤鼓,号召洛阳人民有冤的喊冤、有仇的申诉。

这两块牌牌起到了非常好的作用,自从挂牌以来,一天上书陈事的有数百人,这里面有想当官的文人,有想从军的大汉,也有想申冤的百姓。王世充一一接见,亲自询问,并表态大家提的意见很好,从军的热情也很让人感动。有冤的人放心吧,以前的不说了,现在我王世充来了,绝不允许洛阳有冤情存在。

以上只是公开招贤纳士和征求意见,为了更好地治理洛阳,王世充还深入群众,跟广大劳动人民进行了互动,最后郑重承诺一定会为大家解决问题。

没用多久,王世充的空头支票就满洛阳城飞,不少人都带着笑意入睡,等着王太尉兑现支票。

当然,王世充的支票骗骗喂马的小厮还可以,要用来骗秦叔宝、程咬金这些老江湖就不够用了。

秦叔宝、程咬金是草根出身,属于草莽英雄。考虑到李世民经常跟这类人打交道,李渊把这些人划给了李世民。在李渊看来,这些人敢打敢杀,英勇无比,至少能成为不错的保镖。

让李渊想不到的是,李世民不仅用这些人来护身。李渊只看到了这些人的勇猛,却没有想到这些人还有另一个特点。

所谓的草莽英雄,自有江湖上的规矩,他们奉行的是谁对我好,我就对谁好,谁对我推心置腹,我就对谁死心塌地的原则。至于什么君臣之礼,朝廷纲纪,对不起,恕不奉陪。

在玄武门外,这些人成为李世民最可靠的力量。但有一个关键的武将不在李世民的阵营内,他在刘武周的阵营内,叫尉迟敬德。

◆ 两大门神的对决

十一月，李世民渡过黄河，驻军柏壁，对面就是他的劲敌宋金刚。

驻营之后，李世民并没有向宋金刚发起攻击。此时的宋金刚屡战屡胜，士气正旺，显然不是合适的出击对象。

李世民调整方向，找到了另一个对手。

正是刘武周当年起事时的一个骨干——尉迟敬德。找上尉迟敬德不是因为他实力弱，事实上，这位来自朔州善阳的打铁匠功夫了得。正是因为尉迟敬德功夫了得，艺高人胆大，竟然深入夏县（离黄河不远了），支援那里的唐朝叛军。

成功支援唐朝叛军后，在回家的路上，一个叫美良川的地方，尉迟敬德遇到了唐军的伏击。

此战史称美良川之战，是整个柏壁之战的一次小交锋，算不上决定性的战斗。但在江湖上，此战不容错过，因为这是两大门神的直接对话。

为了战胜尉迟敬德，李世民派出了秦叔宝。

大家虽然看不到秦琼战关公，但我相信秦琼战尉迟敬德应该更精彩一些。因为就这两位的技战术而言，简直是矛与盾的终极对决。

大家知道，真实的秦叔宝是不使锏的，他用的是一柄异于常制的枪，通俗来说就是比一般的枪更长、更重。而让这柄重枪发挥莫大威力的是秦叔宝的作战特点。史书记载，秦二哥要是冲刺起来，眼中只有枪，横扫突刺，直入敌阵。这完全是一副以攻为守、只攻不守的拼命三郎式打法。经常一个冲杀下来，敌人倒了一片，秦二哥也是满身挂彩。

这一柄不要命的枪是沙场上所有对手的噩梦，这是一柄无坚不摧的枪。

而尉迟敬德是一块刀枪不入的盾，盾就是尉迟敬德本人以及他的两只大手。

尉迟敬德的身体相当柔韧，在千军万马之中，经常表演屈身、侧身、团身、铁板桥等各种动作，以此来避开四面八方刺来的长槊。

据记载，尉迟敬德一个人大大落落冲进敌群，又大大落落冲出来，身上一点儿伤没有，不但没有伤，手上可能还多了两柄枪。

夺枪是尉迟敬德的一项绝活。战场上，对方常常一枪向尉迟敬德刺来，但稍不留意，就发现手上的枪没了。在江湖上，这一套动作有个专业术语，叫空手入白刃。

秦叔宝的枪对上了尉迟敬德的两只铁手，够说评书的讲上一天。

如此，这两人在美良川相遇。秦叔宝的那柄大铁枪能否打破尉迟敬德无枪及其身的记录？或者尉迟敬德能否夺走秦叔宝手中的那柄大枪？

这是一个谜。

这两人的对战没有结果，但两军的对决是有结果的。唐军成功伏击了对方（大败之），斩首二千余级。但尉迟敬德是很顽强的，没多久又领着小分队潜了回来，李世民亲自领三千骑兵连夜奇袭，再一次击败对方（大破之）。这一回，尉迟敬德比较惨，手下全被俘虏，只身逃了回去。

在这两次交锋中，史书中虽然没记尉迟敬德怎么大战秦叔宝，但在尉迟敬德的传记中，压根儿就没记这两次惨败。但秦叔宝的传记是不会错过这两次大战的，里面有这样一句："又从征于美良川，破尉迟敬德，功最居多。"

史书只能写到这个份儿上了。至于两位到底正面交锋了没有，打成什么样，大家自己去猜吧。

从美良川得胜归来，秦叔宝得到了李渊的特别嘉奖。李渊特地赐了一个金瓶过来，还写了表扬信。

显然，李渊在拉拢人心，但必须得说，这个态度表得太矫情了，戏演得太过了。

在收英雄为己用上，李世民显然要比他的父亲高明。

李世民没有请秦叔宝来尝自己的肉，他只是跟秦叔宝并肩作战，大碗喝酒，大口吃肉，大声说笑。

在跟敌军叫阵的时候，李世民常常满脸怒色地叫出秦叔宝，告诉他敌将气焰太嚣张，实不可奈也，将军前去替我取他首级来。

于是，秦叔宝挺枪跃马，杀将出去，将对方搅得人仰马翻。然后，秦叔宝身上染着不知是别人的还是自己的血骄傲地回到营前，去接受李世民钦佩的眼神。

从此，秦叔宝就成了李世民的金牌先锋，常被用来定点清除对方的骁将锐卒。每次，秦叔宝都要挂点儿彩，但他喜欢这样的安排。

因为，这是他价值的体现。

英雄不需要子女玉帛，也不需要人肉馒头，他需要的仅仅是一个用武之地。识英雄，重英雄，才能用英雄。而只有用英雄，才能得英雄。

◆ 等待

战胜尉迟敬德后，唐军的士气得到了恢复，诸将纷纷请令，马上跟宋金刚对决。

李世民否决了这个提案，在他看来，远没有到跟宋金刚决战的时候。

同样，李世民开始摆事实、讲道理，论述了宋金刚悬军深入，拥有精兵猛将的现实情况，得出要是现在决战，正中对方下怀的结论。要想战胜对方，只有一个方法——等待。

等对方耗尽锐气，等对方疲惫不堪，等对方粮尽，等对方主动撤走，那时，就是我们出击的时刻。

当然，面对诸位大将过剩的精力，李世民也给出了发泄的突破口。

指着地图上的一个地点，李世民露出了神秘的笑容。

诸位要想战，有发挥的地方。

李世民指的是浩州。浩州的治所在今天的山西汾阳市，位于晋州和太原的中间。在宋金刚的兵马攻克晋州后，浩州成了唐朝打入刘武周后方的一枚棋子。

浩州之所以能守住，是因为一个人在关键时刻做了一个关键决定。

两个月前，当裴寂、李元吉丢城弃地往长安方向猛跑时，有一个人却毅然决定向北挺进，到达刘武周大军的后面，进入浩州城内，开始协助防守。他不跑，不是因为跑不动，而是因为他不能再跑了，他已经跑过一次了。

此人是唐朝的行军总管李仲文，论起关系，他还是李密的表叔。在刘武周南侵时，李仲文是第一个从长安出来援战的唐将。一来，就中了刘周武的计，被活捉了去。

若要论丧师之罪，李仲文大概要吃两天牢饭了。可李渊并没有追究，反而又给了他一支部队，让他依旧到黄河北岸去打刘武周。

你的失败是我为你支付的高额学费，你接下来要做的就是不要让我的学费打了水漂。

事后来看，李渊的学费并没有白交，在唐军全线溃败后，李仲文逆势而上，进入浩州。紧随而来的，是刘武周狂风暴雨般的进攻。

刘武周拼命要拿下浩州，是因为这里太重要了，浩州正处在从太原往晋州等前线运粮的要道上。

李仲文积极参与防守，并采取了灵活机动的守城方式，成功挡住了刘武周一次又一次的进攻，并成功等来了李世民的援军。

在浩州城至太原一线，突然出现了数支唐军骑兵，数量不多，但神出鬼没，从来不正面交战，常常干一些烧粮车、放营火的活儿。

远在浍州（山西翼城）的宋金刚过不了多久，就该明白自己应该把腰带勒紧一点儿了。

时间一点点过去，在柏壁的李世民经常率小分队出营，去寻找宋金刚的粮队以及查看对方的大营，获悉对方的新动态。事实上，与其说李世民在寻找，不如说在等待。

李世民在等待一个足以改变双方力量对比的迹象。在第二年，武德三年（620）的春天，他终于等到了这个迹象。

那天，宋金刚军营中的白色军旗突然不见了，这意味着突厥人从宋金刚的军队里撤走了。

当日刘武周南下，突厥人帮忙夺太原、占晋州，南下逼长安，确实出力不少，算是与刘武周并肩作战的战友。但现在情况有了变化，大家大道朝天，各走各边。这个巨大的变化产生的根源很长，要想说清楚还得从宇文化及的还乡团说起。

被李密击退，再也无望回到长安，跑至聊城的宇文化及陷入了绝望。

事情说起来也颇让人费解。当年杨广没死时，被公认为暴君，绿林豪杰、豪族大户都在声讨暴君；现在杨广一死，似乎万事皆空、万罪皆除。杨广还是隋朝的皇帝，而杀了杨广的宇文化及却成了公敌。李密、李渊、窦建德这些曾经立志打倒杨广的人都表态要为杨广讨一个公道。

要是埋在吴公台下的杨广得知此消息，只怕是哭笑不得。

宇文化及是哭都哭不出来了。事情到了这个地步，还乡团也该解散了。宇文士及因为跟李渊是老关系，得空就投奔了唐朝。而宇文化及跟宇文智及显然没有这么过硬的关系，只好借酒浇愁，过一天算一天。

唐军来了，在把宇文化及揍得鼻子不是鼻子、眼不是眼之后又走了。唐军又走了是因为"草原法则"。当一堆肉摆在草原上时，猎豹可以来吃；但如果狮子驾临，猎豹只有走开的份儿。在山东地界，当时的唐军只是猎豹，真正的狮王是窦建德。

窦建德领兵来到聊城之下。当然，让宇文化及束手就擒是不现实的，虽然被群雄视为一块肉，但肉也有奋力挣扎的自由。

为了对抗大家的攻击，宇文化及广招英雄，虽然招牌不怎么响亮，但优势在于当初从江都出来时，带了大批珍宝。

王薄来了。大家应该还记得他，当年首倡义旗的无老，《无向辽东浪死歌》的诗词作者。

如果说窦建德是狮，唐军是猎豹，那王薄大概是沙狐。这支老牌的反叛军在李密倒台后，依然在群雄逐鹿的沙场上生存了下来。

此时，王薄重新回到了当山大王的状态，日子过得比较清淡。听说大财主宇文化及高薪招聘，王薄立马拉着部队来了。

招来王薄后，宇文化及十分高兴，大加赏赐并委以重任，交付他一个城门的守备任务。

病急乱投医的宇文化及很快就知道了后果的严重性。

窦建德的大军一到，王薄就为窦大王打开了大门。

宇文化及的生命走到了尽头。被拉出去打靶时，宇文化及还一直求饶，无奈口才太差，说了半天翻来覆去的就是一句："吾不负夏王。"

陪他上路的还有他的兄弟宇文智及。

宇文化及的事情就这样完结了。虽然没干出什么大的成绩，但宇文化及同他率领的还乡团还是对推动历史起到了很大的作用。经过历史学家综合评定，其功绩如下：

亡隋（杨广），灭魏（李密），兴郑（王世充），霸夏（窦建德）。

窦建德发达了。他在宇文化及的聊城找到了无数的珍宝。这是其次，主要是宇文化及的团队里有许多他的队伍里没有的高级文人。

在收编这些高级文人后，窦建德的队伍终于摆脱了草台班子的简陋，开始有了朝仪、律令、百官。

除此之外，还有一些人窦建德却不知道该如何处理了。那就是杨广的皇后（萧后）及杨广的族人。

最后，窦建德为萧后找到一个去处：突厥汗庭。

我们知道，突厥的可贺敦是隋朝的义成公主，萧后去那里，就跟去女婿家一样。

于是，窦建德派了一支兵马专门护送萧后去突厥，原本窦建德是打算跟突厥人搞好关系的。但令窦建德没想到的是，他的无心之举竟促使突厥人改变了他们的外交策略。

在接到萧后一行后，义成公主的眼睛放出了光芒。在那堆流浪的人里头，她发现了一个极具价值的人。

那个人叫杨政道，算起来，他应该叫义成公主一声奶奶。他是杨广的孙子，齐王杨暕的遗腹子。

杨广的后代不多了，活下来的都是金字招牌。有了杨政道，义成公主跟她的处罗可汗终于可以调整一下外交策略了。

以前，突厥的外交策略可以简单归纳为到处培育反隋武装，并从中收取保护费，谁不给就揍谁。但事情的发展已经很清楚，群雄混战的时代维持不了多久，总有一个人会从这一群人里杀出来而一统四方，并积累足够的实力跟突厥对抗。

与其坐等这个人出现，不如自己培育一个统领群雄的人。

还在与尿布打交道的杨政道成了隋王。在突厥流亡的中原人被划拨给杨政道当部下，最后处罗可汗大手一挥，将杨政道的傀儡政府安置在定襄郡的大利城。

定襄郡是刘武周的地盘。

刘武周要气疯了。

当初是你要封我为定杨天子，说好了定住隋杨，可转眼间就变了卦，自己搞了一个隋王出来，让大家听他的号令。

不定杨也就罢了，刘武周跟隋朝杨家也没什么深仇大恨，可实在不该把这个隋王安置在他老刘的地盘上。那些地盘都是老刘拼了老命打下来的，哪里能说没就没了？

很快，刘武周又听到一个让他更愤怒的消息。突厥人为了整合资源，决定把所有的势力都统一归整到隋王杨政道的旗下，作为骨干的刘武周也在整编之列。有小道消息显示，突厥人准备让刘武周当大行台，所谓的大行台跟诸侯差不多。

这就太过分了，刘武周皇帝都当上了，难道还让人家降一级不成？而且称号的改变也意味着利益的流失。

如果刘武周成了大行台，那没理由刘武周躺在太原宫里逍遥，而高一级的隋王杨政道却在风沙肆虐的定襄郡吃沙子。论配套，太原城的宫殿应该由杨政道去住。

辛辛苦苦干到现在，竟然都是为突厥人打工。

刘武周不干了，明确表示自己不会跟着那吃奶都费劲的杨政道干。

不服从突厥的分工，那就不能用突厥的兵马了。于是，前线的突厥人陆续撤走。而在刘武周甩开突厥人时，李渊正准备跟突厥人重新建立起不平等但互利的关系。

这不是一件容易的事，因为突厥人提了一个十分过分的要求。

突厥使者来到长安，见到李渊后，他们表示要杀一个人。

突厥人要杀的是西突厥曷娑那可汗，目前他寄居在长安。我们知道，突厥分为东西突厥，两家往上数，共有一个祖爷爷。但兄弟分家，各走一边，自从闹翻之后，两家互视为仇家。

杀一个外来的突厥人很容易，难的是丢不起这个人。

曷娑那可汗好歹是李渊罩着的，你说杀就杀，还要在李渊的长安城杀，这说出去，李渊以后怎么在东亚立足？

于是，李渊断然拒绝了这个要求。

当然，事情不能这样完。收到消息的大臣纷纷建议该杀就杀，也不能因为保一人而失一国。那时，李世民还没有出征，为了主持公道，李家二少爷坚决反对，认为人家走投无路才前来投靠，要是杀了曷娑那可汗，在道义上说不过去。

杀还是不杀，这是一个问题，李渊陷入了困惑当中。据记载，这位曷娑那可汗跟李渊关系不错，而且很会做人，来长安没多久，就送了一颗大珠给李渊。李渊没有收，并告诉对方，大珠虽是至宝，但我看重的是一颗赤心。

现在，是杀掉这颗赤心，还是保护这颗赤心？

数天之后，满眼血丝的李渊终于做出了决定。

李渊把曷娑那可汗请到内殿喝酒。曷娑那可汗大概不知道自己在吃断头饭，也没有注意到李渊那有些不自然的表情。宴会结束之后，李渊请曷娑那可汗到中书省参观。

做完这一切，李渊无力地坐在榻上。

去吧，告诉处罗可汗的使者，他们要的人就在中书省。

为了与突厥联盟，李渊送出了珍宝，送出了美女，割让了土地，丢下了自尊，现在又出卖了朋友。

这一切都是称霸必须支付的成本吗？这所有的耻辱能有雪洗的一日吗？

拿曷娑那可汗当投名状的效果是突出的，处罗可汗不但撤走了在刘武周处的兵马，还友情支援了李世民三千骑兵。当然，友情诚可贵，利益价更高。虽然史书中没有记载，但通过一些蛛丝马迹可以看出，李渊已经跟处罗可汗达成了一项协议——突厥助唐军夺回太原，大唐允许突厥用刘武周的地盘安置杨政道。

胜利的天平开始向唐军倾斜，可李世民依旧没有下达攻击的命令。

为了打薛仁杲，李世民等待了两个月；为了打宋金刚，需要多久？两个月，或者更久？事实上，李世民自己也不知道答案。

这个答案在宋金刚身上。

◆ 大败宋金刚

宋金刚觉得自己陷入了巨大的虚空里。他有金刚之力、帅军之才，握有雄帅，可他却不知道怎么面对这巨大的虚空。

敌人就在前面，任你挑战叫阵，可就是碰不上。但你要忽视他，那股随时袭来的气息又会紧紧裹住宋金刚，提醒他危险有可能马上降临。

决战像永远都不会发生，但决战又像明天就会打响。宋金刚明白，他并没有决定权。

这是一个奇怪的现象，宋金刚知道自己没有发动决战的权利，可李世民又认定决战的时间在宋金刚身上。

宋金刚在等待李世民出击，李世民在等待宋金刚退缩。

这是一场对峙战，是一场消耗战，更是一场心理战。输的那位一定是内心先崩溃的人。

压力渐渐堆积，再顽强的人也承受不住日积月累的负重。

压垮宋金刚用了六个多月。

从武德二年的十一月来到柏壁,到武德三年四月,180多天后,宋金刚终于被无形的压力击垮了。

刘武周还在拼命攻打浩州,企图打通太原到浍州的粮道,可宋金刚显然已经无法再支撑下去。

吃完最后一粒粮,宋金刚率军向北逃去。在逃亡的路上,他很郁闷,连李世民的面儿都没见过,连一次正规的交锋都没有,竟然就这样逃跑了。失败是可以理解的,但这样失败让人如何心服。

在听到宋金刚北走的消息后,沉寂已久的李世民猛然站了起来。

是的,这就是我们一直在等待的出击时机。

坐等寇穷,追击之!

数天后,李世民终于追上了宋金刚的殿后部队。一阵猛攻之后,李世民攻破对方的防线,乘胜向北进击,在一天一夜之间连战数十回合,一直追到了高壁岭。当年刘邦在这里收到了吕后的大礼:韩信的首级。李世民的意思是,最好在这里拿下宋金刚的首级。

于是,他下达了停止休息立刻追击的命令。

到了这个时候,总会有忠心耿耿的大将站出来,提醒主帅不要轻敌冒进。这一回站出来的是刘弘基。

刘弘基抓住了李世民坐骑的辔头,急声劝阻。在他看来,追到这里,太原虽然没收回,但裴寂当日丢掉的地盘已经收复,应该见好就收;况且士兵连日追击,饥饿疲惫,也需要休息。

坐在马上,李世民平静地望着刘弘基。他当然明白对方是出自真心,可有时候动摇我们内心的就是这些发自真心的建议。很多人会在这些真诚的建议下妥协,但只有内心强大的人才会坚持自己的方向。

"金刚计穷而走,众心离沮;功难成而易败,机难得而易失,必乘此势取之。若更淹留,使之计立备成,不可复攻矣。吾竭忠殉国,岂顾身乎!"

我用了六个月来等待这次时机,我不会让这个机会白白溜走,一旦决定攻击,就一定要彻底击败对方。

要知道，我们累，逃跑的宋金刚更累；我们饥饿，逃跑的宋金刚更饥饿。六个月的对峙，比的是心理；那此时，比的就是耐力。

谁能咬牙坚持，谁就能取得胜利。

刘弘基放开了马辔，李世民策马而出，卷起一道黄色的旋风，那是李世民最钟爱的六匹马之一，毛色黄里透白，这是突厥人送给他的特勒骠。

应策腾空，承声半汉；天险摧敌，乘危济难。

骏马啊，再奔快一点儿，宋金刚就在前面！

在雀鼠谷，李世民追上了宋金刚。宋金刚逃跑起来还是颇有章法的，自己先走一步，却在雀鼠谷这个险要之地留了八道防线。

这是宋金刚于匆忙之中为对方设下的陷阱，他要杀一个回马枪，将穷追不舍的李世民消灭在这个险恶的峡谷之中。

李世民对这里很熟悉。

三年前，他跟随父亲在这里击败过历山飞的部队，那是他人生记录里的第一次大胜。

站在谷口，李世民又闻到了胜利的气息。

忘记疲惫、忘记饥饿，就在雀鼠谷战胜自己的对手。上一次是为父亲正名，这一次，是为自己。

雀鼠谷，一日八战，斩俘数万。

但宋金刚依旧逃走了。

在这天夜里，李世民终于确定对方的主力已经被歼，他决定休息一下。

算起来，已经有两天没有吃饭，三天没有解甲。

休息一夜，让夜色洗去数日的风尘；但明天的太阳升起之时，我们将开始新一段追击。

我知道，宋金刚已经跑不远了。

吃晚饭的时候到了，这是数天来的第一餐。

李世民身先士卒，锐不可当。但他需要一种精神来保证自己在策马而出时,身后的士兵会毫不犹豫地跟上他的脚步,以他的方向为方向,以他的目标为目标。

这种精神叫同甘共苦。

今天的晚餐只有一头羊。只剩一头羊,够李世民一个人吃,不够全军吃。

李世民叫来所有的将士,然后大家分吃了这头羊。

如此而已。

吃完就休息吧,明天还有更辛苦的征程。

宋金刚没有再被李世民追着屁股捧,但他知道自己已经跑不远了。

进入介休城,还没喘上两口气,他就收到消息,李世民的骑兵已经追到了。

怎么可能这么快?

在得到确定的答复后,宋金刚陷入迷惑中。他见识过李世民180多天空洞的沉默,现在,他又领教了对方急风暴雨般的追击。这世上竟然有人将这两种截然不同的风格组合在一起!

其实这并不矛盾。《孙子兵法》曰:"故其疾如风,其徐如林,侵掠如火,不动如山,难知如阴,动如雷震。"

回过神来的宋金刚愤怒了,强烈的耻辱感让他无法再次逃避。他要找回尊严,率领剩下的两万兵马出城布阵。

就在介休城下,做最后一战吧。

在交战的一开始,愤怒激起的士气、背水一战的勇气让宋金刚占据了上风。唐军被逼急的宋金刚打了一个措手不及,差一点儿要吃大亏。关键时刻,那匹黄色的特勒骠出现在战场上。

李世民跟他的精骑将接管这片战场。

宋金刚见到了李世民。

事实上,早在柏壁时,宋金刚就料到了今天的场景。但他不明白的是,尽管自己看到了这一步,却依然无法避免,好像有一双无形而巨大的手,将他推到了这一步。

这便是真正高明的策略,没有什么奇计,只是普通的等待,就会让对方按自己所想的一步步走进自己挖好的陷阱。因为,除此之外,别无选择。

看到李世民的那一刻,宋金刚彻底认输了。他的自信心瞬间崩塌,终于明白这个乱世不是自己的时代。

自己原来只是一个配角而已。

想明白这一点,宋金刚马上掉头就跑。他丢下了自己的士兵,也丢下了所有的希望,包括想横扫天下的豪气。

李世民又追了几十里地,最后,他放弃了追杀宋金刚的念头。他已经确定以后的宋金刚再也无法构成威胁,与追杀一个没有威胁的人相比,他还有更重要的事要做。

他来到一个叫张难堡的地方。浩州的唐军已经在这里坚守了大半年。

我不会忘记,是你们的坚守阻断了刘武周跟宋金刚的联络。如此,才有了今天的胜利。

辛苦了,实在是辛苦。

李世民慢慢脱下了头盔,堡内的守军看清了那张年轻而刚毅的脸。

堡内欢呼雷动,宣告终结的伊始之光,闪耀于张难堡之上。

接下来,该交代一下某些人的结局了。尉迟敬德率城投降,成为李世民的新部属。相比尉迟敬德,刘武周和宋金刚就没那么多退路了。

收到宋金刚大败的消息后,刘武周没有死守太原,而是向北逃亡,投靠了突厥。紧随其后的,是同样逃亡而来的宋金刚。

没过多久,宋金刚厌烦了啃羊排的日子,想起聚啸山林的快活日子来,没跟突厥打招呼就准备回老家上谷当山大王。突厥对这种不辞而别相当生气,马上派出骑兵斩杀了宋金刚。

而不久,刘武周也接到了通知,他将成为杨政道的部下,去杨政道的政府上班。刘武周当过皇帝,人上去易下来难,自然不会服从这样的工作安排,开始谋划回到自己的发家地马邑,因为保密工作没做好,事泄被杀。

失败的枭雄渐渐被遗忘,而胜利者可以书写他们的故事。这一次,李世民用了一个全新的方式。

很快，在唐军中流传开了一首歌曲，据说是军人自己填词的，描写了李世民大战宋金刚的故事。曲名叫《秦王破阵乐》。

数年以后，这首曲经过重新加工，成了唐代著名的歌舞大曲。

一百年后，唐玄宗亲自谱曲，杨玉环倾情演出而成《霓裳羽衣舞》。

这是唐朝最为盛名的两个大曲：一个刚烈英武，一个奢华壮丽；一个气势磅礴，一个姿态万千；一个金戈铁马，一个清平祥和。

这正是大唐最美的两面。

第十三章　三国杀

◆ 禅让

王世充准备当皇帝了。

上朝的时候，王世充经常用异样的眼神打量着上面的杨侗。这个未满十八岁的少年是洛阳城名义上的主人，他有着别人无可企及的尊贵身份和主宰他人命运的权力。

为什么他可以拥有一切？

王世充经常在想这个问题，也许因为他是杨广的孙子吧。但杨广已经死了，他还有存在的价值吗？

是的，杨侗，你的爷爷已经死了，隋朝已经灭亡，你怎么可以凭自己的杨姓就安然坐在上面，享受着我浴血奋斗得来的一切？

把你的皇位交给我，那个位置并不适合你。那是统领天下的人坐的位置，只有实力最强的人才能够坐在那里。

每次转身离开的时候，王世充都想下次进宫时好好跟杨侗谈一谈换班的事情。

很快，王世充决定打死也不进宫。

有一次，王世充到宫里吃了一顿饭，杨侗请客。吃完饭回到家后，王世充就开始吐。

那时候一般不容易吃坏肚子，何况是宫里的特供，只能说明有人往菜里添加了东西。

想到这里，王世充冒出一身冷汗。本来王世充一直在装忠臣，认了杨侗的娘为干娘，经常进宫表忠心。现在看来，自己是"司马昭之心，路人皆知"，再装下去，就有点儿不诚恳了。

露出你最狂野的欲望，向你窥伺已久的至尊之位迈进吧。

此时，王世充官居太尉，要实现从太尉到皇帝的跨越式发展，不是一件容易的事。毕竟这不是在梁山。要在梁山，只要搞一个酒会，然后大喝一声，掀翻桌子，砍倒老大，从血泊中扶起头把交椅，自己坐上去即可。

这种粗暴式的山寨范儿是不适合朝廷换届的，毕竟山寨不求传二代，可皇位是要传千秋万代的，要是一开头就血腥了，以后说起来不好听。

总而言之，王世充要想漂亮地登上皇位，需要搞一个活动：禅让。

禅让是一门博大精深的学问，在我们国家有着悠久的历史，尧、舜、禹、王莽、曹丕等都是这项活动的参与者。据他们称，他们的前任认为他们道德高尚、能力突出、人气高涨、众望所归……于是，心甘情愿把帝位交给他们。

而前辈的故事也告诉我们，要想顺利完成禅让，必须狠抓两点：祥瑞和舆论。

这一天，王世充又来见杨侗了。当然，他本人没来，来的是他的随从。

王世充给杨侗送来了一把宝剑和一个印。杨侗收下这些东西，然后望着随从。

随从堆着笑脸，向杨侗报告了一件喜事：最近洛河的水清了许多。

什么？

洛河的水清了许多！

随从说到这里打住，但杨侗马上明白了这句话的意思。在古代人看来，河水清跟环保排污没有太大的关系，河水清跟政治清明有很大关系。

王世充，你是想说洛河水因你的贤明而变清了吧。

杨侗有些慌乱，茫然地朝殿外望去。在大殿的飞檐间，他似乎看到了自己悲惨的未来。

杨侗的精神处于紧绷的状态，他时刻准备倾听王世充给他敲的边鼓。可突然听到一个消息，王世充拉着队伍出洛阳进攻唐朝的城池去了。

事实上，这是一个会议，议题是讨论改天换地的可行性及操作方案。考虑到在洛阳城内开这样的会议有些招摇，王世充特地组织了这次活动。

在这次活动中，王世充找到了附己者。当然，对于表示这样干不合适的，王世充认真听取了他们的意见。没多久，提过反对意见的人被调离本职岗位，送到外围打仗去了。

王世充的第二波攻击马上就来了。

这一回，上阵的人不是连名字都没留下的使者。纳言段达亲自上阵，向杨侗陛下汇报工作，并提出了一个请求：鉴于王世充工作努力、成绩突出、德高望重，请求陛下加王太尉九锡。

所谓九锡，是指车马、衣服、乐、朱户、纳陛、虎贲、斧钺、弓矢和鬯九种礼器。这些礼器通常是皇帝专用，特殊情况下，才会赏赐给大臣。曹操、王莽、司马昭等人曾经就是九锡的固定用户。

杨侗自然明白赐九锡意味着什么，于是，马上否决了这个提议，表示王世充刚拜太尉，马上就加九锡有点儿操之过急，还是以后再说。

杨侗不同意，事情也就算完了，但段达是个负责任的人。

段达向前一步，说出了一个不是理由的理由："太尉欲之！"

你给最好，不给也得给，因为王世充要。

杨侗的双手开始颤抖，握紧双拳，努力克制着不让自己拍案而起。然后，直瞪着段达，许久之后，杨侗从齿间挤出了他的答复："随便你们怎么办！"

笑意在王世充的脸上荡漾开来。他很快成为相国、郑王，朝着帝位迈出了坚实的一步。

到了这时，该搞点儿封建迷信了。

东都一个叫桓法嗣的道士献了一本叫《孔子闭房记》的书。据说孔子先生在教书育人之余，把自己关在房里写了一本预言类的书，还是图文并茂版的。孔子他老人家到底有没有写过这本书就不知道了，但显然孔子老师的名号还是管用的。

大概是因为泄露天机太多，此书早被列为禁书。桓道长不知道从哪里搞来一本，还发现里面有一幅画。

在这幅画上，有一个人拿着一根杆子赶羊。经过解读，羊者，隋杨也，一根杆子，就是王字。王在羊后，显然，这是告诉大家，王世充将代隋称帝。

在将孔子请出来背书后，桓老道经过研究，又发现另一位圣人庄子写过《人间世》《德充符》，其中上篇有世字，下篇有充字。

这正是王相国您的名字啊！

桓法嗣为王世充称帝找到了充分的依据。在桓道长的带领下，洛阳城内掀起了一股寻找天意的热潮，大家得出一个靠谱的结论——王世充再不称帝，就是逆天而行。

现在，只剩下最后一步了：杨侗该写一个让位的文件。

最后这一步碰到了一个小问题，杨侗不配合。

在听到百官要求他写禅让书时，杨侗再也没有控制自己的怒火，当场表示王世充要么老老实实地做自己的臣子，要么弑君夺位。

想让我禅让，做梦去吧！

事情搞到这一步，实在有点儿难堪，但杨侗很快发现自己出不了大门了。他在房里绝望地踱步时，以他的名义写就的禅让书已经送到了王世充的面前。

如果王世充马上笑呵呵地表示接受，那说明王世充外行了。

王世充马上板起了脸，义正词严地表示自己何德何能敢接受圣上的让位，这个禅让书还请还给圣上。

当然，让位书没多久又送了过来，"杨侗"十分诚恳地劝王世充担起重任来。王世充原封不动，又送了回去。

如此反复三次，这个过程叫三让。

三让之后，公元619年的四月初七，王世充进宫，正式称帝，国号为郑。

王世充终于坐上了杨侗的位子，望着臣服在自己膝下的百官，心中涌起强烈的满足感。

但王世充要是认为自己走了禅让的流程就能成为真正的皇帝，那就大错特错了。

伟大的先贤孟子曾经专门就禅让发表过论文。在文章里，他指出真正能将天下禅让给人的，不是前任君王，也不是老天，而是天下人。这便是孟子思想重要的组成部分：君权民授。

皇帝不是谁都可以当的。

这一天，王世充的儿子王玄恕出门了，迈出大门时，手上拎着一块腊肉。

王公子准备去拜师，他找的师傅是国子助教陆德明。

这位陆德明是教育界的老前辈了，杨侗和陈朝的著名亡国皇帝陈叔宝在当皇帝之前都曾经是他的学生。

王世充当上了皇帝，他的儿子当然该由陆老师来教。

到了陆德明家的门口，王公子被告知，陆老师生病了，还请改日再来。

改日？腊肉都臭了，王公子不走，表示今天一定要见到老师，行过礼，定下师生名分。

门人露出为难的表情，但最终没有坚持，让王公子进去了。

陆老师诚不欺我，果然生病了，此时躺在床上。

装病这一招也太老套了吧。

王公子决定霸王硬上弓，径直走到床前，推金山、倒玉柱，扑通一声跪在了床边，准备趁陆老师身体虚弱，就此拜师。

正要行礼，王公子的眉头皱了起来，然后屏住了呼吸，慌不迭地从床边站了起来，掩鼻转身逃之夭夭。

陆老师大便失禁了。

在这之前，陆德明老师吃了一些巴豆。现在来看，巴豆的质量很好。

王公子从此有了心理阴影，再没来拜师。顺便提一句，陆德明后来成为唐朝秦王府的十八学士之一。

看来，知识界是不买王世充的账了，而且王世充面对的挑战不止一个。很快，他听到一个让他愤怒的消息：礼部尚书裴仁基准备造他的反。

战胜李密后，王世充接收了不少瓦岗军的大将，裴仁基就是其一。对于裴仁基这样的原隋朝大将，王世充采取了"一手重用，一手防范"的策略。现在看来，这个策略失效了。

裴仁基准备模仿专诸，在给王世充上菜之间，拿把匕首劫持王世充，然后让他的万人敌儿子裴行俨率兵接应，复立杨侗为帝。

收到消息后，王世充先下手为强，抓住裴仁基父子，直接将他们送到了刑场。

此事过后，王世充也做过深刻的检讨，最后他认定这些人之所以反抗自己，都是因为杨侗还在。

王世充还记着以前中过杨侗的毒，这次专门回请杨侗喝酒。奇怪的是，杨侗服毒之后竟然没死，最后还是用绳子靠谱儿。也就是说，杨侗被执行了两次死刑，实在是个倒霉孩子。

杀了杨侗，王世充松了一口气，隋朝的根已经被我断了，你们就老老实实跟着我干吧。

事实证明，王世充还是抓错了方向，杨侗并不是他的竞争对手。杀了杨侗，也无法留住人心。

王世充再一次听到有人跑路的消息，这个消息差点儿让他暴跳如雷。

罗士信跑了。

谁跑，罗士信也不应该跑。

罗士信并不是主动前来投靠的，他是被俘的。抓住罗士信后，王世充亲自给他松绑，给他安排了工作。为了拉拢他，王世充跟罗士信食同桌、睡同榻。牺牲不可谓不大。

王世充大概是想模仿当年刘备与关羽、张飞"食则同桌、卧则同寝"的典故。此处看来，这种拉拢方式不管用了。

问题到底出在哪儿？

王世充又开始自我检讨，经过回忆，他终于想起来了。前些日子，他下令让罗士信将一匹骏马交出来，然后分配给了自己的一位侄子。

因为一匹马，至于背叛我吗？

事实上，罗士信叛逃不仅仅是一匹马的事儿，真正的原因是裴仁基的死。

罗士信与裴仁基是朋友。在张须陀死后，罗士信投靠过裴仁基，他们关系不错。这也是秦叔宝和程咬金投唐后，罗士信没有一起走的原因。

现在裴仁基死了，洛阳城里已经没有了朋友，留着还有什么意思。

王世充真的愤怒了。

为什么这些人都要背叛我？我已经成为九五之尊，我可以给他们官位，可以给他们前途，为什么他们依然选择叛逃？

掌控权力的人不是拥有一切吗？为什么他们不肯追随我？

我对他们推心置腹，为什么依然无法得到他们的忠心？

好吧，既然这一切都是徒劳的，那我就换一种方式吧。

王世充终于决定脱掉自己的伪装。说实话，老是装好人是件很辛苦的事。

为了防止跑路事件再次发生，王世充起用了连坐机制。一人逃跑，全家就戮。要是全家都逃了呢？那对不起，只好拿你的邻居开刀了。大将出征，家属全部入住宫城。据记载，因为宫城入住条件十分宽松，前前后后，入住宫城的达上万人。这是据我所知的史上最大的监狱了。

在辛苦模仿刘备等人失败之后，王世充终于找回了自我，重新拿起了暴力武器。简单、直接，顺我者昌，逆我者亡。

这个世界上有许多种力量。暴力以其见效快、药效猛，成为很多人的首选。但历史无数次证明，迷信暴力的人，永远无法掌握真正的力量。暴力也从来聚集不了英雄，更无法持久下去。

王世充要想留住人才，只有回到问题之初，弄明白为什么没有人愿意追随他。

从中国的历史来看，百姓是崇拜伟人的，他们相信上天一定会派一名伟人来终结乱世。至于这位伟人是不是踩着五彩祥云就不得而知了，但他们知道，这个人绝不是王世充。

王世充作战英勇、意志顽强，还有一些智慧。他本可以成为一员猛将，留名青史，但遗憾的是，他的欲望将他领向一个不属于他的领域。

王世充不是一个合格的领袖。

王世充经常许诺，但从不兑现，重视人才却又猜忌对方，想当好皇帝又怕辛苦。

当上皇帝后，王世充玩了一阵亲民游戏，天天跑到街上闲逛，表示要广泛接纳群众的诉求，充分表现了一位刚登上皇位的人欲大展宏图的迫切心情。

做好人好事需要挑战自己的冷漠，而做好皇帝需要控制自己的欲望。显然，欲望是比冷漠更难驾驭的野兽。

王世充是心无余力也不足。当上皇帝之后，马上暴露出了技能上的短板。

跟说话经常卡壳的宇文化及不同，王世充堪称庙堂复读机，同一件事情总是翻来覆去地说。

王世充自我感觉挺好，可大臣们受不了了，简直要被逼疯了。最后，一位御史大夫实在忍不住，上书表示您老人家太啰唆了，咱们把事情商议一下就可以了，没必要重复提及。

总有一天，王世充会发现自己坐错了位置。普通人定错了位，顶多浪费青春；王世充找错了定位，那就要命了。

第一个让他头疼的是罗士信。自从投唐之后，罗士信被任命为行军总管，跟王世充死磕上了：要么冲到洛阳城外攻打一下；要么趁夜色冲进洛阳外城放一把火；再不然，把洛阳外的禁苑给占了。还有一次，罗士信差点儿将王世充的儿子刺死在战场之上。

一个罗士信都能搅得你天昏地暗，要是李世民来了可怎么办？

武德三年的七月，击败宋金刚和刘武周的两个月后，李世民兵临洛阳。

◆ 刺秦

七月，洛阳以西，慈涧。

夏日的骄阳焚烤着这片大地，涧河里的水似乎都要沸腾起来。

李世民的脸又呈现标志的酱紫色，此时的他连嘴唇都干裂起来。越来越大的喊杀声从四面传来。

骑尘越来越近，也越来越多。

李世民被包围了。

不久前，李世民率领大军抵达河南。到了之后，李世民率领一支骑兵前来观摩自己的对手。

到达现场之后才发现，王世充设了一个圈套等他来钻。

郑军已经四面而来，想要全身而退是不现实的。李世民转身，命令左右先退，自己殿后。

他之所以让左右先退，是因为自信。

普天之下，只有望我背影、吃我马尘的人，这是对自己坐骑的自信。

史书记载，李世民此次所骑的是一匹紫色的大马，名为飒露紫。

紫燕超跃，骨腾神骏，气詟三川，威凌八阵。

当然，在策马甩开追兵之前，李世民还需要给部下创造突围的时间。

在吃我马尘之前，诸位可吃我一箭。

李世民取下了背后的长弓。

箭已搭在弓上，这是一支奇怪的箭，杆很长，杆身略粗，更怪的是，箭尾是四羽。

玩过弓箭的人都知道，普通的箭羽是两尾，也有三尾的，四尾的非常少见。因为尾羽可以起到平衡箭身的作用，但同时也会减慢箭飞行的速度。四羽之箭，意味着要等敌人冲得更近才能射出。

不寻常的箭需要配不寻常的弓。据记载，李世民的大弓是普通弓的两倍长，加长的弓身提供了额外的助力，让四羽箭可以稳定飞行的同时，又不失其力道。据记载，李世民的四羽箭可以射穿门板。

四羽的大箭在战场上空呼啸而过，追兵纷纷倒下，追击的脚步开始放缓，但这些追兵并没有离去，他们远远地跟着李世民。

这意味着，他们并没有放弃追杀，他们在等待一个人，一个可以避开四羽箭同李世民较量的人。

李世民突然意识到了这一点。

王世充辛辛苦苦设了这个埋伏，当然不会只派一些鱼脯上来喂箭。在某个山坡的后面，一定潜伏着王世充的杀招。

如果野史描述的这个武器的细节可信，那么紧接着出现在沙场之上的，应该是一柄长丈七，单手难以合围，刃重七十斤的大枪。

这是让人骨头发寒的大枪，这是挑尽无数白骨的大枪。

这是寒骨白，是赤发灵官、飞将、义薄云天小关羽、二哥单雄信的寒骨白。

在秦叔宝、程咬金、罗士信纷纷背郑降唐时，单雄信选择了留下。

《隋唐演义》里为了解释单雄信为什么不跟随瓦岗的兄弟降唐，编了一个故事。大意是单雄信的大哥因为在野外围观了一场战斗，不幸中了李渊的飞箭意外身亡，从此单雄信同唐朝结下了不共戴天之仇。

这个原因比较悲情，因为家仇，他无法投向更有希望的长安。但真实的原因比《隋唐演义》里的更无奈、更苍凉。

单雄信不去长安，不是他不愿意去，也不是王世充对他太好，而是因为他无法前往。当日王世充跟李密大战，他选择驻兵不动之时，就已经把自己置于孤立的地位。

秦叔宝走时,没有叫他;罗士信走时,也没有叫他。他就知道,自己已经不再是瓦岗军的一员。而在长安城,李密死了,王伯当死了,但许多李密的部属依旧在那里。

他们绝不会欢迎一个导致瓦岗大败的人。

为了坚守住翟让那份已经逝去的友谊,他断绝了身边的友谊,这便是孤独的单雄信的选择。

他只有留在洛阳,为王世充卖命。

什么建功立业,什么荣华富贵,对草莽英雄来说,本就是不该有的奢望。

综合正史和各种野史,大概可以还原如此的情景。

交战之前,王世充叫来单雄信喝酒,碗是金子打造的。这比当年曹操请关羽斩华雄要下本得多。

捧上这杯酒,王世充告诉单雄信,李世民那个小儿自恃力大弓强,没把我们洛阳的大将放在眼里,现在只有将军出去讨回颜面了。

数百骑迫近李世民,单雄信递出了他的寒骨白。据史书所说,离李世民的身体只有区区一尺。一尺之差,历史或许就是另一副模样。

在枪头只需再往前送时,一声急喝阻止了历史朝另一条路前进。

"阿兄住手,此秦王也!"

单雄信转头,然后看到了徐世勣。

我相信单雄信此时涌起的应该是恍如隔世的感觉。

数年前,我们还在瓦岗寨同桌饮酒,并肩作战,许下同生共死的诺言,谁能想到,如今我们竟然站到了对立面!

望着徐世勣的急色,再看看李世民,单雄信明白了。他收住了枪,揽住了马辔,哈哈大笑起来。

"要不是你,这小子就死定了。"说完,单雄信掉转马头,离开了现场。

许多人对这一幕十分不解,并对史书的记录存有怀疑。确实,沙场之上,你喊一声"此乃秦王",单雄信就不杀李世民了?这世界上哪有这么便宜的事。只怕知道是秦王之后,更要痛下杀手。毕竟这是对方的主帅,杀了他,可以立功,可以退敌,甚至还有可能决定整个战役的胜负,影响天下的归属。

任何一个武将都无法拒绝这种诱惑。

但我依然相信这个记录的真实性,因为它的主角是单雄信。单雄信从来不是纯粹的武将,他只是一个草莽英雄。在他的人生里,胜利与荣光并不是第一位的,效忠也不是他人生的第一要义。

在他眼里,什么王世充,什么李世民,都不如情义来得重要。

既然徐世勣不让我杀,那我就不杀,管他是秦王还是唐帝。

因为徐世勣是我的朋友,仅此而已。

太阳已经西斜,夕阳将单雄信的影子拉得很长。

他只是遵循着自己的原则活在乱世,没有理会这是否是正确的生存之道。

单雄信放了李世民一把,王世充当然火冒三丈。但老王还是沉得住气的,他没有追问单雄信为什么不执行军令,而是告诉对方,这次让李世民跑了没事,单将军也不要灰心,以后还有机会斩下此小儿的头颅。

所有人都知道,李世民自视甚高,经常轻兵深入,只要有足够的耐心,一定能再次堵住他。

俗话说得好,不怕贼偷就怕贼惦记。被王世充惦记上以后,李世民又一次陷入了重围。

九月的一天,李世民领着五百骑出营,跑到邙山上。邙山是洛阳北面的一座山脉,风水很好,历来有"生在苏杭,死葬北邙"之说。李世民是来看地形的。可登上邙山这一刻,王世充已经悄悄尾随而至。

王世充率了一万兵马,还没忘记带上单雄信。

单将军,这一次不会失手了吧。

单雄信领兵而去,他已经为徐世勣放过李世民一次,现在,他将为王世充击杀李世民。

王世充待他不错,据《隋唐演义》所说,王世充还把自己的亲妹妹嫁给了他。

出战之后，单雄信直接奔向了李世民，并很快来到对方面前。

枪已经举起，他再一次将决定战役胜负的机会握在了手中。

此时，徐世勣不在战场，单雄信不再需要顾及对方的面子。

此时，他熟识的秦叔宝、程咬金都不在。

此时，他已经靠近李世民，李世民的四羽大箭已经发挥不出威力。

只需一枪，决定天下。

枪刺出时，单雄信的眼里只有李世民；枪刺出时，他已经感觉到即将成功的喜悦。但马上，一种压迫感横陈而来。

一声大喝如惊雷般炸响，单雄信只是迟疑了一刻，一把马槊就横刺而来，直接将他扫落在地。

半路杀出来的不是程咬金，而是另一位大将——尉迟敬德。

就在今天早上，这位刚救了李世民一命的人还在大牢里关着。其原因说起来有点儿复杂，一开始是一个叫寻相的军将逃跑了，而这位寻相跟尉迟敬德以前都是刘武周的部属，两人一同降的唐。

寻相跑路之后，大家一看，尉迟敬德还没跑呢，现在不跑不等于将来不跑，况且尉迟敬德跟寻相这么熟，寻相跑了，他能不知道？于是，尉迟敬德还没搞清楚情况，就被关到了牢里。

干这事的是屈突通和殷开山，这两位保持高度警惕心的人在山西战场怕是吃过尉迟敬德的亏，不排除公报私仇的可能性。

将尉迟敬德关起来后，这两个老哥儿们兴冲冲地跑去告诉李世民："尉迟敬德这个人太厉害了，现在既然已经关起来了，他的心里肯定有埋怨，留着他只怕有后患，干脆杀了！"

说完，两位充满期待地等着李世民的答复，只要李世民一点头，就准备立刻送尉迟敬德上西天。

李世民望着兴致颇高的两位，反问了一个问题："尉迟敬德如果要叛逃，怎么会笨得等寻相逃了还留在营里？"

屈突通和殷开山听到了一个明确的答复——马上释放尉迟敬德。在悻悻然离开之后,两位又收到一个吃惊的命令:"将尉迟敬德带到我的卧室来。"

尉迟敬德从牢里出来了,又进入了李世民的卧室。至于两人在卧室里干了什么,屈突通跟殷开山一时半会儿是无法知道的。只知道尉迟敬德从李世民的卧室出来时,腰里鼓鼓,腰板很直,脚步开阔而自信。

据史书记载,在卧室内,李世民跟尉迟敬德进行了一段对话。

李世民掏出了一包金子:"我们大丈夫讲究意气相投,不要介怀这一点儿误会,我也不会相信那些谗言,以免害了忠良。我相信你也会明白这一点。如果你要走,这些金子就算给你的路费,以表我们共事的情谊。"

这段对话不像王爷跟军将的对话,像极了宋江跟武松的对话。由此我们终于可以知道为什么有那么多豪杰愿意追随在李世民的身后。

尉迟敬德选择了留下。从卧室里出来之后,这位大汉成了李世民最忠诚的部下。

尉迟敬德的杀出,再一次让王世充的美梦落空。单雄信落马坠地,幸亏手脚麻利,借势逃了开去。

尉迟敬德护卫着李世民脱离包围圈,重整旗鼓,卷土而来,大败王世充。

这是单雄信对战李世民的第二枪,也是最后一枪。他将再没有这样的机会了。

李世民的反击即将来到。

◆ 破胆之战

时间来到第二年,武德四年(621)二月,洛阳西。

李世民将大军推进到王世充的眼皮底下。为了迎接对方,王世充亲自出城,与李世民隔着谷水对望。

平心而论,两位都是胜利者,他们都是经历了血战、战胜了强大的对手才站到了这里。区别是，王世充已经到达极限，而李世民势头正盛。

皇帝已经当了，还求什么呢？能维持这样的生活就足够了。

于是，王世充向对岸喊话，表示现在隋朝已经完蛋了，大家和平共处，唐帝管关中，我管河南，大家井水不犯河水。我王世充也从来没有西侵过，怎么唐帝举兵而来？这好像有点儿说不过去吧。

显然，王世充想回到南北朝时期的分裂状态，这是一个不怎么美好的愿望，也是一个不切实际的愿望。纵观中国历史，《三国演义》中的一句话已经解释清楚：合久必分，分久必合。

天下已经分裂了四百年，大分裂的时代已经走到了尽头，一统天下是历史的必然选择。而身处最后的黑暗中的枭雄唯一可以争取的就是成为大统一时代的胜者。

这是一场必须决出胜负的竞赛，这场残酷的竞赛只给最后的胜者发放金牌，第二名跟第三名得到的不是银牌，也不是铜牌，而是棺材。

李世民笑了，不明白凭这样的觉悟，王世充是怎么掌控住洛阳的。王世充不是第一天参与这个游戏，应该知道这个游戏里没有平局，只有胜利者跟失败者。胜利者拥有一切，失败者一无所有。

李世民断然拒绝了王世充递出的橄榄枝，并告诉对方，此次奉诏取东都，不让和，你要谈，就跟我爹谈去。

这就是打太极了。

王世充别太天真了，求情是没有用的。正如你一路走来，求情、妥协何曾起过作用？在乱世里，只有实力才能决定生存。

觉醒的王世充终于抛弃了幻想，并对李世民的拒绝迅速做出了回应。

十三日，洛阳，早晨。方诸城门大开，从里面杀出两万兵马，因为跟唐军打了大半年，兵力损耗严重，这两万兵马属于倾城而出了。

能让王世充倾城的当然是李世民。此时，李世民正在洛阳城西的青城宫扎营，因为初来乍到，营房的壁垒还没有完工。

两万兵马冲到谷水，摆出了渡水袭击的阵势。

唐营开始骚动。史书记载，诸将皆惧。

这是王世充的机会。但王世充做出了一个奇怪的举动，他并没有下令攻击，而就在岸边鼓噪。

让王世充做出这个决定的原因是他胆怯了。用一句歇后语来解释应该是恰当的：麻秸秆打狼——两头害怕。

两方在江水边对峙，直到一股狼烟升起。

就在王世充的两万大军在谷水边叫阵时，对岸的邙山上一支骑兵登上了山头。

李世民望着对面的郑军，心里纳闷："对方既然来了，为什么又不攻击呢？"

观察一阵子后，李世民终于洞察到了王世充的内心。

这是王世充的最后一击，所以心理负担大，怕输的思想很重。这才出现杀到一半就停步不前的情况，他指望唐军被吓退，好趁机袭击。

好吧，如果这是王世充最后的侥幸，那就彻底击溃他，让他从此再也不敢从洛阳城里冒出头来。

李世民叫来了屈突通，嘱咐他率五千步兵渡河发起攻击，并特别指示只要一交兵，就放狼烟。

步兵，狼烟，渡河先击。

这是李世民的惯用套路。

在兵法上，有一对称为"正奇"的重要概念，所谓"正"就是堂堂正正地用兵，奇则是用诡计、奇计。但如果大家就此区别正奇那就大错特错了，在军事家们看来，正奇并不是一成不变的。它们跟阴阳一样，相互对立，又相互转变，正可以为奇，奇也可以为正。而真正的名将则可以将正奇运用如神，正亦为奇，奇亦为正，使正奇进入到无形的境界，从而变化莫测。

提起李世民，大家多认为其是贤明的君王，事实上，他也是一位能自如运用正奇的名将。

屈突通的五千步兵渡过谷水，冲向了王世充的两万大军，这是唐军的"以正合"。

狼烟点起之时,唐军祭出了"以奇胜"。

一千余精骑从邙山直奔而来,这是李世民的玄甲军。骑兵全部着黑甲黑衣,由秦叔宝、程咬金、尉迟敬德、翟长孙分别统率。前三位大家都熟,后一位是李世民收编的原薛仁杲部将。

这支玄甲军成为唐初最为善战的骑兵,它的威名甚至影响了三百多年后的军队。唐亡之时,李世民的一位粉丝也组织了一支黑衣军,这支黑衣军曾经横扫中原,所向无敌。它就是后唐李克用的黑鸦军。

灰色的狼烟跟黑色的玄甲军很快混成一片,突然杀出的骑兵接管了这场战斗。

冲到谷水对岸后,李世民做了一个出人意料的决定。

他率领数十骑径直冲开王世充的军阵,一路杀一路跑,竟然冲穿了对方的军阵,杀到了对方的身后。史书记载,李世民是嫌刚才在山上看得不清楚,所以亲自以身为尺来量一下王世充大军的厚度。

这是一个冒险的举动,在冲穿对方的军阵后,李世民发现随从走散,自己来到了一条长堤边。往前是河水,往后是郑兵,而他的坐骑已经中箭。

李世民骑的依然是那匹飒露紫。

紫色的大马已经放慢了飞奔的脚步,一支箭深深刺在它的胸前。它曾经与它的主人出生入死,让对手望尘莫及,但此刻,它已经无法再驮着主人杀出重围。

郑军正在靠近长堤。

秦叔宝不在,程咬金不在,尉迟敬德不在,翟长孙也不在,但总算还有一把刀在。

一位大将回马,面对郑军连发数箭,紧追不舍的郑兵放慢了脚步。此人翻身下马,将马让给了李世民,自己一手牵住了飒露紫,一手提起了大刀。

此人,乃唐将丘行恭。

怒吼声在长堤边炸响,丘行恭挥舞大刀,护卫李世民冲出了重围。

回到军营之后,丘行恭扶住马头,慢慢拔出了飒露紫胸前的那一支箭。

于他来说,这匹战马就如同战友一般。

箭出之后,这匹征战沙场的宝马倒在了营前。

此情此景后来被雕刻成石像,立于李世民的昭陵之前。这幅雕像现藏于美国的宾夕法尼亚大学博物馆。

李世民没有亲自去拔箭,因为他需要复仇。

回到大军的李世民重新组织了进攻,应该说交战双方都体现了大无畏的精神,没有人胆怯,也没有人逃跑。因为每个人都知道,这是决定胜负的一战,所有人的前程、性命与此战联系在一起。

从早上开始交战,到了中午的时候,胜负终于分出,王世充下达了退兵的命令,开始退入城内。而李世民乘胜追到了洛阳城下,并乘机将洛阳城围了起来。

现在终于可以确定,王世充再不会出城袭击了,但最终的胜利并没有来到。事实上,李世民马上就发现,真正的挑战才刚刚开始。

他将要面对战场上最为残酷的战斗:攻城战。

十多天后,李世民向洛阳城发起了攻击,他相信已经击破了王世充的胆气,只要大军发动攻击,洛阳城指日可下。

在攻城的一开始,他并没有意识到,为什么雄霸中原的李密艰苦奋斗数年,还没有拿下洛阳。

洛阳并不易攻,事实上,任何一座城池都有可能成为名将的滑铁卢。

连下七十城的战国名将乐毅,最后被阻在莒和即墨两座残破的小城外;北魏太武帝拓跋焘率五十万大军乘胜南下,却被阻在仅有数千士兵的盱眙城;赵匡胤数围太原,始终不得其入;岳飞在幽州城下,也感叹过幽州如山般高的城墙;横扫欧亚大陆的蒙古铁骑动用了最精锐的军队,也被阻在襄阳达三十八年……

跟野战不同,城池攻防战更多的是意志较量,只有杀戮与死亡,只有每一个城头的冲杀与搏斗。没有多少技巧,没有多少捷径,只有用血与肉去堆一条通往城门另一边的道路。在这个较量当中，伤亡会每天累积，疲惫会每天增加，锐气会渐渐被磨去，信心会渐渐失掉。所以，兵神孙子才会在其著作中警告所有的后辈，千万避免去强攻一座城池。

"故上兵伐谋，其次伐交，其次伐兵，其下攻城。攻城之法，为不得已。"

以李世民的军事经验来看，攻城战并不是他的专长。他擅长的是野外作战，擅长利用机动灵活的铁骑发动突然攻击来击败对方。面对高高的城墙，深深的护城池，铁骑无法发挥优势。

城池攻坚战，是李世民军事上的短板。当然，说李世民没攻过城池也是不准确的。他曾经参与过长安的攻坚战，但辩证法告诉我们，具体情况要具体分析。长安跟洛阳虽然都是中原的大都会，但两者还是有差异的。

差异不在城墙的高度，也不在城池的深度，差异在人心上。

读过《西游记》的人都知道，孙悟空能大闹天宫是因为神仙们都是替玉帝打工的；而取经路上，转行当妖怪的神仙坐骑把孙大圣搞得焦头烂额，孙悟空只好四处请神拜佛，究其原因是妖怪们都是自己创业的。

长安和洛阳的差别亦是在此。长安城的守将都是替人打工，老板杨广远在江都，自然出工不出力。但洛阳就不同了，王世充是自己创业的。

王世充没有退路，要想继续当皇帝，就只能守住洛阳城。

李世民没有退缩，因为他要想接下来有机会当皇帝，就必须攻下洛阳城。

上个月，李渊叫人给李世民带来一个口信：不拿下洛阳绝不收兵；攻陷洛阳之后，洛阳城内隋朝皇室的车驾仪仗、图书簿籍以及器械都要收集起来。

为了鼓励二儿子艰苦奋斗，李渊经常玩这样的小暧昧，让李世民同学经常产生这样的念头：这个天下现在是我的，将来就是你们的。你们包括李建成，也包括你。

这个口信将李世民搅得热血沸腾，他反复琢磨着这句话，仿佛看到了一些暗示。

因为积极性瞬间高涨，李世民忘了重要的一点，这只是一个口信，是无法成为呈堂证供的。

得到暗示的李世民向洛阳城发动了猛攻。为了拿下洛阳，李世民利用兵力上的优势从四面攻城，还采取了两班倒的作息制度，日夜不停。

在强攻十多天后，李世民不得不叫停了进攻。

洛阳城依然牢不可破，唐军损失严重。

为了应对唐军的猛攻，洛阳城拿出了大规模杀伤性武器，据史书记载，如下：

大炮飞石重五十斤，掷二百步。八弓弩箭如车辐，镞如巨斧，射五百步。城内加强联防，严制里外串联，十多位欲翻墙寻找自由的人被当场斩杀。

兵法曾经说过：杀士卒三分之一，而城不拔者，此攻之灾也。

李世民正在朝这个灾难靠近。很快，部将纷纷请求班师，远在长安的李渊也派人前来让李世民回家。

就这样放弃洛阳，放弃一统天下的机会，放弃自己争帝的机会？

李世民的脸开始变成愤怒的酱紫色。他压低着声音，一字一句地告诉部下："洛军未破，师必不还，敢言班师者斩！"

放弃退路吧，我绝不在王世充面前认输！我的骄傲、我的未来，绝不允许我在洛阳城面前低头。

李世民如此坚决是有原因的。从统计学来看，在洛阳城败下阵来的人都没有好下场，杨玄感、李密就是例子。另外，有一个消息估计也让李世民比较抓狂，他的大哥李建成最近在边境上击败突厥，新立了战功。连太子爷都去前线立功了，老二却灰溜溜地回长安，这以后怎么跟李渊提分蛋糕的事儿？

现在，退不能退，猛攻又没有效果，危机之下，李世民终于恢复了冷静，重新回到先贤们指明的道理上来："用兵之道，攻心为上，攻城为下。心战为上，兵战为下。"

李世民用数次交战挫败了王世充的出击，削弱了王世充的兵力，击碎了王世充的胆气，打倒了王世充的信心，但王世充仍保有一件东西，一件足以让他支持下去的东西，那就是希望。

希望，是每个濒临绝境的人最后的支柱，也是每个坚守城池的人最后的动力。

王世充依然有希望，他的希望不在洛阳城内，而在塞外，在河北。

武德三年底，李世民刚发兵洛阳时，李渊收到一个消息，驻守太原的并州总管李仲文与突厥勾结，准备趁唐军主力在河南之时，发兵直入长安。

李仲文并不是第一次露面。他是李密的叔叔，在前面的刘武周之战中因为坚守浩州、断其粮路立下大功升为并州总管。而李仲文跟他那个点子多的侄子一样也是一个有理想的人，准备借突厥之力搞割据，当山大王。

李渊迅速做出了反应，召回李仲文处死。内鬼李仲文死了，但事情并没有结束。很快，情况越来越清楚，所谓的李仲文引突厥入长安只是突厥整个南下计划的一部分。

突厥人准备了一个庞大的进攻计划，这个计划最初是梁师都提议的。眼看着当年一起搞割据的李轨、薛举、刘武周等一个个被李渊干掉，梁师都嗅到了死亡的气息。于是，他自告奋勇，愿当带头人，引处罗可汗进军中原，并为此制定了一个四路齐进的计划。

在这个计划里，一路兵马经原州南下，一路经延州与梁师都会合且南下，一路经幽州与窦建德会合且南下，王世充则在洛阳拖住唐朝的大军。整个计划可谓四大门派围攻长安。

得到消息的李渊坐立不安，虽然唐朝已经做大做强，但要同一时间四线开战，胜算实在不大。于是，李渊只好又向突厥派出了使者。不同的是，除了带去钱，李渊的使者还带了另一样东西。

不久后，李渊收到了从突厥传来的消息。听报后，李渊松了一口气，准备马上到太庙给列祖列宗上个香。

继薛举、始毕可汗暴亡之后，正准备集结突厥各部且兵分四部进犯中原的处罗可汗，也在出征前去世了。

史书的记载十分玄乎。在出征之前，处罗可汗算了一卦，卦象显示不吉，可处罗可汗相信人定胜天，执意出征，导致天生异象，如下了三天的血雨，国中的狗集体吠了个通宵。至此之后，处罗可汗就病倒了。

这是迷信的说法。在史书中，关于处罗之病还有另一种说法。处罗是在唐朝的使者到达之后突然病倒的，而处罗病倒之后，使者马上被关了起来，因为他被怀疑给处罗下毒。

到底是中毒病倒，还是上天的安排，估计只有最后送处罗上路的义成公主知道了。

因为突厥人的医疗条件比较落后，义成公主决定亲自给处罗可汗治病。

本着把活马当死马医的精神，义成公主给处罗可汗吃了五石散。这个药比较猛，人服用之后十分亢奋，浑身燥热。

服药作用很明显，没多久，处罗可汗因毒疮发作而亡。

南侵总策划师、总指挥师处罗可汗死了，突厥人忙着办丧事，自然没空南下攻长安，去解王世充的洛阳之围。

王世充的一个希望破灭了，但他还有另一个希望。

最后的希望在河北窦建德身上。

自从王世充称帝之后，窦建德终于也称帝了。公元619年年底，趁着唐朝在大战刘武周，窦建德率兵攻克本属于唐朝的洺州，然后将都城搬到了这里，筑起了万春宫，过上了定居的生活。

但根据史书所写，窦皇帝的生活水准和帝王相差甚远。

在隋末唐初的诸位枭雄当中，窦建德是一个另类。当了皇帝之后，窦建德还保持着以前当农民时艰苦朴素的作风：不吃肉，不穿好衣服，饭还是糙米做的，只有一个老婆，即曹氏。在他的带领下，曹氏挂着皇后的职称，却只有农妇的待遇，不穿绫罗绸缎，手下的丫鬟、小子只有十来人。

按人员编制算，窦建德连一个地主都赶不上。

在对外政策上，窦建德也显得过分仁慈，从不轻易杀降。他曾经抓获了唐朝的公主、大将、王爷，可最后都放了人家。在他的领地，生活生产秩序基本正常，也没有强盗横行，夜晚商人们都敢在外面露营。这大概是二百年后，山东人依然记得这位夏王的原因。

对待将领，窦建德十分大方。纵横山东数年，窦建德攻下不少城池，斗过不少地主，抄过不少国库，但得来的财产全部分给了将士，自己分文不取。靠着这种"有苦我来吃，有财你来发"的轻财重义精神，窦建德聚集了一大批豪杰，战胜了河朔地区的竞争对手，从淘汰赛中杀将出来，一举进入最后的决赛。

但必须说明的是，枭雄比拼的不仅仅是安全生产，也不仅仅是道德竞赛。通俗点儿说，两国相争，比的是综合国力。

现在，中原只剩下三名选手了，分别是关中的李渊、河南的王世充，以及山东的窦建德，他们中间注定只有一个人能笑到最后。

武德四年的春天，窦建德率领十万大军从洺州出发，奔向洛阳，去参与那一场三国杀的大战。

他是打着救援王世充的旗号前进的。

窦建德跟王世充这些年经常发生擦枪走火的事件，但在共同的强敌唐军面前，这两位枭雄没有其他选择，只能抱团取暖，共同抗唐。

窦建德的突然加入使原本陷入胶着状态的洛阳战局平添了一分变数。

是退兵回长安，还是进军迎击窦建德，或是驻兵不动，静观其变？

历史又到了抉择的时候。

李世民召集起他的部属，这里面有同他一起并肩作战的武将，也有为他出谋划策的谋士。在这里，没有身份地位的差别，有的只是见解的差异。

很快，许多不同的方案纷纷出炉。有的表示窦建德来势汹汹，应该暂避其锋；有的建议主动出击，占据险要，再寻机击破；有的认为绝不能让郑夏两军合至一处，不然，一统天下的时间将大大推迟。

每个建议都有合情合理的分析，粗看之下，他们都是正确的。但李世民知道，这里面只有一个才是正确的选择。

从所有充满诱惑的道路中找到正确的那一条，这就是李世民的职责。

李世民站了起来，扫视着这些部属。这些都是跟随他转战南北的老部下，他们曾经一起取得了很多次胜利，但所有的战斗、所有的决定都不如这一次的重要。

成者，一统天下；败者，三国鼎立。

三国鼎立对于王世充、窦建德来说是可以接受的，但对于唐朝，这是无法接受的，尤其对于李世民来说，意味着失败。

当李世民的目光停止游走时，他已经下定了决心，他选择的既不是退让，也不是静观其变，而是主动出击。

李世民再一次分析了目前的局势，指出王世充已经兵催食尽、上下离心，不用费劲力攻就可以攻克。而窦建德最近连战连捷，将骄卒惰，我们应该迅速占据虎牢关，扼守窦建德前进的道路。他若来攻，就战胜他；若不攻，王世充就会自己崩溃。一旦洛阳城败，我军士气则大盛，可以一举击败窦建德。

分析完这些情况后，李世民提高了声调，斩钉截铁地说出了他的计划："分兵前往虎牢拒敌，我已经决定了！"

击败窦建德，从而击碎王世充最后的希望。不再推迟，不再后退，不再等待，就在这一战，扫除一统天下最后的障碍！

李世民决定亲自率领三千五百人前往虎牢阻拦窦建德，同时安排了一支部队继续围困洛阳。

被分配围困洛阳的是李元吉。这次出征，李渊特地安排小儿子李元吉来当副手，一来是为了锻炼一下小儿子，二来也为了限制一下李世民的势力增长。对于来抢镜的小弟，李世民毫不客气，把围困这种没有功劳只有苦劳的力气活儿交给老弟了。

剩下的就是分兵了，李世民领他的玄甲骑兵转场，李元吉领着剩下的步兵围城，但操作起来有一个很重要的问题：提防王世充。

虽然王世充目前的状态是半死不活，但毕竟没死透，万一发现唐军分兵，阵营松动，说不定就要冲出来占便宜。

看来，只有半夜出发，不能打草惊蛇。

李世民分配完任务，微微一笑，指出了分兵的时间。

明天中午，大军起拔！

第二天的中午，阳光明媚，视野开阔，王世充听到一个消息，城外的唐军好像有动静。听报后，王陛下连忙登上城楼，伸长了脖子，果然发现城外的唐军中有一支骑兵正在离去。

唐军这是要干什么？撤退，还是又设了一个陷阱？

大中午的，城楼之上太阳很大，王世充的额头上马上渗出了豆大的汗珠。可让他焦虑的是他摸不透对方的真实意图，于是，只好结结实实当了一回围观群众，站在太阳底下为李世民送了一回行。

不欺售欺，"兵者，诡道也！"

李世民奔赴的是虎牢关，虎牢关位于今天的河南省荥阳市，是洛阳的东面门户，《三国演义》中吕布战三英的故事就发生在这里。当然，这个故事是罗贯中虚构的。在历史中，虎牢关曾经发生过一场更为重要的大战。

八百多年前，中原的两位枭雄刘邦和项羽在此对峙，刘邦在落于下风的情况下转败为胜，一举奠定楚汉争霸的胜势，并最终战胜无敌的楚霸王，建立了延续四百年的大汉朝。

今天，这片古沙场将见证另一个伟大帝国的崛起。

翻邙山，经河阳，过巩县，急奔一百多公里之后，李世民终于抵达虎牢关。在虎牢关外，他松了一口气。虎牢关依然在唐军的掌控中。

此时，窦建德正在虎牢关东二十里地的板渚驻营。

窦建德是一路扫荡过来的。在发兵洛阳之前，他先后平定了两支武装割据势力，缴获了大量物资，收编了不少士兵。部队一壮大，自然走不快，这才让李世民抢先一步占据虎牢关。

李世民的围洛打援成功了第一步，但现在还不是庆幸的时候，进入虎牢关之后，李世民发现窦建德这回的阵势有点儿大。

窦建德号称大军有三十万人。三十万人有点儿夸张，实打实十多万是有的，况且，窦建德还是亲自前来。对窦建德来说，这是一个冒险的决定，也是一个充满草莽气息的决定。这种当了皇帝还赤膊上阵的事情，贵族子弟出身的李渊是绝对不会干的。

窦建德实在是够义气，为了救王世充，家底都搬出来了。

与此同时，虎牢关内除了原本不多的守兵，只有李世民新领来的三千五百骑。以三千五百骑如何阻击统率十万大军的窦建德？

秘诀是短、平、快！

武德四年三月二十六日，李世民进入虎牢的第二天，板渚。

窦建德选择在板渚筑行宫是有原因的，这里是黄河边的著名渡口，还连着大运河。此时，运河之上，窦建德的运粮船一艘接着一艘。

解决了粮食问题的窦建德并不急于进攻，从后面的情况推测，他到河南来，不仅仅是救王世充这么单纯。

这种心态使他没有第一时间占据虎牢关，也使他没有发现李世民已经将"枪口"对准了他，直到对方找上门来。

这一天的早晨，一位巡逻的夏军将领发现了异常情况：前方出现了数个士兵，领头的是一个二十出头的青年和一个正当壮年的军将。

根据他们的着装，可以判定这是唐朝的士兵。发现这个情况后，夏将并不着急，在他看来，这不过是唐朝的侦察兵。

我们夏朝行营正大光明，你们要看请随便。

打定这个主意后，夏将没有理会对方。事实证明，这是个可怕的错误，忽视对面这支小分队的后果是相当严重的。

一声呼啸突然而至，夏将中箭倒地。倒地之前，他听到的最后一句话是："我是秦王！"

发箭者，是李世民；壮汉，尉迟敬德是也。

一跑来就出手伤人实属迫不得已。这一天，李世民跟尉迟敬德前来踏营，因为跟班比较少，对方竟然不把他放在眼里。无奈之下，李世民只好发箭，自报家门。

剩下的夏国巡逻一哄而散。没过一会儿，远方卷起一阵乱尘，收到消息的夏军听到李世民竟然送上门来，连忙杀出四五千兵马前来迎接。

这下是捅马蜂窝了。身边的唐兵虽然常跟李世民干冲锋踏营的事，但这种没事找事还是第一次，不由得脸色大变。

李世民再一次露出了轻松的笑容说:"你们先走,我跟尉迟敬德殿后。"

秦王以前一个人时就自恃箭术高超,经常干殿后的事情。现在身边又多了一个尉迟敬德,他更没有把追兵放在眼里。

"吾执弓矢,公执槊相随,虽百万众若我何!"

"对方见到我退去,实是上策也!"

从经验来看,这两句话夸张的成分并不大。但可惜的是,夏兵是第一次跟李世民打交道,更没有见识过尉迟敬德的槊术。

于是,数千追兵终于气喘吁吁地赶到,到了之后才发现自己太着急了,对方并没有逃跑,还在原地等他们。

杀了我们的人,竟然还如此嚣张?

摸不着头脑的他们很快就知道了对方如此胆大的原因。

四羽的大箭破空而至,将一位倒霉兄弟射落马下。

怒火在夏兵的胸腔里燃烧,正要怒发冲冠时,又被兜头的冷水熄灭。

又一支大箭射出之后,最积极肯干、冲到最前面的夏兵成了牺牲品。

于是,追赶的脚步停了下来,直到李世民离开。大概是因为拉开了射程,夏兵的勇气又回来了,重新策马猛追,直到再一次进入射程,又等到了那如期而至的大箭。

如此反复数次。当然,也有个别冲刺能力强的夏兵躲过了大羽箭的射击,成功冲到了李世民面前,等待他的是尉迟敬德的长槊。

据统计,这一箭一槊、一远一近的阻击组合一共击杀了数十人。

只要追击,就能斩杀李世民!

抱着这样的信念,这一队夏兵径直冲进了埋伏圈。

跑着跑着,忽然间喊杀声四起,锣鼓大响,在道路的两边,数百名埋伏已久的唐朝骑兵杀将出来。

黑衣黑甲带来的是死亡的气息,率领他们的是徐世勣、程咬金和秦叔宝。

根据战后统计,斩首三百级,抓获夏军两名猛将。论数量不是太多,重要的是成功打击了窦建德的锐气。

这个下马威的效果是突出的,窦建德被突如其来的打击搞得有些晕,在接下来的一个多月里，他没有发起大的攻击。而就在这三十多天里，唐军的后继部队陆续来到虎牢关，逐渐积累起同窦建德决战的实力。

大战一触即发，但决战并不是窦建德唯一的选择。

◆ 窦建德的计划

四月底，板渚，窦建德的十万大军已经被阻在虎牢关前一个多月。

窦建德陷入困惑当中，情况在一步步向不利的方向滑去。最近，他听到一个消息，自己的运粮船被劫了。

虽然一直在山东活动，但是对于唐军这些年的战斗，窦建德还是比较了解的。断粮路，打持久战，然后趁机发动猛攻，这都是唐军的老套路了。每个人都知道唐军的招数，但这些招数的可怕之处就在于，就算你知道也无法破解。

在清醒中，一步步无奈地掉入失败的深渊，这是薛举、刘武周等人这些前车之鉴带来的警示。

窦建德似乎找到了破解的办法。

窦建德的国子监祭酒凌敬提了一个方案。此人建议窦建德将全部兵马北渡，攻取河阳，然后派兵守住河阳；再分兵渡太行，入上党，直扑太原，跟突厥人会合，回兵关中。到时，不怕洛阳之围不解。

这自然是传说中的围魏救赵。这个方案得到了窦建德的老婆曹氏的大力支持。对于这个可行性建议，窦建德的回复是："书生安知战事，其言岂可用也！"（凌敬被扶出了议事厅。）

"此非女子所知！"（曹后息怒。）

窦建德慷慨地表示，王世充在洛阳日夜相盼，等我去救他。我行走江湖，义气为先，怎么可以畏敌弃信！

豪迈，此言顶天立地，果然不负其档案里的"重然许，喜侠节"六个大字。

史书详细记录了这一方案，在总结时将之作为重点来说明窦建德最终失败的原因，并把窦建德放弃这一善策的原因归结为江湖习气太重。

这个结论是不太准确的。

窦建德风尘仆仆，亲自出马，千里救难，将王世充感动得热泪盈眶，但就此认为窦建德是心地纯良的援助者那就大错特错了。根据我们对他的了解，这位仁兄虽然仗义，但并不是一根筋的莽汉。事实上，窦建德是个心眼儿很多、花活儿很多的外粗内细型枭雄。

举十万大军前往洛阳，窦建德并不仅仅是为了拉兄弟一把。

在前往河南之前，窦建德就做了分阶段的预案，这个计划如下：

第一，援助王世充，让王世充在内抵抗，自己在外进攻。经过推算，如此唐军必定退去。

第二，进军洛阳，观察洛阳的局势，乘势兼并洛阳。

第三，并郑夏二国之兵，乘唐军退兵之机，长驱西入，直取关中。

第四，打完收工。

根据窦建德对付历山飞的经验来看，完全有可能出现解围之后，王世充还没笑出声来就被窦老大一枪撂倒的情形。

这说明，今天的窦建德已经不是昨日的窦建德，往日那个纯朴的小地主已经消失了。乱世使他变成一位极具野心、城府颇深的枭雄。当年的他只不过为了生存而走上反抗道路，而当他扫平山东、雄霸东夏之后，突然看到了逐鹿中原的机会。

没有人能够拒绝称雄天下的诱惑。

由上可知，围太原救洛阳已经无法满足窦建德的需求。救下王世充，回到三足鼎立的局面也不是窦建德的计划。

战胜李世民，吞并王世充，夺取关中，一统天下。就在虎牢关前，就在此战，决出最后的胜负。

窦建德选择了最直接的应对，这并不是一时的头脑发热。他已经看到了唐军的弱点。

经过分析，窦建德发现唐军之所以经常以少胜多，屡战屡胜，在于他们拥有一支强大的骑兵。在古代，一支强大的骑兵相当于一支机械化旅，可以凭其机动性出奇制胜。但任何东西都是有破绽的，正如坦克需要汽油，战马需要草料。

李世民在相持中等待对方疲敝，但他自己的部队同样会疲劳；李世民开始阻截窦建德的粮路，但他的粮路同样不畅通。

望着虎牢关的方向，窦建德在等待一个时机。

对方的粮草怕是不多了，等马料吃尽之时，唐军一定会牧马野外，等对方的战马卸下马鞍之时，就是发动攻击的时候。

在五月初一，窦建德等到了他期待已久的消息。这一天，在黄河北岸，唐军的一千多匹战马在吃草。

好了，唐军的骑兵已经歇工，现在是时候让他们见识一下山东雄兵了！

五月初二，窦建德的十万大军倾营而出，出板渚之后，来到一个开阔之地。此地北面靠着黄河，西边逼近汜水，南面是鹊山，形状颇似动物的大嘴。

在此列阵之后，窦建德叫来了随从，问了一句："此地何名？"

随从回答："牛口。"

牛口？窦建德反复琢磨着这个名字，仿佛很耳熟。终于，他想起来了，在此之前，军中流传着一个童谣："豆入牛口，势不得久。"

联想到自己的窦姓，窦建德心头涌起一股不祥的感觉。但很快，他强迫自己把这种不祥的感觉从脑海中驱逐出去。

我不会相信什么童谣，我的命运也绝不会交给这种无稽之谈。

李世民来吧，拉起你那个百战百胜的队伍，让我们一决高下。

列阵完毕，窦建德派出了第一支叫阵的部队。

三百夏军铁骑渡汜水，直逼唐营。

唐营处在动摇的边缘，显然，窦建德的倾营而出气势颇足，而唐军底气略微不足。导致唐军底气不足的原因在于兵力的差异。

对于窦建德的兵力，史书记载得很明确：十余万，号三十万。而关于唐军的，则显得十分模糊，除了李世民领出的三千五百人之外，没有更多的记录。从窦建德的十万大军一亮相，唐军将领就大惊失色来看，窦建德的兵力数倍于唐军的。

俗话说，双拳难敌四手，怎么击败数倍于己的对手？

此时，李世民正在一处高岗之上，眺望汜水对岸的夏军阵营。在仔细观察之后，李世民松了一口气。

与窦建德交战之前，李世民已经听过这位山东大汉的光辉事迹。对其高举高打、横冲直撞的作战风格相当了解。所以他怀着敬畏之心采取了持久待敌的策略，尽量避免触其锋芒。但当他看到眼前的夏军军阵之时，发现这应该不是传说中那支横扫山东的强军。

事实确实如此。我们提过，奔赴河南之时，窦建德兼并了两支队伍。此时的夏军中，除了原先的骨干，还有不少刚收编的士兵。这才有了窦建德的十万之众。

按常识来说，人多好办事，手下可调动的兵马越多，似乎战斗力越大。但历史告诉我们，兵马越多越容易碰到一个瓶颈：将帅的指挥能力。所以，历史上很多名将都会老老实实地承认自己能够统率的兵马是有限度的，只有以善兵著称的韩信才敢夸口自己带兵多多益善。

经过韩信鉴定，刘邦可以带十万兵，而窦建德的能力显然还无法驾驭十万兵马。

夏军的十万大军陈列在二十里长的地带上，鼓声很响，但节奏并不齐整。

掉转马头，李世民充满自信地告诉部下，眼前的夏军实不足虑，我们只需按甲不出，等其气衰兵饥之时，就是我们追击的时刻。

"我与诸公约定，只要过了中午，一定能击破对方！"

说完，李世民策马下高岗，因为夏军的三百铁骑已经逼到了营前。

夏军骑兵的气焰相当嚣张，冲到营前一里地才停下。停步之后，派人上前喊话，点名要唐军出数百精兵前来玩玩。

这就有点儿关公门前要大刀了。在唐军阵营之中，要论以单挑取胜的，当是秦叔宝；以我打得到你、你打不着我著称的，是尉迟敬德；除此之外，徐世勣、程咬金等人都是擅长掠阵的主儿。

李世民派出了王君廓。

王君廓，山西平定人，原瓦岗将领。此人也是一名猛将，擅长骑射。据史书记载，曾经以十余骑击退过王世充的万余人。

看来，唐军阵营猛人太多，随便拎出一个都可以上阵。但奇怪的是，李世民并没有发挥王君廓善骑射的特点，而是派给其二百长枪步兵出去应战。

出战之后，双方本着友谊第一、比赛第二的精神相互较量了一下，没多久，就各自鸣金退兵。

这并不是真正的对决，这不过是一个试探性的进攻。在此战结束之后，窦建德终于判定，唐军的战马的确还在河北的山坡上吃草，不然不至于只派了二百长枪兵应战。

这是千载难逢的机会，没有骑兵的唐军就像失去獠牙的猛兽，还有什么可怕的。

窦建德开始盘算何时发动攻击。正在这时，他听到了一个令他哭笑不得的消息：自己阵营的一个人被抢了。

被抢的小伙子是王世充的大侄子，叫王琬，是王世充派到窦建德处的联络员，算是郑国的太子爷级别的人物。

本来上阵打打杀杀这种事用不着太子爷上场，但这位兄弟明显爱凑热闹，也骑了一匹马到前线围观。看就看吧，这倒霉孩子偏还骑了一匹好马到战场上来炫耀。

这匹马是王世充从宇文化及手里抢过来的，而宇文化及是从杨广那里抢的。杨广的御马当然是上等骏马。

王琬一出现，就被李世民盯上了，具体点儿说，是他的马被盯上了。

"那小子乘的马真是一匹良马！"李世民遥指王琬，由衷赞叹道。

这一赞叹，王大侄子就悲剧了。要知道，李世民有收集好马的嗜好，更何况不久前，李世民的飒露紫战死沙场，正需要一匹好马。飒露紫战死在洛阳城外，按道理也该王世充的侄子赔。

于是，尉迟敬德马上请缨，表示愿意前去把马抢过来，虽然李世民进行了制止，表示不能以一马而丧猛士。但尉迟敬德领了两个跟班冲了过去，活捉了王琬，并将其马牵了回来。

窦建德没有心情管大侄子被抢的事情。随着时间一点点流逝，他开始变得焦虑起来。

自从李世民抢走大马之后，似乎心满意足，紧闭营门，任凭窦建德怎么挑战都不出来。

李世民到底在打什么主意？

望着纹丝不动的唐营，窦建德皱起了眉头，猛然间，一个念头涌上了心头。

难道对方在等什么？

时间到了中午。

阳光照着大地，汗水自窦建德的额头渗出。在窦建德眺望唐营时，李世民同样凝视着自己的对手。跟窦建德一头雾水不同的是，李世民看到了自己想看的东西。

对面的夏兵开始坐下来，不少人在找水喝。

僵持半天之后，对方终于松动了，但在进攻之前，李世民决定做最后的试探。他叫来了宇文士及，对他说："你率三百骑兵潜行到对方的西边，然后快速在对方阵前向南跑动。如果对方按兵不动，你就领军回营，如果对方出动，你就引兵向东攻击！"

三百骑兵领命而出，当骑兵掠过夏军阵营时，苦等了半天的夏兵纷纷起立，扑向了唐兵。

"可以战矣！"李世民策马而出，身后是源源不断的唐兵。

渡过汜水，唐军主力很快追到了夏军的阵营。

李世民终于等到了对方松弛的时候，并成功抓住时机发动了攻击。等冲到夏军阵营之中，李世民发现自己中大奖了。

在这个关键时刻，窦建德竟然在开会。

也不知道窦建德的夏国是什么规矩，在两军交战之时，中午竟然还要举行例会，召集百官进见，学名为朝谒。

顺便提一下，窦建德行军布阵有个特点：整个军阵分成三道，骑兵在一边，步兵在一边，中央夹着辎重、妇孺和百官等。三道之间相去三里。

唐军冲击的是夏军的步兵。显然，步兵是无法抵抗唐军骑兵的冲击的。于是，窦建德紧急下令，另一边的己方骑兵迅速向步兵靠拢，进行支援。

要成功与步兵会合，就必须通过中道，而窦建德正在中道开例会。

夏军的骑兵奔到一半，前面是乱成一团的大臣，这些都是有品有阶的高官，踩死哪一个都不太好。于是，骑兵停下了脚步，在窦建德大声呵斥大臣给骑兵让路时，唐军的士兵已经冲到了阵前。

夏营乱成一团，但窦建德并没有慌乱。这么多年的征战，他并不是第一次处于下风，经验告诉他，越是混乱的时候越要保持冷静。

仔细观察了四周的地形，窦建德镇定地大声指挥，做出一个正确的决定——向东撤退。

东面，是一处山坡，占据此地，可以居高临下。

很快，夏军撤向了山坡，凭借地形上的优势稳住了阵脚，并成功击退了唐军的数次冲锋。

窦建德再一次看到了胜利的希望，可这希望刚一浮现，便被一阵云吹得无影无踪。那是一片黑色的云，充满金甲气息的黑云。

李世民的玄甲骑兵出现在东坡之前。

程咬金、秦叔宝等人一一出现，玄甲铁骑一个不少，尽数出场。

唐军的战马不是还在山坡上吃草吗？

早在交战前，窦建德准备趁唐军牧马时进攻的消息被李世民的间谍侦察到了。为了配合窦建德，李世民专程领了一千多匹马到河北去吃草，从而成功引出了对方。而这天的早上，李世民又悄悄地从河北将战马带回。

事到如今，只能叹一声兵不厌诈。

玄甲铁骑很快冲开了夏军的防线，直捣夏军的阵后，唐军的军旗顺风扬起。这个信号彻底击垮了夏军的士气。

因为战线拉得过长，夏军之间缺乏联络，当看到唐军的军旗都插到自己的阵后时，窦建德断定自己的军队已经大败。

汜水一线，夏军被唐军追击三十里，丢下了三千余首级，而窦建德本人于混战中身中长枪。

身负重伤后，窦建德向东跑去。他知道，自己的争霸生涯结束了。

喊杀声在窦建德的耳后回荡，身边的人越来越少，就此一战，他输掉了多年来积累起来的一切。策马奔跑的时候，他回顾了自己起事以来的生涯，突然有些茫然。

当年自己家人被隋朝政府屠杀，自己才一怒之下揭竿而起。现在隋朝已经灭亡，自己的大仇早已得报，可为什么还是走到了这一步？

是欲望在牵引着自己前进，事实上，自己并没有必夺天下的决心啊。我只不过是避乱上山的亡命人，怀着侥幸的心理争夺天下，这才会奢望一战而定天下。

没有志向点亮前路，光凭着欲望是无法实现终极目标的。

现在，一切都该结束了，至少属于我的该结束了。

想明白这一点后，窦建德放慢了逃跑的脚步。他很快被唐军追上。窦建德掉下马来，在唐兵的槊刺到他时，他叫住了对方："不要杀我，我是夏王，我能给你带来荣华富贵！"

很快，窦建德见到了李世民。

望着这个颇具传奇色彩的大汉，李世民心满意足，在他的手下败将里，又添了一位重量级人物。

豪迈之下，李世民问了一个不那么高明的问题："我自讨王世充，跟你有何相干，你为什么前来越境犯我兵锋！"

窦建德苦笑。

秦王殿下，大家都是明白人，我不犯你，你必犯我。

于是，他答道："今天我不来，只怕以后还得劳烦你到山东来。"

事到如今，何须多言，胜者为王、败者为寇，仅此而已。

李世民又回到了洛阳城下，他是来介绍王世充跟窦建德认识的。

在城下，王世充、窦建德这两位难兄难弟聊了一会儿，大家以后可能都得在长安吃牢饭当狱友。

王世充果然是打不死的小强，到了这一步竟然还有想法，他准备突围到襄阳开辟另一块根据地。但提出这个方案后，他听到了一片反对声。

五月初九，王世充终于开城投降。从他篡位那年起，已经过去了三年。

唐朝的大军开拔进洛阳，中原的割据终于平复了，长安和洛阳再次统一在一面旗帜之下。

进城之后，李世民打开府库，大赏将士。在唐将关起门来数金银时，徐世勣找到李世民，表示愿意放弃自己所有的官爵来赎一个人的性命。

徐世勣要救的是单雄信。

进入长安后，唐军除了查封洛阳府库之外，还要公开处决一批郑国骨干，其中有王世充的死党段达这样的文官，也有单雄信这样的武将。

不久后，徐世勣流着泪从李世民的住所出来，他得到了否定的答复。

李世民拒绝赦免单雄信应该不是记仇，而是唐朝已经没有单雄信的立足之地。

要是赦免了单雄信，怎么跟以前投靠唐朝的瓦岗将领解释？

徐世勣决定去见单雄信最后一面。在大牢里，他见到了身披枷锁的单二哥。

一个身着唐朝军服，一个身陷牢笼，见面之时，仿若隔世。

当年我们三兄弟在瓦岗聚义，是何等快活，现在怎么落得如今这般模样？

要怪只能怪造化弄人，乱世误义吧。

看着徐世勣带着泪痕进来后，单雄信猜到了结果，他露出了惨淡的笑容说："我早就知道你救不了我。"

徐世勣沉默了。当年他们许下了同生共死的誓言，准备在沙场之上一同裹尸还，哪里想到会有今天这样的情景。

良久，徐世勣说道："我不惜余生，与兄一起死，但我既以身许国，就无法两全。况且我死之后，谁来照顾兄长的妻儿？"

说完，徐世勣解下腰刀，扯开长裤，开始割大腿上的肉，不一会儿，一块血淋淋的肉递到了单雄信的面前。

"让这块肉跟随兄长入土吧，权不负当年我们的誓言！"

接过那块肉，单雄信大口嚼起来。

数天后，单雄信被斩于洛水之上。

单雄信死了，王世充还活着，他跟窦建德一起被押进长安。有权处置他们的是李渊。

李渊对这位跟他分庭抗礼的王老弟很不感冒，一见面就列举了其罪状，准备直接将其拉到菜市口。关键时刻，王世充发挥临危不乱的特长，连忙请出了李世民，表示投降之日，你家爱子已经许诺我不死。

想了一会儿，李渊认可了这个诉求，免去了王世充的死罪，将其贬为庶人，令其搬到四川居住。

虽然从皇帝直降为老百姓，落差有点儿大，但总算保住了性命。

于是，擦擦额头的汗，王世充准备入蜀。那是个养老的好地方，王世充准备喝喝茶、打打牌，度过余生。

这样的生活也算夕阳无限好了，但王世充还是高估了李渊的仁慈。李渊要杀人，并不一定要在菜市场动手。

行至雍州，护卫的人迟迟不到，王世充只好在廨舍等待。刚准备休息，外面就冲进来数员大汉，号称皇上有新的敕令。

人都走到半路了，哪里还有什么敕令，难不成李渊要变卦？再一看传令的人，王世充吓出一身冷汗，拔腿就跑。

前来传令的是定州刺史独孤修。他跟王世充有一些不得不说的过节。

在洛阳时，王世充平定过一起叛乱，叛乱者司隶大夫独孤机因为跟唐军私通被斩杀。独孤修就是独孤机之弟。

刚跑到门口，王世充的脑袋滚落在地，这位崇尚暴力的人最终亡于暴力。

当然，这是一起突发事件，完全是独孤修寻仇报复，跟李渊是没什么关系的。奇怪的是，杀人者独孤修并没有被按大唐律法处置，只是免职了事。

另外的消息是，李渊发现王世充的兄弟们准备造反。这就奇怪了，兵马全无，就靠双拳两脚的，只怕连个县衙都冲不进去，这造的是哪门子反？

李渊对这个案件相当重视，马上批复立刻查处。没多久，案件明了，事实清楚，情节严重，必须从重处罚。

搞了这么一大圈，王世充满门还是被抄斩了。正是君要你死，怎么你也得死。

真正有资格喊冤的是窦建德。

论起来，窦建德是个厚道人，他曾经在交战中俘虏过唐朝的公主、王爷，还有徐世勣的父亲，但最终都释放了他们。

按照战俘平等对待的原则，窦建德也有不死的理由。但李渊连求情的余地都不给，直接将窦建德送上了刑场。

仔细分析一下，便会发现窦建德被迅速斩杀的根源大概在李世民身上。

经过洛阳一战，李世民的翅膀越发硬了，而且这个儿子太会拉拢人。降一个李密，瓦岗的军将个个跟着他跑；打一个薛举，西秦的猛将就都被他招揽了；刘武周败了，李世民的身边又多了一个尉迟敬德；要是让他再收编了窦建德的山东兵马，哪里还管得住？

于是，为了李家父子的平衡，窦建德只好献出自己的生命。这是一个不公平的判决。李唐马上就要为此付出相应的代价。

第十四章　最后一战

◆ 汉东王刘黑闼

武德四年的夏天，三国之战结束后的不久，贝州漳南。

漳南是窦建德的故乡，窦建德是回不来了。此时，另一个游子回到了这里。

他是窦建德的乡党，夏军的大将刘黑闼。

很多年前，窦建德还是乡里的一个小地主时，刘黑闼是一个小混混儿，因为一不爱劳动，二又喝酒赌博样样会，把家里搞得苦不堪言。在没钱喝酒、没钱赌博时，刘黑闼经常找窦建德借。

说是借，但从来没还。

又过了一些年，刘黑闼从乡里失踪了，传言说他成了流寇。

再过了数年，窦建德成了夏王。有一天，他进攻王世充，前面报告抓住了一个大汉，此人号称是夏王的朋友。

窦建德一看，竟然是刘黑闼。

原来传言是真的。那些年，刘黑闼投靠过郝孝德，又加入过瓦岗军，在李密兵败之后，投靠了王世充。

从那天起，刘黑闼就成了夏军的骑将。据记载，刘黑闼在夏军中专管斥候，踏敌营探虚实，因作战勇猛，在夏军中享有"神勇"的名号。

当日刘黑闼是乡里的无赖，窦建德是乡里的地主，这两条截然不同的人生之路最终竟然汇成了一条。

现在这条路又分成两条。

当年我们都选择了离乡闯荡，现在只有我一个人回来了。

在故乡，刘黑闼用多年征战得来的赏赐置办了田地、耕牛，开始做一个地主。他从战场上活了下来，这是他应得的回报。

那些年，我们曾经驰骋沙场，我们曾经并肩作战，我们曾经雄霸山东，我们曾经离坐拥天下仅有一步之遥。

他常向西边眺望，要是可以看到窦建德大踏步地回家，那该多好。跟随窦建德，听着他的大声呵斥，我也许可以安静地做一个农夫吧。

这是一个无法实现的愿望，很快，从长安传来消息，窦建德被斩杀。

没有等到窦建德的刘黑闼，却等到了另一些熟悉的身影。

七月的一天，一行大汉风尘仆仆地来到漳南，经过寻访，他们找到了刘黑闼。

来人是夏国的大将高雅贤、王小胡等人。他们从洺州而来，大老远地来找刘黑闼当然不是为了叙旧。

他们是来找刘黑闼起事的。

见到刘黑闼后，他们焦急地告诉这位颇有声望的猛人："再不做点儿什么，我们就只能引颈待戮了。"

经过七嘴八舌的解说，刘黑闼终于明白了事情的经过。

在窦建德被押送长安斩首后，留在洺州的夏将受到了极不公平的待遇。唐朝的官吏动不动就把他们叫过去询问，甚至将他们五花大绑着用鞭子抽，逼问万春宫里府库的物资去哪儿了。

进入万春宫后，本准备发笔横财的唐朝官吏发现，万春宫已经变成了"万春空"，所有东西都不见了。

这些东西自然不是长了翅膀飞走了，它们是被夏国将领分了。

得不到钱财的唐朝官吏大怒，开始抓捕夏国官吏，追缴物资。

高雅贤、王小胡就在追缴之列，但让他们下定决心起事的原因是接到了一份调令。

从长安来了一份文件，李渊要求征调夏国将领进京，据说是要大大重用他们。

如果窦建德还活着，他们不会有疑惑，但窦建德被杀了，谁还敢去长安？

不让人活，那就反了吧。

诸位军将凑到一起，下了起事的决定。史书记载，他们是比较尊重老天爷的，起事之前，专门算了一卦，得到"如要成功，必寻刘氏"的启示。

没有沛公、玄德级的人物，就随便找个姓刘的凑合一下吧。

他们第一个找的不是刘黑闼，而是一位叫刘雅的夏将。

听完这群人的方案，刘雅表示天下将要安定，自己准备当一个农夫，不愿再起兵折腾了。

这就不对了，方案都告诉你了，你说不愿意？

兄弟们勃然大怒，将刘雅的头斩下，重新在脑海里寻找刘姓人氏，终于，他们想到了刘黑闼。

刘黑闼入伙比较晚，在夏国中知名度不算太高，但事实证明，找带头大哥，刘黑闼正合适。

见到高雅贤时，刘黑闼正在田头种菜，听完高雅贤等人的诉说，菜农刘黑闼愤怒了。

走，你们跟我回家去。

回到家，刘黑闼大声招呼下人："把牛杀了，沽酒来，家里有客人。"

高雅贤等人的脸上露出了欣喜的笑容。

事情已经成了。因为一个地主把牛杀了，无异于做生意的把秤折了，意思就是不想好好过了。

吃了牛肉，摔了酒碗，刘黑闼召集了一百多个乡中子弟冲向了漳南县城。

六个月后……

十二月十四日，刘黑闼站到了洺州城下。在这六个月间，他招抚夏兵，联络盟友，攻城略地，横扫山东。淮安王李神通、幽州总管罗艺、黎州总管徐世勣等唐朝大将俱成为他的手下败将。

现在，他终于打到洺州城，回到了夏国的都城。

洺州的城门已经打开，等待着这位旧人的进入。

刘黑闼转身走到城南，下令在这里摆下道场祭奠窦建德的亡灵。

窦大哥，你未走完的路，以后就由我替你走完吧。

接下来的这个春节，李唐家大概过得并不怎么舒心，因为就在李渊吃团圆饭时，洺州城内的刘黑闼正式称汉东王，改年号为天造。

李渊的年号为武德，大概在刘黑闼看来，李唐已经失德，老天该重造一个天下了。

这个目标看上去并不是那么遥远。在短短的半年间，刘黑闼就重新夺回了原夏国的属地，窦建德的部下纷纷响应，提着唐朝官员的首级做投名状，前来共襄盛举。

事情搞到这一步，李渊一家也不乐意，但谁惹的事，谁就该治理。

◆ 殊死较量

武德五年（622）的元月，李世民连元宵节都没有在长安过，就领着他的大军重新回到了山东。

面对来势汹汹的李世民，刘黑闼并没有全力进击，而是选择缩回拳头，主动放弃了靠近黄河一线的相州，全军退回了大本营洺州。

当日跟随窦建德孤军深入，在虎牢关一败而亡国，刘黑闼认识到击败实力强劲的唐军是一件极其困难的事情，接近于不可能。要完成这个不可能的任务，只有一个方法，那就是向自己的对手学习，将对方引进来，利用主场的优势击败对方。

在唐军进驻相州，逼近洺州，踏入山东腹地时，刘黑闼终于出动了。他率领兵马挺进离洺州三十五里地的肥乡,列阵于洺水之岸。

洺水对岸,便是唐营。

接下来的十多天,两军并没有发起大规模的进攻,而是十分默契地采取了同一种策略,每天各自派一支小分队到对方的营前挑战,要求对方放马过来,决一死战。

谁都没有动。正如两个绝世高手过招,谁都不会率先使出全力,而是反复地试探和挑逗,以期发现对方的弱点。

这是对队伍意志力的考验,从后面的发展来看,也是对队伍凝聚力的考验。

全神贯注地观察唐营,以期找到对方破绽的刘黑闼并没有发现自己的阵营出现了一些异常。

一天夜里,军营里有数名军将牵马悄悄离开了马营。离营后,他们上马直奔洺州下属的洺水县。

不遵守军营作息时间的人是洺水县人李去惑等,他们擅自离营,返回老家,并不是想老婆孩子热炕头那么简单。

回到城下,他们大声向上招呼:"刘黑闼已经大败,大家快逃,慢走一步就走不掉了。"

在这个善意的劝告下,守城的军队纷纷跑路。李去惑顺利进城,召集本县子弟把守城门,然后给李世民送去了投诚信。

李世民大喜。

他一直在为找不到刘黑闼的弱点而着急,现在机会送到了眼前。洺水虽然地方不大,但萝卜不大长在埂上。这里是洺州联络山东各地的中转站,刘黑闼的军粮都要从山东各地运来,控制了洺水,就等于控制了刘黑闼的锅碗瓢盆。

于是,李世民马上派人前去接管洺水,受命的是原瓦岗军将王君廓。

没过多久,李世民后悔了。

当初应该多派些人去,至少派一个比王君廓更勇猛的人去。

刘黑闼向洺水发起了猛烈的攻击。

刘黑闼大怒。

为了战胜对方,他做了充分的准备。他料到李世民会打持久战、会奇袭、会断粮道,可他就是没有想到自己的队伍中会出叛徒。

我待他们不薄,他们为什么背叛我?

这个问题说起来千头万绪,情与义能说上半天,但简单起来也很简单,利益而已。

在判断出两军的形势后,有一些人自然选择了守卫自己的乡土,投靠希望更大的一方。

对于这些,刘黑闼是不会理解的。他只相信"我对你好,你就该尽忠"这样的草莽法则,这也是他"其兴也勃焉,其亡也忽焉"的最终原因。

对于这次背叛,刘黑闼十分愤怒,他甚至不打算跟唐军主力对峙,把大营搬到了洺水城外。

一定要拿下洺水,让叛徒付出代价。

抵达城下后,刘黑闼没有急着攻城,反而开始在两个城门外掘壕沟、竖栅栏。

不仅要攻城,还不让城内的人逃走。可见刘老大的火气实在很大。

在城门外搞隔离工程很简单,但要攻进城就比较麻烦了。

洺水城虽然是个小城,但有一个有利的防守条件:城的四面被水环绕,水面宽有五十步,深达三四尺。

刘黑闼采取了一个笨办法:在城的东北角两处,组织了民兵填柴运土,准备填一条直通城墙的甬道。这个方法虽简单,但有效。

"如果让刘黑闼修成甬道,洺水城一定守不住。"在唐军的军事会议上,跟刘黑闼屡次有交手的徐世勣忧心忡忡地说。

那怎么办?在史书中近乎全能的李世民也没有了主意。他已经组织了三次进攻,准备接应洺水城,但每次都被刘黑闼阻在半路。

援兵无法接近,洺水城成为孤城,看来办法只剩下一个。

李世民扫视了他的部将,这里面有许多能征善战的大将。到了这个时刻,也只能相信他们的个人能力了。

"谁能代替王君廓去守洺水城?"

这是一个死亡任务，也是一个吃苦不讨巧的活儿，历史上出彩的总是攻城拔寨的大将，很少有人会想起死守一城的将领。

李世民的话音刚落，有一个人站了起来："我愿以死守之！"

洺水城头，王君廓已经陷入绝望，他对刘黑闼这种简单粗暴的打法毫无办法，只能眼睁睁看着对方的甬道向自己的城墙铺进。

甬道修成之时，也许就是自己捐躯之时。

关键时刻，王君廓终于看到了生的希望。

这一天，他像往常一样登城督战。上城之后，他看到一阵骑尘卷来，看清旗帜后，万分激动。

亲人终于来了，那是李世民的王旗。

紧接着，王君廓看到对方的令旗挥动，传递过来一个让他倍感亲切的命令：突围撤退！

率领亲信，王君廓准备从南门跑路。事实证明，前方刘黑闼的土方没有白挖，经过一番冲击，王君廓竟然冲不出去。

此门不通，还有他门。

行到北门，在城外兵马的接应下，王君廓总算冲了出来。

离开洺水城时，暗叫谢天谢地的王君廓发现一个奇怪的现象，竟然有一支二百人的唐军跟他擦肩而过，重新冲进了洺水城。

率领这支唐军的是一个熟悉的身影。

谢天谢地谢秦王之余，还得感谢这个以命为赌注，接手这个死亡任务的人。

站在洺水城上，直面刘黑闼攻击的人是罗士信。

在自己的眼皮底下，唐军竟然完成了一次换班。刘黑闼再一次被激怒了。

一定要拿下洺水！

甬道终于修成了，刘黑闼向洺水城发起了猛烈攻击。站在城下，刘黑闼指挥着冲车撞击着本就不高的城墙。火光之间，刘黑闼突然看到漫天的白色。

下雪了。

一股喜悦在刘黑闼的心中涌起。天降大雪，唐军再也无法顺利组织大军前来救援，自己一定能拿下洺水。

事实确实如此，但刘黑闼没想到的是，攻击一个外无援兵、内无险关的洺水城，竟然用了八天八夜。

八个日夜不停地进攻，刘黑闼终于进入洺水城。登上城楼那一刻，他也震惊了，城内一片狼藉，所有的石头巨木都已经用光。

要是城内还有防守器具，也许今天自己还无法站在这里吧。

接着，刘黑闼听到一个让他气愤的消息：当初降唐的洺水军将们都逃跑了。愤怒之后，总算有一个好消息：唐军的主将被抓住了。

在得知唐军的主将叫罗士信后，刘黑闼终于觉得这数日的苦战有了回报。他马上下令要好好对待罗将军。

刘黑闼亲自来到罗士信的面前，苦口婆心地劝他跟自己一起干。让老刘意外的是，罗士信断然拒绝了他的好意。

刘黑闼曾经跟罗士信在瓦岗、洛阳共过事，算是资深同事了。对这位罗士信，刘黑闼自认为是了解的。罗士信并不是一个忠诚之人，当年张须陀兵败，他向李密投降；李密兵败，他向王世充投降；为什么今天不肯向我投降？

刘黑闼一时半会儿是不会明白其中的原因的，这个原因在于"信仰"。张须陀也好，李密也罢，或者是王世充，对罗士信来说，都是人生中的驿站，而唐朝对于罗士信来说，却是最终的归宿。

在唐朝这里，罗士信看到了一统天下的希望。

罗士信愿意以一个唐朝军人的身份死去，他相信他的名字一定会跟一个伟大的皇朝联系在一起。

唐朝的皇帝虽然姓李，但唐朝是天下人的唐朝，是无数人用鲜血换来的。

罗士信说出了他的理由，最终激怒了刘黑闼。罗士信慷慨赴死。

这一年，罗士信二十岁，征战沙场六年余。

罗士信死后，被安葬在邙山，在他的墓边躺着的是裴仁基。这是罗士信的遗愿。

当年张须陀兵败之后，罗士信曾经投靠过裴仁基，并受过对方的礼遇。在攻破洛阳之后，罗士信寻找到裴仁基的尸首，自掏腰包在北邙山上找了一块墓地安葬对方，并许下"我死后，当葬此墓侧"的诺言。

两个并不相识的人，因为乱世走到了一起，他们并未许下同生共死的誓言，如今相伴而永眠。

罗士信的死让李世民意识到，刘黑闼是一个比窦建德更为凶险的对手，此人跟窦建德一样善于招抚人心，却比窦建德坚决、勇猛。

对于这样的对手，是不能掉以轻心的，李世民重新拿出了绝活——断粮路。

经过两个多月的骚扰，李世民已经确认刘黑闼无粮可吃，接下来对方一定会倾巢而出。

这将是一举全歼对方的机会，可仅仅做到这一步就足够了吗？

三月二十六日的中午，刘黑闼率领着最后的两万兵马，抢渡洺水。

洺水很浅，刘黑闼很容易就渡过了大半的河域。他没有想明白，春天已经到了，春汛早来了，为什么洺河水还这么浅？

渡过大半时，刘黑闼发现唐军已经列阵于河岸之上。唐军没有宋襄公那样高尚的道德水准，自然不会放弃半渡而击的大好时机。

好在洺水不深。

刘黑闼马上下达了进攻的命令。

就在洺水之上，两军的主力展开了厮杀，本就不宽阔的洺水河被搅得血水横流。

不断有人倒下，尸体浮在水面上，而喊杀声并没有停止。人生在战场之上变得简单而残酷。要么站着离开，要么倒着死去。

没有人选择退去。

在这天黄昏的时候，刘黑闼的大将王小胡冲开重围，来到刘黑闼的身边，焦急万分地告诉他，现在应该马上离开战场。

注意，他说的是离开，而不是鸣金撤退。

因为两军混战在一起，撤是撤不出来了。要走，只能丢下死战的兄弟，自己悄悄逃走。

刘黑闼双眼血红，扭头看了王小胡一眼。"你在胡说什么！你是第一天跟我吗？我刘黑闼岂是丢下兄弟一个人逃命的人？"

可听完王小胡的话，刘黑闼的脸变得惨白。愤怒之中，他掉转马头，无奈而悲怆地吼道："走！"

远处，河水正像翻滚的刀片一样直扑而来。

李世民早就算到了这一天的大战。为了这一天的大战，为了击败这个无比顽强的对手，李世民不得不布下一个死亡之阵。

在开战前，他派人到洺水上游筑坝截断了河水，并告诉自己的人：等我与对方开战，你就开闸放水。

水淹七军并不罕见，关羽、蒋公都是这一计策的忠实用户，但李世民的水淹之计有一些特别。通过史料分析，他用了弃卒夺帅之计，弃的是自己的唐兵，夺的是刘黑闼。

大水袭来之时，卷走的不仅是刘黑闼的部下，还有为拖住对方而留在河道上的唐兵。

"一将功成万骨枯"从来就不是一句戏言。每个字都是用无数人的鲜血写就的。

洪水过后，战斗终于结束了，唐军取得了最终的胜利。此战斩杀敌军万余人，淹死数千人。刘黑闼的大军只有两万人，这意味着，除了被大水冲走的外，所有的刘军将士都选择了战死。

望着堵塞河道的尸体，李世民松了一口气。

不管怎样，战争终于结束了。

这是一场真正的殊死较量，是唐军从未遇到过的顽强之敌。获胜方取得的无疑是一场惨胜。

为什么这些人从不退缩？为什么他们选择死战到底？

事后来看，李世民并没有仔细考虑这个问题。在惊叹对手意志顽强之余，他只是庆幸自己取得了胜利。

如果他没有搞清对手为何以死相搏，就不会明白战争并没有结束。

两个月后，仅以数百骑突围的刘黑闼又一次杀回了山东。

起事以来，刘黑闼一直保持着独立性，没有向突厥屈过膝。现在为了复仇，他放弃了自己的这一原则。

卷土重来的刘黑闼身后跟着大群的突厥铁骑。回到山东之后，亡命天涯的部将重新聚集在他的麾下。

这一年的冬天，刘黑闼横扫山东，大败唐军各路兵马，又重新站到了洺州城上。

打不死、打不垮的刘黑闼又回来了！

◆ 名臣魏徵

唐朝用自己的大军击败过刘黑闼，但叛乱并不是仅靠武力就可以平定的。

早在刘黑闼从洺水上逃走之时，有一个人预见到了今天的情景。其时，在长安，唐朝太子李建成向他的幕僚问起了这个问题："山东的局势稳定了吗？"

幕僚摇了摇头，说出了山东的隐患。"刘黑闼虽败，但杀伤太多。其首领又全部登记造册，处以死罪。反兵的妻儿都被俘虏，想投降而无门。虽然有赦免的诏令，但抓住了之后又全部杀掉。这样下去，只怕残余的反兵号令起事，百姓将不得安宁。"

这位洞悉山东叛乱之因的人是魏徵。

魏徵的名字是与"大唐盛世""贞观之治"联系在一起的。魏徵在大唐朝天天跟李世民抬杠，每天挑李世民的毛病，终于把李世民送上了千古圣君的高位，而他本人也成为谏臣的代名词。

但谏臣只是魏徵的一面。在中国历史上，有许多敢于直谏的人，但从没有人像魏徵这样用劝谏取得如此大的成功。据史书统计，谏官的职业风险相当高，如比干被挖了心，海瑞被罢了官，陈元达自杀身亡，杨继盛刑场慷歌……

敢于直谏相对容易，只要舍得一身剐，敢把皇帝拉下马；但善于直谏就不容易了，这不仅需要勇气，还需要大智慧。当然，还要赶上一个不那么混蛋的皇帝。

魏徵是一个聪明绝顶的人。

魏徵，河北巨鹿人，在成为天下闻名的第一谏官之前，魏徵的人生可用"坎坷"二字形容。

魏徵出生在一个贫寒之家，年少的时候父母便去世了。成为孤儿的魏徵是在苦瓜汁里泡大的。按照惯常的说法，穷人家的孩子早当家，可魏徵显然是个例外，放着父母留下来的一些家产不去经营，反而跑到道观当了一名道士。

史书将魏徵的这个举动定性为"不事生业"，就是不务正业的意思，事实上，这是误会魏徵了。魏徵可是生存大师，跑去当道士并不是对自己的人生不负责。

按当时的情况来看，道士可是一个很有前途的职业。

正所谓乱世练武功、盛世炼仙丹，魏徵的职业策划还是比较靠谱的。他当道士那年，大隋朝国富民强，少不得有大户人家乃至皇帝都会求仙问道，自然道士需求紧张。可惜的是，计划没有变化快，没想到杨广太不争气，数年就把盛世变成了乱世。

魏徵很快察觉到了时代的变化，并很快转变思维，调整方向。

于是，魏道士开始真的不务正业。当道士期间不炼丹、不打坐、不修仙、不辟谷，开始搞起文化学习来。他学习的东西十分杂，把他所看的书综合起来，可以得出一个结论：魏徵学的是王霸之术！

王霸之术就是佐王称霸之术。历史上，管仲、张良、刘伯温都是这一学科的优秀学员，魏徵也是这个领域的高级人才。

魏徵虽然有王霸之才，可惜无用武之地。

天下虽然大乱，群雄并起，各山头急需有王霸之术的人才。但真正有实力能用上这种学识的寨主不多，导致有王霸之才虽然前程无限，但就业门槛很高，极难找到工作。

魏徵的第一个老板是武阳郡丞元宝藏。这位元宝藏还是识宝的，专门从道观里把魏徵请出来，聘请他当了一个秘书。但这位元宝藏并没有成王成霸的伟大理想，没多久，就投靠了李密。

很快，元宝藏告诉魏徵，魏王点名要用他。

听到这个消息的魏徵相当激动，在他看来，能用他王霸之术的人非李密莫属。于是，魏徵满怀希望地来到瓦岗总部，并马上发挥所学，一口气向李密提了十条可行性建议。

面对急于表现的魏徵，李密笑了。他告诉魏徵，现阶段，魏先生还是专心做好文书工作。

原来，李密看上魏徵，只是欣赏魏徵代元宝藏写的信件。

这对魏徵来说，无疑是一次重大的打击。而对李密来说，更是一个重大的损失。

第二年，李密兵败，逃往唐朝，魏徵随李密来到长安。

望着长安巍峨的城池，魏徵似乎看到了自己辉煌的未来，他感觉到自己的名字将跟这个繁华的城市、新盛的皇朝联系在一起。彼时的魏徵没有想到，通往辉煌的道路是如此曲折，又是如此凶险。

初到长安的魏徵踌躇满志，准备大施拳脚。可很快，他悲哀地发现，自己成了空气，根本没人搭理自己，更没有人来向自己请教怎么成王称霸（久之未知名）。

据史书记载，魏徵其貌不扬。除去长得大众化，不容易引起注意外，魏徵的王霸之术屡屡不受关注的原因还在他的术上。

史书中没有记载魏徵向李密所献十计的具体内容，无法考察魏徵的王霸之术，但从魏徵后期跟李世民抬杠的内容来看，他的王霸之术似乎源自孟子仁者无敌的思想。这种王霸之术属堂皇正道，但有一个缺点，就是见效比较慢、手段比较单一、缺少吸引力。

在长安度过一段无所事事的时光之后，魏徵意识到了问题，既然学姜太公钓鱼是不现实的，那就主动出击吧。

分析了当前的局势，魏徵很快找到了发挥的方向。

此时，瓦岗大将徐世勣驻兵黎阳，还没有降唐。

魏徵主动请缨，前去说服徐世勣。他给徐世勣写了一封信，在信中，他只用一句话就劝服徐世勣："今君处必争之地，不早自图，则大事去矣！"

翻译成白话就是：兄弟你所处的黎阳是兵家必争之地，你不早点儿打算，只怕要完蛋。

直中要害，魏徵终于展现了他说服人的功力。

徐世勣降唐后，魏徵就坐等上面发嘉奖令，可李渊、李世民这样的大老板还是没有注意到他。究其原因让人郁闷，魏徵的光芒被徐世勣盖过了。

在决定降唐后，徐世勣清点了账目，然后直接把账目送给了李密，并表示，自己是替魏公守黎阳。这些土地和民众都是魏公的，我不能献这些东西来谋取富贵，要献也应该魏公来献。

这就是多此一举了，李密都是给李渊打工的，你徐世勣献给李渊与李密献给李渊有区别吗？

事实证明，区别大了。李渊听闻后，大加赞赏，表扬了徐世勣不背德不邀功的高尚情操，并专门赐徐世勣李姓。

在李渊的大力提倡下，满朝文武都全力投入到向徐世勣学习的活动中，完全忘记了魏徵的功劳。

很快，魏徵又换了老板，新任老板是窦建德。

据记载，在一次交战中，被窦建德俘虏。当然，被窦大王抓住了是不用担心性命的。魏徵重新上岗，岗位是起居舍人。说白了，还是一秘书。

一般人碰到这样的际遇，多半也就认命了。但魏徵不是一般人，他很快发现了坎坷的人生给他的恩赐。

在夏军时，他仔细观察着这支叱咤山东的义军，了解夏军的成员，倾听他们的需求和志向，跟其中不少人都成了朋友。这些看上去是无用的，毕竟他们不会帮他逃跑。但魏徵相信这些努力是值得的，在未来的某个时候，这些看似无用的努力一定能发挥作用。

事实证明，魏徵无法驰骋沙场，也进不了参谋班子，但起草文书让他有更多的机会站在一个客观的角度去观察这个乱世。魏徵辗转多地，这份阅历更是无法估价的财富。

在唐朝里，魏徵成为少数跟瓦岗军、夏军都有联系的人。这些背景是他以后受到李世民重用的重要原因。

我相信，天生我于乱世，必不致我籍籍无名而终老，因为我还没放弃我的理想。

很快，魏徵就碰到了他人生中的第一个伯乐。

窦建德兵败之后，魏徵回到了长安。这一次，终于有人认识魏徵了。经人推荐，魏徵出任太子洗马。

他成为李建成的参谋。对史书的精彩性来说，这是一个合适的安排，因为拥有了魏徵的李建成，才足以面对那个拥有十八学士和无数府兵的二弟李世民。

在李世民的自我表扬和被表扬下，李世民被塑造成一个完人；而在自我批评与竞争对手的不停批评下，李建成的历史形象十分不堪，从调戏妇女、打架斗殴到交友不慎，等等。必须得说，这其中大部分属于恶意抹黑，但有一点，李建成确实反应比较迟钝，显得有些呆。

眼看着弟弟东征西战、声势日盛，这位三十大几的老大哥还稳坐东宫，坐等接班呢。当然，这个世界上还是有不少太子不急太子党急的现象。

魏徵实在看不下去了，跑来告诉这位大少爷不能再混日子了，趁着山东兵变又起，赶紧请缨出征，建立一些功名。更重要的是，需要趁机结交一些山东豪杰，这样才能对抗那位功盖天下、中外归心的弟弟。

"可出征能平定刘黑闼吗？"李建成问。这个意思是，你要保证我能取胜，不要忽悠我，如果打了败仗回来，灰头土脸的那就没面子了。毕竟刘黑闼太生猛，连李世民都没彻底解决这个家伙。

魏徵拍着胸脯告诉李建成说："刘黑闼现在只有散亡之众，人数不过一万，粮草又匮乏。大军一至，就如摧枯拉朽。"

武德五年的最后一个月，李建成率领的唐军终于在山东的昌乐碰上刘黑闼的主力。

两军在昌乐列队叫阵，但每次都是拉出来晒晒太阳，一枪不放就各回各营了。

眼下就是魏洗马所说的摧枯拉朽之时，为什么不发起攻击？

事实上，正是魏徵阻止了李建成的进攻。在观察了双方的军阵后，魏徵十分神秘地告诉李建成，不需要一兵一卒，就可以让刘黑闼的反兵自我瓦解。

你不是开玩笑吧？当日刘黑闼的部队战至牺牲最后一人，现在怎么可能自我瓦解？

听到李建成的疑问后，魏徵告诉李建成，问题出在刘黑闼的士兵至死不降上。

人都是畏死惜生的，刘黑闼的人马之所以宁死不降，并不是因为高尚的情操，只有一个简单的原因，那就是投降也是死。

唐朝为了严厉打击跟随刘黑闼叛变的人，专门造了一个花名册，将这些反叛者登记在册，抓住就杀。而与此同时，李渊又下达了赦免的诏书，但对前来投降的人依然照杀不误。

降也是死，那不如轰轰烈烈地在沙场上战死。

在山东，反抗的人越来越多，反抗的人越来越坚决。再一次证明，暴力是永远无法用暴力来解决的。

解决的办法只有一个，面对势如烈火的反抗，只有抽掉他们的薪木、熄灭他们的心火。具体来说，就是给对方生的希望。

当然，因为唐朝政府失去了诚信，现在出去再贴什么缴枪不杀之类的告示也没用的。

针对这个问题，魏徵告诉李建成，事到如今，只能用实际行动来打动对方了："我们先把抓住的俘虏放回去！"

当被关押的俘虏离开唐营时，刘黑闼的造反生涯就画上句号了。

很快，刘黑闼惊慌地发现，原本紧紧团结在自己身边的士兵的意志出现了松动，开始不断有人逃跑。事态变得更坏，有的士兵甚至抓了自己的军将去向唐营投降。

这个变化出现得太快，快得刘黑闼一时间都找不到其中的原因。在这种形势下，刘黑闼不得不再次选择逃亡。

一天夜里，刘黑闼起营向北逃去。

刘黑闼跑到了馆陶，这里有杨广下令开凿的永济渠。在永济渠上，刘黑闼排兵布阵，准备背水一战。

兵对兵、将对将，决一死战吧！

怒火冲天的刘黑闼挥出了重拳，但拳落空了。

魏徵根本不按常理出牌，仅用一个口信就彻底击溃了他。

又一批俘虏被唐军放了回来，他们还带来一个消息："脱下你们的铠甲回家乡吧，如果你们的妻子曾经被抓走，那不用担心，她们已经被释放。此刻，她们就在家门口眺望着你们的身影。"

老婆孩子热炕头，对于征战沙场的壮士来说，永远都有不可阻挡的吸引力。

于是，刘黑闼的士兵又掀起了跑路潮。等刘黑闼逃离馆陶的时候，他的身边只剩下数百骑。

不需要水淹三军，不需要截断粮路，不需要以命相击，魏徵只用一些俘虏就完成了当年李世民费尽九牛二虎之力才达成的目标。大概从这一刻起，李世民记住了魏徵的名字。

逃亡的路上，刘黑闼懊恼、愤怒，但更多的是困惑。

如果要找答案，魏徵可以笑着告诉他："兴败之理，尽在人心！"

在辗转于山东的那些日子，魏徵观察着这混乱的世界，倾听着人间的疾苦，从而得出了一个结论：天下久乱思治，人心厌战思定，山东尤甚。

在隋末唐初，山东是重灾区，也是反抗军活动最为频繁的区域，从当年王薄首举义旗以来，已经过去了十一年。十一年间，家园成废墟，田地尽荒芜，乡人死于途。

战乱带来的苦难已经够多了，是时候让硝烟散去、让天下恢复平静了。

这是天下人的心愿，同样也是山东人的心愿。

于是，魏徵只是向山东人展示了和平的曙光，就成功击败了叛变。

人心所向，如大水下流，只有顺而导之，不可堰而逆之。

历史上诸如刘邦、李世民、赵匡胤、朱元璋，他们之所以能开创数百年的基业，并不是因为他们有多么英明神武，而是因为他们的举动恰好顺应了人心，顺应了历史的发展。

在历史的巨轮面前，他们同样是小人物，他们只是被历史选中的。

当日，刘黑闼迅速崛起，没想明白原因；现在，数日落败，也没有想明白。真是成也糊涂，败也糊涂。

最后，他逃到了饶州，完成这次逃亡的最后一程。

饶州刺史诸葛德威是刘黑闼的属将，在城外，诸葛先生热情地邀请刘黑闼进城。

刘黑闼警惕地看着对方，他跟这位诸葛德威只有挂名的上下级关系，并没有过命的交情。最终考虑到自己已经跑了数百里，部下又数日没有吃顿饱饭的情况，于是答应进城。

进城后，刘黑闼停下了脚步，表示自己不进内城，你们把饭拿出来，我们就在城边的市场休息。

不一会儿，饭菜送了出来。吃了一半，诸葛德威上来请示，汉东王是不是要检阅一下饶州的队伍。诸葛德威表示，饶州兵马甚是精锐，足以抵挡唐军的进攻。

好吧，那就看看吧。刘黑闼没有压抑住阅兵的冲动。

饶州兵马列阵出来后，直接扑了上来。在痛斥狗辈负我之后，刘黑闼被绑了起来。

刘黑闼被出卖的愤怒是可以理解的，但饶州人希望战争结束、山东安平的愿望也应该得到尊重。

数天后，刘黑闼被押送到洺州李建成的行营。就在洺州城西，他被推上了刑场。

第十五章 父子，兄弟，玄武门

◆ 谜案

中原的战火已渐渐平息，而长安的斗争才刚刚开始。

武德七年(624)六月，长安城骄阳似火，但似乎都比不上李渊内心的燥热。为了清凉起来，李渊决定去避暑。这个月的初三，李渊留下太子李建成看家，领着李世民、李元吉前往宜州的仁智宫避暑。

事实证明，心静才能自然凉，避暑山庄并不能带来清凉。刚到仁智宫住下，李渊就火冒三丈，他收到一个让他暴跳如雷的消息。

庆州都督杨文干准备谋反，更让李渊冒火的是，这个杨文干之所以胆大包天，是受到了太子的指使。

各种情报汇总显示，这个杨文干以前是太子东宫的宿卫武官，跟李建成关系相当亲密。这一次李建成趁父亲离开长安之时，准备在长安拒城起事，让杨文干在外响应。为了联系，李建成专门给杨文干送了一副铠甲，而告密的人正是给杨文干送信的人。

自己一向维护的大儿子竟然要造老子的反，李渊再也抑制不住他的暴脾气。可老李毕竟是造反前辈，在发过火之后，他冷静下来，然后找到了这起谋反案的关键。

关键还在李建成身上。最重要的是还没搞清楚是不是李建成支持杨文干造反。

于是，李渊马上下旨要李建成到仁智宫报到。为了成功招来李建成，李渊编了一个看似很随意的理由。事后看来，这是一个不太高明的决定，这个决定差点儿将李建成逼上造反的华山一条道。

在李渊的召见令发起的同时，李元吉的密信抵达长安，向李建成透露了事发的消息。

再结合李渊编造的理由，整个事情显得欲盖弥彰。李建成此时跑到仁智宫，恐怕只有死路一条。

李建成身边的人分成了两派：一派建议他干脆关上长安城门，就此造反；另一派建议他马上脱去太子的章服，屏退随从，前往仁智宫说明情况。

最后，李建成决定采用后一条建议。

离开长安，李建成直奔仁智宫。出长安没多久，李建成留下随从，率领十多个人来到行营。李建成投案自首的态度还是很认真的，见到父皇后，李建成马上趴在地上叩头，并做出一个高难度的动作：跪在地上时，突然发力将自己撞出去，一撞出去，也不知道是撞在了地上还是柱子上，差点儿一死以证清白了。

就算如此，李渊的怒火依然没有消去，愤怒的李渊下令将李建成关在帐篷里，并特别交代，不准给这反骨仔酒肉，让其端两碗麦饭忆苦思甜，好好反省一下。

关住李建成，剩下来就是抓捕杨文干了，只有把杨文干抓来，才能搞清楚事情的来龙去脉。为了让杨文干主动投案，李渊特地派出司农卿宇文颖前往庆州传召杨文干。当然，为了顺利将杨文干忽悠来，李渊又开动脑筋，编了一个好听的理由。

从事情的发展来看，李渊的脑细胞算是白费了，因为传话的宇文颖实在是一个人才。

在庆州见到杨文干后，宇文颖把李渊教他的一套说辞全部丢弃，然后一五一十地把情况告诉了对方。

李建成都被抓了起来，让我去，岂不是送死？

听完宇文颖的情报后，杨文干当即决定造反。

消息传到仁智宫，李渊发慌了，要知道庆州与仁智宫仅隔一座山岭。今天起事，快一点儿的话，明天就能杀到。

为了防备对方偷袭行宫，李渊率领宫女大臣们连夜转移，从宫里跑到了山里。

李渊在情急之下，做出了一个草率的决定。

他叫来了自己最能干的儿子——李世民。

说明了事态的紧急性后，李渊望向了二儿子。这是一个从未让他失望的儿子，南征北战，李世民可以为他摆平一切。可这一次，李渊听到了一个颇为意外的答案。

李世民竟然拒绝了。

"杨文干这种级别的人都敢造反，是自寻死路。据我推测，他幕府的僚属应该已经将他擒获并杀掉。就算他们不动手，随便派遣一员将领就可以平定他。"

想了一会儿，李渊明白了。李世民这么轻描淡写，是在跟自己谈条件。

也许是跑了一夜，李渊的精神处在崩溃的边缘，一向步步为营的他来不及恼怒，反而随手给李世民开了一张他绝不会兑现的支票。

"你说得不对，这件事情关系到建成。事情一拖，响应的人就多了，到时就不好收拾了。最好还是你去一趟，等还兵之时，立你为太子。我封建成为蜀王，蜀兵脆弱，就算他以后不服，也容易对付。"

在史书中，李渊曾经多次许诺立李世民为太子，但史学家分析，绝大多数都是假的，只有这一次极有可能是真的。

李世民露出了不易察觉的笑容，马上表态今天就率兵前往庆州。

李世民一出手，效果还是相当突出的，大军还没到庆州，杨文干的造反部队就望风而散。杨文干被部下砍头，优秀的传令员宇文颖被活捉，送到行宫斩首。

此事就是震惊唐廷的杨文干事件。

整个案件各大史书均有记载，其案情清楚，证据确凿，动机明白，似乎没有什么问题，但在史学家们看来，这大概是唐初第一疑案。

为了理解这个认定，我们需要讲述另一件事情。

贞观十六年（642）四月二十八日，已经成为皇帝的李世民叫来了谏议大夫褚遂良。聊着聊着，李世民突然堆着笑脸，问了对方一个问题："爱卿管起居，那里面记录的事，皇帝可以看吗？"

李世民如此谦虚谨慎地笑，那一般没什么好事了。这个问题性质相当严重，为了理解这个问题的严重性，我们必须再讲一个故事。

春秋鲁襄公二十五年（前548），齐国宰相崔杼斩杀齐国国君齐庄公。独掌大权的崔杼事后翻阅史书，发现一件让自己怒火中烧的事情，齐国史官太史伯竟然在简书中不替领导隐晦，直接写到某年某日，崔杼弑其君！

愤怒的崔杼下令将太史伯抓起来砍头，并毁掉了这一片竹简。

接替太史伯的是他的弟弟。过了两天，崔杼又去翻资料，再度看到让自己抓狂的事情。新任史官补上了那一片竹简，竹简之上依然是那些字：崔杼弑其君！

反了反了，崔杼拍案而起，马上送太史官去见他哥哥，并再次毁掉竹简。

再过两天，崔杼又一次在竹简上看到让他胆战心惊的五个字：崔杼弑其君！

这一次的史官是太史伯的另一个弟弟。

看到这一片竹简，崔杼彻底服了。他释放了史官，接受了自己弑君之事将被记录于史的事实。

故事还没有结束。新任史官出去后，迎面碰到一个气喘吁吁、拿着竹简的人。此人是南史氏，南史氏告诉对方，听说太史官一家都被杀了，他现在拿着竹简准备将崔杼弑君之事继续记录下去。

"既然你已经写好了，那我就告辞了。"南史氏挥挥衣袖，转身就走了。

春秋无义战，春秋有大义，正是有这些史官冒死直书的精神，才有了今天我们所看到的信史。

现在，回到伟大的贞观年间，维护史官尊严的使命降落在褚遂良身上。

李世民向褚遂良要的是起居注，起居注是记录皇帝日常活动的东西，属于皇帝的日记。百姓的日记只能本人看，别人不能看；但皇帝的日记，按约定俗成的惯例，皇帝本人不能看。

褚遂良深吸一口气，郑重地告诉皇帝陛下，这个东西专门记载人君言行，不管善恶都会记载，其目的就是让君王端正自己的行为。

然后，褚遂良直接拒绝了李世民。

李世民沉默了，半晌之后，嘟囔了一句："这么说，要是朕做错了事，你们也会记？"

褚遂良大概要暗笑了，这不是废话嘛。于是，他答道："秉笔直书是我的职责，不敢不记。"

在褚遂良的带头作用下，黄门侍郎刘洎也凑过来起哄道："就算褚遂良不记，天下人也会记的。"

李世民碰了一鼻子灰，悻悻然说："那是那是。"

李世民选择撤退是正确的。要知道，另一位刺头魏徵最近生病了，没上班。

但李世民试图接管史书的努力并没有停止。

第二年，李世民又一次想起了那些让他牵肠挂肚的记录。这一次，他学聪明了，没有找人称魏徵接班人的褚遂良（魏徵前一年去世），而是找到了老部下房玄龄。

"国史为什么不让帝王看呢？"李世民抱着虚心请教的态度询问房玄龄。

"国史善恶必书，怕圣上看了大怒，所以不献。"

李世民呵呵笑了起来，摆了摆手，道："我不会，我的用心与前世帝王不同。我看国史，只为知道前日之恶，以后好引以为戒，你现在可以拿上来给我看了。"

转这么一个大圈，还是要看国史啊。

主管纪律工作的谏议大夫马上表示反对，但李世民宣布反对无效。

不久后，李世民终于看到了令他朝思暮想的国史。打开国史，李世民很快翻到了武德九年（626）六月四日那天。

那天，长安城里发生了一件惊天动地的大事——玄武门之变。

不知道史书上是如何记载的，只知道李世民看了很不高兴。他叫来房玄龄，告诉对方，自己当年干的事类似周公诛管、蔡以安周、季友鸩叔牙，没必要忌讳，你们重新写，削去浮词，直书其事。

所谓周公诛管、蔡以安周、季友鸩叔牙，有兴趣的可以去翻史书。总结这三者的特点，就是指正义战胜了邪恶。

要是相信李世民先生所说的大家照实写（直书其事），那就上当了。事实上，李世民玩了一个小花样，在下令指示房玄龄直书其事前，特地举了三个例子，给玄武门之变定了调子。

以房玄龄的智慧，当然不会不明白这一点。

很快，史官们统一思想、提高认识，将一份经过精心修改的国史重新送到了李世民面前。

讲这个故事，不仅是为了揭李世民的老底，还想告诉大家，我们今天所看到的史书，是经过人为加工的，里面有篡改、有隐瞒，甚至还有编造。

"尽信书，不如无书"，但尽不信书，将无书可信。

历史是人写的，自然不一定是真的；但正因为是人写的，就一定不会全是假的。

要想通过史书欺骗所有的人，是一个不可能的任务，更何况我们不应该忘了史官这个群体。

虽然唐朝那些年，以命写史的史官差不多绝种了，但他们毕竟是受过儒家文化教育的。他们的祖师爷孔子就是一位史学家，还专门写过一本叫《春秋》的史书。在这本书里，孔子创造性地发明了一种写史的笔法，这个笔法的特点是：看着没在骂谁，其实连人家祖宗八代都骂了；看着没写什么，其实对方坑蒙拐骗的事情一件都没落下。这种藏着说、拐着弯说的笔法被后人称为"春秋笔法"。

史官们继承并发扬了这种笔法，在写史的过程中，常常在史书的角落里留下蛛丝马迹，然后等待着后人去发现，从而令后人找到事实的真相。

每个翻阅史书的人都应该怀着一颗探究的心，把翻阅史书当成跟前代史官们玩的一场智力游戏。认真体会、仔细揣摩时，那些隐藏在文字后面的话语便会一一浮现，告诉我们那些尘封往事的真相。

真相只有一个。

杨文干事件同样如此。

现在，请同我一起踏上寻找杨文干事件真相的侦探之旅。首先，我们需要找到一个突破口，也就是在史书中找到史官记录的破绽。

破绽在事件的处理上。

平定杨文干叛乱事件后，李世民兴冲冲地返回长安，准备找父亲李渊兑现承诺，却发现一个让他郁闷的事情，原本说好要去蜀地过下半生的李建成又大摇大摆地回到了东宫。而原本应该进东宫的他没得到任何嘉奖，不但没得到嘉奖，还被李渊批评了，李渊要他们兄弟之间注意团结。

然后，李渊下发了处罚通知书。

太子中允王珪、左卫率韦挺和天策兵曹参军杜淹流放。

王珪、韦挺这两人不冤，身为东宫的人，竟然没给太子李建成起模范表率作用，冤的是杜淹。

杜淹，长安人，官宦之后，时任天策府兵曹参军、文学馆学士。所谓的天策府，是天策上将的府邸，而天策上将正是李世民，换句话说，杜淹是李世民的人。

这就奇怪了，板子怎么打到李世民部下的身上去了？史书记载，在李建成被关在仁智宫帐篷里时，这位杜淹落井下石，请求趁机办了李建成。这也不是什么大事，也就是提了可行性建议，不采纳就是，也不至于流放。

更奇怪的是，李世民对这个处罚竟然没有半点儿反抗的意思，反而默默接受了这个处理结果。

李世民不是这么好说话的人，他如此沉默，只能说明一点，他底气不足。而底气不足的原因只有一个，那就是杨文干造反并不像史书记录的那样是李建成指使的。

有了这样的大破绽，我们可以正式宣布杨文干事件有疑问，需要重审。在将相关人员提到堂上时，初当提刑官的各位大可不必慌张，虽然此案是陈年旧案，案卷又被李世民刻意破坏，但只要抓住案件的要点，是有希望让真相大白于天下的。

所有的案件，都有一些共同的要素，这些要素是动机、方式，以及案件的影响。

我们将从这些要素中一一推敲，直到发现最终的答案。首先我们要观察的是此案的影响。

在历史事件中，有一个重要的观察点，就是看谁是事件的真正受益者，谁是受害者。关于此案，毫无疑问，倒霉的是李建成，这位太子爷先是差点儿以死明志，后又险些被送到蜀地养老，而受益者恰是李世民。要不是李渊最后赖账，李世民就搬到东宫住了。

下面是作案方式。纵观杨文干事件，似乎有头有尾，上下合理。但仔细一看，所谓的杨文干造反并没有实证，没有与李建成约定造反的信件，只有一副铠甲，以及李建成两个部下的证词。

经验告诉我们，证词是靠不住的。这两位部下完全有可能受人指使，诬告李建成。

说到这里,有的朋友觉得我在搞阴谋论。其实,诬告论并不是我第一个这样说的。

唐朝人刘𩔁在他的小说里对杨文干事件写道:"人妄告东宫。"

这里要说明一下,刘𩔁的小说不是今天"纯属虚构,请勿对号入座"的小说,而是类似野史的私人记录。

唐朝人都知道,杨文干事件是有人要妄告东宫。

这个人是谁?大家都懂的。但具体操作的人是谁呢?在史书中,我们发现了这样一个身影。

这个人看似是躺着中枪的杜淹。翻看史书,看似无意的交代中记录了这样一句:

初,洛阳既平,杜淹久不得调,欲求事建成。房玄龄以淹多狡数,恐其教导建成,益为世民不利,乃言于世民,引入天策府。

翻译成白话就是:洛阳平定后,杜淹一直得不到任用,于是杜淹决定投靠李建成。而房玄龄了解杜淹为人狡猾,怕杜淹教导李建成做出对李世民不利的事情,于是,找到李世民,将杜淹介绍到天策府上班。

房玄龄是李世民的重要谋士,这句话透露了两个信息:

一是杜淹此人十分滑头。

二是杜淹原本准备投靠的人是李建成。

杜淹要投靠李建成,他很可能认识李建成的部下,而他又具备搞阴谋诡计的才能。我们可以做一个大胆的推测,极有可能这位杜淹出面收买了李建成的两个部下,乘李渊避暑之机,诬告李建成与杨文干同谋造反。

到了这里,本着认真负责的态度,在结案之前,我们还需要考察一个重大的问题:动机。

史书交代,李建成之所以煽动造反,是因为李建成感到接班人地位不保,所以抢先下手,诛杀挑战者李世民,然后抢班夺权,实现提前登基的目的。

这实在是一个不怎么靠谱的解释,因为在杨文干事件发生的这一年,真正危机重重的、真正需要下定决心动刀动枪的人不是史书中记载的那个懦弱无能的太子李建成，而是英明神武、功盖天下的李世民。

李世民以为只要自己够努力，就可以得到一切。

这是一个美丽的误会。

跟刘黑闼交战回来后，李世民被封为天策上将。这个职位是李渊的发明创造。因为李渊发现，自己的这个儿子功劳太大，普通的官职已经无法表达自己的赏赐之情，只好封李世民为天策上将。这个职位在王公之上。

看上去，李世民是向太子、皇帝之位又迈出了结实的一步，但李世民很快明白，父亲是结实地把他定了位。

以前，李渊经常跟李世民玩点儿小暧昧，调动一下李世民的积极性。现在天下将要太平，李渊毫不犹豫地亮出了他的底牌：你的荣誉，你的地位到此为止了；太子，乃至帝位，都不会属于你。

李世民是不会接受到此为止的安排的。

是我的，终将是我的；不是我的，最后也依然是我的。

李渊用天策上将的职位来安抚李世民，却同样给了李世民培养势力的机会。李世民拥有了开府的权力，可以堂而皇之地拥有私人护卫，置官属。除此之外，李世民还搞了一个文学馆。

能够进入文学馆的都是当时的名人雅士，被认为是登上了瀛洲这样的仙岛，天策府给他们的待遇很好。经过统计，这个文学馆常驻馆员十八名，号十八学士。

文学馆成为李世民最常去的地方。

这里聚集了李世民的智囊团。

在南征北战中，李世民网罗了秦叔宝、程咬金、尉迟敬德这样以一敌百的猛将；但拥有这些猛将不够，政治斗争更需要谋略。

第一个追随李世民的学士是房玄龄。

八年以前，李世民的大军抵达渭北，前面就是长安城，化家为国的梦想指日可待。此时，有一个人来到了军门前，宣称要见李世民，自己有奇策献上。

听到对方的名字后，李世民马上将这个人请了进来。

来人正是房玄龄。

房玄龄，齐州临淄人，大唐名相，贞观之治的缔造者之一。

无从得知房玄龄献上的是什么奇策，只知道，交谈之后，李世民一见如故，马上将房玄龄收为自己的部下。这是李世民此行的最大收获。

房玄龄足智多谋，善于策划，为人低调，在李世民手下还发挥了一个更重要的作用。在攻下城池，别人往府库里钻时，房玄龄却到处打听此地有什么杰出人才，然后必登门拜访，并将其推荐到秦王府。

秦王府谋士如云、猛将如雨，房玄龄这位人事总监实在居功至伟。李世民本人评价，房玄龄就像他的萧何。其中的原因大概是房玄龄虽然没有在月下为他追过韩信级的猛将，但同样为他挽留过高端人才。

在秦王府学士馆，房玄龄虽然工龄最长、能力突出，但他仍然不是十八学士之首。

在房玄龄的大力公开和非公开招聘下，往秦王府跑的人才越来越多。这个现象引起了李渊的注意。李渊马上挖起儿子的墙脚，连连任命秦王府的人外出当官。

这些人只在李世民那里挂着号，也没被正式安排工作。现在李渊有工作安排他们，李世民当然留不住人才。再说，今天出去这个，明天走了那个，要一个个去阻止也实在没有这么大的精力。关键时刻，房玄龄告诉李世民："离开的人虽然多，但都不足以惋惜。只有一个人，必须留下他！"

"谁？"

"杜如晦！"

"为什么？"

"杜如晦有王佐之才。如果大王甘心当一个藩王，那就不必留他；如果想要经营四方,非此人不可!"

杜如晦,长安人,官宦世家之后,十八学士之首,唐初名相。顺便说一句,前面提到的杨文干之案的杜淹是他的叔父。

杜如晦才智过人,临危不变,但这样的才能秦王府很多人都有。房玄龄特意要留下杜如晦是因为他有一项技能恰好可以弥补自己的弱点。

房玄龄善于策划,但有时过于谨慎,往往犹豫不决,而杜如晦却善于从许多建议中找出最佳方案。

据记载,李世民在跟房玄龄议事出现不能决定的时候,两人就停下来,表示这件事情如果杜如晦不来就不定。等杜如晦到来之后,最后选定的方案常常就是房玄龄的方案。

这两位,一位善于找到解决方案,一位拥有极强的判断力。两人合称为"房谋杜断",成为秦王府的最强组合。

拥有"房谋杜断",可以大事不慌、小事不忙,再加上能打能杀的秦叔宝、尉迟敬德等,却依旧不是一个完整的团队。他们还需要一个人,这个人可以贡献一种必需又奇特的东西。

唐朝凌烟阁二十四功臣之首,唐初第一重臣,洛阳人长孙无忌将补齐最后一块拼图。

长孙无忌,隋朝名将、伟大的外交家长孙晟之子。其人不像秦叔宝等人有过人的武力,不像房玄龄那样善于献策,也不如杜如晦那样善于判断,但他能提供干大事最需要的一种东西:绝对的忠诚和信任。

长孙无忌拥有的这种东西是他的身份带给他的,他的妹妹是李世民的妻子。

现在,秦叔宝、尉迟敬德等人的武,房玄龄的谋,杜如晦的断,长孙无忌的忠和李世民的领导力组合在一起了,如此,才形成一个真正有竞争力的抢班夺权的团队。

这样的团队才有可能挑战东宫。注意,我说的是有可能。我之所以没有用肯定的语气,是因为在秦王府日益壮大之时,东宫的势力膨胀得更快。

李建成不是一个笨蛋。

　　在李世民横扫天下、树立军功、拉拢豪杰时，李建成在长安也没有闲着。史书记载，李建成第一批拉拢的对象有些特别，她们手无寸铁，也无过人智谋，但战斗力依然很强，因为她们有独门绝技：枕头风。

　　她们是李渊的妃子们。

　　在长安的数年间，李渊生下二十多个儿子（女儿没统计）。

　　史书里记载，李建成跟李渊某些妃子的关系不清不楚，但可以确认的是，经过送礼、恭维等手段，李建成成功争取到许多嫔妃的支持。

　　渐渐地，宫里刮起了极其强劲的枕头风，席卷对象直指李世民。这些枕头风的效果还是很突出的，李世民渐渐失去了李渊的宠信。

　　如果只是夫人团队站在了自己的对立面，李世民是不会害怕的，他相信自己的父亲还不至于到色令智昏的地步，但另一个人的站队却让李世民真正感受到了威胁。

　　四弟齐王李元吉站到了李建成那边。

　　本来争嫡这种事情跟李元吉没什么关系：论出生顺序，他比不上大哥；论功劳，他比不上二哥。争皇位这种事，他也就是一个打酱油的命。

　　但显然，这位四弟有着李唐家不安分的传统，智商也不低，竟然想到一个曲线接班的办法。

　　也不知道他是怎么跟李建成谈的，最后他们竟达成了一个协议：李元吉先帮助大哥干掉二哥；等李建成当上皇帝后，封他为皇太弟，从而李元吉进入接班人梯队。

　　这实在是一个双赢的结盟，更是一个互补的结盟。李元吉敢说敢干、心狠手辣，这些性格特点恰好弥补了李建成性格软弱、反应迟钝的缺点。

　　在齐王同东宫打成一片后，李建成的步子越迈越大、胆子越来越大。李建成终于明白了枪杆子里出政权的道理，在长安组织了两千人的武装部队，号长林兵。据史料记载，李世民的秦王府也只有八百的私兵。

　　齐王跟太子的组合终于可以跟秦王府叫板，而一个人的存在最终使李建成的力量超过了李世民。

魏徵的王霸之术终于发挥威力了。

出战刘黑闼之后，李建成一举打破了战事问秦王的垄断。此战所得不仅是声望，在河北，李建成同样找到了外援基地。

武德七年的六月，杨文干事件发生的不久前，李世民听到一个让自己震惊的消息。有三百多幽州的骑兵悄悄来到长安，他们分别住进宫东面的一些坊里，准备乘机进入东宫担任侍卫。

幽州是燕郡王罗艺的地盘，幽州的兵马进了东宫，这说明自己的这位大哥已经争取到了对方的支持。

李世民马上叫人向李渊告发外兵入京的事情。当然，李建成因此受到了批评，三百大兵退出了长安，但下一次，也许偷偷进来的就不只是三百大兵了。

李世民终于感觉到了危机，更可怕的是，天下已经大定，他已经没有多少用武之地，但李建成只要自保成功，就可以等待最终的胜利。

李渊已经不再宠爱李世民，并明确告诉他，他永远只能做一个藩王。

后宫已经是李建成的天下，关于他的谣言每天换一个。

兄弟李元吉已经站在了他的对立面，这是一个无法无天的小霸王。

外面的大将已经有人投靠东宫，东宫不再是一座孤立的大殿。

李建成也不是昨天的李建成了；今天的李建成大功在握，手有强兵，内有良谋。这不再是一个可以忽视的对手。

如果你是李世民，看着自己的优势一点点逝去，看着自己一步步走进失败的沼泽，看着自己要得到的东西离自己越来越远，你会怎么办？

我想，只有一个回应。

反击！剑走偏锋，侥幸一搏的反击！

回到杨文干事件。现在我们知道，李建成已经胜券在握，他完全没有必要去搞一场没有胜算的宫廷政变，而李世民是有这个需求的。

为了彻底击败李建成，李世民跟他的智囊团策划了这起杨文干事件。这是我的判断，同样，你也可以有你自己的判断。史书的最大魅力就在于其中的一些不确定的因素。

杨文干事件之后，李渊没上当，李建成还是太子，李世民还是秦王。所有人的位子都没有改变，但一切又都已经改变。

父子之间、兄弟之间的裂缝已无法弥补。

最后，再交代一下杨文干事件的边角料，我们只说过李渊最后没有上当，却没有解释李渊改变主意的原因。从史书透露的信息来看，李世民如此周密的策划，如此完美的执行，最后都没有奏效，是因为出了一个内奸。

此人叫封德彝，官居吏部尚书。此前，封德彝曾经担任过天策府司马，李世民一直当他是自己人。

事后证明，这位封德彝堪称唐朝最成功的双面间谍，他是李世民的人，但也是李建成的人，这个秘密一直到他死了都没被发现。李世民当上了皇帝，还给他封了一个"明"的谥号。

据记载，李世民前脚刚去平定杨文干之叛，李元吉就跟嫔妃们前去为李建成求情，但均未奏效。最后，封德彝出马劝说，李渊才改变了主意。

史书里用四个字来形容李渊态度的转变："上意遂变。"

这实在是一句让人难以琢磨的话，封德彝虽然官职高，但算不上李渊的心腹。他跟李渊说了什么，其效果竟然超过了人家老婆和儿子的劝说。结合封德彝在秦王府的地位，以及他这次劝说后来被人揭发之后，他的谥号马上从"明"变成了"缪"，便可以猜出，封德彝正是向李渊透露了杨文干之案是李世民在背后策划的真相。

如果说真有一个人不凭证据而只凭交情就可以改变李渊的主意，那一定是裴寂。

我们已经很久没提到裴寂了。裴寂上一次露面，还是大败于刘武周之时，那时，裴寂被李渊召回关到了牢里。

裴寂在牢里待了两天，然后火速官复原职。如果九泉之下的刘文静知道此事，只怕又要大叫不公平。

当然，这个世界本没有绝对的公平，裴寂能够逃过问责，那是因为他自己的定位定得准。

在朝中，因为利益交错，关系盘结，要准确说谁是谁的人，实在不是一件容易的事。裴寂身处唐初宫廷斗争的中心，其人际关系却相当简单。

他是李渊的人，仅此而已。

他不是李世民的人，但他也不是李建成的人。

正因为裴寂既不是秦王也不是太子的人，李渊才会对他绝对信任，信任到他只跟裴寂一人谈儿子的事情。

有一回，李渊把裴寂叫来，说出了自己的苦恼。"我这个儿子在外面领军日久，被书生所教，已经不是我以前的那个儿子了。"

是的，李世民不再是那个被父亲抱在怀里的幼童，也不再是那个靠父亲帮助才能拉开大弓的少年，更不是那位追随父亲驰骋沙场的跟班。

但何尝只有李世民不是李世民，李渊又何曾是往日的李渊，李建成又何曾是以前的李建成？

一切都回不去了。

◆ 明争暗斗

武德七年的秋天，杨文干事件的不久后。李渊率领儿子们出城，来到城南的一处猎场，李渊下令让三个儿子一起驰射较量骑术。

看来，李渊准备通过组织这样的家庭郊游会来增进一下兄弟之间的感情。

很多年前，李渊就曾经这样领着三个儿子放鹰逐兔。那时，没有这偌大的江山，也没有兄弟之间的明争暗斗。

也许回到猎场能够重新唤起他们兄弟之间的温情。

李渊的苦心似乎起到了一些效果。李建成牵着一匹十分肥壮的马来到二弟李世民的面前，告诉李世民，这是一匹骏马，能够跳过数丈宽的溪涧，兄弟你善骑,可以试一下。

李建成虽然为人比较仁厚,但要指望他突然大发爱心,将自己的骏马送给死对手二弟骑那是不现实的。事实上,李建成这回有些不厚道,他牵出的这匹马虽然膘肥体壮,却有一个毛病——喜欢尥蹶子。

李世民欣然上马,开始追逐猎场上的一头鹿。刚跑起来,这马前腿一扑,就往地上栽。眼见要摔下来了,幸亏李世民练过,一跃从马上跳了下来。

等马站起来,李世民又翻身上马。没跑几步,这马又要往地上栽,当然,李世民又一个漂亮的跃身,在倒地之前,从马上跳将出来。

显然,李建成的计划落空了,李元吉在旁边也气得大叫可惜。可李建成却朝李元吉露出了得意的笑容。

马踢不死你,但你自己找死就怪不得大哥我了。

数次跃马,李世民毫发未伤,得意之下,他朝身边的宇文士及说道:"他们想借此杀我,但生死有命,我岂是这些人可以伤得了的。"

李世民说这一句话不是纯粹为了显摆,他选择宇文士及作为吐槽对象是有深意的。

宇文士及曾经跟随李世民征洛阳、战窦建德,早已经被李世民拉拢为自己人。但宇文士及除了是李世民的人之外,还是李渊的老朋友。

显然,李世民说这一句话,不仅是为了显摆自己命硬,更希望宇文士及将李建成欲借马杀他的事情用小报告的形式告诉李渊。

对于李世民的用心,宇文士及是明白的。可正因为明白,他才没有打小报告。人家的家事,自己当马前卒冲到前面,说不定最后受伤的是自己。

宇文士及不打小报告,李建成的小报告却已经打到了李渊那里。

回到宫后,就有妃子向李渊报告了一个新情况。

"秦王自言自语,说自己有天命,以后是天下之主,是不会浪死的。"

李渊彻底愤怒了。

我搞一次家庭聚会,让你们联络感情,可你们竟然在我的眼皮子底下搞斗争。这个世界有天命的是我,其他人,就算是我的儿子,也不行!

愤怒之下,李渊立刻将李世民宣进宫来。

"天子自有天命,不是你聪明就能得到,你为什么这么急切地谋求帝位?"

见到李世民后,李渊也不客气,一句就点破了李世民那点儿小心思。

李世民明白事情搞大了,明明自己差点儿被马摔死,最后竟然开自己的批斗会,看来,以后嘴上说话要把住门才行啊。

明白形势不妙后,李世民马上脱掉自己的朝服,摘下自己的王冠,跪倒在地,请求有关部门介入调查,将这个事情调查清楚。

这一幕对李渊来说相当熟悉。不久前,他的大儿子也这样叩首求饶过,那一回,李渊将李建成困在了帐篷里,还差点儿废了太子。最后,幸亏有人出言搭救。

这一回,怕是一时半会儿没人来替李世民求情了。

怒气不消的李渊坐在上面,思考着怎么处理这个野心和功劳同样大,以致影响到千秋大业传承秩序的儿子。

突然外面有人报告,有急件送到。

李渊看完急件,脸上还是急色,却不是原先的急了。他站起来,走到李世民的面前,扶起儿子,叫儿子赶紧戴好帽子、系好腰带。咱们的家事以后好商量,现在国事才是要紧的。我们父子赶紧商量一个办法出来。

突厥人大举进攻中原了。

在中原战乱这些年,突厥的领导班子已经换了三四茬,有必要为大家重新整理一下。

从启民可汗开始吧。我们说过,启民可汗是隋文帝杨坚所立,杨坚将宗室之女义成公主嫁给他。在隋文帝高超的外交政策下,突厥基本保持了以隋朝马首是瞻的睦邻友好关系。两国度过了一段甜蜜的时期,但随着隋朝内乱,情况发生了一些变化。

启民死后,他的儿子即位,称始毕可汗。与此同时,义成公主改嫁给始毕可汗,又当上了可贺敦。这位始毕可汗开始摆脱隋朝的统治,有一次还把杨广围在了雁门，多亏义成公主暗中相助，杨广才逃了出来。

始毕可汗一战成名，并走上了武林盟主的星光大道，趁着中原大乱，始毕可汗扶助了十余路包括太原李渊在内的反隋武装，从而一举奠定了突厥在当时的霸主地位。在完成这一壮举后，始毕可汗离开了人世。

因为他的儿子还年轻，他的弟弟继承了大汗之位，是为处罗可汗。义成公主发挥余热，又当了一届可贺敦。

这位处罗可汗接过始毕可汗的旗帜，继续在中原培育武装割据势力。中原形势已发生了变化：曾经臣服的唐朝开始横扫天下，显露出一统中原的实力。于是，处罗可汗不得不常常亲自上阵，跟唐军对抗。

在一次准备大规模入侵中原时，处罗可汗突然得了怪病，最终去世。

突厥的命运又走到了十字路口，这一次，前进的方向盘掌握到了义成公主的手上。

义成公主已经从一个小姑娘变成了大女王。

二十七年前，刚成年的她被告知成为公主，高兴劲儿还没过去，又得知自己将去一个完全陌生的地方，嫁给一个陌生的人，并且有可能再也无法回到中原。

爱情和亲情不是她能企及的东西，她只有使命。她不过是杨坚手上的一枚棋子。

坐着马车，义成公主踏上了另一段人生旅途。对于她而言，是翻天覆地的变化，她必须接受并适应这样的生活。

惜墨如金的史册没有重点介绍这位外嫁的公主，只在偶尔间，才露出她的姓名。

在隋末唐初群雄争霸的狰狞岁月里，她实在是一个配角。隐藏在隋末唐初那些大汉争霸的身影之后，很难有人会关注她的命运，她的人生，她的欲望。

可无论我们怎么忽视，每个人都会有自己的欲望，每个人也都会有实现欲望的冲动。

这一次，义成公主决定掌控自己的命运，实现自己的欲望。

她的欲望说来也简单，那就是自己选择老公。按现在的话说，叫自主婚姻，但办起来并不容易，因为她选的是突厥的新领袖。

处罗可汗死后，按照惯例，应该他的儿子奥射设继承汗位。处罗可汗之子年满十八岁，不出意外，就是新一届的突厥大可汗。可这位奥射设竟然被废掉了，义成公主做主，立始毕可汗的另一个弟弟莫贺咄设为可汗，号颉利可汗。

奥射设被剥夺继承权的原因很无辜，史书记其外貌丑陋，身体虚弱。

义成公主多年的媳妇虽然没能熬成婆（还得接着当皇后），但总算能在突厥当家做主了。

义成公主终于掌控了自己的命运，但必须得说，她无意中成了规则破坏者，从而在东突厥埋下分裂的种子。

第一个分裂分子是奥射设，这个仅因长得有点儿丑就被剥夺继承权的人，此时正用怨恨的目光眺望着突厥汗庭。

奥射设跟他的部落居住在河套地区，那里是突厥最便利的南下通道。从这一天开始，突厥的大军要想从这里进军中原就要交过路费了。

第二个分裂的人叫突利可汗（小可汗），算起来，他曾经也是大可汗的继承人选。

突利可汗名阿史那什钵苾，是始毕可汗的儿子，当年因为年纪小，没赶上接始毕可汗的班。

这位突利可汗走上分裂的道路比较绕，他本来是颉利可汗拉拢来对抗奥射设的。被册封为可汗之后，突利经常积极跟随在颉利可汗的后面南侵。

武德七年的八月，在李世民因为猎场失言而被责罚时，颉利可汗和突利可汗组织了一次进攻。这次进攻的规模很大，两位都拉出了自己的主力，举国入寇。

数年后，颉利可汗在长安城想起那次进攻，总觉得不该叫突利大侄子一起来的。

在今天的陕西彬县境内，离长安不到四百里地一个叫五陇阪的地方，颉利可汗停下了南进的步伐。

前方，李世民率领的唐军已严阵以待。

颉利可汗早就听过李世民英勇的传说，但此时的他没有想到，这位名震中原的秦王除了作战勇敢之外，还是一个善于搞阴谋的人。

这是李世民最后一次以主帅兼秦王的身份出征。李世民没有算到这一点，他只知道，这次突厥入侵帮了他一把，他必须战胜对方。

击败唐朝的敌人，建立无人企及的战功，是李世民敢于挑战皇位传承秩序的基石。但李世民没有算到，这个惯例要在这里终结。

在两军之间，是一条河沟。李世民望了望对面的一万多突厥骑兵，做出了一个决定，他找到了李元吉。

"现在突厥大举进逼，我们不能示弱，我决定与他们大战一场，你能跟我一同进击吗？"

让李世民有些意外的是，一向敢打敢杀的李元吉直接拒绝了李世民的建议。"突厥大军太强，干吗要轻易出击？万一有个闪失，可没有后悔药吃。"

望着李元吉躲闪的眼神，李世民马上明白了，这位四弟不是怕死，而是怕自己不死。

在摆出事不关己高高挂起的不配合姿态后，李元吉准备看自己这个无敌的二哥怎么应对。接下来的事情同样让他有些意外。

"你不敢出战，我就一个人去，你在这里好好看着吧。"

李世民率领一百骑向突厥大军直奔而去，在他的身后，李元吉脸上浮现出一丝怪异的笑容。

"我国与可汗和亲，为何大汗负约，深入我地！"

"我是秦王，可汗如果能斗阵，请独出与我相斗；如果率众前来，我以此百骑挡之！"

五陇阪上，李世民的叫阵声掠过突厥军阵的上空。

颉利可汗能成功被义成公主挑上，帅不帅不知道，至少身体还是比较强壮的。但想了想李世民横扫中原的故事以及传说中他那百发百中的大羽箭，颉利可汗还是决定拒绝对方单挑的要求。可显然，率众渡河、以多欺少也不是正确的应对方式，因为这位秦王除了箭术高明之外，打仗设伏也是常干的事。

单挑也不行，群殴也不好，无奈之下，颉利可汗只好哂笑。

看到对方没有反应之后，李世民放下心来，这一次轻骑叫阵，本就没有打算动武。

李世民是来瓦解对方的。在出阵之前，综合各方面的消息，他已经打听到这一支突厥大军是由颉利可汗同他的大侄子突利可汗率领的。李世民要策反的对象是突利可汗。

如同天方夜谭，突利可汗刚升了职加了薪，又被颉利可汗视为心腹，跟李世民八竿子打不着，哪是说策反就能策反的。

一匹快马从李世民的百人骑中脱队而去，直奔突利可汗所在的一边。然后，一句石破天惊的话把突厥阵营搅得人心惶惶。

此人只是替李世民向突利可汗传了一句话："当年你跟我结盟，约定有急互救。今天却引兵相攻，还有香火之情吗？"

所谓的香火之情，就是在神前焚香起誓，结为同盟，跟梁山好汉拜把子差不多。李世民不去找颉利可汗论香火之情，却去找突利可汗论是有原因的。

当年，李世民跟李渊在太原起兵，刘文静受命前往突厥汗庭找始毕可汗搬救兵，现在看来，这个刘文静在出色完成李渊交付的任务之余，还帮助李世民与始毕可汗最心爱的儿子，也就是现在的突利可汗搭上了线。在某个史书未记的时刻，李世民还与这位突利兄弟一起烧了香许了愿。

这是一个秘密，不但在唐朝没多少人知道，就是在突厥，知道的人也是极少数。

显然，颉利可汗不在那知情的极少数人之列。

突利可汗愣住了，他的表情很尴尬。当年焚香结盟的事情是高度机密之事，大家你知我知，私底下相互照应就是了，现在突然一嗓子喊出来，实在没有心理准备。

回应吧，现在两军对峙，不是论香火之情的时候；拒绝吧，不知道李世民这位香火兄弟又会说出什么来。于是，突利同学只好保持沉默。

在跟突利可汗叙过旧后，李世民下了一个击溃颉利可汗信心的命令：大队前进，渡河沟，逼近突厥大军！

"香火"这俩字的确把颉利可汗搞得要崩溃了。本来这次准备充分，准备领着大侄子大干一票，没想到竟听到这样一个秘密。

这绝不是一个好消息。

在听到李世民准备渡河的命令时，颉利可汗的冷汗都冒了出来。

李世民敢百骑渡河逼营，不会是跟突利有什么约定吧？

狐疑中，颉利可汗马上做出一个决定。

一匹突厥快马脱阵而去，给正准备渡河的百名唐骑带去了和平的消息。

"秦王不用渡河了，我没有别的意思，这次前来只是跟贵国巩固一下盟约罢了。"

为了表示诚意，颉利可汗主动向后撤退。

李世民也是讲道理的，在颉利可汗撤退后，选择了见好就收，领着一百多骑重新回到了大营。

第一次的交锋就这样结束了，虽然一箭未发、一器未挥，但双方已经过招数次。李世民显然是胜利者，成功地在突厥内部播下分裂的种子。几年之后，这颗种子发芽并破土而出，强盛的突厥面临着土崩瓦解的局面。

当然，那还是以后的事情，远景是值得期待的，但近愁还是要解决的。当前，怎么让这支突厥大军真正退回老家才是重要的事。

从目前的形势来看，依然不是跟突厥决战的时刻，不战而屈人之兵才是上策。让敌人不战而退只能依靠谈判，而谈判的一个重要原则是，谈判之前先展现实力。

回到大营之后，李世民仰望天空，喜悦之情溢于言表。灰蒙蒙的天空突然降下细雨。

这不是春雨，但同样贵如油。

纵观草原民族的征战史，很容易发现他们出征的时间一般会选在秋天。之所以选在这个时候，除了秋天马肥、天气凉爽之外，还因为秋天之后中原才会变得干燥起来，而天气干燥直接影响到其主要武器弓箭的杀伤力。

"突厥人所仗恃的正是弓箭。现在积雨已久，他们的弓箭筋胶俱解，已经无法发挥作用，正如飞鸟折断了翅膀，而我们居瓦屋吃熟食、刀槊犀利，正可以以逸制劳！"

"不趁此时出击，更待何时？！"

火塘的火苗跳跃着，映红了李世民兴奋的脸，那双深邃的眼睛里闪动着胜利的光芒。

这些天，突厥正在搞自纠自查。颉利可汗心情很不好，他的脑子里转来转去都是"香火"这两个字。关于自己的大侄子，还有多少事是自己不知道的？

紧接着是连绵的细雨，这倒真应了一句老话：屋漏偏逢连夜雨。

在潮湿的空气里，颉利可汗嗅到了危险的气息。一个深夜，他接到前方斥候的报告，唐军趁夜色倾营而出，正冒雨向自己的营地扑来。

惊慌之下，颉利可汗连忙叫来突利，下令马上列阵应战。

关键时刻，突利却突然表示现在出战胜算不大，不如大家以和为贵，跟唐朝谈判。

颉利可汗惊讶地望着自己的大侄子，幡然醒悟，这是香火之情在发挥作用。

早在唐军出击之前，李世民已经悄悄派人联络上了突利，并回顾了双方过往的友情。

颉利可汗并不知道这次私下的沟通，但他明白，自己的队伍已经无法朝着同一个方向前进。于是，他马上做出了一个明智的选择：停战。

突利以代表的身份前往唐营，跟李世民进行了沟通。李世民同意了停战的请求，并正式跟突利结为兄弟。

缔结盟约后，突厥人从中原撤走。李世民又一次出色地完成任务，解救了新兴的大唐朝。

得胜归来的李世民跟往常一样得到了李渊的大力表扬。在李世民看来，他在获得父亲信任且挑战大哥的道路上又迈出了坚实的一步。

事实上，这一步迈得有点儿大，没看清前路，一下就掉进了坑里。这个坑是李建成亲手为他挖的。

李建成已经成功找到了李世民的命门。

在李世民出征不久前，李渊组织了一次会议，就迁都问题征求大家的意见。之所以迁都，不是嫌隋朝刚修了没几十年的大兴宫太破旧，而是长安离边境太近，突厥人经常冲到长安的外围。

在这次会议上，李世民坚决反对，并认为突厥人不足为患，假以时日，一定能平定边疆。而李建成却力主迁都，最后迁都之事不了了之。与此同时，李建成趁机告了李世民一状。

"突厥虽屡为边患，得赂则退。秦王外托御寇之名，内欲总兵权，成其篡夺之谋耳！"

前半句意指突厥人是纯打劫的，给点儿钱就打发了；后半句直指李世民。不能说李建成完全是告黑状，毕竟李世民的确跟突厥可汗拜了把子。但这又是一个十分不厚道的揭发，因为自此之后，李世民进入了两难的境地。

打不赢突厥人，说明统帅无能；打赢了，就证实了自己的确跟突厥人有染。

这句话把李世民借战功以图天下的道路彻底堵死了。

李渊扶起身披金甲的二儿子，脸上依然是笑容，可脑海中却积累起越来越多的疑惑。

这个儿子，自己是真的看不懂了。

无论如何，自己应该做一些事情了。

武德八年（625）的年初，李渊做了一个决定，恢复关中十二军。

进入长安的第二年，李渊将自己的二十万兵马置为十二军，并将关内诸府划为十二道，每一道安置一军。这十二军的士兵分配有田地，平时农耕，战时出征。这种兵民合一的兵制称为府兵制。因为兼具农业生产跟军队召集的作用,这种兵制发挥了巨大的威力,成为唐朝横扫天下的保障。

在擒获刘黑闼后,李渊以为天下太平,留着府兵是一种浪费,于是废除了十二军。现在看来,这个决定仓促了些。

恢复十二军后,李渊告诉他的秘书团伙,以后给突厥通信,不要用"书",改用"敕"。

很多年前,李渊为了争取突厥的支持,亲笔将"书"改成了"启",承认自己的附属地位。后来,他将"启"改成了"书",现在又将"书"改成"敕"。所谓"敕",是由上而下发布指令。

恢复十二军,改"书"为"敕",李渊终于发出了他积蓄已久的怒吼:从今往后,对于突厥,朕将征之!

接下来,李渊一反常态地向突厥发起了主动进攻,并取得不少胜利。李渊对突厥的政策从屈从到平衡再到反攻,用了整整八年,反攻突厥并不只是一洗当年的屈辱。

在进攻中,有一个耐人寻味的安排,屡战屡胜的唐军头牌将领李世民再也没有领军出战过。这意味着,李渊要削弱这个儿子在军中的地位,以及大唐对他的依赖性。

唐朝总有一天会适应没有秦王的日子。

李渊的这个暗示马上被李建成领会到了,这位仁兄为了使这一天早点儿到来,下了一剂猛药。

武德九年,虽然心里早有预感,但听到这个消息后,李渊还是吃了一惊。

他收到消息,自己的二儿子有一天夜里跟大儿子喝酒时,突然发病吐血。最后,被人扶了回来。

很显然这不是普通的吃坏肚子,像中了毒。

听到消息后,李渊亲自跑到李世民的住所,看望了躺在床上的儿子,询问了当时的情况。然后,他转头告诉随从,给东宫发个敕令,告诉太子,秦王素来不能喝酒,以后不准再夜饮!

这个事情这样就算处理完了？

李世民有点儿不敢相信自己的耳朵，自己差点儿被毒死，而李渊竟然表现得像一个宿舍管理员，只是禁止吃夜宵。

怎么着，也该给一个交代吧。

李渊长叹了一口气，觉得是该给个交代了。

李渊想起了不久前发生的一件事情。

不久前，有人举报秦府车骑将军张亮在洛阳勾结山东豪杰，并收买人心，意图不轨。

当然，这个举报的自然是东宫的人。

在经过审问后，张亮很有骨气，打死也不说。在套不出口供之后，张亮又被放了出来。

虽然查无实证，但谁都知道，李世民在洛阳搞秘密组织。

李渊坐了下来，望着躺在床上的李世民，说出了他最后的解决方案。

"首建大谋，削平海内，都是你的功劳，我要立你为嗣，你又坚决推辞。且建成年纪比你大，居东宫的时间又长，我不忍心夺去他的位子。现在你们兄弟水火不相容，还一起住在长安，一定会有纷争。我应当派你返回行台，留居洛阳，陕州以东由你主持，你还可以建天子的旌旗。"

因为李世民有篡改史书的不良记录，以上这段话通常被认为不是原话，这其中经过了相当的润色。

听到父亲让他去洛阳后，李世民表示自己不愿意离开父亲，并当场流下了眼泪。李渊挥了挥手说："天下都是一家，东都跟西都很近，我要是想念你，随时可以去看你，你就放心去吧。"

说完，李渊起身离开。

这一年李渊六十岁，在转身离开的这一刻，李渊突然感到莫名的疲惫，将一切掌控于手心的他第一次觉得力不从心。

这便是老了的感觉吧。

在长安城内，李建成感觉自己最无辜，明明是老大，一切按套路来不就行了吗？偏跑出来一个咄咄逼人的二弟。

李世民觉得自己最冤，明明天下是自己拼了命打下来的，为什么让那个坐在长安城享福的人接班？

李元吉也恨上天不公，不给自己早投胎的机会，也不给自己统率兵马的能力。

他们都不知道，长安城里最苦恼、最无奈的人是他们的父亲。

这位隋末逐鹿的英雄战胜了许多强劲的对手，包括狂放的杨广、凶悍的薛举、骁勇的刘武周、聪慧的李密、豪迈的窦建德，等等。可在自己的家事上，他的谋略第一次失去了作用。

大概这不是仅靠智力就可以解决的难题，这个难题曾经困扰过秦皇汉祖、曹武隋文。现在，李渊给出了他的答案。

李渊用骨肉分离、兄弟分处的方法来解决这一难题。这不算是一个高明的方案，但是他能想到的唯一方案。

李渊的处置方案传到东宫，李建成彻底慌了。

李世民在长安都搞不定，要是让他到洛阳搞割据，谁还能制得住他？谁能保证他以后不举兵杀回长安？

于是，李建成赶紧叫来自己的死党——四弟李元吉商议对策。最后，兄弟俩得出结论，绝不能让李世民到洛阳去。

决定之后，李元吉拔脚就走，准备联络后宫嫔妃刮一次枕头风，让李渊改变主意。

但李建成拦住了他说："你要用什么理由来阻止李世民去洛阳？"

李元吉没想到这一点，但事情紧急只能路上再想。好的理由想不出来，莫须有的总可以编一些吧。

李建成笑了，只有一个理由可以阻止父亲让李世民去洛阳。"告诉父皇，秦王府的人听说要去洛阳，无不欢喜雀跃。看样子，只怕一去不复还了。"

这句话传到了李渊的耳朵里。李渊彻底愤怒了，自家人骨肉分离，你们秦王府的人还欢天喜地，这实在太过分了。

当年为了让二儿子打天下，李渊把精兵强将、智囊谋臣调给了李世民；可他没想到，这些人怂恿自己的二儿子把战斗延续到了长安城。

是的，就是秦王府那帮人教坏了自己的儿子。

在李渊把注意力转移到秦王府时，东宫早已经关注这些人很久了。准确地说，李建成和李元吉早已经动了打击秦王府人才的心思。

秦王府之所以敢以一府之力单挑东宫和齐王府，全靠秦王府的那一群幕僚和府将。只要将他们拉拢过来，李世民一个光杆司令，就算闹到天上去，也就封一个齐天大圣。

这个挖墙脚的办法是不错的，如果成功实施，确实可以起到釜底抽薪的作用。可有一个问题，秦王府人才太多，名学士有十八位，悍将可以组成一个合唱团，要挖墙脚，这第一锄从哪里下手呢？

想了一会儿，李元吉提供了一个目标：秦王府左二护军尉迟敬德。

据记载，李元吉本人也是一员猛将，身体素质过硬。从后面发展来看，论单挑，李世民也未必是李元吉的对手。李元吉挑上的第一个人是尉迟敬德，因为他相信如果长安城内有人比他更能打，这个人一定是尉迟敬德。

这不是猜测，这是教训，是二哥李世民给他的教训。

数年前，洛阳城外，唐军大营。

某天，身为唐军副帅的李元吉找到李世民，表示要跟尉迟敬德比试一下马槊。我们介绍过，尉迟敬德有一个绝招就是避槊术；巧的是李元吉也有绝招，就是马槊术。

尉迟敬德的绝招因为颇具传奇性，在军中广泛传播，李元吉相当不服气，要求现场比一下，看尉迟敬德到底能不能避开自己的槊。

堂堂副统帅竟然要跟一员军将比武，这个举动太危险。可李世民想了一下，欣然同意了这个请求。

校场上，李世民叫来双方，并命令双方先去掉槊刃，用槊杆较量，免得造成人员伤亡。

尉迟敬德表示，自己会按照命令去掉槊刃，但齐王的槊刃就不用去掉了。因为就算加上槊刃也伤不到我，没必要费这个力气。

真是狂到没边儿了。李元吉也不客气，拍马上场，挺槊就刺。

事实证明，尉迟敬德的狂是有高超的技术保障的，在槊术高手李元吉的奋力刺杀下，竟然毫发无伤。事情到了这一步，胜负已经分出，尉迟敬德无槊能伤的传奇也得到了验证，该打完收工了。可李世民不太讲究，突然把尉迟敬德叫了过来问他："夺槊、避槊，哪个难？"

"夺槊。"

"那好，你去夺齐王的槊！"

尉迟敬德马上明白了李世民的用意，拍马回到校场。李元吉没料到二哥已经下了另一道命令，依旧执槊冲了上来。于是，李元吉同学还没搞清楚怎么回事，自己的槊就到了尉迟敬德的手上。

这是李世民给李元吉的下马威，这个事件给李元吉同学留下了不小的心理阴影。

如果可以，一定要拉拢此人，跟这样的人做敌人太可怕了。这便是李元吉从那一战中得到的教训。

要拉拢尉迟敬德似乎也没有太多的办法，只有相信金钱的力量吧。

这一天，尉迟敬德在家里接见一个特殊的客人，这位客人是东宫李建成派来的。

虽然东宫和秦王府在暗自较劲，但表面上大家都在唐朝政府上班，平时有个往来也是正常的，不正常的是来人没有空着手。

此人拉了一车的金银器，随礼还有太子李建成的请帖，里面写了一句比较肉麻的话："愿迂长者之眷，以敦布衣之交。"

翻译过来就是希望您老人家屈驾眷顾，我们加深一下感情。

尉迟敬德笑了，告诉来人把礼拿回去，并转告太子，自己是秦王府的军将,是不可能效忠东宫的。

为了让对方死心,尉迟敬德表示如果自己是随便叛变的人,就是投靠太子李建成又有什么用。

拒绝李建成后,尉迟敬德到秦王府向李世民汇报了这一事件。

李世民笑了,自己的这位大哥挖墙脚的手段也太拙劣了,选的人也太离谱了。自己对尉迟敬德有救命之恩,有再造之情,又曾经同生共死,岂是区区一车金银器就可以收买的?

想了一会儿,李世民突然说道:"要是对方再送东西过来,你但收无妨!"

"为什么?"

"我绝对相信你的忠诚,而你收了他的东西,可以顺便探知一下他们的阴谋,有何不可?"

这句话透露出一个重要的信息,李世民颇具间谍意识。事实上,正是因为成功安排了一个双面间谍,李世民才取得了最后的胜利。

这种假投靠,尉迟敬德是懂的。

李世民又补充了一句:"你如果断然拒绝,只怕他们会对你不利。"

李世民的担忧不是没有理由的。很快,恼羞成怒的李建成决定教训一下这个不识时务的粗汉,而下面这个方案是李元吉这个莽撞青年友情赞助的。

这个方案是刺杀。

为了刺杀尉迟敬德,齐王府派出了数名杀手。杀手趁夜摸到了尉迟敬德的家里。一般来说,取人性命这种事,翻墙是必须的。正当刺客要搭人梯时,却发现不用费这个劲儿了。

尉迟敬德家,大门洞开。

小心翼翼地迈进大门,来到庭院,刺客发现另一个让他们感到奇怪的现象。

屋里点着灯,尉迟敬德老老实实地躺在床上,一动不动。

显然,这是一个庭院版的空城计。

吃惊之下,刺客们连忙退出了院子,但工作还是要完成的。不一会儿,这些刺客壮着胆子又走了进来。

这里的庭院静悄悄，这里的夜深风很高，可似乎不是一个合适的杀人夜。

刺客们又退了出去，不一会儿，又折了回来。往返数次后，刺客们终于做了决定。

想一想有关尉迟敬德的传奇故事，刺客们咬咬牙，一跺脚，转身就走了。

刺杀不成，李元吉就跟尉迟敬德耗上了，又趁机告了他一状。也不知道李元吉告了尉迟敬德什么状，总而言之，李元吉成功将尉迟敬德送到了牢里。但这一年，大唐武德律已经颁布实施，无凭无据不能定一个人的罪。于是，尉迟敬德到牢里待了两天，又被放了出来。

尉迟敬德不是第一个被拉拢的军将，许多秦王府军将都收到了东宫的跳槽邀请。遗憾的是，策反工作没有任何成效，没有一个人愿意从秦王府跳到东宫。策反名单，我相信是李元吉提供的。这位兄弟喜好打打杀杀，对武将相当重视，可要成功夺取一场政治斗争的胜利，就不能忽略另一类人的存在。

看着这个弟弟忙得一头大汗，今天要砍对方的大将，明天要收买对方的护卫，李建成露出了苦笑。弟弟还是太年轻啊，怎么光盯着对方的武夫呢？要知道，李世民身边最厉害的不是这些武功盖世的人，而是那些深谋远虑、老奸巨猾的十八学士。这其中，又以房玄龄和杜如晦两位最厉害。

去掉这两个人，才算斩断了二弟的左臂右膀。

李建成一直在寻找解散秦王府智囊团的机会，当洛阳分家事件重新唤起李渊对秦王府学士的埋怨时，李建成知道机会来了。

经过一番运作，李渊终于颁下敕令：房玄龄和杜如晦马上搬出秦王府，从此不得跟秦王私通。

这两位仁兄只好卷起铺盖离开秦王府。据小道消息，这两位从秦王府出来后，直接跑到道观当了道士。

到目前为止，东宫终于完成了最重要的一击，去掉了"房谋杜断"，他们的刀锋可以直接抵到李世民的脖子上了。

秦王府陷入慌乱当中。

本来听说圣上开恩，让李世民到洛阳去，秦王府的人个个喜出望外，纷纷回家收拾行李。可这边刚收拾利落，就听说李渊不顾自己的身份，再一次食言了。不但说话不算数，还把房学士和杜学士赶了出去。

这是一个危险的信号，留在秦王府的长孙无忌连忙找到妹夫李世民，告诉他必须马上行动，除掉李建成和李元吉。

已经到了必须拔剑的时候了吗？

一向有主意的李世民不禁陷入了困惑，最后，他决定去请教两位智者。

第一个被找上的是李靖。

说来抱歉，李靖兄也是隋末的风云人物，在中国军事史上占有极其重要的地位，中国的十大名将之一。但因为李渊只相信自家人，李靖虽然才华横溢，却一直给李家嫡系打下手，而且一直在长江以南活动，脱离中原主战场，所以本书介绍不多。

虽然没有跟随李世民横扫中原，但显然，李世民颇为看重这位名将，将他列为第一个咨询对象。让人意外的是，李靖拒绝为李世民提供建议，表示自己不便插手皇室的事情。

从李靖家出来，李世民又去找了第二个人。

这个人我们很熟了，他是徐世勣。

要是长安城内找聪明人的话，徐世勣是不能忽视的一个，这也是李世民找他的原因。但一个人要称得上聪明，就会知道什么事该管，什么事不该管。

同李靖一样，徐世勣婉言拒绝了李世民的请求。

一天之内被两个寄予厚望的人拒绝，心情自然是不太好的，但李世民还是感到一丝欣慰。

这个世界上还是有不结党营私的人啊，这样的人正是日后大唐朝所需要的人才。

站在长安的街头，面对着这座熟悉的城市，李世民突然感到有些陌生。他曾经了解这里的每个人，这里发生的每件大事都在他的掌控中，可渐渐地，这些人的面孔变得模糊了，掌控力正从他的手上滑落。

危险的气息笼罩着他。

李世民曾经大战薛举，与刘武周对峙，于虎牢关前以千骑拒十万敌军，水淹刘黑闼，但他一生最为艰苦、最为凶险的斗争即将发生在这歌舞升平的天子脚下。

李世民开始怀念那些沙场厮杀的日子。

武德九年的六月，边关的狼烟又一次冲天而起。

这一次入侵的不是东突厥的大当家颉利可汗，也不是刚跟李世民拜了把子的突利可汗，而是那位因为长相欠佳而失去大可汗之位的奥射设。

这位兄弟来得太巧，正赶上李世民举步维艰的时刻，不少史学家怀疑这是李世民故意引来的。当然，这个可能性是有的，但必须得说可能性不大。因为这位奥射设虽然跟唐朝有过一些军事交流，但那都是以前的事情了，前些年因为被唐军赶出河套地区，本就脆弱的感情早就破裂了。这次杀出来，他也没有去长安围观李唐内斗的意思，仅仅是为了夺回自己的旧地。

还有更重要的一条：李世民已经一年多没当过主帅，李渊正在让唐朝摆脱对这位秦王的军事依赖。所以，突厥人的进攻并不一定对李世民有利。

事情的发展证实了这一点。突厥的进犯并没有让时局朝对李世民有利的方向发展，反而将秦王府引到一个更危险的境地。

在李建成的推荐下，李渊命李元吉统率诸军北上。

李元吉是一个疯狂的人。

曾经有一次，李元吉在家里埋伏了杀手，准备刺杀到自己家里串门的李世民，最后被李建成劝阻。

从这件事情上大抵可以看出相比懦弱的大哥，李元吉心更狠、手更辣。但不容易看出来的是，李元吉的野心比李世民更大，用计更毒。

那次，李世民不是一个人来的，他是陪李渊来的，耐人寻味的是李建成也在。家里人都齐了，而李元吉竟然要当着父亲兄长的面杀掉李世民。

试想一下，杀了李世民，怎么向李渊交代？乱刀之下，李渊会不会被砍倒？而杀了李世民和李渊，这个大哥李建成还留着有什么用？

根据所有的线索，演绎一下，可能会得出一个让人不寒而栗的结论：李元吉极有可能不只是要伏杀李世民，他是准备一锅端。

这是一个可怕的结论，但并非没有先兆。在前面的杨文干事件中，大家或许还记得那位莫名其妙的司农卿宇文颖。本来李渊劝他去将杨文干忽悠来，他却一五一十地将所有的真相告诉了杨文干，最后成功将杨文干送上梁山。

这位宇文颖是李元吉的亲信。同时，提醒诸位一点，李元吉的亲信不一定就是李建成的亲信。

又据齐王府的线人举报，李元吉曾经说过一句话："但除秦王，取东宫如反掌耳。"

在李元吉看来，李世民是蝉，李建成是螳螂，而他才是真正在后的雀。

李元吉很快展现了他的手腕，利用统率诸军的机会，将秦王府的大将尉迟敬德、程咬金和秦叔宝等人调到了自己的军营。

以前费尽九牛二虎之力拉拢不来的人才，现在可以光明正大地打包带走。

李元吉还特地要求检阅秦王府的兵，好从中挑选精锐，以充实大军。

而这些还不是李元吉计划的全部。

在东宫和齐王府费尽心机地挖秦王府的墙脚时，李世民也同样在挖东宫和齐王府的墙脚。跟李建成、李元吉老盯着秦王府的一线人物不同，李世民没有去打魏徵的主意，他瞄准了一些不起眼的人物。

这些人可能不是力拔山兮的将军，也不是足智多谋的参谋，但他们同样能够起到关键的作用。

东宫三寺之太子率更寺的率更丞王晊被李世民策反了，品阶只有七品，主要掌控漏刻，说白了，就是打更中的霸主。当然，打更中的霸主依然是打更的。这实在是一个小官吏，其品阶只有从七品，属于七品芝麻官一级。可芝麻虽小，也能影响一张大饼的风味；芝麻官虽小，也同样能决定一件大事的成败。

因为身处东宫，这位王晊探听到了一个惊人的消息。他没有犹豫，马上将这个消息密报给了李世民。

李世民心里早知道跟兄弟会有火并的一天，但听到这个密报后，还是吓了一跳。

密报中说这是一个计划，细节是这样的：

在李元吉出征之日，李建成拉着李世民到西郊的昆明池设宴送行，在酒宴上埋伏大汉将李世民拖下，当场斩杀，然后写个秦王暴病而亡的报告。最后李建成进宫逼迫李渊让位，李元吉在昆明池坑杀尉迟敬德。

至此，大功告成！

不得不说，这是一个狠准毒的计划。

东宫的剑已经伸到了李世民的脖子上。

李世民曾经身陷沙场，被数十倍的敌人团团围住，但要论生平最险恶的时候，大概就在此时。

李世民将这个消息透露给自己的部属，要求大家想个办法出来。

到了现在，还有什么办法？不是你死，就是我亡。长孙无忌强烈要求先下手为强。

尉迟敬德因为蹲过李元吉的黑狱，火气最大，表示秦王要是再犹豫不决，自己就跑路了，以后混江湖去（窜身草泽），反正不会留在秦王府等死。

尉迟敬德一吆喝，长孙无忌马上大喊同去同去，宁愿跑江湖也不当什么劳什子官了。

先发制人的建议在秦王府得到了全票支持，可在最后关头，李世民犹豫了。

李世民并不是一个优柔寡断的人，多年的征战让他养成了杀伐果断的性格。但在这件事情上，他却举棋不定。

之所以无法下定决心，是因为这件事情不同于跟敌人作战，他面对的是自己的亲兄弟。李世民犹豫不是他不忍心向兄弟下手，而是这里面还有一个更重要的原因。

唐初这一起争嗣事件统称为"玄武门之变"，在大多数人的印象里，玄武门之变是李世民争夺李建成的太子之位。有此说法是李世民多年积极干预史书编纂的结果。在这个过程中，李世民精心掩盖了玄武门之变的本质。

所谓的玄武门之变，不是李世民大战李建成和李元吉，而是李世民挑战李渊。

说到李渊，大家可能有个困惑，明知道自己的二儿子劳苦功高且欲望强烈，自己的大儿子还算好说话，为什么不把太子之位让给二儿子呢？

李渊大概是动过这样的心思的，可每当李渊心头涌起这个念头时，便会联想到一些历史事件，并最终否定了这个念头。

中国的帝王是很看重历史的。在改朝换代之后，新皇朝一般会马上组织人员修前朝的历史，并把这项工作当作一个重点工程。如此重视的原因是要从前朝中学习经验，吸取教训。

对李世民不利的是，前朝有一个血的教训。

隋文帝杨坚曾经废掉了太子，改立二儿子杨广。最后杨广弑父夺位，并在十多年间，将强大的隋朝送上了绝路。

有杨坚这个负面典型在前面立着，李渊绝不允许李世民取代李建成的位置，让隋朝的错误在唐朝重演。

搞清楚李渊的立场之后，我们便可知道玄武门之变的本质不是兄弟相争，而是父子相争。

对兄弟下手已经不易，反抗父亲更难。曾经弑父的杨广已经顶着炀的恶名了。

在以孝为先的中国，挑战父亲将成为其一生的污点。而李世民，恰好是一个完美主义者。

于是，在将突破道德底线时，李世民变得犹豫起来。他无法将自己的这个顾虑说出口，只能等待有人领悟。

秦王府人才济济，终于有人发现了李世民的这个顾虑。

这个人是长孙无忌。

明白了比不明白更难，劝人兄弟相残已经够不易的了，更何况要劝儿子斗倒老子。但长孙无忌不愧是隋朝名将长孙晟的儿子，竟然想到了一套说辞。

"秦王认为舜是个怎么样的人？"长孙无忌突然问道。

李世民对这个问题感到奇怪，但依然很快给出了答案。"是圣人。作为儿子，他很孝顺；作为君王，他很仁慈。这都是不用说的。"

长孙无忌露出了神秘的笑容，提出了第二个问题："如果那天舜下去疏通水井而没有出来，他算是孝吗？如果那天舜上粮仓没能及时下来，他能称为仁吗？"

李世民如醍醐灌顶，一下打消了自己的顾虑。

长孙无忌所说的是关于舜的一个传说。话说舜的父亲瞽叟不喜欢这个儿子，有一天叫舜掘井，等舜下去后，瞽叟就在井上填土。眼见舜就要被活埋，可没多久，舜又恭敬地出现在父亲面前。原来，下井之前，舜留了一个心眼儿，提前在井壁上挖了一个逃生通道。而瞽叟坑儿子的决心似乎很强，又让舜去修补粮仓，等儿子爬上粮仓后，他在下面放火。幸亏舜用两只斗笠作翼，从房上跳了下来。

最后，长孙无忌用孔夫子对挖井修屋事件的评论为这次劝说做了总结："'大杖则避，小杖则受'说的就是这个道理。"

孔老师的话还是要听的，但要革老子的命实在事关重大。最后关头，李世民竟然叫来了一个占卜的，想请示一下老天爷的意见。

正在算卦的时候，有一个人大步迈了进来。

此人叫张公谨，魏州人，初为王世充的部下，降唐后经徐世勣跟尉迟敬德介绍才进了秦王府当幕僚。

兄弟走到这一步不容易，秦王府的未来就是他的未来。进来之后，看到二少爷还在算卦，气不打一处来，抢过算卦用的龟甲扔到地上，说道："占卜是因为犹豫不决，现在的事情不必犹豫，要是算出来不吉利，难道就坐以待毙？"

是的，问天问地不如问自己。

李世民的眼光终于坚定起来，下了一个命令："去把房玄龄和杜如晦叫回来！"

长孙无忌出去了，然后长孙无忌回来了。出去时是一个人，回来时依然是一个人。

人没带回来，带回来一句话："请转告秦王，圣上有旨意不让我们侍奉秦王。今天要是私自前来，必是死罪。这一次，我们就不来了。"

李世民愤怒了，在最需要有人出谋划策的时候，自己最倚重的谋士竟然撂担子。气愤之下，李世民大吼："他们难道想背叛我吗？"

长孙无忌请不来你们，我自有人去请你们。

李世民取下腰间的佩刀，交给尉迟敬德说："拿我的刀去，要是他们不来，就取他们的首级来。"

在长孙无忌的引领下，胡子拉碴、体大腰粗的尉迟敬德拿着大刀杀气腾腾地出现在房玄龄和杜如晦面前。两位谋士相视笑了起来。

第一次不去不是摆架子，他们需要确认李世民的决心有多大。

现在刀子都拿出来了，可以确定秦王下定了革父亲命的决心。

这一天晚些时候，房玄龄、杜如晦跟着长孙无忌进入了秦王府。为了避人耳目，尉迟敬德从另一条路绕回了王府。

这天夜里，李世民跟他的智囊团谋划了一夜。这是一个困难的任务。我们说过，李世民的对手有李建成和李元吉，还有老谋深算的李渊。要一举战胜三人才算真正的成功。

一个突发事件让事态的进展变得迅速起来。

◆ 玄武门之变

武德九年六月初一，长安，观星台。

太史令傅奕登上了观星台。太史令是唐朝太史局的最高领导，其职责是观察天文、修历书。

显然，傅奕是准备观察星象的，奇怪的是，此时并不是夜晚，而是大白天。

上来后，傅奕径直望向了正南方。在正南方的午位，他发现了太白星（金星）的影子。

就中国的星象学家看来，星星的运动并不是月亮围着地球转、地球围着太阳转的简单运动，天空的星象是地间万物命运的投射，通过观察星星的运动，可以预测人世间的一切事情。

傅奕面色凝重，太白星大白天出现在正南方并不是一个好兆头。这个现象在星象学里有个专门术语，叫太白经天。

太白经天到底预示着什么呢？

《汉书·天文志》里写道："太白经天，天下革，民更王，是为乱纪。"

西汉经学家刘向在其著作《五纪论》里写得更直白："经天则昼见，其占为兵丧，为不臣，为更王，强国弱，小国强。"

总而言之，有人将不臣，天下要换主。

很容易，傅奕就算出这个天象指的是谁。

在古代，占星家们将天空划为十二个区域，与此对应，地面同样被划为十二个区域，并且地面上的十二个区域以古代的诸侯国命名。这种对应关系叫分野，占星家依此来将天象跟地面的吉凶联系起来。

此时，太白星出现的区域映射到地面，正是秦国。长安城内正好有一位秦王。

想了一下，傅奕决定违背自己的职责，将这个发现隐藏起来。

两天以后，傅奕明白了什么叫天意如此。他惊讶地发现，太白星再一次在白天出现在正南方的午位。

看来，天不可欺也，回到太史馆，傅奕慎重地写下一道密奏，并就此天象给出了自己的解释。他知道，自己的这道密奏递上之后，必将掀起惊涛巨浪。

在揭示这道密奏上的内容前，我们有必要了解一下这位傅奕。只有我们了解了他的背景，才能真正理解他的行为。

傅奕，相州人，精通天文历法，博学多才，早年当过道士，本人又是一个儒生，算是一个学者型道士。在唐朝担任太史令，负责夜观天象、日看星盘之外，还积极参与到唐朝的各项建设当中，可谓成绩相当突出。

除了以上工作，傅奕一生最大的抱负是将佛教逐出中土。在傅奕看来，佛教那些外来的和尚念不好中国的经，他们一不搞劳动生产，二不奉养双亲，对社会有害无益。要使中国繁荣昌盛，只能遵从老子的道家学说和孔子的儒家学说。

于是，只要有空，傅奕就写奏章，要求关闭寺院，使僧尼还俗，将佛教还给天竺。

傅奕的反佛活动取得了一定的效果。原因除了傅奕比较能说之外，还有其他一些原因，比如，他是李渊的老朋友；李渊已经把祖宗认到了老子李耳身上，当然要捧道教的场。

眼看和尚们就要留长发、去种田，守卫佛教的人出现了。

此人是一位和尚，法号法琳。

在唐三藏出现之前，法琳和尚是唐朝最著名的高僧，而且这位和尚有个"护法沙门"的外号，相当于佛教的护法。

法琳大师能言善辩、知识渊博，而且经历丰富。曾经，法琳大师跑到道观里当了一段时间的道士，系统地学习了道家的东西。

学者道士碰上了卧底和尚，其结果势均力敌。傅奕没将佛教赶出中土，法琳也没有扳倒道教。可傅奕已经看到了不妙的前景。

傅奕有李渊的支持，而法琳也不是一个人在战斗，他的后台是李建成。

李建成是信佛的，还有一个佛教名字毗沙门。相信大家看出来了，傅奕拥有的是今天，法琳却拥有明天。等李建成登基，只怕被消灭的不是佛教而是道教。

至于李世民，虽然传闻他曾经被少林寺的和尚救过，跟佛教颇有渊源，但从晚年李世民也吃金丹来看，他还是信道教的。而且种种迹象显示，傅奕跟秦王府关系密切。

傅奕到底是忠于职守写了那道密奏，还是出于私心以玄武门之变的一枚棋子的身份在行走？

这是一个谜。

李渊明白，为了唐朝的明天，他的大儿子和二儿子只有一个人能站在大殿之上，另一个人会在幽禁的生活中度过余生。他已经选定了当牺牲品的那个人。之后，他便在等待机会。有了借口，就能帮助自己硬起心肠，从而结束争夺。

傅奕的密状送到时，李渊终于等到了这个借口。

六月三日，李渊将李世民叫来，将傅奕的密奏扔到李世民的面前，然后冷冷地望着对方。

打开密奏，李世民看到了触目惊心的一行字："太白见秦分，秦王当有天下！"

天下现在是李渊的，将来是李建成的，秦王要想拥有天下，那只有谋逆。

李世民的汗流下来了。

也许此时，殿外的侍卫早已经准备妥当，只等自己说错一句话，李渊一声令下，他们就会冲进来将自己擒住。

自己命悬一线，现在必须说什么呢？

寻常的解释和表白是没用的。对于这样的爆炸性指控，只能用另一个爆炸性举报来抵消。在经过一阵慌乱之后，李世民终于找到了说辞。

"李建成、李元吉淫乱后宫！"

据记载，这件事情长安城内很多人都知道。显然，李渊是最后一个知道的人。听到这句话，李渊彻底愣住了。

李世民一击奏效是有原因的，这个原因还得追溯到前朝。

李渊死活不肯废李建成的太子之位，是怕李世民成为第二个杨广。杨广除了弑父夺位之外，还干过一种不道德的事，就是跟他父亲的妃子有染。

李建成说李世民窥视太子之位，李世民说李建成淫乱后宫。到底谁才是真正的杨广二号？

精明的李渊被搞晕了，趁着李渊脑子糊涂，李世民又抛出一个炸弹："我没有做任何对不起兄弟的事情。他们今天要杀我，似乎是为了替王世充、窦建德报仇！"

李建成什么时候跟王世充、窦建德扯上关系了？这指控实在有些天马行空、不着边际，但事实证明，告黑状不需要有凭有据，最重要的是够震撼。

显然，李渊被震住了，望着李世民目瞪口呆。

最后，他只好告诉李世民：明天再召集你们兄弟对质。

李世民跪拜之后退下。也许是巧合，也许是精心的布局，李世民终于得到了将对手们集于一处且一并解决的机会。

从宫中回来，夜幕降临。

这一夜注定是漫长的一夜。在天蒙蒙亮的时候，李世民披上铠甲，拿上大羽箭，推开了门，秦府的精英早已经在院里集结。

决定命运的时刻终于到了。

打开府门，去玄武门！

东宫的灯火从昨夜一直燃到了现在。

李建成也度过了一个不眠之夜，陪伴他的是李元吉。

李建成已经知道李渊和李世民的对话内容。

当李世民在李渊面前反告李建成一状时，有一个曼妙的身影隐藏在黑暗里，将这一对父子的对话听进了耳里。此人正是被李世民指控跟李建成发生并保持不正当关系的后妃中的一位。

李世民刚出大殿，她就给东宫送去了关键的情报。李建成马上意识到最后摊牌的时刻到了，于是，他把李元吉叫了过来。

听完李建成的话，李元吉沉思了一会儿。李元吉数次跟随李世民出征，对自己的二哥相当了解，隐约中，他感到这并不是一场简单的对质。

突厥的进攻、傅奕的密奏、李世民的辩解、李渊的决定，这里面一定有什么阴谋！只是他现在还无法把这些事情串联起来。

李元吉仿佛看到前面有个陷阱正等着他们去跳，第一个反应自然是避开。

"不能去，我们应该集结兵马，然后假称有病，看看形势再说。"

李建成看着狐疑的兄弟，露出了胜券在握的笑容，说："不用担心，军队的事情我已经安排好了，只管进宫就是。"

李建成不愿意错过这次家庭会议。他知道，这次父亲一定会给他一个满意的答案。今天过后，他再不会为二弟的逼迫担忧。

微笑中，李建成向李元吉提起了一个人的名字。

在平定刘黑闼的战斗中，李建成收编了不少将领，这中间，有一个叫常何的人。此人原是瓦岗将领，降唐之后，曾经是李世民的部将。

李建成利用征战山东的机会，成功对常何进行了策反。这说明，策反尉迟敬德这样的秦王府铁杆部下不容易，收买一些边缘将领还是有可能的。更巧的是，这次策反远离长安，进行得十分隐秘，没有人知道常何已经投靠东宫。

而这一天，正好是常何在玄武门值班，负责检查入宫人员。

有这样的卧底把守玄武门，还需要担心什么？

走吧，进宫去参加那场名为对质实为批斗秦王的大会。

带领数个亲信，李建成跟李元吉骑马来到玄武门外。门外是大兴宫禁军的驻兵之处，玄武门在整个宫城中有着举足轻重的地位。

进门时，李建成望向了正在值班的常何，没有发现任何异常。

进了门，李建成等人走向了会议地点：临湖殿。

唐初的这场宫廷政变一直被称为"玄武门之变"，这是李世民积极干涉史书编写的成果。事实上，这场政变最准确的名字应该叫"临湖殿之变"。

因为秦王府的伏兵不在玄武门，政变的主战场不是玄武门，而是临湖殿。

李世民在临湖殿等他的大哥已经好一会儿了。

来到临湖殿前，李建成如被人当头一棒打在天灵盖上，浑身一个激灵后，立刻掉转马头，夹马就跑。

在临湖殿前的，不是长袖宽袍的李世民，而是全副武装的李世民。全副武装的李世民不至于吓得李建成招呼不打就跑，让李建成魂飞魄散的是临湖殿前百余名全副武装的秦王府将士。

李世民领来了包括尉迟敬德、秦叔宝、程咬金、张公谨等在内的所有秦王府精兵强将。

这么多秦王府兵马出现在临湖殿，意味着——

第一，李建成被常何背叛了。这位常何是名优秀的双面间谍，他投入东宫的怀抱正是李世民的刻意安排。今天，这枚潜伏的棋子终于发挥了重大的作用。

第二，玄武门的驻军将领被李世民收买了。唐朝皇宫城门的把守与检查出入的人是分开的。常何只管检查，守卫玄武门的是云麾将军敬君弘。

第三，也是最重要的一点，秦王府的兵马操刀持戈地站在临湖殿外，那临湖殿内的李渊只怕不是准备开家长会那么轻松了。

大惊之下，李建成来不及想这么多，跑向了玄武门。刚跑起来，一支四羽大箭破空而至，将他射落马下。

秦王大箭，例无虚发。

同懦弱的李建成相比，李元吉比较勇猛，一看不妙，马上取下弓箭。曾经驰骋沙场的齐王此刻惊慌失措，双手止不住地颤抖，连拉了数次，弓都没拉起来。

在李建成倒地毙命之后，李元吉放弃了拉弓的打算，转身跑了起来。没过一会儿，李元吉同样翻下马来，这一次射中他的不是李世民，而是尉迟敬德率领的伏兵。

在射杀李建成后，尉迟敬德率领的七十名骑兵也加入战场。史书上用了"继至"这个词。这是一个奇怪的描述，作为李世民的第一号金牌保镖，他应该寸步不离地守在李世民的身边，怎么现在才出现？在这之前，尉迟敬德干什么去了？

如果心里有这个疑问，那应该再提醒你一下，李世民的对手绝不仅有两个兄弟。

被射下马后，李元吉从地上爬了起来，撒腿就跑。看来，不是每个人都有李世民那样一箭毙命的杀伤力。

李元吉跑向了树林，说明小伙子还是比较聪明的，知道在大道上，两条腿是跑不过四条腿的。

跑着跑着，李元吉突然停了下来，然后折了回来，朝地上一个身影扑了过去。

去而复返是因为他发现了一个良机——李世民落马了！

李世民打马紧随李元吉冲进树林，不巧被树枝挂住并掉了下来，竟然还爬不起来。

李建成慌不择路，李元吉吓得连弓都拉不满，而李世民何尝不是血压骤升、动作失常。毕竟弑兄诛弟这种事，大家都是第一次干。

箭伤带来的疼痛，喷薄而出的鲜血终于唤醒了李元吉的勇气。

李元吉扑到李世民的身上，一把夺过李世民的大弓，准备用弓弦勒死自己的二哥。

李元吉的双眼已经血红，愤怒让他的面孔变得狰狞。

一定要勒死他！

充斥在李元吉大脑中的只有这么一个简单且血腥的念头，直到他听到一声雷鸣般的暴喝。

要是一般人大喝住手，是没有效果的，动了杀心的李元吉已经变成一头猛兽。可这个人不是一般人，恰恰是李元吉的克星。

李元吉熟悉这个声音，这个声音的主人正是当日三夺他马槊的尉迟敬德。

患有尉迟恐惧症的李元吉仓皇地从李世民身上爬起来，撒开两腿，向武德殿跑去，那是他以前居住的地方。

李元吉没能回到武德殿，就倒在了尉迟敬德的箭下。倒下的那一刻，他大概在想：长安城内，能杀我的果然只有尉迟敬德啊。

◆ 最后的反击

在李世民的计划里，李建成、李元吉被射杀后，战斗就该结束了，可事情的发展并非如此。

李世民漏算了东宫将领的忠诚。

"擒贼先擒王"被列为至理名言是有道理的。群龙无首之下，多是一盘散沙，再努力也无法改变结局。东宫的翊卫车骑将军冯立料到了东宫的失败，可他依然要追求过程中的问心无愧。

听到李建成死亡的消息，冯立仰天长叹道："岂有生受其恩而死逃其难乎！"

就算改变不了结局，我也应该做点儿什么，只有这样，我才能坦然面对自己的内心。

冯立率领两千东宫精兵奔向玄武门。事后看来，他向这些精兵隐瞒了太子的死讯。

来到玄武门时，冯立发现已经进不去了。大门被关上了，而且还是刚刚关上的，关闭大门的人是张公谨。史书上关于这一段的记载十分奇怪："张公谨多力，独闭关以拒之，不得入。"

这就不对了，论多力，程咬金虽然不一定真耍大斧，但力气绝对不输别人；论拼命，秦叔宝的血都流过一桶多；论吼声，尉迟敬德刚刚把齐王李元吉都收拾了；论领导力，李世民就是总指挥。怎么就剩张公谨"多力，独闭关"了？

李世民、尉迟敬德、秦叔宝、程咬金去哪里了？

如果有这个疑惑，那我应该再次提醒你，李世民的对手不是只有李建成和李元吉。

这些刚刚还大杀四方的人突然从史书中消失，是因为他们进了史书黑洞。这个黑洞是李世民亲自制造的，他制造出这个黑洞，是为了让一些事情永远消失在人们的视线中。这些事情正是很多年后让李世民坐立不安，且非要找房玄龄看史书的原因。

曾经发生的事情就算史官不记，也总会有人记得。

现在是时候来看看，其他人是怎么记的。

这个记录有些乱力怪神，因为这是一个鬼故事。

话说李世民有一夜突然掉进地府，在阴司里碰到李建成和李元吉正在喊冤。阎王就派了一个判官来审案。

按杀人罪来论，李世民是有可能长住地府的。可李世民发现，审自己的这个判官竟然是大唐政府的官员。因为天下冤情泛滥，地府积压案件过多，地府公务员明显不够用，于是阎王从阳间招聘了一些人来充当判官。审李世民的人叫崔子玉，在阳间是滏阳县尉。崔子玉在阎王这里搞了兼职，上夜班，当判官审案。

是自己人就好办事了。很快李世民跟这位崔判官达成了一个协议：崔判官将六月四日玄武门之变定性为大义灭亲，送李世民回阳间，而崔县尉也被提拔为崔御史。

故事就是这么一个故事，重点是崔县尉升官心切，自己搞了一句问话把李世民问得胆战心惊，不敢回答。

"问大唐天子太宗皇帝去武德九年为甚杀兄弟于前殿，囚慈父于后宫？仰答。"

这个故事叫《唐太宗入冥记》，据考证是武则天时期的人写的。重要的是，这个故事不是个人的臆想，而是取材于民间的一个传说。

现在大家知道了，李世民跟他的秦王府干将们突然消失，极有可能是办另一件大事去了，那件事就是囚慈父于后宫！

玄武门之变的关键不是射杀李建成和李元吉，而是控制李渊。

在李世民消失的这段时间，多力的张公谨正在苦苦对抗冯立率领的两千精锐。

这是整个玄武门之变最危险的时刻，一旦让东宫士兵进入门内，必定影响最后的结局。虽然李建成已经死了，但李渊还在。

关键时刻，总掌宿卫兵的云麾将军敬君弘开始召集玄武门的屯营兵。

玄武门在大大小小的城门里，占有极其重要的位置。这里可以说是唐朝发生宫廷政变的圣地，前后一共发生了四起政变。之所以成为造反热门地点，是因为守卫宫廷的主力禁军就驻扎在玄武门外。

史书上没有明确记载敬君弘是否是李世民布下的棋子，但从其热心参与政变的行动来看，他大概不光是为了凑热闹。

敬君弘断然拒绝了左右劝其围观的善意提醒，也没有等自己的营兵集结完毕，就操起家伙大喊着冲到了最前面。

很快，敬君弘发现自己太冲动了。苦攻城门不下的东宫士兵正有力无处使，突然发现有个大将冲到了他们中间，嗓门儿还特别大。于是，他们马上掉转刀头，冲向了这位半路杀出来的云麾将军。

乱刀之下，敬君弘很快倒地身亡。而东宫的将士也明白过来了，虽然攻城门很难，但砍翻城门之外的人很容易。

于是，东宫的将士马上掉转了马头，大声招呼着攻打秦王府去。

据记载，现在的秦王府就剩烧火做饭的丫头了。眼见秦王的老窝要被端掉，玄武门外突然挑出了两颗人头。

在消失良久之后，尉迟敬德又出现了，而且一出现就扭转了战局，他拿出了李建成和李元吉的首级。

谁都知道击败一支军队莫过于击败他们的首领，而东宫和齐府的支柱自然是李建成和李元吉，他们的头颅是绝佳的退兵利器。奇怪的是到现在才搬出来，这不得不让人怀疑，这两位的脑袋被调到另一个地方工作去了。

这两颗头颅一出，立刻发挥了作用，东宫和齐府的士兵一哄而散。冯立告诉他的亲信："杀了敬君弘，总算多少报答了太子的恩惠，现在我们可以解兵了。"

离开玄武门，冯立逃向了山野。顺便提一句，冯立后来成为唐朝名臣。这说明，内心有坚持的人才会有所作为。

玄武门外的劲敌已经瓦解，整个兵变只剩下最后一步，却也是最艰难的一步。艰难的不是浴血拼杀，而是面对亲情。

大家都猜得到，接下来就该劝说李渊让位了。秦王府有不烂之舌的人很多，比如长孙无忌。

可李世民却面向尉迟敬德，用无比冷酷的声音发出了指令："你去！"

于是，身披铁甲、手握长矛的尉迟敬德走向了临湖殿。这位仁兄的身上应该还沾着鲜血。

李渊本来准备今天在临湖殿开家庭会议，为了彻底解决这件事情，还召来了朝中的重臣。可显然，现在的他已经是一名囚徒，因为手拿兵器的尉迟敬德径直走到了他的面前。

看到杀气腾腾的尉迟敬德，李渊马上明白了自己的处境。很快，他听到了李建成和李元吉的死讯，他望向了裴寂。

裴寂没有说话。

李渊又望向了其他大臣，听到了自己唯一的出路。

"现在立秦王为太子，将国家政务交付于他，就没有事情了。"

好，你要的全给你。

殿外的李世民松了一口气，李渊的最终让步终于让他避免背上弑父的名声。

这一天的血已经流得够多了，李世民不愿意手上再沾上父亲的血。

他步向殿内，扑在李渊的身上禁不住大哭起来。

这一天，没有胜利者。

李渊亲笔书写的令李世民处置诸军的敕令传遍长安宫城，玄武门之变终于画上了句号。

零星的战斗结束，一切恢复平静，有人开始打扫玄武门前的血迹，用不了多久，这些血迹就会被洗刷一空，但血腥已经渗进唐朝皇室的骨髓。

在中国的历史上，自己人革自己人的命，唐朝皇室是搞得最多的。

三天以后，李世民终于成为太子。两个月后的八月九日，李渊退位，李世民在东宫显德殿登基。

沙场的浴血奋战，秦王府的彻夜密谋，玄武门的冷血杀戮，无论怎样，他得到了自己想要的东西。

背负着道德的镣铐前行吧，去证明自己所做的一切都是有价值的。去让唐朝成为耀眼千古的盛世，让自己的名字成为后世帝王景仰的目标。

这是你实现自我救赎的唯一途径！

◆ 未完的结局

最后交代一下李渊的退休生活吧。太上皇的日子是不好过的，虽然李渊曾经憧憬过太上皇的生活。

在当皇帝那年，裴寂表示天下已定，自己要告老还乡。李渊流着泪挽留这位老朋友，表示你不要走，我们一起慢慢变老，到时候，你当宗臣，我当太上皇，岂不逍遥？

事实告诉李渊，主动退休与被迫下岗是有区别的。

贞观二年（628）九月碰上了旱灾，很久没有下雨。在古人眼里，老天爷下不下雨跟帝王的道德水平有很大关系。

一天，中书舍人李百药上书，表示太上皇内宫和掖庭的宫女很多，这些人没有什么用处，白白浪费粮食和衣物，而且还在宫里堆积阴气，所以造成了干旱。

这个莫名其妙的上书竟然得到了李世民的大力表扬。李世民马上大力精简宫女，前后清退了三千余人。

望着越来越空荡的皇宫，李渊第一次感觉到了寂寞孤独冷。

没过多久，李渊连最知心的朋友也留不住了。在清退宫女之后，李世民将目标对准了他早就想对付的人。

这年秋天，李世民到京城南边的圜丘祭天，回来的时候，他朝长孙无忌和裴寂招了招手，让两人上自己的车一起回去。

长孙无忌没有客气，呼哧呼哧爬上了李世民的大车，而裴寂想了一下，表示自己不好跟帝王同车。

李世民笑了，然后说了一句话："以公有佐命之勋，无忌亦宣力于朕，同载参乘，非公而谁？"

翻译过来就是，裴公你有佐助帝王创业的功劳，无忌也曾经替我出过大力，现在有资格与我同乘一车的，除了你还有谁？

裴寂老老实实地爬上车，不用迈腿，可以节省体力，但裴寂却出了一身冷汗。

李世民刚才轻描淡写就掀了裴寂的老底，那句话的意思是：裴寂，你虽然有佐命的功劳，可你是太上皇的人，而长孙无忌才是我的人。

不是自己人，那就等着挨批吧。

第二年的元月，裴寂被免去职务，被遣送回老家。其原因是，有一个和尚妖言惑众，而裴寂听过他的演讲。

裴寂六十岁了，位极人臣，从目前的情况来看，能保住性命回老家已经是烧高香了。但裴寂向李世民求情，希望留在长安城。

裴寂要留在长安城，不是迷恋长安的繁华，他知道在长安的大兴宫里，他的老朋友李渊正孤独地生活着，没有大臣去拜见他，没有亲朋去探望他，自己再离开长安，李渊就更孤独了。

李世民断然拒绝了裴寂的请求。他大概猜到了裴寂的心思，恼羞成怒地说："以你的功劳，你怎么坐得上这个位子？你不过是靠恩泽才当上了第一大臣。武德年间，货赂公行，纪纲紊乱，这全都是你造成的！我看你是开国元老才没有追究，现在让你回老家已经是开恩。"

李世民的脸涨得酱红，一口气说完这些。他猛然发现，说着说着，竟然说到了自己的父亲身上。

武德年间是他父亲李渊当皇帝的时候，说那时货赂公行、纪纲紊乱，这不是指责裴寂，而是指责李渊。

积压在内心的委屈与愤怒在这一刻如火山爆发般喷薄而出。

事情已经过去了三年，李世民还是没办法原谅父亲啊。要不是父亲执意不立我为太子，我怎么会在玄武门杀兄诛弟，在历史上留下永远无法抹去的劣迹？

裴寂被勒令马上离开长安。回到老家没多久，裴寂又莫名其妙地牵扯上一宗案件，被判流放静州。

静州在今天的广西梧州，当时是少数民族居住区。裴寂刚到梧州，连方言都没来得及学会，当地就爆发了山羌族叛乱。这些山羌族叛军对流放来的前司空大人很感兴趣，准备推选他为头目。

裴寂大吃一惊，连忙组织家丁打败了叛军。这一主动表白的行为赢得了李世民的原谅，李世民甚至召他入朝。

又可以见到老朋友了，裴寂兴奋地准备回长安。大概是过于兴奋吧，裴寂竟然病逝了。

李渊最亲近的朋友不在了。

裴寂离开长安城后，另一个人则需要被平反。

李世民下旨恢复刘文静的官爵。这一年，离刘文静冤死已经过去了十年。这是一个迟来的平反。

李渊的日子越发不好过了，没有了宫女，没有了朋友，最后连自己的房子都保不住了。

李世民是在东宫登的基，当了皇帝后，也一直在东宫办公，而李渊还住在正殿太极殿里。李世民还是比较客气的，给李渊留了三年的缓冲期。现在是时候让真正的一国之主回到长安的中央了。

李渊搬到了皇宫西边的弘义宫。据李渊自己说，那里有山有水，风光秀丽，正适合做养老院，自己早就想搬到那里去住了。

弘义宫是数年前李渊为儿子李世民修的。

早知道自己有一天会住到这里来，当初应该修得更豪华一些。

当然，李渊的退休生活不能说完全没有快乐。在搬到改名为大安宫的弘义宫的第二年，李渊听到了一个好消息：唐朝军队大破突厥，斩杀义成公主，擒获颉利可汗。

多年的耻辱终于得雪。听到这个消息后，李渊突然叹了一口气："当年汉高祖被困白登城，此仇一直未报。现在我儿能灭突厥，我所托得人，何忧哉！"

这一天，李渊跟李世民以及大臣们在凌烟阁摆宴庆祝。喝到兴处，李渊亲自弹起了琵琶，李世民亲自跳舞，大家在一起玩了一个通宵。

这当然是值得庆祝的大事，而在琵琶声里，谁都听得出李渊的忧愁。

如果是我亲自一雪当日的耻辱，该有多好！

三年以后，李渊竟然意外获得了这样的机会。贞观七年（633）的十二月，李渊突然接到邀请，李世民要在未央宫置宴。

李渊去了以后才发现，突厥的颉利可汗也在。

喝了两杯小酒，李渊忘了自己的身份，命令颉利可汗起来跳个舞。唐朝吃饭时流行跳舞，还是边吃边跳，有主人领头跳、客人跟着跳的习俗。所以，不能指责李渊不讲民族政策，调戏颉利可汗。

颉利可汗表演完舞蹈之后，南方的某位酋长也跑出来吟诗助兴。

在音乐当中，李渊终于看到了他当年立志要达成的四海一家的目标，于是，他大笑道："胡、越一家，自古未有也！"

李渊已经很久没有这么开心了，甚至开心得有点儿过，忘了这里的老大是谁。紧接着，李世民上前助酒，突然来了一句："四海一家，都是陛下教诲，不是我一个人办得到的。"

目前为止，一切都很好，但要是认为李世民是个厚道人，那你就太单纯了。李世民还有下半句："当年汉高祖也跟太上皇在这里喝过酒，汉高祖妄自尊大，我不会跟他一样。"

李渊这才明白这个儿子为什么请自己来喝酒了。

八百年前，这里举行过一次宴会，那时的主角是刘邦跟他的父亲。

在那场宴会上，刘邦跟他的父亲说了一句很有名的话："早年您常说我不学无术，不能做好家业，比不上大哥，现在您老看看，谁的产业大？"

根据史书记载，刘邦以前是混社会的，常常被父亲骂不如他的二哥刘仲。也不知道刘邦被骂过多少次，当了皇帝都不忘出这口气。

知道了这个故事，大家自然就明白了，李世民自比刘邦，而李渊就成了不会看人的刘太公。

父亲大人，您看看，现在大唐朝四夷称臣、海内归一，要是换了李建成，他能达到这样的高度吗？他不为当年的坚持而感到羞愧吗？

李渊还以大笑，还能怎样？都太上皇了，只能大笑吧。

史官捕捉到了李渊的大笑，然后在史书上写下"上皇大悦"四个字。

读书人啊，笑离大悦的距离有时候比哭离大悦还要远。

宴会结束后，李渊回到了冷清的大安宫。他已经六十七岁了，早就没有了雄心壮志，也看淡了荣辱起落。他只想做一个平凡快活的老头儿。

他有过辉煌，有过没落，有过得意，有过无奈，有过快乐，尝过痛苦……

就算帝王也逃不过这些词语的禁锢。要说在离开人世之前，李渊还有什么意愿的话，应该就是得到李世民的谅解。

他已经到了可以原谅一切的年纪，他已经将玄武门前的那场惨案从记忆里抹去，可他知道，他的二儿子还在气盛的年纪。李世民的一次次羞辱，正说明他的内心还没有得到平静，他依然在怪自己当年没有把太子之位传给他。

他要过多久，才会明白自己的无奈？

事情似乎有了转机。

贞观八年（634）的夏天，李世民邀请太上皇李渊跟他一起到九成宫避暑。这可是破天荒的，以前每到夏天，李世民都要到九成宫避暑，但从来不领老父亲一起去。这一次难道是良心发现了？

李渊马上拒绝了儿子的好意，不是他不怕热，是他宁愿热死也不愿去九成宫。

九成宫是杨坚死去的地方。现在，他已经成了杨坚第二，可他还不想跟杨坚死在同一个地方。

这一次李世民不像随口说说。从九成宫回来后，李世民就开始在长安东北边的龙首原修建永安宫，用来给李渊避暑。这个宫殿将成为比大兴宫更宏伟的宫殿，它后来的名字叫大明宫。

这是李世民孝敬他爹的。我相信，当李渊站到永安宫那辉煌的宫殿前时，一定能体会到儿子的和解之意。

可惜，他没有机会搬进去了。

在永安宫开建的同时，李渊病倒了。

贞观九年（635）的四月，李渊走完了人生的最后一程。

大安宫的垂拱殿内，李渊静静地躺在榻上。他听到了外面的哭声，他听得出来那是他儿子李世民的哭声。

那个让他爱也让他恨的儿子。

这是一个无比英勇的儿子，没有他，我未必能扫平天下，但这又是一个给自己带来无尽痛苦的儿子。

这个儿子亲手杀掉了兄弟，囚禁了我。当然，我还知道，他正在修改史书，塑造了一个荒淫的父亲。

那些向突厥称臣的耻辱是我的过错，那些金戈铁马的生涯、那些老谋深算的隐忍、那些合纵连横的权谋都成了他的功劳。也许用不了多久，世人便会忘记我的奋斗。

可是，儿子啊，你还是太年轻啊。你不明白史书可以篡改，历史却无法改变。

我相信，历史不会忘记我的功绩。

想到这里，李渊闭上了疲惫的双眼，他的灵魂仿佛出窍，向上升起，然后盘旋在大梁之上。在那里，他仿佛听到了皇家乐坊里的国音，东西两市的喧哗声，长安坊间儿童的嬉闹声，河上艄公响亮绵长的号子声，作坊里镕兵造具的敲打声，田野间麦子抽穗的噼啪声，丝路上清脆的驼铃声，春雨滋润大地的声音……

朗朗乾坤，巍巍盛世。

一个空前绝后的黄金时代正展现在世界的东方。